高等院校社会工作专业
精编通用教材

社区工作

主　编　高鉴国
副主编　刘长飞
唐斌尧
刘黎红

Community Work

山东人民出版社
全国百佳图书出版单位　一级出版社

总 序

社会工作作为专门化职业和专业学科，致力于实现社会福利、社会进步和社会正义。社会工作实务和研究有助于改善生活质量，发展个人、团体和社区的潜能。社会工作者把直接服务、社区发展、政策倡导、教育和研究作为介入方法，促进人们与社会环境的互动。随着中国经济的快速发展和社会转型的逐步深入，社会问题和社会需求日趋复杂化和多样化，建立一支专业化的社会工作人才队伍成为必然选择。在这一时代背景下，社会工作专业方法的优势凸显，社会工作专业教育快速发展起来。特别是从2000年到2010年，社会工作专业教育在数量和质量上都有很大突破，由教育部批准和予以备案的开设社会工作专业的院校从27所增加到252所，另有几十所院校开办专科、高职层次的专业教育。① 自2009年社会工作专业硕士（MSW）教育被正式纳入高校研究生专业教育体系以来，共有58所大学和研究机构开设了社会工作专业硕士研究生课程计划。同时，社会工作专业博士点的设置也被纳入国家学科规划和建设的议事日程。在这一阶段，社会工作专业学科和教育体系开始在中国逐渐建立起来。

中国专业社会工作事业在很大程度上是从专业教育起步的。由于整体上专业化社会服务事业的弱小甚至缺失，专业教育长期缺少坚实的社会基础。然而，中国学者和教学工作者立足于中国社会的现实基础，努力学习和借鉴国际上社会工作的发展成果，初步建构了具有科学性和系统性的社会工作专业知识。比如，在一个很长时间内，中国社会工作的视角曾经局限于社会问题和社会管理取向，随着社会工作专业理论知识的引用和普及，越来越多的教育和服务工作者开始自觉地掌握“能力”、“增权”、“权利”、“福利”、“公正”等更广阔的视角和方法。由于国情和文化的差异，借鉴国外现代知识体系和教育方法需要一个本土化的过程，不断编写和更新适合国情的专业教材，是逐步提高社会工作教育和专业化（职业化）水平的必由之路。

---

① 中国社会工作教育协会：《中国社会工作教育通讯》，2004年第21期；中国社会工作教育协会：《关于开展社会工作专业评估的通知》（协会文〔2011〕001），2010年2月28日。

在过去十几年中，社会工作专业教材建设经历了一个不断提升的过程。在专业教育出现早期，国内同仁在文献资料极为有限的条件下编写出版了一些教材，初步介绍社会工作专业理论和知识，填补了专业教材的空白。随着高校社会工作专业教育规模的日益扩大，需要加快教材建设，以应对课程开设的急需。于是，中国社会工作教育协会组织国内最早开办社会工作专业的高校骨干老师，编写出版了普通高等学院社会工作专业主干和实务课程系列教材，代表着专业教材建设系列化、规范化的新开端，并全面展示了当时中国社会工作专业教学和研究的水平。此后，国内陆续出版了多套社会工作专业教材以及国外经典译丛，在社会工作教育和学科建设中发挥了积极作用。当前社会工作职业化进程加快的大环境对高校专业学生培养和教材建设提出了更高要求：即在已有教材建设基础上，不断更新、充实专业内容，编写出理论知识体系更全、更新和实务操作性更强的教材。在这种情况下，山东人民出版社策划并组织了这套“高等院校社会工作专业精编通用教材”的编写，以期出版一套更接近时代需要和专业教育要求的教材。

教材的编写力求遵循以下原则：

1. 通用性。其中基础课教材主要根据《社会工作专业主干课程教学基本要求》（教育部高教司，2004）、《全国社会工作师职业水平考试大纲》（教材编写组，2010）、《全国 MSW 考试指导范围》（2010）等指导性文件规定的大纲编写，教材内容在较大程度上与国内已经发布的指导性大纲相吻合，可满足全国社会工作师职业水平考试和社会工作专业硕士入学考试的需要。

2. 完整性。在编写过程中，要求参编老师充分掌握现有国内同类教材的出版信息，借鉴和吸收已有成果，注重学科知识体系涵盖全面，保证学科体系的相对完整性，避免以不同院校的教学时数限制和编写者的个人偏好对大纲内容进行取舍。各教材的章节内容相互衔接和协调，知识要点齐全。

3. 专业性。准确和全面体现社会工作专业视角，避免仅以“问题”、“案主”、“管理”为取向，而忽视“需求”、“环境”、“结构”、“过程”以及“能力”、“增权”等多重视角。内容设计有所遵行，基于充分和可靠的文献依据。对理论、问题和工作模式等内容方面的编写，根据专业视角进行层次和类型划分或展开设计，避免简单罗列其他学科教材或出版物上的内容。

4. 实务性。比国内已有教材更加注重介绍相关实务模式和操作技巧，并加大实务技巧内容篇幅。在体例设计上，力求突出实务知识，特别是那些在本土化过程中积累的经验知识。在教材文本上，增加本土的适当案例介绍和扩展阅读，并且在练习题部分中提供本土的场景设计，引导对学生专业方法能力的训练。

5. 先进性。尽量吸收国内外最新教材的优点，反映最新的实务模式或方法。

在实务模式和方法介绍中,努力将理论、过程、社会工作者的角色与技巧、以证据为基础的成效评估等内容有机衔接、整合。

社会工作是一个新兴专业,需要对很多理论和实务知识进行不断研究和探索。中国社会工作教育协会会长、北京大学王思斌教授曾指出,编写高水平的专业教材谈何容易。毕竟中国内地的社会工作专业教育恢复重建时间不久,要拿出相对成熟的教材,需要众多学者同仁的不懈努力。但是学无止境,社会工作专业的快速发展使得人们又不能再等下去①。本套教材的编者大都是社会工作专业的中青年教师,他们结合已有的教学和实践经验,对相关问题进行了有益探索。在各分册教材主编的悉心统稿和具体组织下,多易其稿,反复修订。教材编者们通过查阅大量专业文献和相互切磋,大都经历了一个新的专业提升和积累的过程,并将所收获的知识信息和技能再转化为新的教科书文本。当对社会工作知识和技能所知不多时,编者们往往对专业上的"学无止境"没有更深的体会和敬畏心理;在更多地了解和掌握社会工作知识的时候,编者们反而更加清楚地体会到自身的专业知识水平与先进的专业知识水平之间所存在的差距。由于能力积累和资料收集等方面的局限,本套教材难免存在许多不足之处,希望专业同仁、学生和其他读者能够给予批评指正,以期不断改进教材的内容和质量。

中国社会工作教育协会会长、北京大学王思斌教授认真审阅了本套教材的部分初稿,提出一系列体现社会工作专业本质要求的指导意见。加拿大多伦多大学社会工作学院曾家达教授、不列颠哥伦比亚大学社会工作学院殷妙仲教授对部分教材大纲的修订和充实提出诸多建设性建议,使编者们受益匪浅。山东人民出版社原社长金明善先生、现任社长郭海涛先生和副总编辑丁莉女士对于本套教材的编写始终给予大力支持。本套教材的出版策划和责任编辑王海玲和马洁女士怀着对社会工作的满腔热情,积极参与整套教材编写的组织协调工作,认真细致地对待每一个细节,每一章教材的完稿都浸透着她们辛勤的汗水。总之,本套教材的面世是大家共同协作和努力的结果,愿它成为中国社会工作教育和实务事业的一块新铺路石。

高鉴国

2011 年 8 月于山东大学

---

① 王思斌主编:《社会工作导论》,北京:高等教育出版社,2004 年,《总序》。

目 录

第一章　社区与社区工作

社区工作与个案工作、小组(团体)工作并列为社会工作三大方法。什么是社区？社区有哪些特征或特质？如何理解社区并将其作为一种工作对象和领域？本章主要结合国内外学术文献和实务状况，对社区的定义以及与社区工作的关系作出说明。

第一节　社区概述

“社区”作为学术概念，可以追溯到近代德国社会学家斐迪南·滕尼斯(Ferdinand Tonnies)出版的《社区与社会》(1887)一书。滕尼斯的“社区”概念指前工业化和城市化农业村落基础上形成的一种社会关系网络或类型，并没有特别强调社会组织和自然地域。20世纪前期美国芝加哥学派社会学家将城市社会群体(组织)作为基本研究对象，“社区”一词特指具体的城镇和乡村地域及其居民(族裔)共同体。从此，“社区”发展成一个重要的学术术语和社会词汇。

一、社区概念

社区通常指聚居在一定地域范围内的人们所组成的社会生活共同体。根据《民政部关于在全国推进城市社区建设的意见》，目前中国城市社区的范围一般指经过社区体制改革后作了规模调整的居民委员会辖区。① 一般而言，“社区”不属于一种正式的行政或地理区划通名，主要泛指由地缘联系而形成的互动群体。

地域社区是与人的阶级性、民族性、宗教归属、团体归属相区别的一种亚社会结构和人际互动关系。共同的生活地域对人们行为方式产生一定的影响：(1)在共同地域上发生共同的生活利益、环境利益，如对学校、治安等服务设施形成共同需

---

① 《中共中央办公厅国务院办公厅关于转发“民政部关于在全国推进城市社区建设的意见”的通知》(中办发〔2000〕23号)。

要和依赖;(2)邻近的居住和工作范围使这里的人结识,产生了感情沟通;(3)共同的地域也形成文化心理上的投射作用,共同地域中的著名建筑和文化遗产都会增强文化认同和亲密感。这都说明社区所包含的特定地理空间会使居民跨越职业、阶级、民族和宗教等界限而产生互动关系。

社区主要包含以下要素:(1)具有一定社会利益联系、参与共同社会生活的、并达到一定规模的人群,(2)有一套相互配合的社会组织和生活服务机构,(3)有比较明确的地域界限,(4)生活在其中的社会成员在感情和心理上具有一定的认同感和归属感。以上四个方面是相互联系的。社区概念有很大弹性,小到村庄、居委会辖区,大到县(区)、市、省、国家甚至国际社会,都可能被称为社区。在特定情况下,社区一词也被用于指"功能性社区",即跨空间地域或非空间性的人群共同体,他们未必居住在同一地域,但拥有共同的特质、背景、利益及需要,例如劳工群体、妇女社区、网络社区、移民(族裔)社区等。电子互联网进入人们生活后,人们用"虚拟社区"来说明互联网上呈现的无地域、无种族、无宗教、无身份、无贫富界限的人际互动形式。这种虚拟社区既反映了人际沟通形式的多样性,也反映了现代社会的人际疏远和孤独。

根据西方学者的研究,认识社区的存在有几个不同的角度:(1)政治—法律视角。即认为城市、城镇、县等行政区划单元是公众中最普遍的社区概念。社区成员通过选举、纳税和接受公共服务而产生各自的角色、责任和利益。政治学家广泛使用这种社区概念进行理论分析。(2)地理—空间视角。它着重说明人们自然聚集的地域空间。这种空间地域可以是具有法律意义的行政区域,也可能是不具有行政区划含义的居住区域,如西方国家的城市根据市政服务需要而划分的居住区以及人口统计中的"标准都市区"(即"大都市会"或"城市带")等。(3)社会心理方法。这个领域的研究说明儿童对社区范围的感受比成年人狭窄,低阶层人士与中上层阶级相比对社区范围的感知狭窄。①

二、社区类型与功能

从社区工作对象意义上,社区主要有地域性社区和功能性社区两大类。根据人类社区转型的时间顺序,可分类为农业社区、城市社区和大都市会社区;根据主要社会功能,可区分为经济社区、政治社区、文化社区、军事社区和居住社区;根据经济功能,可将社区划分为工业社区、农业社区、林业社区、牧业社区等。还有学者

---

① Minahan, A. editor - in - Chief, *Encyclopedia of Social Work*, 18th edition, MD, Silver Spring: National Association of Social Workers, 1987.

将社区划分为单质社区与多质社区。也可以根据社区要素发育成熟的程度，将社区区分为初型社区（社区功能不完备、社区意识淡薄）、成型社区（有完善的功能设施，居民认同与满意程度高），等等。一般认为在中国城市社区建设中，存在区、街道和居委会辖区三级社区网络，居委会辖区是最小的社区单元。居委会社区的划分有四种类型：(1)按照居民居住和单位的自然地域划分的“板块型社区”，(2)以封闭型居民小区为主的“小区型社区”，(3)以职工及其家属聚集区为主的“单位社区”，(4)以产业功能为主的“功能型社区”（如高科技开发区、金融商贸开发区、文化街、商业区等，从概念上不同于前述非地域性的以特定人群为主体的“功能性社区”）。

按照美国社会学家沃伦（R. L. Warren）的观点，一个社区必须具有一些基本功能，包括提供所需要的基本经济活动（生产——分配——消费）、社会化、社会控制、社会参与和相互支持；在某些情况下，社区可以依赖外来组织执行这些功能。[①]也就是说，从理论上，社区必须达到一定的人口规模，有相对完整的社会化、社会控制和生活服务功能，即形成相对完备的教育、商业、治安体系。人口和区域规模太大，居民缺乏相应的联系和认同感，实际上失去了“社区”的意义；人口或区域规模太少，则经济和社会功能不全，无法形成一个完整的社区。

三、中外社区的特点

理解中国现阶段的“社区”，需要认清其不同于西方国家的基本特征：

第一，中国城乡社区的公共管理具有浓厚的行政色彩。西方国家的城市一般都是市政自治体，基层社区很少设有政府派驻的管理机构，中国从秦代建立乡、里、亭，实行高度的中央集权以来，基层“社区”很少包含西方社会那些地方自治、民间团体或精英人物等独立于国家的因素。西方社会强调社区很大程度是针对极端个人主义，用社区精神与个人主义相平衡，或者说是强调个人主义向社区主义的升华；而中国的文化传统则是一种集体主义的下达，把国家或民族的大一统体制落实在基层社区单元中。

第二，中国城市社区地理空间的突出特点之一是土地利用的高度混杂。与发达国家规划有序、功能相对单一的城市社区（大部分为居住社区）相比，中国城市社区普遍缺乏街区规划和分区控制，人口居住密度高，职业成分及产业机构复杂，社会流动性强，社区工作或管理的难度也相当大。

---

① Warren, Roland Leslie, *The Community in America*, 3ded. Chicago : Rand McNally College Pub. Co., 1978.

第三,中国人传统上习惯于依靠私人和亲属网络解决个人及家庭问题,对社区和社会的依赖程度小。西方社区生活中宗教和慈善组织的特殊作用在中国相对较小,因此贫困群体多通过节衣缩食、亲友资助来应对困境。由于社会整体发展水平的差距,中国城乡居民对社区公共事务的参与机会和享用社区公共服务的水平还是十分有限的。

第二节 社区工作概述

社区工作由社会工作者及其他社会机构参与或组织,通过相应的工作方法和过程提高居民整体素质和能力、创造适合居民生活成长的社区环境。

一、基本概念

(一)定义

在学术界,对"社区工作"一词的定义并没有统一的模式。不同的学者根据各自的重点界定社区工作:

英国学者P.鲍多克(P. Baldock)引入"受薪"职业和"集体行动"的观念,将社区工作表述为"是一项由受薪工作人员所进行的工作,借以协助居民识别所面对的问题及机会,由居民共同做出实际决定,采取集体行动解决所面对的问题。居民在将决定付诸行动时,社区工作员亦给予支持,以培养居民能力及自我独立。"有些学者则比较强调"增权"概念,将社区工作与人的基本权利密切联系起来。H. J.鲁宾和I.鲁宾(H. J. Rubin and I. Rubin)1986年提出,社区工作(社区组织)"是通过协助居民克服及冲破其无能感去解决问题。社区发展主要进行居民增权,通过组织居民,采取集体行动去控制及影响社区的一切程序、计划、决定及有关政策"①。

王思斌主编的《社会工作概论》较全面地阐述了社区工作的概念内涵:"社区工作是专业社会工作的一种基本方法,它以社区和社区居民为案主,通过发动和组织社区居民参与集体行动,确定社区的问题与需求,动员社区资源,争取外力协助,有计划、有步骤地解决或预防社会问题,调整或改善社会关系,减少社会冲突,培养

---

① 参见甘炳光、梁祖斌、陈丽云等:《社区工作:理论与实践》,香港:中文大学出版社,1994年,第8~11页;Rex A. Skidmore, Milton G. Thackeray and O. William Farley, *Introduction to Social Work*, 4th edition, Prentice Hall, Englewood Cliffs, 1988, pp. 101-103.

自助、互助及自决的精神，加强社区的凝聚力，培养社区居民的民主参与意识和能力，发掘并培养社区的领导人才，以提高社区的社会福利水平，促进社区的进步。”①

有关社区工作的各种概念内涵和基本定义是相通的，是指以社区及其成员群体为对象、充分依靠居民参与和开发社区资源、注重发现和满足社区需要的社会工作介入手法及实务活动。社区工作作为一种跨群体工作过程或方法，通常不直接解决个人与家庭的社会问题，而是利用社区机构或资源来探明社区中的社会问题，并采取适当的行动解决这些问题。

（二）社区工作、社区组织、社区发展与社区建设的关系

社区工作，也被称为社区社会工作、社区组织（Community Organization）或社区发展（Community Development）。这些术语既有共同点，也有差异之处。一般就社会工作学科领域而言，社区工作、社区组织和社区发展可被看做是相同的概念，都是指以社区为对象的工作方法或过程。

在欧美社会工作实践中，将社区作为工作对象已经有100多年。由于各自的传统或习惯，美国多运用“社区组织”，英国一些学者用“社区工作”，香港等地则将“社区工作”与“社区发展”并用。从学术概念的起源看，社区组织一词的运用时间较早，主要指工业化社会中社区工作的组织方式和过程。

“社区发展”一词的出现较晚，主要是由于第二次世界大战后联合国倡导和推动不发达国家或地区的发展而开始流行的。社区发展的原则方针在很大程度上吸收了“社区组织”的原理和经验。在联合国等国际组织和团体以及许多国家政府（包括地方社区组织）的定义中，“社区发展”并不限指社会工作方法，他们将各自调整社区结构、改善社区状况的种种方案或活动都纳入“社区发展”范畴。行为主体主要是这些国际组织、政府组织和社区组织。

香港学者甘炳光和莫庆联在分析了社区工作、社区发展和社区组织之间的区别（参见表1－1）后认为：在这三个名词当中，社区工作一词的使用较为广泛，含义丰富。从广义来说，社区发展等同于社区工作及社区组织；从狭义而言，社区发展（或地区发展）可纳入社区工作的工作模式之一。②

---

① 王思斌主编：《社会工作概论》，北京：高等教育出版社，2006年，第138～139页。

② 甘炳光、梁祖斌、陈丽云等：《社区工作：理论与实践》，香港：香港中文大学出版社，1994年，第7页。

表 1-1　社区工作、社区发展和社区组织的区别

	英国	美国	香港
社区工作	社会工作的方法之一	较少采用这个名词	社会工作的方法之一
社区发展	第三世界的发展工作及发展中国家的自助计划	社区组织的工作模式之一	等同于社区工作
社区组织	地区组织的联系统筹，合力为社区服务	等同于社区工作，是社会工作的方法之一	社区工作的其中一个工作模式

资料来源：甘炳光、梁祖斌、陈丽云等：《社区工作：理论与实践》，香港：中文大学出版社，1994 年，第 7 页。

"社区建设"是新的时代条件下有关社区发展的代名词，多指政府部门、非政府机构和社区合作而开展的社区发展计划和活动，在不同的国家和地区呈现不同的内容。不过，"社区建设"并没有类同于"社区组织"或"社区发展"，成为社区工作的代名词或工作方法之一。美国《社会工作百科全书》（第 19 版）将社区建设解释为"一种有组织的努力，以使较老的和低收入邻里（社区）成为有生产活力的经济体系中自力更生的部分。它通过促进邻里（社区）获得、发展和使用人类的、经济的和机构性资源来满足居民利益，充实了传统社会工作和以社区为基础的介入策略"，其主要原则是：（1）综合性和整合性发展，（2）新的合作和参与形式，（3）有针对地加强居民参与，（4）充实社区社会资产。① 在中国，由政府倡导和推进的社区建设则可被视为社会转型时期具有本国特色的社区发展过程以及社区工作模式。

二、工作目标与介入方式

（一）工作目标

关于社区工作的目标，国外学者曾提出过两分法。罗斯曼（Jack Rothman）将众多的社区工作目标归纳为"任务目标"和"过程目标"两类。② 所谓任务目标，指解决一些特定的社会问题，包括完成一件具体任务，达到一些社会福利目标，满足某项社区需要等。所谓过程目标，指促进社区人士的一般能力，包括建立社区不同群

---

① Richard L. Edwards, editor-in-chief, *Encyclopedia of Social Work*, Supplement 1997, 19th Edition, NASW Press, Washington, D.C.: National Association of Social Workers, 1997, pp. 78-81.

② 甘炳光、梁祖斌、陈丽云等：《社区工作：理论与实践》，香港：香港中文大学出版社，1994 年，第 13~14 页。

体的合作关系，发掘及培养社区领袖参与社区事务，加强对公民事务的了解，以至增强解决问题的能力、信心和技巧等。

英国学者托马斯（D. N. Thomas）提出了另一个具有影响力的目标二分法，他认为社区工作有分配资源和发展居民两大目标。从分配资源来看，社区工作是组织居民，就他们日常的切身事情争取合理而平均的资源分配，从而使他们的权益得到保证。从发展居民来看，社区工作可促进公民权的发展，这包括培养基层居民的政治责任感和政治参与性，培养政治意识成熟的居民去影响和监督政党和政府的运作。同时社区工作可促进社会发展，这是指培养居民的社区凝聚力，增进居民间的交往及对社区的归属感，使社区居民觉得可对整个社区作贡献。①

上述关于社区目标的二分法对于全面认识社区工作目标提供了有价值的参考。根据发达国家社区工作的经验以及众多学者的论述，社区工作的目标可分为两个层次：最终目标和具体目标。社区工作的最终目标是提高社区福利水平，促进社区进步；社区工作的具体目标是协助达到社区工作最终目标的途径，包括：

1. 提高社区能力，解决社区问题。这项特定目标强调提高居民的社会意识及培训当地的社区领袖，鼓励社区居民发现社区存在的各种问题，通过自助和互助解决所面临的共同问题。

2. 发掘社区资源，满足社区需要。这项特定目标在于找出社区真正的需要，发掘或重新安排社区资源，以满足社区需要。

3. 扩大社区参与，实现公民权利。通过提高居民参与程度获得更多的资源，体现居民实现与生俱来的社会权利，并实现更大的社区认同和满意度。

4. 协调社区服务，提高工作效率。这项特定目标的对象是社区内的服务团体，通过组织和联系，互相合作，避免服务的重复和浪费。

5. 改进社区环境，改革不良制度。这项特定目标的重点在于环境上及制度上的改善和改变。例如，社会政策或行政程序上的变动，帮助居民认识社区问题的根源及解决这些问题的资源运用和权力分布情况。②

在中国社区建设过程中，既提出了并行内容（如社区组织、社区服务、社区卫生、社区文化、社区环境和社区治安），也设计了近、中、远期目标。社区建设不同阶段的目标是：第一阶段的工作目标——改革城市基层管理体制，逐步完善街道居委会的管理服务功能，强化全社会的社区意识，培育和建立与社会主义市场经济体制

---

① 甘炳光、梁祖斌、陈丽云等：《社区工作：理论与实践》，香港：香港中文大学出版社，1994 年，第 14 页。

② 莫邦豪：《社区工作原理与实践》，香港：集贤社，1994 年，第 4 页。

相适应的社区建设管理体制和运行机制;第二阶段的工作目标——以改善和提高居民生活质量为宗旨,大力发展社区事业,把每个居民区建设成为优美、便利、和谐的文明社区;第三阶段的工作目标——逐步完成城市基层管理体制由行政化管理体制向法制保障下的社区居民自治体制的转变,实现城市基层社区的民主选举、民主决策、民主管理、民主监督,完善社区功能,保证社区的持续发展。①

上述目标界定并不相互排斥,它们完全可以共同存在。当然不同的社区工作员及社区工作机构在不同的时间里可以选择不同的特定目标,以适应社区个别需求,同时也可以把这些特定目标再作细化,以达致目标的操作更为方便。

(二)介入方式

在社区工作实践中,各国专业工作者或研究者对社区工作途径与手段有不同的理解或表述。根据各国社区工作的实务经验,可将社区工作的各种介入方式划分为以下三个层次或类型:

1. 宏观实务模式。美国学者 J. 罗斯曼根据美国经验将社区工作(组织)实务总结为三大模式:地区(局域)发展、社会策划(规划)和社会行动(1968)。随后,罗斯曼与特普曼(J. E. Tropman)又把社区工作实务(包含前述三种模式)与社会政策实务和社会行政实务并列,称其为宏观社会工作的三种实务模式②,以突显社区工作介入方法在社会工作中的地位和价值。有的学者从社区增权视角出发总结的社区工作三个基本模式是:传统社会变迁(通过传统的选举政治)、直接行动性社会变迁(通过直接反对或支持行动)和转化性社会变迁(通过广泛的自主教育和学习过程)。③

2. 基本实务方法。美国《社会工作百科全书》"社区实务方法"条把常用的社区工作实务方法或模式归纳为以下八种类型:(传统)邻里与社区组织、功能性社区组织、社区的社会与经济发展、社会规划、项目发展与社区联络、政治与社会行动、社会组织联盟、社会运动等,各自包含不同的社区类型、预期成果、目标群体、支

---

① 参见时正新主编:《中国社会福利与社会进步报告(2000)》,北京:社会科学出版社,2001 年,第 255 页。

② Rothman, J. ,& Tropman, J. E. , Models of Community Organization and Macro Practice Perspectives: Their Mixing and Phasing. In F. M. Cox, J. L. Erlich, J. Rothmanand J. E. Tropman eds. , *Strategies of Community Organization: Macro Practice* (4th ed.), Itasca, IL: F. E. Peacock Publishers, 1987, pp. 3 -26.

③ Hanna, M. & Robinson, B. , *Strategies for Community Empowerment*, Lewiston, NY: Edwin Mellen Press, 1994.

持群体和中心任务①;有的学者认为社区照顾亦属于社区工作的重要模式②。综观以上各种模式类型,可以发现专业社区工作的切入点呈现多样性,没有完全统一或包罗万象的实践模式。各种模式类型的实践途径有些侧重于从上而下,有些则注重从下而上或由里到外(或由外到里);然而其共同特点在于强调社区(居民)参与,强调社区工作是一种发展过程,主张根据具体条件运用不同的策略或技巧。

3. 微观介入策略和技巧。切克欧文(B. Checkoway)概括了社区变迁的六个不同策略:群众动员、社会行动、公民参与、政治倡导、大众教育和地方服务发展。③ 香港学者所总结的实务技巧包括分析技巧(背景与问题分析、动力分析、政策分析、社区研究、逻辑性与批判性思考)、关系建立与维系技巧(居民联系、团体与政府部门联系)、组织技巧(居民动员、居民会议、公共讲演、传媒运用、请愿游行、谈判、游说、社区组织、自助组织、宣传教育、社会网络、社区领袖与志愿者)、议会政治技巧(协助确认候选人、助选、监察议员)和行政技巧(服务策划、方案设计、过程与成效评估、经费筹集)五大类数十种④;哈德凯瑟(D. A. Hardcastle)等所总结的主要实务技巧包括预估、自我应用(assertiveness)、机构、工作小组(委员会/团队)、社会网络、营销、社会行动与倡导、组织行动、社区个案工作等⑤。

以上学术界对社区工作实务模式、方法和技巧的基础性总结,有助于人们理解社区工作实务工具的层次和类型。社区工作员在社区发展中充当着促进者、倡导者、协调者、设计者、组织者、保护者、联络者、鼓动者等各种不同的角色,因此需要掌握社区工作的相关方法。

三、 社区工作的特点与功能

(一)特点

在社会工作创立之初,人们往往把个人问题的原因归结于个人自身,因而也就出现了最初的个案工作方法和小组工作方法。后来人们又认识到,个人和家庭的困境受到社会或社区环境的影响,社区亦可以作为社会工作的对象;不改善社区条

---

① Weil, M. O., & Gamble, D. N., Community Practice Methods, In R. L. Edwards (Ed.), *Encyclopedia of Social Work*(19th ed., Vol. 1), Washington D. C.: NASW Press, 1995, p. 581.

② Sharkey, P., Community Work and Community Care: Links in Practice and in Education, *Social Work Education*, 2000, 10 (1), pp. 7 – 17.

③ Checkoway, B., Six strategies of Community Change, *Community Development Journal*, 1995, 30 (1), pp. 2 – 20.

④ 甘炳光、胡文龙、冯国坚、梁祖彬编,《社区工作技巧》,香港:中文大学出版社,1997 年。

⑤ Hardcastle, D. A., Wencocur, S. and Powers, P. R., *Community Practice: Theories and Skills for Social Workers*, New York: Oxford University Press, 2011.

件，不仅难以保障居民的共同利益，而且个人和家庭的困难也无法解决。社区工作是适应社区发展及其社区人群需要而产生的，有着不同于个案工作和小组工作的一系列特征：以社区为对象、用宏观整体的角度分析和解决社区问题、强调居民的广泛参与、任务目标与过程目标并重、广泛利用社区资源、福利性与政治性统一等。①

1. 以社区为对象

社区工作是以特定的社区为入手点，通过社会工作者的介入解决社区中存在的问题，满足社区居民不同的需要，改善社区生活，进而促进社区发展。社区工作的性质和目的决定了社区工作的服务对象并不是个人、家庭或团体，而是整个社区。在不同情况下，社区工作往往针对特定地域内的居民整体或群体，工作重点是解决群体所面对的集体问题或居民所共同关心的社区事务。

2. 用宏观整体的角度分析和解决社区问题

社区工作对问题的界定常采取宏观角度，认为问题的产生并不在于个人本身，而是与社区周围的环境、社会制度及整个社会有密切的关系。社区工作着重分析社区环境及制度如何影响人的相互关系与互动行为，如何限制人的能力，以及如何压制人所拥有的资源及权力。因而，解决问题的方法不是单纯要求个人作出改变或适应，而是要改善周围的环境，改变不合理的制度及政策。

3. 强调居民的广泛参与

社区参与作为社区工作的重要目标、原则和手段，指社区居民和志愿组织对社区事务的平等、开放和多元化的行为投入。社区工作是许多人的共同工作，而不是少数人或精英群体的事务；社区工作追求最大化的居民参与，向所有社区人群开放；社区参与意味着一种平等、开放和多元化参与，强调责任、权力的分担，尊重居民的才能发挥和自我实现；同时，居民参与也是一种手法，通过这种手法达致其他特定的目标，例如在房屋、环境、社会福利、青少年服务等方面的发展。

4. 任务目标与过程目标并重

社区工作既强调社区的转变，也强调人的提升。从社区发展的角度看，其任务目标是"发展社区"，改善生活环境及素质，解决社区问题，争取居民应得的资源及权力。其过程目标是"发展个人"，让居民在过程中得到成长，增强居民的公民意识，愿意参与社区贡献。在社区工作中，任务目标与过程目标同等重要，假如通过社区工作，只是改善了社区环境，改变了社会制度，而居民素质和能力并未从中得

---

① 参见甘炳光、梁祖斌、陈丽云等：《社区工作：理论与实践》，香港：中文大学出版社，1994 年，第17～20 页。

到提高，社区工作就不能说取得了成功。

5. 广泛利用社区资源

社区工作重视运用社区内的各项资源，相信居民有不少的潜力和能力有待发掘及运用，单靠社区工作员自身的能力无法做好社区工作，必须广泛借助于社区内的那些非专业的支持网络，如邻居、朋友、亲属及各种民间团体。社区工作强调善于运用及组织社区资源是改善社区工作的一大手法，这是区别其他社会工作方法的特点。

6. 福利性与政治性统一

社区工作是一种福利工作，服务于一些有特别需要的人士，解决特定的社区问题，如发展基础性公共设施、安置无家可归者等。这些社会福利目标的达成，是社区工作得以存在与发展的条件。同时社区工作也是一种政治工作，具体表现为社区资源与权力的分配、居民合法权益的保障、居民对政府政策的影响等。社区工作的福利性与政治性是一个过程的不同方面。

（二）社区工作的基本功能

社区工作与个案工作和小组工作一样，都将着眼点放在帮助有困难的社会成员上，尤其着重于提高其自我生存和发展的能力。然而，社会工作者在帮助困难者摆脱困境时运用的办法并不相同，社区工作的助人功能主要是通过以下方式实现的：

1. 预防。相对于个案工作和小组工作的较为直接的救助、治疗功能，社区工作的宗旨在于动用社区力量，间接地为个人和家庭提供救助。立足于教育、福利等基础条件的综合治理，达到标本兼治，为个人和身心健康发展创造良好的外部环境，减少个人和家庭陷于困境的社会因素。社区工作的运用也标志着社会工作经历了从被动救治到积极预防、由服务于个别人到服务于社区和居民整体的发展历程。

2. 福利。近代慈善事业主要表现为私人性、补救性、救济性的服务，19 世纪以来发展起来的睦邻组织运动，为有困难的社区成员提供社会救助和服务。各类社区（服务）中心的成立是社区工作或社区发展的一项重要成果。第二次世界大战后，社会救助或社会福利成为以政府为主、社区和社会团体相互补充的体系。社会福利延伸到职业服务、健康服务、文化娱乐服务、离轨行为矫治等综合性、多样化的服务。

3. 参与。社区工作在很大程度上就是一项动员和满足居民参与的工作。社区居民参与主要表现为居民的社区认同意识和自愿参加各种社区活动或事务的行动。一般情况下，社区工作的广度和深度与公共参与程度呈正相关关系。社区工作为居民参与公共事务提供了有效载体，有利于居民满足自我需要，体现自我价值，实现全面发展。居民身份和需要的多样性和复杂性，决定了参与领域与途径的自主性和开放性的统一，从而最大程度地实现社区增权和创新。

4. 整合。社区整合是各种社区构成要素结合为一个统一、协调整体的过程及状态。社区工作遵循特定的价值和原则，要求社区要素按照一定的秩序，整合为一个具有相对独立意义的社会组织。因此，社区工作的重要功能和目的在于实现社区整合，包括利益整合、资源整合、制度整合、价值整合等等。社区整合的基础在于社区构成要素的相互依赖性和社区成员价值体系的相通性。各部分在整体中根据共同利益的需要发挥各自的功能，从而维持社区的合理存在与健康发展。

5. 控制。社会控制本质上是社会对其成员的思想和行为的规范，其目的是形成良好的社会环境和社会秩序。针对现代社会中初级群体和传统社区的弱化，人们主要通过司法、行政及教育等方式维持社会秩序，对个人或集团的行为进行约束。然而社会控制也包括社区普通成员的充分理解和广泛参与，在社区层面的社会控制过程不完全靠司法、行政或其他正式组织行为来推行，尤其需要通过居民群众的自治方式（如“自我管理、自我教育、自我服务、自我监督”职能）来实现。

6. 发展。帮助服务对象实现自我发展是社会工作的基本功能。社区工作不仅对于预防和解决生活困境、调整社区资源、规划指导社区环境、稳定社会秩序有意义，而且对于提升人的素质和社区发展潜力也具有重要价值。因此社区工作更注重通过社区教育，促使人们认识自我与社会环境的关系，提高适应社会的能力。社区工作通过干预和影响公共政策，解决社区层面的问题，发展社区各项事业，帮助社区克服各种不利因素，增强自我发展能力。

现代化所带来的问题与其所提供的机会一样大，任何社会或社区发展都会造成新的不平衡或不稳定因素，因此社区工作需要在新的条件下不断为社区注入活力。

第三节　社区工作发展历程与时代需求

19 世纪和 20 世纪初，欧美国家在实现工业化和城市化进程中产生了一系列社会问题，因此以社区为载体来解决诸多社会问题成为社区工作产生及发展的最初源泉。20 世纪 50 年代以后，社区工作的范围又扩展至发展中国家农村社区或落后社区。

一、 社区工作的历史发展

(一)西方国家

一般认为,现代社区工作始于19世纪的英国和美国的慈善组织协会和睦邻组织运动。它们以都市内的邻里等区域为服务对象,用协调合作的方法将各慈善团体与救济机构组织起来共同解决问题,推动了社会福利机构的发展,为社区组织工作的形成奠定了基础。20世纪20年代末30年代初的严重世界性经济危机,促使各国政府承担起公共福利的主要责任,政府在推进公共福利计划时也介入了社区工作,大量引进了社区工作的原则和方法。这在一定程度上促进了社区工作的发展。其中一些有标志性的历史事件包括:

1. 英国的《济贫法》。1601年,英国女王伊丽莎白颁布《济贫法》(*Poor Law*),正式承认政府有救济贫困的责任,并规定了初步的救济行政制度和救济工作方法,创世界各国之先例。其重要原则之一是以地方教区为单位进行社会救助,如规定每一教区向居民征收济贫税;由地方分区办理贫民救济,中央和地方政府设立监察人员负责监督;教区设有济贫所或工所,前者收容无家可归者及乞讨者、兼任劳动,后者供有劳动能力的贫困者学习手艺、从事劳作;救济工作分为院内救济和院外救济两种。《济贫法》是社会福利历史上一个重要法规,社会救助甚至社区组织(工作)的原则和方法,都可从中找到线索或依据。

2. 德国的汉堡制与爱尔伯福制。1788年,德国汉堡市根据布什教授草拟的方法,实行了一种分区管理救济事务的制度,对各国社会救济工作产生很大影响。该制度规定,设中心办事处统理全市救济业务,将全市划分为60个区,每区设1名监察员和若干赈济员。救济宗旨是助人自助,具体措施包括为失业者介绍工作;给贫困者提供救济;将贫困儿童送往职业学校学习;把患病者送往医院治疗;不准对沿门乞讨者施舍,以不使无业游民赖以为习。汉堡制共实行了13年,后因城市人口规模增大,救济资源不足而趋于衰微。1892年出现的新汉堡制,加强了中心(中央)机构的作用,取消分区制,对旧汉堡制进行了重大修改。1852年,德国爱尔伯福市(Elberfeld)仿照汉堡制,建立自己的社会救助制度。爱尔伯福制将全市分为564段,每段居民300人,其中贫民不得超过4人;每段设赈济员1人,负责全段济贫工作;每14段为一个赈济区,设监察员1人,领导区内各段赈济员,并由区内14段联合组成一个赈济委员会,由区监察员任会议主席;全市各区联合组成中央委员会,为全市最高救济机构。爱尔伯福制的特点是形成三级工作组织,相互配合;赈济员由本地志愿人员担任,熟悉情况,提高成效;对受救助者实施救助前,须作家庭调查和个案纪录。德国汉堡制、爱尔伯福制的以上工作原则和方法,在很大程度上"奠定了今日社会行政与社区组织工作的基础"①。

3. 慈善组织协会。慈善组织协会19世纪末20世纪初盛行于英、美等国。1868年英国牧师亨利·索利(Reverend Henry Solly)提出建立一种合作组织,协调政府与民间慈善组织的活动。英国第一个慈善组织协会于1869年在伦敦成立。1877年美国牧师格尔廷(Reverend S. H. Gurteen)组建了美国第一个慈善组织协会。与随后出现的睦邻组织运动相比,慈善组织协会相对注重在个体层面对穷人的慈善救助和服务,然而其"采取的合作协调方式,促进了各个救济机构共同解决社区问题,正是专业化社区组织必须使用的方法"②。

4. 睦邻组织运动。睦邻组织运动(Social Settlement Movement)是在19世纪欧美国家一些城市的贫民社区发展至今的改良运动,对社区内的弱势人群提供所需要的服务,促进社区内的社会融合。伦敦东区传教士巴尼特(Samuel A. Barnett),为纪念年轻的亡友——牛津大学经济学讲师汤因比(Arnold Toynbee)服务于贫民、工人的崇高精神,1884年在伦敦自己所属的教区建立了第一座睦邻中心③——汤因比馆,开展组织和教育居民争取环境改善及为贫民的服务工作。随后,类似的社区服务机构在英国各地相继成立。汤因比馆之类的早期睦邻中心的一般特点是:(1)设于贫民区,备有宿舍,工作人员与贫民共同生活,其口号是"工作者与工作对象相亲相爱";(2)根据居民实际需要确定工作内容;(3)尽量发动当地人力,培养自动自发、互助合作的精神,为地方服务;(4)强化中心的文化教育功能,向当地居民介绍国内外文化知识,提供成人教育课程。④ 美国的慈善组织人士在访问了汤因比馆等以后,于1886年在纽约建立了美国历史上第一个睦邻中心——邻里社(The Neighborhood Guild)。1889年,美国社会工作先驱者简·亚当斯(Jane Addams)在芝加哥西区建立美国最著名的睦邻中心——"赫尔中心"。以后这一活动发展极为迅速,到1939年美国各类睦邻中心达到500多处。睦邻组织运动及睦邻中心对社区工作的发展具有重要意义。首先,社会工作的目标选择从个人与社会两个方面介入,扩大了社会工作的活动层面;第二,明确了社区工作的基本原则为根据社区实际需要确定工作任务,组织、动员社会力量共同参与;第三,在传统社会工作个案方法基础上,发展了小组工作和社区工作方法,在推动社区发展中将三种

① 李增禄主编:《社会工作概论》,台北:巨流图书公司,1986年,第173页。

② 李增禄主编:《社会工作概论》,台北:巨流图书公司,1986年,第194页。

③ 对睦邻组织运动建立的大量睦邻中心(Settlement House),有各种不同的译名,如"邻舍中心"、"福群中心"、"进驻中心"等。

④ 李增禄主编:《社会工作概论》,台北:巨流图书公司,1986年,第23页。

方法有机结合;第四,开创了依托社区服务中心(睦邻中心)为居民提供各类服务的组织模式,促进了社区工作的制度化,有利于整合社区资源、满足社区实际需要。

5. 社区基金会和社区理事会。社区基金会一般由社区内大量私人和公共机构设立的基金组成,职能是在社区内进行联合募集和分配慈善资金。受慈善组织协会和睦邻组织运动的推动,1869 年英国利物浦成立社区联合募捐组织,按计划定期组织募捐。1913 年美国克利夫兰市成立美国第一个现代的社区基金会——"慈善联合会",以统一的募捐活动代替许多团体各自分散的募捐。1917 年美国参加第一次世界大战后,成立许多地方基金组织"战争财库",战后改为社区财库,即现在著名的民间基金组织"联合之路"(United Way,亦称"联合劝募")的前身。"联合之路"成员动员企业、邻居、社会公众捐款,所募资金分配给社会服务团体、志愿组织,用于本城市、本社区的社会服务项目。社区基金组织的名称不一,如社区财库、社区基金会、"社区资金会"、"联合基金会"等。社区基金会为社区福利事业和志愿活动募集或提供经费来源,并设计与其他社区组织相互配合的计划,其活动构成社区工作的重要内容。与睦邻中心、社区基金会等同时发展起来的社区组织或联合组织还有社区福利理事会、社区机构委员会等。它们是在一个社区内由社会福利机构和社团组成的联合机构,从事社区工作的协调、计划和经费预算等。

6. 社会保障制度和社区发展计划。20 世纪 30 年代的严重经济萧条和社会问题,促使欧美国家纷纷推出社会保障政策,并重视社区领域的发展。在"反贫穷战争"的浪潮下,美国政府于 60 年代实施社区重建计划,企图改善贫穷人士的社会服务,让居民有更多机会参与决策。社区工作员和其他投入组织、计划与方案拟定的工作人员开始更明确地称自己为"专业工作者",他们试图运用既有的知识和社会计划的理论,以专家的身份去解决社会问题,并影响政府社会政策。在这个时期,学生运动、反越战运动、福利权益运动,民权运动,再加上政府赞助的有关贫穷、市区重建、青少年犯罪预防、就业、市民参与及服务协调等计划,都使社区工作的范围变得更为广阔。自 80 年代开始,美国将社区服务的重点转向一些有特别需要的人士,例如少数民族、妇女、精神病患者及老人等。同时也有一些以经济发展为重点的"社区发展公司"相继出现,他们的工作包括发展商业服务、投资及贷款等,以改善贫民区的居住条件、服务素质和就业情况等。英国在 1971 年推行了社区发展计划,以改善城市贫民区的社会问题。从 20 世纪中期以后,欧美等发达国家在社区服务机构任职的社会工作者,同医生、律师一样,均已实现了职业化和专业化。

1948 年,英国正式提出了"社区发展"的概念,以取代在殖民地开展的"民众教育"。社区工作开始在一些殖民地或发展中国家流行,重点是通过鼓励地方自助及政府的技术帮助,提高居民的参与及培养地区领袖,并鼓励居民间的互助合作精神。这种以教育过程为主的工作得到联合国的大力提倡,成为发展第三世界地区的主要战略之一。

(二) 中国

1. 20 世纪中期以前中国的社区工作

在中国很长的历史时期,大多数社区是以血缘、地缘与业缘相结合的乡村社区,在自给自足的小农经济社区环境里,出入相友、守望相助、疾病相扶是聚居生活的自然现象。所以古代社会结构的特征是以生活和生产相重合的家庭为单位的,家族、亲友、邻居结为生活共同体,敦亲、睦邻、养老、育幼、济贫、兴学、修桥、铺路均为地方社区兴办事业,基层民众囿于较为封闭的亲友圈子中,自助自治。在中国古代基层社会出现的一些社仓制度、乡约制度、义田制度以及会馆制度,对实施社区自助,加强社区意识,推动社区福利起到了很大的作用。①

新中国成立前中国最有影响的社区工作应该是 20 世纪 20 年代和 30 年代的“乡村建设运动”,这一运动是中国知识分子立志唤起民众,改造乡村,拯救中国的一种实际行动。其中较为著名的有 1924 年晏阳初在河北定县推行的平民教育,试图以经济、文化、政治、卫生四项综合的教育方案,把农村的贫、愚、私、弱四种并症转为富、智、公、强。陶行知等 1927 年创办南京晓庄乡村师范学校及以后创办江苏宝山师范学校等,主张以学校为中心,改造乡村社区。还有梁漱溟等在 1929 年创立河南村治学院及 30 年代在山东邹平推行乡村建设实验工作。这些乡村建设运动,志在通过乡村自救运动推动社会发展。另外,清河实验、山西村治、蒲东公社、赣南建设等,也都是通过改造乡村社区以促进社会变迁。虽然由于战争等原因,这些实践活动没有取得预期的结果,但可将它们看做中国现代社区发展和社区服务事业的重要先例。

2. 20 世纪中期以后中国的社区工作

从 50 年代前期开始,国家在城市通过建立单位体制来管理社会成员的同时,也陆续设立了街道办事处和居委会,负责基层社区的行政组织和生活服务。在农村地区,则通过生产合作社、人民公社、生产大队或者乡镇政府或村民委员会管理社区事务,组织社区发展。民政部门和青年团、妇联组织在社区工作中也发挥着特殊作用。地方政府和社区创造出一些具有中国特色的社区管理和社区服务措施,如“社会帮教”、“街居集体企业”、“治保联防”、“合作医疗”、“五保供养”等等。由于力图靠政府系统来管理社会,国家成为全部资源的占有者和解决各种社会问题

---

① 徐震:《社区发展——方法与研究》,台北:中国文化大学出版部,1985 年,第 110 页。

的责任人。社区组织自治性差,社区工作自身的独立性和特点不明显。

与西方一些国家社区工作主要由民间推动、政府配合不同,目前中国的社区工作仍是在政府部门的领导、推动下开展的。1987 年,民政部启动了社区服务计划。90 年代初期,又提出了社区建设的任务,其核心部分是社区组织建设和社区服务,其他方面则包括社区教育、卫生、环境、文化等各项事业。在社区建设实践中,一些社区服务团体开始将各种专业社会工作手段(如个案工作和小组工作)纳入社区工作的范畴。如上海市浦东新区潍坊新村街道社区工作站在 2000 年引入专业服务模式,为社区居民提供个案和家庭辅导、小组活动、青少年课外学习、残疾人康复、老年人照料等服务。

3. 港澳地区

在香港,专业化的社区工作是由 20 世纪 70 年代初期一些社会工作毕业生从事社区基层工作而发展出来的。这批社区工作员,大多在校园接受过西方思想教育和西方社会工作的训练,因此在实践社区工作时,便要面对如何在香港本土应用西方理论的问题。在近几十年的实践中,社区工作在不同的领域都发挥了重要作用。这些领域包括社区中心服务、边缘社区工作、政党及压力团体的基层活动、社区照顾及自助组织的发展等。

港英政府对社区工作的支持,主要体现 70 年代末以后推行的邻舍层面社区发展计划和 80 年代的社区中心服务。从 1978 年到 1991 年,前后由 14 个志愿机构(如明爱、合一基层发展中心、基督教女青年会)负责执行的邻舍层面社区发展项目有 51 个,工作地点主要是那些基础服务设施缺乏、环境条件恶劣的贫困社区。这些计划涉及的服务对象为 27 万人,开支每年近 5000 万港元。1997 年香港回归后,特区政府继续推行邻舍层面的社区发展计划,使邻舍层面的社区发展计划成为香港社区工作的主流之一。1985 年,香港社会福利署将下属各社区中心的管理权交予政务署,在原来社区中心管理委员会的基础上,广泛接纳区议员和其他地方人士为委员会成员,参与社区中心的管理。同时,政府资助民间志愿机构开办经营社区中心,承认和支持这些中心内的社区工作部门。目前香港由政府资助志愿机构开办的社区中心有 14 处。香港率先引入社区照顾的领域是安老服务,发展到 80 年代中期,基层的社区工作员将社区照顾的理念和工作手法引入其他弱势人群的服务中,例如新市镇妇女、单亲家庭、精神病患者、长期病患者以及弱智人士的家长等。①

---

① 参见李志伟:《香港的社区工作》,载黄智雄主编:《香港社会工作》,北京:中国社会出版社,2013 年,第 69 ~ 93 页。

自50年代开始,澳门华人以街道或街区为单元建立街坊联谊会、福利会、互助会等民间团体,共同维护居民合法权益,开展社会公益和文教、康乐体育活动。全澳各街坊会于1983年联合组成了澳门街坊会联合总会,现有26个街区街坊会、28个附属机构和50多座服务设施。澳门特别行政区政府社会工作局作为政府部门负责提供优质的福利服务,帮助解决或预防个人、家庭及社区的问题及推动民间社会服务机构的发展。澳门著名的社会服务组织还有澳门工会联合总会、澳门妇女联合总会以及宗教服务团体等。

二、 社区工作专业教育

社区成为社会工作的实践对象至少已经有100多年。① 但较个案工作和小组工作来说,其学术概念、理论和专业教育,都是较迟才得以确立的。

正规社会工作教育机构的历史可以追溯到1898年成立的荷兰阿姆斯特丹社会工作学校。在很长一个时期,社会工作侧重补救性危机介入,只重视改变或改善个人及家庭的条件和状况。以美国为例,个案工作和小组工作的方法分别于20世纪20年代和30年代得到确认,而社区工作(在美国通常称之为“社区组织”)、社会行政及社会规划等宏观介入方式没有受到足够的重视。有人认为,这反映了美国社会的个人主义传统以及“补救多于预防”的早期社会工作模式。1939年至1945年间,美国社会工作学院协会中的社区组织委员会也对社区组织课程的理念、内容与方法等提出了建议。1944年,“社区组织”被列为社会工作学院的“八大基础课程”之一。1946年全美社会工作会议期间,建立了“社区组织研究学会”。1962年,美国社会工作教育课程委员会明确认定社区组织与个案及小组工作并列为社会工作的三大方法②。据一项统计,1984年年底美国21551名全日制或非全日制硕士研究生中有8.1%(1719人)以社区组织或结合社会行政和社会计划(规划)为专业方向。③

在1947年,中国有20所大学或学院设立社会学系,其中若干大学在社会学系内设立社会工作组或开设社会工作课程,如燕京、沪江、金陵、齐鲁、复旦、金陵女大

---

① Richard L. Edwards, editor – in – chief, *Encyclopedia of Social Work*, Supplement 1997, 19th Edition, NASW Press, Washington, D. C.: National Association of Social Workers, 1997, p. 77.

② Garvin, C. D. and Cox, F. M., A History of Community Organizing Since the Civil War with Special Reference to Oppressed Communities, In J. Rothman, et al. (eds.), *Strategies of Community Intervention: Macro Practice*(5th ed.,. 64 – 98). Itasca, IL: F. E., Peacock, 1995.

③ Rex A. Skidmore, Milton G. Thackeray and O. William Farley, *Introduction to Social Work*, 4th edition, Prentice Hall, Englewood Cliffs, 1988, p. 105.

等高校。中国自1952年高等教育院系调整后取消了社会学系和社会工作专业。1980年以后，中国高等院校开始重建社会学专业；社会工作专业教育也在80年代末得到重视和发展。到2013年，全国已经有300多所高等院校（包括专科和职业院校）设立社会工作专业，培养专业化的社区工作人员成为社工专业的目标之一。1994年成立的中国社会工作教育协会是全国社会工作教育者的专业组织。它将“社区工作”规定为8门主干专业课程之一。在职业化和专业化分工日趋严密的情况下，社区工作的理论和方法正在被越来越多的人所了解和接受。

三、时代需求与现代社区工作

随着改革开放和现代化发展，中国城乡出现了对各类社区服务的更大需求。中国城乡居民收入提高、居民生活消费观念的转变，尤其是大中型城市社区越来越多的人们利用业余时间进行学习培训、休闲娱乐等，对社区空间环境和基础服务设施的需求明显增加。据2006年成都市的一项问卷统计结果显示，服务需求程度由高到低排序为：社区文体活动82.4%，卫生及保健79.8%，治安保卫及纠纷调解78.1%，再就业76.7%，托老养老67%，孤寡残疾66.7%，餐饮维修62.4%，家政服务58.7%，托幼服务58%，物业管理服务57.3%①。

由于人口趋向老龄化、家庭规模逐渐缩小，更多的老年人要求社会化的服务来保障其生活所需；建立以社区居家养老和居家护理为主、养老护理院为辅的新型社区服务模式，将是社区服务发展的重点之一。而城乡普通老人的退休收入偏低，因此需要扩大针对养老事业的福利性、公共性或公益性服务的范围。据2013年武汉市民政局一项大样本调查（回收45万份问卷）显示，57.2%的老人每月退休收入在1700元以下，每月退休收入在1000元以下的老人占11.6%。每月退休收入在2500元以上的仅占12.5%。② 在一些经济快速发展的城乡结合部和流动人口集中的社区，治安服务需求十分急迫。③

中国广大农村社区在基础设施建设、扶贫开发、环境保护、留守家庭服务、老人赡养、残疾人保障等许多方面存在急需解决的问题。新农村建设将使社会保障体系、医疗卫生服务、文化教育服务向农村延伸，为农村社区服务的专业化提供发展

① 王健、徐睿、庄明：《以服务需求定位社区服务性质——由成都市社区服务调查引发的思考》，《中共成都市委党校学报》2007年第6期。

② 周钢：《武汉问卷调查显示：社区居家养老服务需求量最大》，《中国社会报》2013年5月6日。

③ 杜丹丹：《2012年中山城乡居民社区服务需求调查报告显示：市民最需治安服务》，《中山日报》2013年3月20日第A4版。

条件。

拓展阅读

社区服务需求

国家统计局中山调查队受中山市社会工作委员会的委托，近期对中山城乡居民社区服务需求展开调查，结果显示，需求度最高的分别是社区治安、医疗保健、社会保障服务和文娱康乐服务，在这四项服务上选择"很需要"或"需要"的受访者均超过90%，"社区治安服务"排在最需要之首，96.5%的人选了这项。

受访者认为在现有社区服务设施中，按重要程度排序，前四项依次是体育健身活动场所、医疗卫生室、儿童托管中心和文体活动室。在问及还需增加哪些服务设施时，不少受访者提到了游泳池、篮球场、羽毛球场、乒乓球台等康体设施，以及图书室、心理咨询室、消防设施、治安亭、劳动就业公告栏、街心公园、绿道及自行车驿站等活动场地或设施。

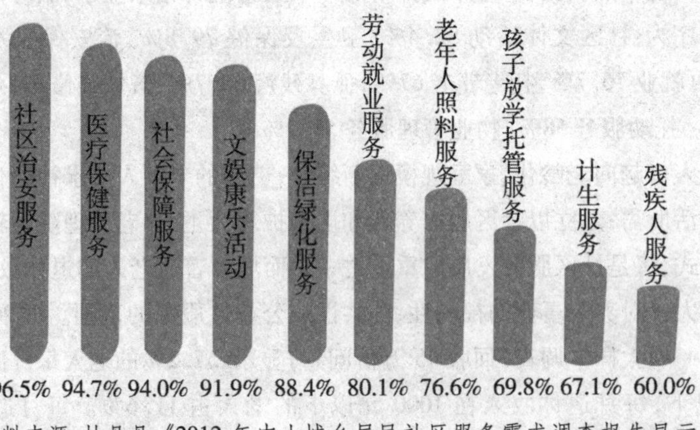

资料来源：杜丹丹：《2012年中山城乡居民社区服务需求调查报告显示：市民最需治安服务》，《中山日报》2013年3月20日第A4版。

相关社区需求的调查对商业服务项目与公共服务项目需要作出类型区分，相比餐饮维修、家政服务、物业管秋、托幼等具有商业性的个人服务或私人服务，居民对社区文体、卫生保健、治安调解、再就业、孤寡残疾等公共性社区服务更加关注。[①] 因此，社区工作和相关社区服务需要坚持社区公共服务，具体包括青少年工

① 王健、徐睿、庄明：《以服务需求定位社区服务性质——由成都市社区服务调查引发的思考》，《中共成都市委党校学报》2007年第6期。

作、老人福利、医疗保健、信息咨询、文体娱乐、终身教育等具有问题预防和福利性质的公共服务。

为满足社区发展的需求,中国城乡社区职业化和专业化的工作者队伍正在扩大和优化,服务分工不断细化。面向家庭、社区和特定人群的各类非营利性社会服务机构和公共设施不断增多,为专业社区工作员提供了广阔的空间。2012 年,中组部、民政部等 19 部委联合发布的《社会工作专业人才队伍建设中长期规划(2011—2020 年)》(以下简称《长期规划》)提出,到 2020 年中国一线社会工作专业人才总量增加到 145 万人,其中中级社会工作专业人才达到 20 万人、高级社会工作专业人才达到 3 万人。该《长期规划》指出,到 2015 年,在国家扶贫开发工作重点县通过依托社区服务中心或新建等方式培育发展 200 个农村社会工作服务站,到 2020 年基本实现每个国家扶贫开发工作重点县有一家社会工作服务站,带动培养 5 万名农村社会工作专业人才。近年来,深圳、广州等城市大规模推进社工专业机构承办社区服务中心和街道家庭综合服务中心建设,大量专业社会工作者进入各类社区服务机构。因此,加强社区工作务实理论和技能的学习、培训,是专业社会工作从业者提高自身综合能力素养的必经途径之一。

本章小结

1. 社区主要有地域性社区和功能性社区两大类;根据人类社区转型的时间顺序,可分类为农业社区、城市社区、大都市会社区。

2. 社区工作的目标包括任务目标、过程目标、最终目标、具体目标,以及近、中、远期目标等类型;社区工作员及社区工作机构在不同的时间里可以选择不同的特定目标。

3. 在社区工作实践中,各国专业工作者形成了特定的宏观实务模式、基本实务方法,以及微观介入策略和技巧;社区工作员在社区发展中充当各种不同的角色,需要掌握社区工作介入的综合方法。

4. 居民参与是社区工作的重要目标,是实现与生俱来的社会权利的体现;居民在参与社区事务过程中可以促进人与人之间有意义的交往,并达致其他特定的社区发展目标。

5. 社区工作的助人功能主要体现在预防、福利、参与、整合、控制和发展等方面,社区工作员需要在新的条件下不断为社区注入活力。

6. 现代社区工作始于 19 世纪的英国和美国的慈善组织协会和睦邻组织运动。在社区工作发展中出现的重要社区组织形式包括各类公共性和公益性社区中心

（包括睦邻中心）、邻里互助组织、社区基金会、社区理事会等。

7. 随着现代化发展，出现了对各类社区服务项目的更大需求；需要进一步扩大和优化职业化和专业化的社区工作者队伍，不断完善社区服务体系。

B 主要术语

社区（Community）：通常指聚居在一定地域范围内的人们所组成的社会生活共同体。

功能性社区（Functional Community）：跨空间地域或非空间性的人群共同体，他们未必居住在同一地域，但拥有共同的特质、背景、利益及需要。

虚拟社区（Virtual Community）：互联网上呈现的无地域、无种族、无宗教、无身份、无贫富界限的人际互动形式。

社区工作（Community Work）：以社区及其成员整体为对象、充分依靠居民参与和开发社区资源、注重发现和满足社区需要的社会工作介入手法及实务活动。

社区发展（Community Development）：广义来说，社区发展等同于社区工作及社区组织；从狭义而言，社区发展（或地区发展）可纳入社区工作的工作模式之一。

社区建设（Community Building or Construction）：多指政府部门、非政府机构和社区合作而开展的社区发展计划和活动，在不同的国家和地区呈现不同的内容。

社区参与（Community Participation）：作为社区工作的重要目标、原则和手段，指社区居民和志愿组织对社区事务的平等、开放和多元化的行为投入。

睦邻组织运动（Social Settlement Movement）：在19世纪欧美国家一些城市的贫民社区发展至今的改良运动，对社区内的弱势人群提供所需要的服务，促进社区内的社会融合。

社区基金会（Community Foundation）：由社区内大量私人和公共机构设立的基金组成，职能是在社区内进行联合募集和分配慈善资金。

C 练习题

1. 课堂讨论：研究表明，积极的社区参与会促使更大的资源获取、资源成效、志愿精神和社区认同。你在自己的社区生活经历中是否发现这个因果关系？具体情况如何？

2. 课外作业：查阅社区发展中动员式参与和自主式参与的若干案例文献，进行相关因素比较。

D 思考题

1. 谈谈社区的概念、类型与社会功能。
2. 社区工作的介入方式可分为哪些层次或类型?
3. 解释社区工作与社区参与之间的关系。
4. 社区工作的助人功能表现在哪些方面?
5. 简述睦邻组织运动及其对社区工作发展的重要意义。

E 阅读文献

1. 王思斌主编:《社会工作导论》(第二版),北京:高等教育出版社,2013年,第九章第二节,第223～232页。

2. 戴维·A. 哈德凯瑟等:《社区工作理论与实务》,夏建中等译校,北京:中国人民大学出版社,2008年,第一章,第1～33页。

3. 殷妙仲、高鉴国主编:《社区社会工作:中外视野中的交流》,北京:中国社会科学出版社,2006年,第一章,第3～33页。

第二章 社区工作的价值观与理论基础

专业社区工作与非专业社区工作的一个不同之处在于：指导专业化实践不仅需要一套专业化的价值观，还需要社会科学理论。本章将主要介绍社区工作的专业价值观、专业伦理，相关的基础理论和实务理论以及社区工作的基本原则。

第一节 社区工作的专业价值观

社会工作的价值观和伦理在渗透到社区工作实践中之后，社区工作对其进行了继承和发展。作为社会工作三大方法之一，社区工作的价值观和伦理具有其独特性。

一、基本概念

大多数社区工作员都深知价值观和伦理对于社区工作实务的重要作用。但是，很多人却常常分辨不出社区工作的价值观和伦理之间有何区别。下面，将分别讨论社区工作价值观和伦理的基本概念。

（一）社区工作的专业价值观

在讨论社区工作价值观之前，首先需要考虑什么是价值观。皮更斯（A. Pincus）和米肯（A. Minahan）认为："价值观就是一些人视之为对本身是好的、较理想的信念取向或假设。"他们认为对于价值观，严格来说是没有对与错的，只能说是得到接受或不被接受。①

---

① 甘炳光、梁祖彬等主编：《社区工作：理论与实践》，香港：香港中文大学出版社，1994年，第43页。

学习活动2－1

试从下列关于社区的事实陈述中区分出属于价值观的陈述：

1. 该社区属于拆迁安置小区。

2. 应该给予社区居民更多的自由去选择他们喜欢的生活方式。

3. 下岗职工普遍素质不高。

4. 调查显示，16%的在校大学生有过同居行为。

5. 这个单亲妈妈更愿意外出工作而不愿意在家照顾孩子。

具体来讲，社区工作专业价值观是指工作员在开展社区工作过程中所秉持的一种认识、一种行动判断依据，它对社区工作的目标、理念、工作态度和方法有着指向性作用。就其特点来说，首先，社区工作价值观是抽象的、不可证明的；其次，它是工作员选择工作目标的准则；再次，它构成社区工作实践原则的基础。

在具体的社区实践中，工作员需要清楚地辨析五种价值观体系，即社会的价值观、案主的价值观、机构的价值观、工作员的个人价值观以及社区工作的专业价值观。在现实中，这五种价值观体系有复杂的相互作用，工作员在日常工作中必须面对这些不同的价值观来工作。“专业价值观在大多数时候与社会的价值观是并行不悖的，但在重点上、优先次序上或者是诠释上可能会有很大的不同。”①如果专业价值观与其他价值观体系有冲突，那么应该优先考虑的是社区工作的专业价值观。

（二）社区工作的专业伦理

尽管在社会工作中价值观和伦理两个词经常互换使用，但它们并不是一码事。价值观和伦理两者的不同之处在于价值观关注的是好的和想要拥有的东西，而伦理关注的是对的和正确的东西。

社区工作的专业伦理是从社区工作专业价值观中推导出来的关于社区工作专业行为的规定和禁令。它涉及社区工作员专业行为的公正性、积极性、正确性和规范性，必须与社区工作专业价值观协调一致。

社区工作的专业伦理至少有四种功能：（1）指明社区工作的核心价值观，并为工作员的日常工作行为提供具体规范和标准；（2）工作员在工作过程中遇到某些职责冲突或伦理矛盾时，能够遵循社区工作的专业伦理守则，维护专业的原则；（3）为

---

①　[美]拉尔夫·多戈夫等：《社会工作伦理实务工作指南（第七版）》，隋玉杰译，北京：中国人民大学出版社，2005年，第17页。

社会公众提供理解社区工作专业职责的伦理标准;(4)提供一套评价或衡量系统,评判社区工作的优劣,尤其用于裁决专业界中的不道德行为。

二、 社区工作价值观的具体内容

在社区工作发展过程中,社区工作价值观因政治取向、文化背景、时代特点等因素有所变迁。香港学者胡文龙、林香生总结指出,社区工作价值观基本涉及以下几个方面:人的尊严和价值、正义和自由、制度取向、平等民主、群众参与、互助合作与互相依赖、社会责任等。[①] 下面将选择其中一些最基本的价值观进行介绍。

(一)以集体取向的人的价值和尊严

人的价值和尊严以及个人自我选择和自我实现的权利是社会工作包括社区工作的核心价值。社区工作将这一价值观放在"社区"这一具体的社会情境中,通过社区组织和发展来实现人的价值和尊严。社区工作的价值目标是实现"集体增权"。当居民群体认识到他们相互负有责任,并由此创造了未来发展的"社会资本"时,他们取得了"集体增权",提升了每个人的价值和尊严。

在具体实践中,这一价值观要求社区工作员始终明确:

1. 工作员需要用自己的知识、价值和技巧帮助社区居民回应社会问题,在这一过程中通过社区组织和发展来实现社区居民的价值和尊严是应有之义。

2. 社区工作中的服务对象包括社区或者社区居民都是独特的,有其自身存在的价值。在开展社区工作的过程中,工作员应该理解并接纳服务对象,尊重服务对象的尊严和个性。

3. 除了帮助服务对象解决具体问题,工作员还应该有意识地为服务对象增权,通过增进其挖掘资源、解决问题的能力,使其能够平等地参与社会生活,进而体现服务对象的价值和尊严。

(二)以制度取向的社会正义

社区工作的宗旨是建立正义的社会。在这一过程中,社区工作重视社会制度对社会成员提供的平等机会和福利责任。所谓制度取向,就是指把健全的公共政策视为在现代社会中帮助个体自我实现的合理的社会功能,将机会平等和社会福利看做公民的基本权利。"社区工作和社会工作两者都有制度化的福利取向,而前

---

① 胡文龙、林香生:《社区工作价值观和原则》,载甘炳光、梁祖彬等主编:《社区工作:理论与实践》,香港:香港中文大学出版社,1994年,第45页。

者比后者更为强烈。”①

这一价值观要求社区工作员开展工作时：

第一，在对案主问题进行评估时，视个人的生活处境并非个人本身所能控制，个人、家庭、社区所面临的问题是社会不平等制度的产物，或是社会变迁中的某些负面因素的后果；第二，将获得一些基本的生活品（食物、住房、教育和社会参与等）视为每个有需要公民的基本权利，需要国家或社会通过再分配途径加以保证。

（三）以民主取向的群众参与

民主参与体现了人的尊严和社会正义，也是实现人的尊严和社会正义的途径。民主参与本身具有丰富的社会功能，能提升个人、团体乃至整个社区的政治意识、合作意识和解决问题的能力。

这一价值观要求社区工作员开展工作时：

1. 坚信社区居民的民主权利需要通过社会参与来实现，参与制订涉及其切身利益的政策措施是不同社区成员的基本权利。

2. 要特别注意鼓励和发扬社区成员的参与精神。通过参与，社区居民的真正需要和社区存在的问题才能被真实地反映出来。社区成员的积极参在一定程度上能够提高社区居民的生活质量。

3. 扶助社区中的弱势群体，为其建立支持网络，组建互助小组，争取资源，提高他们自身的能力，弥补他们在财富、权利、知识和组织资源上的不足。

（四）以互助取向的助人服务

社区工作作为社会工作的一种特定服务，也是一种间接服务。它注重社区成员、团体和组织之间的互动交往，强调居民建立邻里关系、强化互相照顾、建立和谐社区的重要性。社区工作认为，建立社区内的互助网络是社区发展的重要环节，通过文化教育和社会活动，促进居民对他人的正面态度，提高对他人和社区环境的关心，从而使居民获得更大的归属感和安全感。

（五）以社会行动取向的工作策略

对制度化的歧视、剥夺行为采取某种社会行动是社区工作的重要操作性价值或工具性价值之一。西方社区实务工作者发现，“当所要解决的问题十分严重和迫

① 胡文龙、林香生：《社区工作价值观和原则》，载甘炳光、梁祖斌等：《社区工作：理论与实践》，香港：香港中文大学出版社，1994 年，第 49 页。

切时,一些美国式的抗争形式(纠察、联合抵制、静坐)被认为是适当的”,“问题越严重,公众越能接受挑战性战术”。[1]

这一价值观要求社区工作员开展工作时:

1. 应成为弱势群体的代言人,挑战社会的不正义。

2. 应该明确只有通过积极的行动策略,才能有效地达到目的,适当运用组织和行政的动员过程维护社区居民的正当利益。

总之,社区工作员在介入工作时,必须有一套专业价值理念。社区工作的价值观是社会的产物,将随着时代条件和社会情景的改变而变化。工作员应当对自己的专业价值观念不断进行反思和批判,以便为判断是非和采取行动提供可靠的价值准则。

三、 社区工作中的专业伦理

与个案工作和小组工作相比,社区工作实践干预的范围更广,造成的正面的或负面的影响也更大。因此,各种形式的社区实践都需要坚持专业伦理的指导。

(一)伦理守则

香港社会工作注册局于1998年10月订立了《注册社会工作者守则》(以下简称《工作守则》),其应用范围包括社会工作者以社工身份所从事的一切有关活动。[2] 该《工作守则》规定的具体守则包括:

1. 与有关服务对象。社工首要的责任是对服务对象负责;社工有责任让服务对象知道本身的权利及协助他们获得适切的服务,且应尽量使服务对象明白接受服务所要做出的承担与及可能产生的后果;社工应尽可能协助服务对象知晓在某些情况下,保密原则会受到规限,并使他们清楚知道收集资料的目的和用途。在公开个案资料时,社工应采取必要及负责任的措施,删除一切可以识别个案中人士身份的资料,并须尽可能事先取得服务对象及社工服务机构的同意;社工不得滥用与服务对象的关系,借以谋取私人的利益;社工不应与服务对象有性接触;如服务需要收费,社工应尽量使服务对象不会因经济能力而不能及时获取所需要的服务。

2. 与有关同事。社工应尊重其他社工、专业人士及义务工作者不同的意见及工作方法。任何建议、批评及冲突都应以负责任的态度表达和解决;社工应尽量与其他社工合作,提高服务的成效;社工应向有关团体报告任何有违专业工作守则而

---

① Rubin, Herbert J., and Rubin, Irene S., *Community Organization and Development* (Third Edition), Allyn and Bacon, 2001, p. 254.

② 参见《注册社会工作者守则》,香港社会工作者注册局网站。

危害社会工作服务对象利益的行为,并在有需要时维护那些受到不公正指控的社工;社工应尊重服务对象的选择权,并不应在不尊重其他机构和同工的情况下夺取其他社工之服务对象;社工与共事同工合作之间所作的保密沟通,在未获得资料来源者明确同意下,不可向服务对象透露有关其个人资料以外的沟通内容。

3. 与有关机构。社工应向其雇用机构负责,提供具有效率及效能的专业服务;社工应做出建设性及负责任的行动,以影响并改善雇用机构的政策、程序及工作方式,务求使机构的服务水准不断提升,及使社工不会因执行机构的政策时而抵触这份守则;社工在发表任何公开言论或进行公开活动时,应表明自己是以个人身份抑或代表团体或机构名义行事;社工不应在未经其服务机构同意下,利用机构与外界的联系,为个人的私人事务招揽服务对象。

4. 与有关专业。社工从事其专业工作时,应持着诚实、诚恳及尽责的态度;社工应持守专业的价值观和操守,并提升专业的知识;社工对专业提出评论时,应持着负责任和有建设性的态度;社工不可就其专业资格、服务性质、服务方法及统计成效提供有误导性或不真实的资料;社工有责任不断增强本身的专业知识和技能;社工有责任协助新加入社会工作专业的同工建立、增强与发展其操守、价值观、与及专业上的技能与知识。

5. 与有关社会。当政府、社团或机构的政策、程序或活动导致或构成任何人士陷入困境及痛苦,又或是妨碍困境及痛苦之解除时,社工认同有需要唤起决策者或公众人士对这些情况的关注;社工认同有需要倡导修订政策及法律,以改善有关之社会情况,促进社会之公义及福祉;社工亦认同有需要致力推动社会福利政策的实施;社工不可运用个人的知识、技能或经验助长不公平的政策或不人道的活动;社工认同有需要致力防止及消除歧视,令社会资源分配更为合理,务使所有人士有均等机会获取所需的资源和服务;社工认同有需要推动大众尊重社会的不同文化;社工认同有需要鼓励社会大众在知情的情况下参与制订和改善社会政策和制度。

(二)社区工作的伦理困境

伦理困境在各个层次的干预中都存在,实务者必须面对困境的两难。社区工作伦理困境的议题常常围绕着这些焦点展开:个体的权利和福利,公共福利、公平性问题和结构性压迫以及权利、责任、利益之间的冲突等。社会工作者在日常实务工作中经常会遇到上述这些问题。

1. 保守秘密还是打破保密

某城市进行产业升级,原有污染企业逐步从主要工业园区淘汰出去。但这些污染企业却转而“潜入”周边农村,对农村生态人居环境造成严重危害。周边村庄居民不堪污染,准备集体到市政府上访。某机构社工小万正在当地农村开展“留守家庭服务项目”。得知此事,小万该为村民保守秘密还是打破保密,把这一情况反映给有关部门?

2. 服务对象的利益还是社会利益

约翰·牛顿(John Newton)是个22岁的小伙子,尽管工作不稳定,但总是愿意帮助别人。在社区工作员雷·邓克(Ray Denk)上任前,牛顿组织一些年轻人成立了一个俱乐部。这个俱乐部在本街区家喻户晓,提供了许多有益的服务。社区老人尤其感激俱乐部提供的保安服务。自从社区有了这个俱乐部,偷窃和绑架老人的事就销声匿迹了。邓克也渐渐察觉牛顿恫吓当地商店业主,对他们定期收费,允诺为他们提供“保护”。邓克该做些什么?他是看在牛顿做了许多造福社区的事情上,对牛顿的“保护”勾当视而不见?还是应该把牛顿的“保护”勾当报告给警察?①

3. 专业的非歧视与社会一般人群的歧视

社工林冰在某社区开展了一个“浪子回头”戒毒小组,在大家的共同努力下,小组成效显著。由于几位成员家庭困难,急需最低生活保障或一份工作维持生计。社工林冰整合社会资源,协助案主联系社保中心、职业介绍所希望能够为几位小组成员提供“低保”或者招聘面试的机会。但是,相关工作人员一听说是戒毒人员马上就拒绝,“正常人找工作都难,何况是吸毒的?给他们‘低保’会不会去买毒品?”

社会资源是有限的,社会也有其普遍的价值观念。面对吸、戒毒人员社会普遍的认识是负面的,不愿意提供帮助。但专业职责又要求工作员整合资源以服务案主。

(三)社区工作伦理难题的处理原则

工作员在日常工作中经常会遇到不同的伦理难题,需要对这些难题作出正确的伦理决定。拉尔夫·多戈夫(Ralph Dolgoff)等人提出的伦理原则筛查方法(EPS)得到广大社会工作者的普遍认可,为社会工作者作出伦理决定提供了重要参考。一旦遇到有伦理冲突时,伦理原则顺序将有助于社工进行恰当的考量。②

1. 保证生命原则:每一个人的生命是最基本的、最重要的,保证案主生命为首要原则,而且超乎其他原则优先考虑。

---

① [美]拉尔夫·多戈夫等:《社会工作伦理实务工作指南(第七版)》,隋玉杰译,北京:中国人民大学出版社,2005年,第54~55页。

② [美]拉尔夫·多戈夫等:《社会工作伦理实务工作指南(第七版)》,隋玉杰译,北京:中国人民大学出版社,2005年,第59~61页。

2. 差别平等原则：对处于权力不平等的人，应有不同的对待标准。应该视案主特质、身份、年龄等条件及所处生活环境，给予最适当之差别待遇。但不论差别有多大，都必须保持平等对待。

3. 自主自由原则：尊重个人自主自由，但对于每一个人其自主自由仍具有最低标准，即：自主但不可以夺取自己的生命，自由但不可以放纵到可以伤害别人。

4. 最小伤害原则：在冲突发生时，如果有选择机会时，应该选择一个限制最小、最容易恢复到原本生活性能的安置环境。

5. 生活品质原则：以维持个案基本的生活品质为主，尽量让个案维持原有的生活品质，不可因冲突发生而牺牲个案生活的安定及水准。

6. 保守隐私的原则：对于与个案接触及服务获得的所有讯息及会影响个案的相关资讯具有优先保密的责任，以确保个案隐私之保证及专业关系之维持。

7. 真诚原则：无论个案的个性及特质怎么样、遭遇的问题及陷入的困境如何，都必须真诚面对，给予协助，摒除个人价值观及理念，尊重及诚实面对个案，确保为个案提供服务。

第二节　社区工作的理论

一般来讲，有关社区工作的理论可分为“基础理论”与“实务理论”两大类。基础理论是揭示“社区”、“社区与社会”以及“整个社会”三个不同层面关系的知识体系，实务理论是关于社区工作实务中的基本原则、具体策略、方针、技巧、模式方法等的知识体系。伊万斯(R. Evans)将上述基础理论和实务理论区别为“实践理论”与“实务理论”。①

一、基础理论

社区工作的基础理论，主要指来自心理学、社会学、经济学、政治学、管理学、人类学和历史学等学科的理论。通过这些理论，社区工作员可以更清晰的认识和理解其工作环境。本书选择社区工作较为重要的理论作出大体论述。

（一）系统理论

系统理论起源于管理学和心理学中的一般系统理论，直到 20 世纪 60 年代才

① Evans, R. , Some Implications for an Integrated Model of Social Work for Theory and Practice, *British Journal of Social Work*, Vol. 6, No. 2(1976), pp. 177 - 120.

对社会工作产生巨大的影响。系统理论对个人和环境的双重聚焦,对众多因素的综合考察,对关联性的重视都被纳入社会工作综合模式,成为主流社会工作实践的基础性要素。在社会工作中,系统理论被区分为一般系统理论和生态系统理论两种形式,此处主要论述一般系统理论。

1. 理论观点

系统理论认为,任何一个系统(如家庭),都会透过系统内部讯息交换的回馈,形成一套自我调节的系统,而借由不断的改变,以保持系统的变动性及功能性。该理论包括五个重要的概念:(1)输入:资源或能量跨越边界而进入系统,(2)流通:资源或能量在系统中如何被运用,(3)输出:系统如何影响外在环境,(4)回馈:经由与外在环境互动后所回收的资源或讯息。回馈机制是一种不断运作的循环机制,回馈的讯息也透过循环机制,不断返回系统中,从输出回到输入,借以修正及改进不当的输入,以校正及增强系统的运作功能,(5)生存或灭亡:熵(entropy):系统无法获得生存所必要资源。负熵(negentropy):系统可获得生存所必要资源。

一个系统主要有五个基本特征:(1)稳定状态,它经由接受输入和使用而维持自己;(2)均衡,系统的整体与各部分,以及各部分之间,存在着消长趋势与调适;(3)分化,系统整体和各部分,以及各部门之间是动态的,亦即不断变迁与演化;(4)非总加性,整体不仅仅是部分的总和,整体往往大于部分的总和;(5)交互性,系统的整体和各部分是休戚相关的,如果系统的一部分发生变化,系统的其他部分也会随之变化。

2. 处遇过程与原则

社会工作者在系统视角下的实践,首先要找出案主及其与环境的互动中是什么因素导致了问题的出现,然后从案主所处的情境出发,看到他们的局限和机会,辨识案主和社会工作发挥影响力的可能之处,最终协助案主寻求系统的支持以促进个人和环境的双重改变。① 从系统的视角开展社区层面的社会工作,需要从以下几个方面入手:

(1)假设社区是一个具有独特结构和沟通模式的系统;

(2)与社区成员一起明确社区系统的边界,以决定系统的范围,确定哪些部分是介入的关键性次系统,进而介入关键性次系统,以带动其他相关次系统有效改变;

(3)确定社区与其环境系统的配合程度,协助社区与环境取得最佳调适;

(4)检视社区的沟通系统,分析社区的沟通模式,及系统接收、储存、处理、恢复

---

① 何雪松:《社会工作理论》,上海:上海人民出版社,2007 年,第 73 ~ 78 页。

讯息的方法；

(5)注重运用社区内部以及社区外部的资源系统，包括正式和非正式的社会资源；

(6)考察社区对压力具有怎样的回应性，社区系统如何运用回馈机制及自我运作的过程达成正向平衡。

在系统理论中，所有的社会系统都存在横向和纵向的相互作用。将这一理论用于社区分析时，社区工作员可以研究家庭与学校、社会服务机构之间的关系（纵向关系），也可研究同一社会服务机构在不同社区之间的关系（横向关系）。①

此外，利皮特（R. Lippitt）等人运用系统理论，将社会工作的行动分析成改变媒介系统、案主系统、目标系统和行动系统四个体系，帮助社工认识社会工作具体过程。②

3. 理论评价

系统理论对社区工作至关重要，它强调社会工作的社会性，注重社会环境的改变，弥补了心理动力理论等应对社会工作中的"社会性"不足，促使社会工作者从一个更为广阔的社会情境出发理解服务对象的问题并寻求解决方案，从而真正践行"人在情景中"这一核心理念。但是，有学者认为，系统理论只是一个抽象概念架构，为社区工作员提供了思考方式及概念，在实践中难以作为解释性模型，与社会工作实务的关联较少。另一方面，系统理论可能过度重视系统中各部分的整合，过分强调平衡，有时并不利于系统的改变且最终不利于解决问题。

（二）社会冲突理论

社会冲突理论形成于美国20世纪50年代中后期的社会学界，主要指社会学家对各种矛盾产生的社会冲突所作的一系列理论探讨。主要代表人物有：美国的科瑟尔（Lewis A. Coser）、柯林斯（Randall Collins）、米尔斯（C. Wright Mills），德国的达伦多夫（Ralf Dahrendorf）等。③

1. 理论观点

社会冲突理论认为：第一，由于所处的社会地位和经济利益不同，人们对同一问题会有完全不同的价值评判标准和不同的立场、态度等，因而在采取某种措施改

---

① 殷妙仲、高鉴国主编：《社区社会工作：中外视野中的交流》，北京：中国社会科学出版社，2006年，第13页。

② 廖荣利：《社会工作理论与模式》，台北：五南图书出版公司，2002年，第169页。

③ 贾春增：《外国社会学史》，北京：中国人民大学出版社，2008年，第212页。

变某一社会现象时，常会引起群体间的冲突；第二，冲突是社会结构的固有成分，旧的冲突解决了，还会在特定条件下产生新的冲突；第三，由于冲突的持续存在，社会变迁是普遍的和经常的，换言之，社会冲突是社会变迁的强大推动力；第四，解决社会冲突和社会问题的关键在于制度和社会政策，而不是个人。第五，冲突既有负功能，又有正功能。

该理论主张以交涉、达成协议和使用权力三种方法来解决社会问题中存在的利益与价值分裂。交涉即对立双方就发生冲突的问题进行接触和磋商；达成协议即对立双方各自作出一些让步和妥协，作出双方均可接受的决定；使用权力即拥有权力较多的一方运用权力掌握解决问题的控制权，使问题的解决有利于自己一方。

2. 处遇过程与原则

首先，社会冲突理论要求工作员对社区中的社会冲突有一个正确的认识。社区作为一个社会单位，可能存在着不同的利益群体，这些群体之间可能存在各种利益冲突和矛盾。工作员应该正确看待社会冲突。在一定条件下，冲突具有保证社会连续性、减少对立两极产生的可能性、防止社会系统的僵化、增强社会组织的适应性和促进社区整合等正功能。

其次，工作员要认真分析社区中各种社会冲突产生的原因及其可能危害。社会冲突理论并不否认某些冲突会破坏社会团结，影响社区正常生活秩序，也不否认它会导致特定社会结构的解体。因此，在社区工作中，工作员必须认真分析所面对的社会冲突的原因，区分冲突的不同类型以及探讨不同类型的冲突对社区、对社区居民以及其他社会群体的功能后果，尤其是可能的危害，进而寻求针对性解决之策。

第三，工作员在设计冲突解决方案时应注意要具体问题具体分析。对于在社区工作实践中面临的各种冲突，工作员应该在理论指导下，认真调查、全面分析研究、找出可行方案、付诸实践检验，如此不断循环的过程。

最后，工作员需要自觉地体会社区群体所面临的境遇，根据社区工作的目标和性质，有意识地选择三种不同的冲突策略，即运用冲突、预防冲突和控制冲突（第三方角色）。

3. 理论评价

社会冲突理论比较客观地认识了社会现实，其关于社会冲突的正功能论，对人们认识社会冲突的积极作用有着较大的帮助，并启发人们在和谐社会建设中正确处理和谐与冲突的关系。该理论提供了一个分析社区的基本理论工具，工作员可以利用这一理论从不同视角分析社区的性质、社会问题的根源，并提出解决问题的办法。但是，另一方面，社会冲突理论用以分析、评判社会冲突的尺度是一个主观抽象性尺度，这大大地削弱了该理论的现实性和时代感，并且与其经验性分析显示出某种程度的不协调性。

（三）社会资本理论

社会资本理论是指社会学、政治学等学科借用社会资本概念来解释经济增长和社会发展的理论研究。“社会资本”概念最早由莱达·哈尼范（Lyda Judson Hanifan）提出，后经社会学家皮埃尔·布迪厄（Pierre Bourdieu）、詹姆斯·科尔曼（James S. Colema）、罗伯特·普特南（Robert Putnam）等加以发展，使其成为学术研究和政策讨论的焦点。

1. 理论观点

对于社会资本的本质，不同学者有着不同的理解。莱达·哈尼范认为，善良愿望、友谊、同情心和社会交往等可以看做社会资本，这些社会资本能使土地、房屋、金钱等有形资产体现更大价值。罗伯特·普特南认为，社会资本指的是社会组织的特征，如信任、规范和网络，它们能够通过推动协调和行动来提高社会效率。甘炳光认为社会资本可以包括支援网络、公民联系、社会信任、社会凝聚力、互助关系及社会团体的活动等。①

社会资本除了具有经济资本的生产性、收益性、规模效应之外，还具有自己的特性：第一，公共物品性质；第二，使用强化性；第三，不可转让性；第四，可传递性；第五，可转化性。

2. 处遇过程与原则

在社会资本理论指导下，工作员应遵循以下原则：

（1）社会资本是可以建构的，在实施社区工作过程中可以诱发社会资本。

（2）工作员需要在社区内着重寻找、发动、运用及联结以下四项社区资产去推动社区发展，包括：个人资产、社区组织资产、社区团体及部门资产、自然资源及物质资产。②

（3）工作员应该努力培育、利用社区内部外部的社会资本，实现社会资本的可再生，帮助居民构建广泛的社会支持网络，从而增强其抵御风险的能力，实现更大范围内的社区整合。

3. 理论评价

虽然社会资本从概念的提出到理论模型的建构取得了突破性的进展，但是该

---

①② 甘炳光：《社区工作：意义重塑与展望》，《林护社会工作讲座系列之四：社区社会工作的理论和实践》，2011 年。

理论本身还存在一些不足。首先,学者们过于乐观地高估了社会资本的积极功能,忽视了社会资本的一些消极作用;其次,社会资本理论是另一种形式的理性选择理论,因而忽视了人类行动的非预期后果、非理性后果、无理性后果的存在;第三,来自不同传统的社会资本的修正主义理论家冒着试图用太少的理论解释太多现象的危险,从而使社会资本的术语和理论有可能流于时髦,而不能成为一个严肃的知识和学术领域。①

拓展阅读

香港"社区投资共享基金"实践

进入新世纪以来,香港政治、经济、社会都出现了新的矛盾,香港特区政府开始寻求新的思路和策略去解决社会问题,借鉴国际社会"持续发展社会资本"的概念,2001 年推出了"社区投资共享基金"计划,以期促进社会发展。基金的目标就是发展社会资本。

自 2002 年 8 月实施以来,计划累计 90 个,拨款超过 7000 万港币,项目涉及 1000 多个跨界别合作伙伴,超过 17000 名社工,提供超过 2000 个就业和其他发展机会。在这些有形的可量化的成果之外,更多是无形的却是感觉得到的转变,包括增加社区居民参与社区事务的机会,增强参与者的自信,改善社区人际关系,共同解决社区问题。

评估显示,社会资本的提升体现在:一是提高了参与者的能力;二是增强了社群之间的互信和自助、互助;三是加强了官、商、民之间的合作;四是拓展和巩固了社区支持网络;五是使不同界别、阶层、年龄的人积极参与,增强了社会共融;六是提高了弱势人群的就业能力,促进了就业。

资料来源:马宏:《社会资本:建设和谐社区的新视角——香港社区投资共享基金的启示》,《新资本》2006 年第 4 期。

(四)社会支持理论

社会支持这个概念是在精神病学的研究中首次提出来的,在 20 世纪 70 年代引起广泛关注,并逐渐被其他学科所引用。

1. 理论观点

社会支持理论通过研究社会支持网络来考察个体与其生态环境中其他系统之间的关系状态。一个人所拥有的社会支持网络越大,越能够应对来自环境的挑战。

① 张文宏:《社会资本:理论争辩与经验研究》,《社会学研究》2003 年第 4 期。

社会支持包括有形和无形支持，它既包括个体所拥有的客观的、物质化或可以数量化的支持，更强调个体主观上对支持的感受和体验社会支持既是外界提供给个体的，同时也可能因为每个人的个性和心理差异决定个体对社会支持的感受度和利用度存在差异。

社会支持通常具有四方面的特征：(1)社会支持的提供者为正式的或非正式的社会网络，该网络由不同的社会层次组成，如政府、社区、群体或个人等。(2)社会支持的接受者大多为弱势群体。(3)社会支持的内容可以是物质上的，也可以是精神上的。(4)社会支持具有缓解个体心理压力、并能影响个体行为选择的功能。

2. 处遇过程与原则

社会工作的重点是帮助案主学习建立社会支持网络和利用社会支持网络，干预的目的是强化个人的社会资源，以增强个人的社会整合度，并且协助个人解决生活中的问题。社会支持网络干预的过程由评量案主的社会关系网络和社会支持程度开始，再就其优点与缺失拟定处遇计划。

比格尔(David E. Biegel)等人(1984)主张在进行社区支持网络评量时应回答下列问题：

(1)社区中高危险群(at - risk population)的问题与需求是什么？

(2)社区中有哪些非正式资源可满足这些需求？非正式支持体系的限制是什么？

(3)社区中有哪些正式资源可用以满足这些需求？有哪些限制？

(4)正式资源和非正式资源之间的关系是什么？

(5)如何增进二者之间的连结？

(6)有哪些问题或需求尚未能被现有的资源解决或满足？

在评量时应尽量与机构现有的评量工具结合，以避免重复而浪费时间。获得资料的途径主要有：人口统计分析、社区调查、使用案主接案表格、关键人调查等。[①]

中国大陆的社区支持网络工作大致可以分为三大类。第一类以地域社区为基地，以直接服务为主，是在社区内动员家人、亲友、邻里或志愿者等，建立一支支援系统。例如动员社区志愿者探访独居孤寡老人，协助他们打扫家庭卫生。

第二类是建立服务对象本身的互助小组，使他们能以自助助人的方式相互支持，例如癌症病人的互助组织、白血病病人互助小组等。

第三类则是社区紧急支援网络，以协助个人或家庭预防突发事故或危机为主，

---

① 宋丽玉等：《社会工作理论处遇模式与案例分析》，台北：台北洪叶文化事业公司，2002 年，第 305 ~ 306 页。

例如老人紧急互助计划、由警方协助推行的邻里守望预防犯罪计划等。

3. 理论评价

社会支持理论重视个人从人际关系中得到的资源，以及社会系统中各种资源的流通。它能帮助人们从宏观的层次去分析问题，从微观的层次介入并解决问题，能给需要帮助的群体提供全方位的服务，能在个人或社会的矛盾出现后迅速地做出全面的分析并采取相应的措施。因此，社会支持理论指导下的社会实践可以很好地解决个人的社会适应问题和社会发展过程中出现的不协调问题。但它也有其局限性。社会支持理论欠缺足够的理论架构，使得介入的处遇过程不够明确，不像其他社会工作理论有清楚的处遇程序或行动计划，对个人及社会问题的出现没有充分的理论加以预防。

（五）女性主义理论

通常认为西方女性主义起源于18世纪，以玛丽·沃斯通克拉夫特（Mary Wollstonecraft）的著作《女权辩护》的出版为标志。[①] 女性主义从20世纪70年代开始成为社会工作的一个重要流派，主要代表人物有勒曼（Liz Lerman）、贝蒂·弗里丹（Betty Friedan）、沃里斯（Rebcca Morrison van voorhis）等。

1. 理论观点

女性主义社会工作通过将女性体验带入社会工作中，试图重构社会工作的知识基础、专业关怀和干预模式。在社会工作实践层面，女性主义批评目标和任务中心模式以及证据为本的科学实践都是由男性主导的，且使用男性的语言和思维方式，认为应该重新定义社会工作，特别要在这一专业体制中融入女性的参与和想法。主要论点包括：

（1）宣称社会情境的重要性，尤其是性别权力关系。

（2）确认个人的即为政治的。这一口号推动人们认识到个人问题的社会和政治根源，其实质就是身份政治。社会结构赋予男性更多的优势，而将女性压制为一个受压迫的群体，这样，个人的问题和社会政治状态就相互交织在一起。

（3）以包容的立场试图重新平衡正常与异常之认知。

（4）采取解构的立场去颠覆以男权为中心的理论、制度和实践。

（5）强调男性和女性之间的差异。[②]

---

① Turner, Bryan S., *The Cambridge Dictionary of Sociology*, Cambridge University Press, 2006, p. 199.

② 何雪松：《社会工作理论》，上海：上海人民出版社，2007年，第160～163页。

2. 处遇过程与原则

(1)服务目标的双重性。女性主义社会工作实务的长期目标在于解除社会对于女性的压迫和实现女性的解放,并建构一个两性平等的社会,使女性具有自我实现的机会;女性主义社会工作实务的短期目标在于增进女性对于问题根源的认知,提升女性的自我价值感和掌控感,提升参与社会行动的能力与力度。

(2)服务过程的双重焦点、关系的平等。女性主义社会工作强调个人改变和社会变迁,同时还重视个人改变与社会变迁之间的关联性,强调社会工作者与服务对象之间关系的平等性。社会工作聚焦女性身处其中的不同关系包括社工与案主之间的关系,并且特别注重关系的权力动态机制和女性对关系的特殊理解。

3. 理论评价

女性主义社会工作对社会工作的理论和实践产生了重大的影响。它的性别关注重构了社会工作的价值基础,使得社会工作更加具有包容性。然而,女性主义社会工作的实践需要更多的证据来支持其有效性。如果女性主义过分强调女性的体验而忽视男性的体验,就会走向另一个极端。女性主义强调意识觉醒,但如果不能形成改变现实的共识,那就不可能实质性地改变人们的现状。此外,改变过程中男性的参与是不可缺少的,如果女性主义无视男性的存在,也是不现实的。

拓展阅读

谁的森林

平各特(Pinqot)村落机构对保护公共林地所做的努力十分成功。以前被严重采伐的山腰广阔地带已被重新植林,村落机构还设计了一个保护体系:每家轮流出一名男性,组成小组巡查受保护的地区。这些护卫日日夜夜在森林里巡逻。对于失职的成员,村落机构将处以高额的罚款和严厉的惩罚。重新种植的树林十分壮丽。全国性的大奖也颁给了该村落机构,以嘉奖它在环境保护上做出的努力。

但是,当妇女被问到对重新造林的土地和国家的嘉奖有何感想时,回答却是不无讥讽的:“什么森林?我们现在对它是一无所知了。以前我们常去森林拾柴,但自从男人开始保护它时,我们连看一眼都不行!”

……

以前平各特有很宽阔的林地,从不缺枯木,妇女不用费很大力气就能拾够柴。但现在她们不得不叫上女儿,一天花上6个小时,走比以往远5倍的路,才能拾到同等数量的柴火。……

从这个经历中得出的教训很明显:看上去很有凝聚力的全社区参与——几乎

每家每户的男人都参与了对森林的保护,事实上是极端虚假的。当男人满怀热情地保护森林时,妇女却成了彻底的失败者。对妇女利益的削弱和她们与男人有限的谈判能力反而会对森林长期可持续性更有害,并使她们有了挫败感,也给她们个人带来了困难。

资料来源:[英]伊琳·吉特(Irene Guijt)、米拉·考尔·莎(Meera Kaul Shah)编:《社区的迷思——参与式发展中的社会性别问题》,社会性别窗口小组译,北京:社会科学文献出版社,2004 年,第 358 ~ 359 页。

(六)社会发展视角

基于对现行发展观念的反思,詹姆斯·米奇利(James Midgley)从社会福利的角度提出了社会发展视角。

1. 理论观点

社会发展视角是在新自由主义挑战下、发展和完善起来的一个规范性福利理论。在社会发展理论看来,社会发展是一个旨在改善作为整体的人口的福利并伴之以一个动态的经济发展过程的有计划的社会变迁过程。主要从以下几方面考察:

(1)社会发展的过程与经济发展的过程是密不可分的。社会发展要通过将社会发展和经济发展联结起来为社区创造资源,而非仅仅视福利依赖于经济增长。

(2)社会发展是一个动态的过程,这个过程包括三个层面:社会发展寻求改变的既定社会状况,发展过程本身和社会发展目标已经实现的结束阶段。

(3)社会发展的过程是干预主义的。社会发展视角认为,有组织的努力可以带来社会福利的改善,人可以在特定的社会、经济和政治脉络下影响自己的未来。

(4)社会发展目标可由不同的策略所推动。这些策略寻求整合社会干预计划和经济发展计划,它们源自于不同的信念或意识形态。

(5)社会发展关注作为整体的人群,而不仅仅是有需要的人群,就其范围而言是包容性的或普遍性的。

2. 处遇过程与实践原则

社会发展在社区层面的具体策略主要包括:社区发展、社区行动以及性别赋权的社区发展。①

(1)社区发展。社区发展强调地区型组织的重要性,鼓励兴建社区中心,要求专业人员的加入,致力于社区资源与外部资源的联结。这样地区性的社区发展就

① 何雪松:《社会工作理论》,上海:上海人民出版社,2007 年,第 106 ~ 107 页。

可能为提升当地人的福利创造机会，包括提供就业。

(2)社区行动。社区行动是在批判社区发展保守立场的基础上提出的，社区行动的支持者认为社区居民应该对社区所有事务有最后决定权，因此它秉持的是政治的、积极的立场。它最重要的手段就是意识化，即认识到地区问题背后的社会结构因素，并经由社区会议、小组讨论建构"社区"，组成联盟以挑战政府和既得利益集团，提出有利于社区发展的计划。

(3)性别赋权的社区发展。这包括改变影响妇女参与的法律，强化女性对经济活动和社区事务的参与权利，创造妇女的合作和自雇机会，提升妇女的教育和生产能力。

3. 理论评价

将社会发展视角引入社会工作是一个具有创意的努力，实现了对宏观层面改变的重申，为社会工作提供了更为广阔的实践空间；社会发展视角要求将社会政策与社会发展联结起来，实现经济与社会协调发展，这对推动社会层面的变迁具有启示意义。社会发展视角的不足之处在于接受了现有的社会结构和秩序，从本质上来讲它是一种保守的改良主义，是在既定的社会秩序下寻求发展。

二、主要实务理论

社区工作实务模式有多种多样的划分，不同的模式背后有着不同的理念，目前影响较大的社区工作发展模式有三分法、四分法。由于后面章节会对社区工作实务模式作详细论述，在此只作简要介绍。

(一)罗斯曼的实务模式

1979 年罗斯曼(J. Rothman)整合了美国社区工作界的各种实务理论，总结出了三大实务模式：地区发展、社会策划以及社会行动。地区发展以社区建设为重，同时关注社区能力和社会整合；社会策划以专家为指导、以数据为基础、以解决问题为导向；社会行动的倡导和推动，以根本性改革和社会公平为己任。① 这一模型后来成为各地社会工作专业学生必须掌握的社区实践模型。

表 2-1　　罗斯曼 1979 年社区组织模型

地区发展	社会策划
社会行动	

① Rothman, The Interweaving of Community Intervene Approaches, *Journal of Community Practice*, 3(3/4), 1996, p. 71.

1987年,罗斯曼修订了他1979年提出的三大模式,改而倡导三套宏观实务观点。罗斯曼思路的改变,适应了当时政策分析方面的理论发展,同时也针对了政府行政权力膨胀的现实。他将“观点”界定为广泛的取向或策略方向,将“模式”定义为较细致、具体及内部贯彻的工作方案。在此基础上,他提出“政策实务”及“行政实务”两个全新的实务观念,而将1979年的三个维度归在“社区组织实务”之下。①

表2-2　罗斯曼的宏观实务模式

	社区组织实务	政策实务	行政实务
(1)改变策略及技术的特征	因应不同模式而定	◆共识或矛盾取向 ◆调动政治权力	运用正式权威
(2)工作员角色	(a)使能者 (b)资料搜集者 (c)行动策动者	◆政策分析者 ◆政策管理者	◆督导者 ◆行政人员
(3)促成改变的媒介	(a)邻里 (b)数据 (c)行动组	◆决策小组,如董事局或执行委员会 ◆拥有政策实权的权力架构	社会服务机构
(4)对权力中心的理解	(a)雇员 (b)联盟者 (c)抗争对象	在权力中心以外的监察者	行政架构作为权力中心
(5)对服务对象的理解	因应不同模式而定	精英的参与者将积极参与决策	服务对象是消费者或顾客

注:(a)地区发展,(b)社会策划,(c)社会行动。

(二)杰佛瑞四分法

在罗斯曼模型的基础上,杰佛瑞(Ann Jeffries)提出了社区实践的四模式,将罗斯曼的地区发展和社会策划两个模型重新命名,同时将社会行动划分为“非暴力直接行动”和“社会运动”。

表2-3　杰佛瑞模型

能力和意识的提升	促进伙伴关系
非暴力直接行动	社会运动

① 甘炳光、梁祖斌等:《社区工作:理论与实践》,香港:香港中文大学出版社,1994年,第104页。

这一模型的具体内容如下：

1. 能力和意识的提升：从邻居个人关怀开始，进而转向培养和发现社区群体的技能和能力，这一模型要求工作员具备人际、教育和团队工作的能力和技巧。

2. 促进伙伴关系：社区工作的重点在于通过社区发展合作，从而培养社区的自我运用能力，不再单一地侧重于提供便利服务。

3. 在树立起社区成员的信心之后，社区成员可以通过非暴力直接行动的组织模式来引起当权者的注意，这一模式不同于社会运动。

4. 社会运动：不仅围绕单一问题进行组织，还是一种激进的变革导向的社会行动，用人规模的群众动员寻求社会公平，提倡社会生态学意识。

第三节　社区工作的基本原则

社区环境各有不同，社区事务千变万化。工作员在着手社区工作之前，必须认识和理解社区工作的基本原则，然后根据基本原则来选择或制订具体的工作方法。所谓基本原则指由社区工作的客观要求和基本目标所决定的在开展工作时所要遵循的准则。社区工作的基本原则主要包括：

一、以社区发展为主要目标

在社区工作实践中，以社区发展为主要目标的原则体现为不同的策略：

第一，以解决社区亟待解决的社会问题为目标。认识社区中存在的社会问题和原因，通过社区工作或社区组织手段缓解或解决这些社会问题，从而达致社区发展。

第二，以人的发展为目标。在社区工作中，人的发展比社区的物质建设更加重要，因为只有居民对社区事务有参与感和责任感，建立起持久的集体力量，才能影响政策制定和社会资源的分配，社区的改变和发展才能得以实现。① 因此工作员应当特别重视居民知识素质和参与意识的培养。

第三，以社区能力建设为目标。社区能力建设指促进各种社区“资源—资产”的增长，体现了社区工作的新视角、新策略。通过教育、整合等手段，丰富组织资源，积累无形和有形资产，增强社区自我发展的内驱力和能力。

---

① 甘炳光、梁祖斌等：《社区工作：理论与实践》，香港：香港中文大学出版社，1994 年，第 54 页。

第四,以集体增权为目标。"集体增权主要产生于居民所获得的相互责任感"①;通过社区集体行动,居民增强了社区联系、归属感和义务感;这些连接要素最终形成"社会资本",使居民的工作更有效率,从而也提高社区的能力。

二、根据实际条件制定工作计划

首先,社区工作是有计划的社会变迁或社会行动,必须根据特定的社区背景和条件制定工作策略。不同的社区有不同的需要和发展目标,不同社区居民的职业背景、活动能力及生活方式有很大差异。工作员应该充分认识所服务的社区,因地制宜地制定工作计划和策略。

其次,从社区工作的过程来看,社区工作中各个阶段工作方法的选择都不能脱离具体的主客观条件。推动任何社区发展项目都必须考虑到几乎全部社区要素,这就要求社区发展的任何计划都应是综合的、涉及诸多因素的计划。

最后,社区工作开展过程中的具体工作程序要分清轻重缓急,制定目标优先次序,根据实际能力和条件来制定目标、选择方式、评价成果。

学习活动2-2

小李是济南某机构社工,准备在济南的A社区和B社区同时开展"魅力社区绿色出行"项目。A社区和B社区的基本情况如下:

A社区是一个传统的老居民小区。居民多为济南本地人,年龄以中老年为主。社区没有物业公司统一管理。但在居委会和居民的共同努力下,该社区摸索出了一套行之有效的自治工作法。通过这种工作法,社区邻里关系融洽,社区氛围和谐,不文明养犬、占道经营等社区管理难事都得到了妥善解决。

B社区是一个新建商品房小区,小区内的业主主要是私营企业主,外来人口较多,年龄以中青年为主。社区居民平时忙于工作,交流和沟通很少,大家基本都不认识。小区业委会成立不久,还没有开展过大型的社区活动。

1. 根据介绍,请谈谈你对A、B社区的认识和理解。

2. 如果你是小李,根据两社区不同的情况,应该如何开展该项目?

三、强调社区参与

社区工作作为一种有计划的集体行动的方法,必须重视社区参与。社区参与

---

① Rubin Herbert J., and Rubin, Irene S., *Community Organization and Development* (Third Edition), Allyn and Bacon, 2001, p. 95.

既是社区工作的重要目标，也是社区工作的基本手段。有了社区的广泛参与，工作员才能真正了解社区的现实需求，从而使开展的各个具体项目具有较强的针对性，产生较好的社会效益；才能逐步培育社区归属感、认同感和现代社区意识，使社区自身的各类资源得到最有效的整合和最充分的利用。

社区参与并不是指所有的、全部的社区居民都来参与社区事务的议定和处理，而是指社区内不同阶层、不同组群的居民都能够有同等的机会参与社区事务。包容性的社区参与倡导不同性别、不同年龄、不同民族、不同层次的成员共同参与社区事务，实现尽可能广泛的参与。工作员应当特别注意动员式居民参与和自主式居民参与之间的联系和区别，通过培育、引导、组织、服务等多种手段，发展自主式参与。

实现居民参与的具体过程包括根据居民意见自下而上制订工作计划，由居民从事或组织社区发展项目和相关活动，将社区居民的参与率、认同感和满意度作为评估社区工作效果的基本指标等。

拓展阅读

犯罪与社区

在欧洲和美国的城市，当人们被问及他们感到烦恼的问题时，住在比较混乱的街区的居民往往会谈到废弃的汽车、乱涂乱画、卖淫、小青年组成的流氓团伙以及其他类似的现象。

出于对这些问题的忧虑，人们采取了各种各样的行动：他们尽可能地搬离有治安问题的地区，或者在他们的门窗上加上牢固的防盗锁和结实的防护栏，并且放弃去那些有公共设施的地方。不受控制的失序行为向人们表明这个地区是不安全的。担惊受怕的人们远离街道，避开某些邻居，并且限制自己的正常活动和交往。在他们自己抽身而退的时候，他们也放弃了公民之间的相互支持，并因此取消了以前曾经有助于维持社区成员的公民素质的那些社会控制机制。“一个城市生活和社会交往的结构受到破坏的街区将变得越来越脆弱，很容易受到更多的失序行为和严重犯罪的影响。”

……

合作式治安不仅意味着把公民的力量吸收到维护社会治安的活动中来，而且还意味着改变警方特有的思维方式。……一种经过更新的侧重犯罪预防而不是法律执行的模式，将同治安与社区力量的重新结合紧密配合起来。……

为了发挥切实有效的作用，政府机构、刑事司法系统、地方组织和社区组织之间的合作关系必须是包容性的，所有经济群体和种族群体都应该被吸收进来。政府和企业应该携起手来，以帮助修整破败的城区。……

强调这些策略并不意味着否认失业、贫困与犯罪之间的关系。毋宁说，同这些社会疾病作斗争的活动应当同以社区为基础的犯罪预防措施结合起来。这些措施实际上可以直接或间接地促进社会公正，当社会秩序随同公共服务和建筑物一道走向衰败的时候，其他的各种机会也会随之减少。改善一个街区的生活质量可以使它们得以复兴。

资料来源：[英]安东尼·吉登斯：《第三条道路》，郑戈等译，北京：北京大学出版社，生活·读书·新知三联书店，2000年，第89~92页。

四、尊重社区自决

增强社区自主能力是社区工作的基本目标之一，因此要在工作过程中始终尊重社区居民的意愿，让居民自己选择和决定社区的改变方式和行动。在贯彻社区自决原则时，要注意以下两个方面内容：

第一，社区自决意味着社区居民才是解决社区问题的主体。

工作员应该清醒地认识到，承担解决社区问题责任的应该是社区居民。只有社区组织和居民，才能够真正了解社区问题的根源以及自己的切身需求和具体利益。在社区工作过程中，工作员要遵守社区自决的原则，无论对人对事都不肆意支配和控制，不勉强社区居民接受工作者的意见和看法，不以工作者个人的价值观和偏好去左右社区居民的行动。

第二，社区自决并不是说工作员可以对社区居民的问题采取袖手旁观的态度，可以不给予任何意见和引导。

社区居民因为社会环境、素质能力及信息等因素的阻碍，有时无法看到解决问题可以有很多种途径。如果在这种情况下让社区自决，实际上是工作员在推卸责任。工作员要协助社区居民了解社区的真实情况，帮助社区居民去发掘可利用的相关资源，要帮助社区居民了解不同选择的可行性及其后果，确保社区居民经过充分考虑后，从多种可能性中选出最合适本社区的一种。

五、整合资源，开展广泛合作

社区发展需要广泛地团结合作，协力解决非少数人所能解决的问题。这不但包括与社区组织与居民之间的合作与协调，与社区内政府部门的合作，也包括社区同外在环境的协调，特别是同资源占有者的合作。

工作员需要从共同利益和共同需要出发，有计划地引导社区内的居民与组织共同参与，合理地利用社区的资源和外来的援助，改善社区的经济、社会与文化的状况。社区合作也是指社区内外组织和资源的整合。广泛合作既是对社区组织关系的一种重建，也意味着对社会资源的分享。工作员应当积极通过组织工作和社会服务，推动团结合作、抑制破坏合作的制度与规范，将相对分散存在的组织力量和资源汇成合力，加速社区整合和发展的进程。

以上原则规定了社区工作的主要目标、策略、方法和过程。这些原则所以能成为社区工作中所普遍接受的准则，是因为它们建立在一些基本的假定之上。默里·罗斯(Murray G. Ross)总结了这些相关的假定：(1)社区居民能够发展解决自己问题的能力；(2)居民能够变化也希望变化；(3)居民应当参与推动、调节、控制自己社区中所发生的主要变化；(4)自愿接受和自我发展的社区生活变化具有强加的变化所不具备的意义和持久性；(5)一种"综合方式"能够成功地解决一种"单一方式"所不能解决的问题；(6)民主要求对社区事务的合作参与，居民必须学习相关的技能；(7)正像许多个人需要帮助解决他们的个人需要一样，社区也需要组织起来解决自己的需要。①

A 本章小结

1. 社区工作的专业价值包括以下几方面：以集体取向的人的价值和尊严，以制度取向的社会正义，以民主取向的群众参与，以互助取向的助人服务，以社会行动取向的工作策略。

2. 社区工作伦理难题的处理原则：保证生命原则、差别平等原则、自主自由原则、最小伤害原则、生活品质原则、保守隐私的原则、真诚原则。

3. 社区工作的基础理论主要有：系统理论、社会冲突理论、社会资本理论、现实建构理论、社会资本理论等。

4. 社区工作的主要实务理论包括罗斯曼的三分法和杰佛瑞的四分法。

5. 社区工作的基本原则包括：以社区发展主要目标；根据实际条件制定工作计划；强调社区参与；尊重社区自决；整合资源，开展广泛合作。

B 主要术语

社区工作的专业价值观(Professional Values of Community Work)：是指工作员

---

① Skidmore Rex A., Thackeray Milton G., and Farley O., William, *Introduction to Social Work*, 4th edition, Prentice Hall, Englewood Cliffs, 1988, p. 106.

在开展社区工作过程中所秉持的一种认识、一种行动判断依据。

社区工作的专业伦理(Professional Ethics of Community Work):是从社区工作专业价值观中推导出来的关于社区工作专业行为的规定和禁令。

基础理论(Basic Theories):是揭示"社区"、"社区与社会"以及"整个社会"三个不同层面关系的知识体系。

实务理论(Practice Theories):是关于社区工作实务中的基本原则、具体策略、方针、技巧、原则规范、模式方法等的知识体系。

系统理论(System Theory):对个人和环境的双重聚焦,对众多因素的综合考察,对关联性的重视都纳入社会工作综合模式,成为主流社会工作实践的基础性要素。

社会冲突理论(Social Conflict Theory):指社会学家对由于各种矛盾产生的社会冲突所作的一系列理论探讨。

社会资本理论(Social Capital Theory):指社会学、政治学等学科借用社会资本概念来解释经济增长和社会发展的理论研究。

社会支持理论(The Theory of Social Support):通过研究社会支持网络来考察个体与其生态环境中其他系统之间的关系状态。

女性主义社会工作(Feminist Social Work):通过将女性体验带入社会工作中,试图重构社会工作的知识基础、专业关怀和干预模式。

社会发展视角(Social Development):是在新自由主义挑战下发展和完善起来的一个规范性福利理论。

社区工作的基本原则(The Principles of Community Work):是由社区发展的客观要求和基本目标所决定的在开展工作时所要遵循的准则。

C 练习题

1. 案例分析:

因停车位紧张,某小区唯一的篮球场被居委会改成了收费停车场。运动场所被占,还成了收费场所,这让一些社区居民感到不满。居民张女士认为小区规划的篮球场,是供居民体育锻炼的地方,不应该被占;但另一方面,居委会认为社区中买车的居民越来越多,确实没有地方停车。不过,大多数居民都希望,能开辟新的停车位,把篮球场还给居民。

想象你是上述情境中的社区工作员,然后回答下列问题:

(1)结合案例分析,与个案工作相比,社区工作中的案主自决有哪些特点?

(2)考虑到社区自决原则,你会采取什么行动来处理案例中的情况?

2. 利用课余时间到附近的社区志愿服务一次,并运用社区工作的价值观分析你感受最深的一件事。

D 思考题

1. 如何理解社区工作的专业价值观与伦理?

2. 社区工作的专业价值有哪些?

3. 遇到伦理困境时,社工作出伦理决定应该遵循哪些原则?

4. 如何运用社会资本理论指导社区工作实践?

5. 社区工作有哪些主要实务理论?

6. 社区工作的基本原则是什么?

E 阅读文献

1. [美]戴维·A. 哈德凯瑟等:《社区工作理论与实务》,夏建中等译,北京:中国人民大学出版社,2008 年,第一章,第 1 ~ 33 页。

2. 甘炳光、梁祖斌等:《社区工作:理论与实践》,香港:香港中文大学出版社,1994 年版,第三章、第五章,第 43 ~ 62 页、第 79 ~ 116 页。

3. 香港社会工作者注册局网站(http://www.swrb.org.hk/chiASP/draft_cop_c.asp)。

4. 美国全国社会工作者协会(NASW)网页(http://www.naswdc.org/)。

第三章　社区工作过程与工作者

社区工作的开展是一个有计划、有步骤的过程。社区工作者与社区组织是这一过程的重要行动主体，其中，社区工作者是有组织机构背景的专业工作人员。本章将主要介绍社区工作过程、工作者及社区组织。

第一节　社区工作过程

社区工作过程是指开展社区工作的一般步骤或程序。对于这一过程的划分，不同学者根据不同的介入实践与研究视角有不同的观点：

美国学者库汉(Morris. H. Cohen)把社区工作过程划分为七个阶段：(1)收集、探究并分析与问题有关的各种重要事实，包括问题产生的范围、原因、背景、结果以及处理这个问题的各种方法；(2)寻求问题可能的解决办法并加以详细论述；(3)从下列角度衡量各种解决途径的可行性：事实、经验、时间、组织、目标、资源和政策；(4)所选定的最佳对策；(5)发展适当的行动结构；(6)完成评估计划；(7)评估。①

莫邦豪把社区工作过程划分为四个阶段：(1)探索与准备，(2)动员与组织，(3)推展与巩固，(4)检讨与反思。②

徐震把社区工作过程分为六个步骤：(1)社区需求研究，(2)社区目标确定，(3)行动方案的拟订，(4)大众意见的征求，(5)行动方案的修订，(6)对工作进行反馈。③

夏建中将社区过程划分为六个阶段：(1)准备，(2)建立关系，(3)社区分析，(4)制订计划，(5)实施计划，(6)评估等。④

---

① 吴亦明：《现代社区工作》，上海：上海人民出版社，2003年，第173页。

② 莫邦豪：《社区工作原理和实践》，香港：集贤社，1994年，第33页。

③ 徐震：《社区与社区发展》，台北：正中书局，1980年，第278页。

④ 夏建中主编：《社区工作》，北京：中国人民大学出版社，2005年，第215页。

在借鉴和综合众多学者观点的基础上，结合开展社区工作的实践可将社区工作过程划分为建立专业关系、社区分析、制订计划、实施计划、评估五个阶段。

一、 建立专业关系

建立专业关系是社区工作顺利开展的前提和保障，也是社区工作过程的第一步。所谓专业关系指社区工作员与服务对象为解决社区问题，在特定的时间和空间里，形成的基于平等、互动、合作的正式助人关系。通过专业关系的建立，一方面，使服务对象了解社区工作员与社区工作的性质和内容；另一方面，“寻求未来工作的支持者”。能否建立良好的专业关系，直接关系到下一步工作的成败。为更好地建立专业关系，社区工作员应注意以下几个问题：

（一）明确专业关系建立的对象

社区工作不同于个案和小组工作，在个案和小组工作中，其服务对象是比较明确和单一的，而在社区工作中，由于其服务对象是社区及其居民，所要解决的问题是多数居民面临的问题，而且社区问题的解决需要多方面力量的支持，因此，社区工作建立的专业关系的对象是多方面的，总体来说，主要包括社区居民、社区重要人物（如知名人士，有关领导等）、社区组织等。

（二）遵循专业关系建立与维系的原则

1. 积极主动原则

在社区工作领域，与服务对象建立专业关系相对于个案和小组工作来说，是更复杂的。一是社区工作服务对象的人数比较多，二是服务对象与社区工作员接触的动机比较复杂，三是服务对象对社区工作和社区工作员的了解比较少。因此，社区工作员要在进入社区的最初阶段与服务对象迅速打成一片，必须遵循积极主动的原则。一要主动与服务对象拉近关系，二要主动了解服务对象的需求（或问题），三要主动为居民解决实际困难。

2. 掌握居民参与动机，选择动员积极分子

居民参与社区工作的动机是各不相同的，有的是为了个人问题的解决，有的是为了获取更多利益，有的是为了帮助他人，甚至有的是为了消磨时间等等，因此，社区工作员只有了解了参与者的动机，才能有针对性地进行动员。为更快地与居民建立专业关系，社区工作员可首先选择那些参与动机比较明确、态度比较积极的居民，争取他们的支持并与之建立专业关系，以带动其他居民的参与热情。

3. 减少参与者付出的代价，让参与者有成就感

居民是否参与社区工作大多会以付出与回报作为衡量的标准，如果付出多、回报少，居民就不愿参与；相反，如果付出少、回报多，居民就会积极参与。按照这一标准，社区工作员在与居民建立专业关系或动员居民参与时就应考虑尽量减少参与者付出的代价，或者尽量多地增加参与者的个人利益；或者让参与者看到参与对问题解决的成效；或者使参与者获得参与的成就感。

4. 注意工作者自身素质对居民的影响

在一定意义上可以说，社区工作员是群众的“榜样”，其良好的素质可以号召和吸引更多的居民参与。因此，社区工作员应时时处处注意和表现自身的良好素质。

（三）掌握专业关系建立的方法

1. 拜访社区的重要人物与机构，以取得他们的支持并得到进入社区的允许与建议。

2. 进行社区宣传，以使更多的居民了解社区工作，其宣传可通过社区报、网站、宣传栏、展牌、宣传单等形式。

3. 通过开展活动吸引居民。活动是吸引居民了解和参与社区工作的重要载体之一，尤其是进入社区之初，为了尽快与居民建立专业关系，社区工作员可举办一些文艺晚会、慰问演出、大众化的参与性活动（如亲子活动、趣味运动会）以及为居民提供具体服务的活动（如专家咨询）等。

4. 进行入户探访。对一些特殊居民，可以通过入户探访的形式进行深入调查与了解。

5. 提供具体服务。社区工作员在介入社区时，往往会遇到一些急需解决的问题，这时，社区工作员可先介入，但应该注意的是该问题必须是解决起来相对容易的，而且要有胜算的机会，否则就会起到相反的作用。

6. 经常深入社区。经常深入社区可接触到更多的居民，了解最真实的社区问题，而且这种自然的交往可降低居民的防卫心理，便于与居民建立专业关系。

（四）明确专业关系建立的过程

如前所述，专业关系建立的对象涉及居民、重要人物与社区组织等，在这里以与居民建立专业关系为例阐明这一过程。①

---

① 徐永祥主编：《社区工作》，北京：高等教育出版社，2004年，第183页。

1. 接触前的准备

明确接触的目标和出发点。即为什么接触？

选择接触的对象。

选择访问的时间。注意节日、假期、午休等。

准备话题，引导访问的开始。可提前了解访问对象的需要。

穿着得体。应给人以整洁、大方、成熟可信的印象。

预想可能会遇到的问题和克服困难的方法，以免出现尴尬。

对前往接触的场所环境有所了解，做好准备。可以是居民家中、街心公园、餐厅、路边等。

2. 与居民接触

对于第一次接触的居民，首先是设法建立信任关系和引起谈话兴趣，所以要分层次地展开。

介绍自己：要准备一两段开场白，根据不同的情况和对象，采取不同的自我介绍方式。

展开话题：在获得对方接纳或不拒绝的情况下，工作者要抓住时机，转入话题。话题要从简单到复杂，由浅入深。

维持谈话：工作者要用心聆听，积极、主动地了解和理解、提问，体谅、关心接触对象本人及其家庭情况，令其感受到温暖。

拓展阅读

24 点能帮助你与群众交谈的方法（美国北卡罗莱纳州《公屋居民领袖手册》）

1. 说一些你相信他们会感兴趣的事务。
2. 在屋内找些可以谈及的东西引起话题。
3. 用他们的水平和他们沟通。
4. 了解你自己。
5. 知道何时聆听及何时说话。
6. 在同一时间内只说一件事。
7. 让他们说。
8. 感知他们的感受。
9. 让他们知道，他们对你和这个社区都是重要的。
10. 让他们的念头涌现。

12. 肯定和表扬他们。

13. 不要和他们争辩。

14. 不要强迫他们用你的方法去思考。

15. 聆听多于说话。

16. 多提问,像你和他商讨一件事一样(平等)而非搜集资料式或盘问式提问。

17. 不要答应一些你不能遵守的承诺。

18. 如你不知答案,交回给他们(讨论)或迟些告诉他(结果)

19. 或者让他迟些再接触你。

20. 运用电话做跟进工作。

21. 知道自己的限制。

22. 忠于自己。

23. 知道怎样将责任交托出去。

24. 安排下次探望时间。

资料来源:甘炳光等编:《社区工作技巧》,香港:香港中文大学出版社,1997年,第12页。

3. 结束对话和访问

初次接触时间不宜太长,除非他有特殊的个人问题需要及时和深入了解。

肯定、小结个人及任务目标完成的情况。

4. 接触以后

首先要记录主要资料。如有用的信息及数字、被访者背景、谈话留下的印象、受访者的反应、热心程度、是否容易被调动等;其次是进行总结:目标达到的情况、自己对访问对象的感受、自己有什么做得不妥之处和遗漏的地方等。

二、 社区分析

社区分析是指通过社区调查等方法收集社区资料并对资料进行专业分析,以确定和帮助解决社区问题或满足需求的过程。它是下一步工作计划制定的基础。关于社区分析的具体内容及分析方法将会在社区分析一章中详细介绍。

三、 制订计划

制订计划是指社区工作员根据社区实际情况,在社区分析的基础上,为确定和实现工作目标而制定的服务方案。它是一个理性思考的过程。

(一)计划的具体内容[1]

1. 工作目标

目标是工作要达到的结果,一般分为总体目标和具体目标。总体目标是工作要达到的最终结果,具体目标是为达到总体目标而要完成的具体任务。目标是工作的方向,目标制定的科学与否直接影响到工作的开展。因此,在制定目标时,社区工作员首先要作社区需求评估,在需求评估的基础上还要充分考虑社区的愿望,并与社区分享对工作目标的期望。如果双方的目标意见不一致,还需要讨论与协商,最终制定一个双方一致的目标。

目标也是评估工作的指标,因此,制定的目标一定要具体、详细,最好可以量化。

2. 介入策略

介入策略是指解决问题的具体办法,它是达到目标的手段。当然,具体运用什么样的介入策略也不是社区工作员自行决定的,他需要征得服务对象和合作伙伴的同意。

3. 社区工作员与参与者的角色和任务

在计划中,应明确社区工作员与参与者的角色和任务,以做到分工明确和各司其职,这样比较容易形成团队的精神和力量。

4. 协同工作的合作者

工作员不是资源的拥有者,但为了达到计划的目标,工作员必须善于挖掘、联接、运用不同单位的社会资源,这些单位就是协同工作员工作的合作者,主要包括居民委员会、街道办事处、业主委员会、志愿者协会、地方政府以及新闻媒体等。

5. 实施计划的具体行动方案以及资源和资金的使用方案

实施计划的具体行动方案及资源和资金的使用方案是对计划实施的总体指导,虽然在实施计划中,可能对计划方案有所调整,但整体方向不会变,因此,计划中的方案越详细,对计划实施的指导性就越强。

6. 工作程序及工作时间表

工作程序及工作时间表是计划实施的具体步骤和时间安排,它是工作完成和提高工作效率的保证。

---

① 该部分参考了夏建中主编的《社区工作》一书(中国人民大学出版社2005年版,第221页)的相关内容。

(二)计划制定的原则

为使计划更科学、对行动更具有指导性,在制订计划时需遵循以下原则:

1. 服务对象参与原则。社区工作特别强调服务对象的参与,而要让服务对象真正参与到社区工作中来,就需要从工作的一开始即制订计划时就让服务对象参与进来,而服务对象的意见或建议的表达也可以使计划更合理和有效。

2. 目标明确原则。目标是行动的指导,目标越明确对行动的指导性也越强。

3. 实施方案详尽、具体原则。实施方案是对目标执行的具体措施,也就是如何达至目标的具体行动方案,实施方案越具体,执行起来越简单。

4. 可行性原则。计划的制订要充分考虑到社区资源所能够提供的条件以及社会的整体水平,使其具有一定的可行性及可操作性。

5. 目标文本妥善保存原则。制定的计划文本应妥善保存,一是指导具体的工作,二是评估工作的参考,三是作为原始资料保存。

四、 实施计划

实施计划是指工作员和服务对象按照工作计划采取社区行动以实现工作目标的过程。为使计划和目标顺利实施和达成,在计划实施过程中应注意以下几个问题:

1. 发动居民。居民参与是社区工作的重要价值理念,是社区工作开展的工作策略之一。但受传统社区管理的工作方式、方法的影响,居民参与社区事务的热情并不高,这就需要工作者采取一定策略发动居民参与社区工作。香港学者莫邦豪认为成功发动居民应坚守四大原则:利、诚、忠、信。① 利即利害关系,也就是说工作员介入的问题应与居民生活息息相关、有切身利害关系,从而激发他们参与执行计划的动机,让他们明白在为社区共同利益工作的同时,个人也能有所改变和收获。诚即诚意。工作员必须对工作高度投入,对社区问题诚心诚意地关怀,对社区居民的生活由衷地关注,这样才能取得居民的信任与合作。忠即忠心。工作员要忠于工作对象,忠于工作机构,忠于自己的工作信念。信即信用。工作员必须言而有信,这样才能与居民建立真正的互信关系。

在坚持四大原则的基础上,发动居民还需要讲究方式、方法,具体来说发动居民可以分为直接接触和间接发动两种途径。

---

① 莫邦豪:《社区工作原理和实践》,香港:集贤社,1994 年,第 93 页。

直接接触是工作员直接与居民对话的方式,电话联络、登门拜访、现场交流等是工作员常用的直接接触方式。

间接发动是工作员通过大众传媒报道、展板、海报、条幅、宣传单等发动居民的形式。由于这种方式对人力要求不严格,因此,经常被工作员运用。

除此之外,发动居民还应讲究策略,注意根据对方的反应灵活多变,不做无根据的保证;不能引起居民的反感、不与对方产生争执;小心了解对方的真实想法,积极地宣传,耐心地等待动员效果的产生。

2. 注意培养领袖。社区领袖是居民中关心并参与社区事务的积极分子,同时他们在居民中又有一定的威望,是居民的核心人物。社区领袖不但可以带动居民的参与,而且也是将来"自治"与"自助"的关键人物。因此在社区行动过程中,应积极发现和培养社区领袖并发挥他的能力与作用。工作员可以通过训练、示范、观看影音资料、观察、讨论、角色扮演等方式来加强社区领袖的技巧训练。

拓展阅读

一个好的社区领袖通常拥有以下工作技巧

1. 人际关系技巧,2. 开会技巧,3. 演讲技巧,4. 组织技巧,5. 谈判技巧,6. 游说技巧,7. 政治技巧,8. 与传媒接触技巧,9. 资源动员技巧,10. 沟通技巧,11. 管理技巧,12. 战略及战术技巧,13. 检讨技巧,14. 小组带领技巧。

资料来源:徐永祥主编:《社区工作》,北京:高等教育出版社,2004 年,第 200 ~ 201 页。

3. 发展和联结志愿者。实施计划需要大量的人力,除了前面提到的发动的居民和培养的社区领袖外,还有一支不可忽视的队伍,那就是志愿者。志愿者是在不计物质报酬的前提下,自愿贡献个人时间和精力帮助需求者的人。对于社区工作来说,社区志愿者的队伍包括两部分:一部分是在社区工作中,发动和培养起来的志愿者,另一部分是联结社会上已有的志愿者。有必要指出的是,这些志愿者由于来自不同的文化背景,受过不同教育,其能力和时间的安排也不同,为此,工作员最好能为其建立档案,以方便不同时间安排不同的志愿者。

4. 积极利用媒体。当代社会,媒体的作用不可小觑,它既是了解外面世界的途径,也是让社会公众了解自己的手段。在社区计划实施过程中,如果工作员能很好地利用媒体,就会收到事半功倍的效果。一般来说,工作员可以运用的媒体包括两部分:一部分是社会媒体,如电台、电视台、报纸、互联网等。这里尤其要强调的是互联网，现在电脑和手机上网都很方便，网络已成为人们生活的一部分。工作员可以充分利用网络，宣传社区工作计划，发动群众以及争取更多社会资源的支持。当然，要利用这些媒体，工作员必须首先了解身边存在的媒体，并积极和媒体建立良好的关系，主动寻求媒体的报道，制造有新闻价值的媒体事件，接受媒体采访等。另一部分是社区媒介。社区媒介是在社区内传播和沟通信息的媒介，其内容主要是在特定社区内发生的事情。常用的社区媒介有公告栏、社区报刊、社区广播、社区电视台、社区网站、手机短信或飞信等。

5.注意行动的连贯性。社区问题的复杂性决定了不可能通过一次行动就能够达成目标，这就需要工作员注意行动的连贯性，切忌半途而废或停歇式行动，应一鼓作气。

五、评估

评估是指运用科学的研究方法和技术，系统地总结社区工作介入成效的过程。社区工作评估主要围绕计划制定的是否合适、目标是否达成、居民对工作是否满意、工作员运用的工作方法或扮演的角色是否恰当、社区工作过程中有什么经验或教训等展开。通过评估，在服务过程中可以帮助工作者及时认识计划的不足并作出调整，以改善和提高服务质量；在完成工作之后，评估可以对社区工作的结果作出一定的诊断，有利于工作者及时总结经验、教训和下一次工作的开展；通过评估，工作者还可以向工作机构、利益相关者、居民以及本人作出工作交代。

（一）评估类型

评估主要包括三种类型：过程评估、成效评估和效能评估。

1.过程评估。过程评估是对社区工作过程作出的阶段性评价，侧重于社区工作的进程情况。主要包括服务进展和工作计划的一致性，服务过程中出现的问题，服务对象的满意程度，工作员的角色及实用方法是否得当等。取得这些资料可以帮助工作者了解整个社区工作的进程和基本情况，以便作出合适的调整。

2.成效评估。成效评估是对社区工作总体结果的评价，侧重于预定目标的达成情况。主要包括预期目标是否达成、工作过程中是否有其他因素影响了目标的达成、工作过程中有没有意外的收获等。

3.效能评估。效能评估是对社区工作过程中投入与成本的评价，侧重于投入成本与产出结果的比较。通过效能评估，工作员可以更好地对有限的资源进行合理配置，实现资源的有效利用。

（二）评估原则

1. 要确定科学的评估方法，制定完整的评估体系，使得评估项目具体化；

2. 评估工作要由工作员、社区行政管理人员、社区群众以及相关的专家或学者参加，以做到评估结果的科学性、客观性和真实性；

3. 衡量社区发展和变化，要设定经济、社会、心理、文化、组织等多层面的内容，以从综合的角度反映社区工作的成效；

4. 既要有定量的，也要有定性的评估，以全面、系统地掌握社区工作的成效。[①]

（三）评估过程

1. 确定评估人员和评估计划

根据评估需要，具体确定参与评估的人员，并由此提出评估计划。

2. 收集、分析评估资料

根据评估计划，收集评估资料，并加以整理。对整理的资料进行汇总分析，数量化资料一般用数据处理软件进行定量分析，非量化资料一般采用定性分析。

3. 得出评估结果并撰写报告

根据对资料的分析，评估出工作的目标是否达成，工作过程中出现的问题及原因。最后撰写出评估报告。

上述社区工作过程只是一般性过程。在实际工作中，很难将其分成界限分明的阶段，其工作内容往往是交叉的、螺旋的，如不同的社区工作模式下具体的工作过程是不同的，介入的问题不同其具体的工作过程也会有所不同。因此，工作员在从事具体工作时需根据实际情况灵活开展社区工作。

第二节　社区工作者

社区工作者是社会工作者的重要组成部分，是指在社区场域开展专业服务的社会工作员，他们是社区工作或服务的主要提供者和推动者。大力加强社区工作专业人才的能力素养，对解决社区问题、增强社区服务功能、提高社区居民自治能力、落实社会政策、降低社会管理成本、创新公共服务方式、促进和谐社区建设等都具有十分重要的意义。

---

① 周沛：《社区社会工作》，北京：社会科学文献出版社，2002 年，第 217 页。

一、社区工作者的界定

社区工作者一般是指受雇于专业组织、志愿机构或政府部门的注册社会工作者,他们通常根据受雇机构的背景、要求介入社区,运用专业方法和技巧开展社区工作。

现阶段,在中国内地承担基层社区工作的人员大多是实际的社区工作者,而不是国际社会认可的专业工作员。当前中国内地的社区工作者更多是指在政府派出机构(街道办事处)与居民自治组织(居委会或村委会)开展社区工作的人员。2003年,《中共中央组织部、民政部关于表彰全国优秀社区工作者的决定》明确指出要表彰的"全国优秀社区工作者"的评选对象是:社区党组织(含社区党委、总支、支部)领导班子成员和社区居委会专职成员。2008年,《北京市社区工作者办法(试行)》中也明确指出社区工作者是指在社区党组织、社区居委会和社区服务站专职从事社区管理和服务、并与街道(乡镇)签订服务协议的工作人员。

实际社区工作者通过一定的教育培训,考取社会工作职业资格证书后也可转化为专业工作者。从2008年开始,在全国开展的社会工作者职业资格考试为这一转化提供了很好的平台。

专业社区工作员是指具有一定社会工作价值观和一定专业知识、技能,在社区领域提供福利服务的职业人员。

随着中国内地专业社会工作以及社区工作的不断探索与发展,专业社区工作员逐渐形成,如济南某些街道或居委会的干部,通过接受社会工作教育培训,考取职业资格证后,逐渐转化为专业社区工作员;另外,随着社会工作专业机构的发展,社会工作或社区管理专业的毕业生也逐渐应聘为社会工作者或社区工作员,他们有的已取得职业资格证,有的在积累一定工作经验后也将考取资格证,从而转化为专业工作者。总体来说,专业社区工作员一般具有以下基本特征:(1)受过专业教育或相应培训,(2)受雇于社区基层组织或专业机构,(3)从事社区公共管理及社会福利服务工作,(4)取得职业资格证书。社区工作员走向专业化和职业化是未来发展的趋势。但鉴于中国内地社会工作专业发展较晚,专业化的社会工作体制还没有形成,专业社区工作员队伍仍在建设之中。

二、专业社区工作者的角色

根据社会学的解释,角色通常指某种地位或身份的外在表现,即与某一个特殊身份(地位)相联系的预期行为。在许多社会工作文献中,"角色"既指一种位置,也指其表现。所谓社区工作员的专业角色是指工作员所处的社会位置及与之相适应的一整套行为模式。

专业工作员的角色是与其所承担的工作任务相适应的，但在中国内地社区服务站还没有全面设立，政府购买的社区工作岗位或专业项目还不普遍的情况下，专业工作员所承担的工作是复杂而多样化的。既要完成相关政府部门下派的工作，又要发现、研究社区问题，满足居民需求。另外，还承担着建设和谐社区、促进社区发展的艰巨任务，与此相适应，专业工作员在社区工作中所扮演的角色也是多样化的，有人把其承担的角色比喻为“液体角色”，也就是要向液体一样有着适应变化的能力，遇到什么样的工作就承担什么样的角色。实际上专业工作员所承担的任务确实很多，尤其是随着“单位人”向“社区人”的转变，很多传统上单位承担的社会职能现在很大一部分剥离给了社区，这在一定程度上又增加了工作者的任务，与此相适应，专业工作员也要承担更多的角色。主要包括：

（一）服务提供者

服务提供者指专业工作员为社区和居民提供服务的角色，这里的服务既包括心理咨询和意见咨询，也包括物质帮助和劳务服务。服务社区和居民是社区工作的基本目标，也是工作员的重要职能，因此，服务提供者是工作员承担的首要角色，实际上，工作员承担的其他角色也衍生自这一角色。

服务提供者的角色主要表现在社会策划模式和社区照顾中。

（二）使能者

使能者指专业工作员运用专业知识和技巧协助服务对象厘清问题，充分发挥其潜能，以有效解决问题的角色。该角色的背后理念是社会工作者相信服务对象在生理、智力、情感、社会、审美和精神方面具有天赋的潜能，而且具有实现其潜能的天生的驱动力和义务；相信服务对象的社会活动在其自我实现的斗争中是最重要的，因此，专业工作员不是代替或直接指导服务对象，而是协助服务对象解决问题。为达到该目的，专业工作员应协助居民做到以下几点：第一，使居民认清问题并表达自己的利益诉求；第二，协助居民挖掘和发挥其潜能与优势；第三，协助居民共同商讨该问题并达成解决问题的共识；第四，协助居民齐心协力地解决问题。

使能者的角色主要表现在地区发展模式中。

（三）倡导者

倡导者指专业工作员对居民的某种行为、活动发起意见或建议，并帮助他们从事这一行为的角色。由于社区工作首先面对和服务的是有困难的弱势群体,所以当服务对象必须采取新的行动才能解决其问题但服务对象对新的行动又不了解时,工作者应该承担起倡导者的角色,即向他们倡导某种合理行为,并指导他们以使其成功。当然,这里的倡导不是把工作员的意志强加给服务对象,而是提供建设性的意见或建议给服务对象,采纳与否最终由服务对象决定。专业工作员作为倡导者主要是对居民利益保护、争取权益行动以及政策修订的倡导。第一,利益倡导,在这一角色的扮演过程中,工作者一般会直接代表社区中的弱势群体或利益受损群体,向相关部门反映并实现对其利益的保护。第二,行动倡导,在这一角色的扮演过程中,工作者主要是发动、组织居民形成集体行动,以争取或保护自己的权益。第三,政策倡导,在这一角色扮演过程中,工作者一方面要发现某些社会政策的不合理性,从而倡导该政策的修订;二是倡导保护居民利益的新政策出台。

倡导者的角色主要表现在社会行动模式中。

(四)教育者

教育者指专业工作员通过培训、能力建设等形式使居民特别是社区领袖掌握分析和解决问题方法与技巧的角色。教育者的角色对工作员的要求比较高,一是要求工作员要了解、掌握解决社会问题的多种方法、技巧;二是要求工作员要有很好的语言表达、沟通等能力,能很好地将知识、方法与技巧传授给居民及社区领袖。

(五)协调者

协调者指专业工作员是居民与所需资源的主要联系者,以及人与人之间、人与组织之间、组织与组织之间关系的调节者。社区问题之所以成为问题是与资源的缺乏有着直接的联系的,因此,要解决社区问题必须挖掘、寻求社区内、外的资源给予支持。在此过程中,工作员就起到了桥梁作用。专业工作员同时也是各种关系、矛盾的调节者和解决者。

(六)政策影响者

政策影响者指专业工作员对社会政策的制定、修订所起的影响作用。社区工作相对于个案工作、小组工作,是较宏观的社会工作方法,它所面对的社区问题并不完全是由个人生理、心理因素所造成的,而是与社会、制度有一定关系。因此,要解决这些问题,就要对造成问题的政策或制度进行改变。而要改变社会政策,就需要专业工作员承担起政策影响者的角色,需要工作者将其发现、思考、建议反馈给政策制定者,从而影响造成社区问题的某些政策的修订或新政策的出台。

（七）研究者

研究者指专业工作员承担的研究工作。从某种意义上说，每一位专业工作员都是研究者。作为研究者，一方面是作应用研究，主要是指工作员深入分析问题，合理制定解决方案，以有效解决社区问题的研究。另一方面是做理论研究，主要是指工作员对工作经验的理论提升以及对国（境）内外社区工作理论的研究。通过研究，既可以帮助工作者更好地解决社区问题，也有利于发展社区工作专业知识与理论，同时也可以为社会政策的制定提供依据。

专业工作员的角色是多样化的，除上述角色之外，还包括社会管理者、转介者、支持者、推广者等。当然，众多的角色并不是完全分离的，正如英国学者贝珂（Ron Baker）所强调的，分类只是为了便于概念的界定和分析，在实际的工作中，工作者的角色不可能有泾渭分明的界限。[①] 在众多的角色中，专业工作员最基本的角色是服务提供者，如何服务好社区及居民是其最基本的职能，当然，工作者也不是"万能"的，也不能要求他们在任何情况下都要承担和实现所有的角色，理想的工作者应该恰当地把握服务的实际需要，成为"角色补偿者"，也就是承担专业服务必需但缺失的角色，以促使社区问题的解决和促进社区的进步。

三、专业社区工作者的能力素养

社区工作的复杂性以及工作员承担的众多角色都对工作员的素质与能力提出了较高要求。一般认为，社区工作人员需要具备以下十种能力：(1)联络人民并帮助个人和团体间建立积极关系的能力；(2)分析问题并了解其潜能（包括其困难、与计划的关系、有可能解决之途径）的能力：(3)有效地分配和动用资源的能力（包括人类资源、研究、观察等）：(4)组织有效的机构，如委员会，并帮助其发挥功能；(5)能了解与接受现实真相，有洞悉、改变潜能的能力：(6)担任许多不同的角色，接触各种类型的人，能专业地把握自己与扮演不同的角色，并处理批评与赞赏；(7)能组织自己的工作，能在压力或紧张情况下工作，并分析关于工作的轻重缓急的优先顺序的能力：(8)能将自己的工作与社区或社区机构相关联与差异化；(9)帮助并完成机构的目的和工作的能力，诸如公共关系、资料收集、编制预算、行政等技

① 王思斌主编：《社会工作导论》，北京：北京大学出版社，1998 年，第 183 ~ 184 页。

术;(10)学以致用的能力,能将社区组织的理论与实务相结合。①

社区工作既是一项事业,也是一门艺术。它要求工作员具有高度的社会责任心和荣誉感,并有判断事物的扎实知识基础和实务能力。以下能力素养对工作员是尤为重要的:

(一)专业价值观

专业价值观是社会工作的灵魂。从社区工作角度讲,它是工作员投身社区工作的主要动力,同时也是对工作员工作的指导,在一定程度上决定着社区工作开展的成效。因此,要想成为一名合格的专业工作员,就必须树立和一贯坚持专业价值观。具体包括集体取向的人的尊严和价值、制度取向的社会公平与正义、行动取向的社会策略等。

(二)知识结构

知识结构是指一个人经过专门学习培训后所形成的知识体系。合理的知识结构是做好工作的必要条件。对专业工作员来说,合理的知识结构既要有精深的专门知识,也应具有广博的知识面。

专业工作员应建立起的知识结构至少应包括以下三个部分:第一,社区工作自身的理论体系和实务模式,这是做好社区工作的立足之本。第二,社会工作学科的相关知识。社区工作作为社会工作的三大方法之一,脱离不了社会工作的影响。第三,相关行为科学及社会科学的知识方法,如社会学、心理学、管理学、政治学、教育学等。

(三)实务能力

专业工作员是社区工作开展的主要发起者、推动者和组织者,社区问题的主要解决者,社区服务的提供者,可以说,其工作涉及社区的整体建设与居民生活的方方面面,这就要求工作员必须具有较强的开展社区实务的能力,具体包括以下几方面。

1. 社区分析能力

社区问题的解决是以社区分析为前提的,因此,专业工作员要确定和解决社区

---

① [美]雷克斯·A. 斯基德莫尔、米尔顿·G. 撒克里:《社会工作概论》,丁碧云、沙依仁译,台北:五南图书出版公司,1980年,第512页;李增禄主编:《社会工作概论》,台北:巨流图书公司,1986年,第185页。

问题,就必须具备社区分析能力,主要包括全面认识社区、确定社区问题或需求、收集与分析社区资料、分析社区动力与资源等能力。

2. 专业关系建立与维系能力

与居民、重要人物、社区组织等建立良好的专业关系,是顺利开展社区工作的基础。这就要求专业工作员应具备关系建立与维系的能力,主要包括如何与居民初步接触、如何维系与深入发展专业关系、如何处理与社区组织或政府部门的关系等。

3. 组织协调能力

组织协调能力是指工作员根据工作任务,组织资源与社区活动,并有效协调组织与个人、组织之间及个人之间关系的能力。工作员的组织协调能力具体表现为:一是工作员组织具体专业活动的能力,如社会调查、会议主持、方案策划以及推动社会行动的知识与技能;二是工作员组织挖掘、运用社区内外资源的能力;三是工作员处理冲突的能力。

4. 行政与管理能力

当前,中国的社区工作还没有完全专业化,其发展与政府有着密切的联系,可以说行政化倾向还比较严重,王思斌教授曾提出社会工作在中国的嵌入式发展,借用此观点,中国的社区工作也将在较长时间内"嵌入"于行政架构中发展。从这一方面说,专业工作员必须了解、掌握一定的行政知识,具备一定的行政能力。另外,社区工作的整体性、复杂性也要求工作员具备一定的行政与管理能力,具体包括服务的策划、人员的安排、关系的协调、资源的调动、工作的评估等。

5. 社会政策分析能力

社区工作的服务对象是社区及其居民,它所要解决的问题不是哪个人的问题,而是大多数居民的问题,这些问题的产生可能与社会、制度有着密切的联系。因此,工作员要解决社区问题,就必须了解相关的社会政策,并能够从不同角度分析社会政策,以便很好地解决社区问题,并在一定程度上影响政策的重新修订和新政策的出台。

6. 社会调研能力

社会调研能力是指工作员运用社会调查方法,深入实际进行调查、研究的能力。具体包括社会调查研究课题的设计与组织能力,运用社会调查方式的能力,收集资料和整理资料的能力。作为工作员,应该具备较强的社会调研能力,因为工作员只有通过调查研究,才能很好地分析社区,找出社区的问题,并制定出合理的解决方案。可以说,整个社区工作的开展都是建立在调研基础上的。

第三节　社区组织

组织的必要性和重要性在于它能使人们完成由他们自身所不能完成的事情。没有这些大型组织和大量的小型组织的存在,复杂的工业社会的运转是不可想象的。社区组织即是实现工作员使命与理想的载体,也就是说,工作员不是单枪匹马的工作,而基本都隶属于某一服务性组织。本节将主要介绍社区组织的定义与类型、社区组织的功能以及中国城市主要的社区组织。

一、社区组织的定义与类型

(一)定义

所谓组织,是指执行一定的社会职能、完成特定的社会目标、按照一定的形式结合起来的、相对独立的社会群体。"组织是一个集体,这个集体有比较清晰的界限,有标准的规章、清楚的权力架构、沟通系统、会员联络制度。这个集体的存在比较持续,参与活动要达到一项或是一系列的目标。"①

对于社区组织中的"组织",从词性上分可以分为动词和名词。作为动词,它既是一种解决问题的方法,也是一个解决问题的过程。在美国社会工作发展史上,社区工作是为了解决由于工业化、城市化的发展而引发的一系列问题而最初在城市里展开的,当时名为社区组织工作,简称社区组织(Community Organization)。社区组织作为动词,与社区工作基本一致。

这里,主要把社区组织作为名词来分析,是指静态的社区组织形式。所谓社区组织主要指在特定社区内从事社区公共事务或公益事业的非营利性社会服务组织或社会团体。它是社区内不同类型组织或团体的总称,既有本社区自己的组织,也有外部组织向社区的延伸。

(二)分类

社区组织按照不同的标准,可以划分为不同类别。如按照组织合法登记以及组织成员之间的关系,可以分为正式组织和非正式组织;按照组织的实际功能,可以分为政治组织、经济组织、服务组织、文化娱乐组织;按照组织的经营取向,可以

---

① 转引自夏建中主编:《社区工作》,北京:中国人民大学出版社,2005 年,第 199 页。

分为营利性组织和非营利性组织；按照组织成员的性质，可以分为政府组织和非政府组织；按照组织与社区之间的关系，可以分为为社区的组织、在社区的组织和社区的组织等。

1. 为社区的组织

为社区的组织是指来自于社区内、外的（主要是社区外），与社区有一定联系的各种社会组织及机构，主要包括民政、共青团、妇联及社会公益组织。这类组织虽然并不一定设置在社区内，但其工作性质、内容都与社区有着紧密联系。因此，这类组织也是社区组织的一部分。

2. 在社区的组织

在社区的组织是指只居于社区地域内的各类组织。它是外来组织在社区中的延伸，并不属于社区居民。这类组织可能不直接为该社区居民服务，如城市中的各类机关团体和企事业单位；或者虽然为该社区的居民服务，但这种服务是其更宽广的服务网络中的一部分，同时也是赢利性服务，如连锁服务。这类组织比较复杂，从类型上看，包括政治组织、经济组织、军事组织、社会公益组织、宗教组织等；从组织的行政级别上看，包括本地的组织（区级、市级或省级组织）、全国性的组织（如中央直属机构）、甚至外国或全球性的组织（如跨国公司、国际性的政治、文化和福利组织等）；这些组织虽然在福利业务方面与社区居民没有直接的关联，也不受社区的直接约束，但由于它们坐落于社区范围内，其组织及人员的活动也会以各种方式与其他社区组织及居民在不同程度上发生着复杂的关系。尤其在社区共建背景下，这类组织也可以为社区的建设或居民提供众多支持。

3. 社区的组织

社区的组织是指在某一社区内建立起来的，以解决社区问题，满足居民需求，促进社区发展为目标的，从事社区管理与服务的组织。这类组织包括某些党政组织，如社区党组织、街道办事处、乡镇政府；某些自治组织，如居民委员会、村民委员会、业主委员会以及居民自组织；某些非营利组织，如社区工作站、家庭综合服务中心等。

社区的组织有如下特征：第一，社区的组织成员一般是由本社区居民组成；第二，社区的组织以解决该社区的问题和满足居民需求、促进该社区发展为主要目标；第三，社区的组织主要以本社区为活动或服务范围。

二、社区组织的功能

1. 服务功能

为居民提供服务是社区组织最基本的功能。在当代社会，社区组织已成为提供社区服务的新生力量。不同的社区组织为居民提供的服务是不同的,也正是有多样化的社区组织,居民不同的服务需求才能得到满足。社区组织通过开展和参与各种社区活动和服务,一定程度上可以弥补政府和市场在提供公共服务方面存在的缺陷。

2. 稳定功能

当前社会正处于转型期,基层社会矛盾增多,社会问题凸显,社区组织与相关部门密切配合,可以有效化解矛盾,从而成为社会矛盾的“稀释剂”和维护稳定的“减压阀”。

3. 沟通功能

社区组织在促进政府与居民沟通方面起着举足轻重的作用。一方面,社区组织,尤其是党政组织承担着落实、解释政府方针、政策的任务,是政府在基层的落脚点;另一方面,社区组织可以将居民的不同需求、建议和意见进行汇总,并反映给相关政府部门,从而使政府的政策更加有利于居民。这样,社区组织作为“桥梁”就可以使政府和居民之间进行有效的沟通。

4. 培育功能

社区组织是社区工作者的归属机构,因此,工作员的培育和成长是与社区组织联系在一起的。对于新工作员,社区组织会选派工作经验丰富的工作者进行督导,对于所有的工作者,社区组织的规章制度等都有利于其健康成长。现代社区工作常常以项目的形式开展,而社区组织正是培育、申请、执行项目的有效载体。

除上述功能之外,社区组织在推进社区自治、培育社区意识、整合社会资源、凝聚社区力量、活跃社区文化、推进公益事业、加强精神文明建设等方面也发挥着重要作用。总之,社区组织是构建和谐社区的不可或缺的力量。

三、 中国城市主要的社区组织

从以上对社区组织的分类可以看出,社区组织是多样化的,下面主要介绍集中于城市社区内的非政府、非营利性组织。对于这些组织的名称和运作模式,全国既存在一定的共性,也有一些差异。

1. 居民委员会

居民委员会是根据1989年12月26日第七届全国人民代表大会常务委员会第十一次会议通过的《中华人民共和国城市居民委员会组织法》成立的居民自我管理、自我教育、自我服务的基层群众性自治组织。不设区的市、市辖区的人民政府或者它的派出机关对居民委员会的工作给予指导、支持和帮助。居民委员会协助不设区的市、市辖区的人民政府或者它的派出机关开展工作。当前居委会存在的主要问题是承担了过多的行政任务,而其自治功能有所弱化。随着我国政治体制改革的深入和居委会自治意识的提升,居委会的自我管理、自我教育、自我服务的功能将会得到很好的实现。

2. 社区工作(服务)站

社区工作站是在“议行分设”理念下社区管理体制创新的产物,即在社区居委会之外或之下设立的一个上为政府分忧,下为居民群众办事服务的相对独立的新型社会组织。其基本职责是完成政府职能部门需要社区协助完成的社区卫生、文化、治安、环境、计生等涉及社区发展与建设方面的各项工作,是面向社区居民提供“一门式”服务的民办非企业单位。

社区工作站在街道办事处、社区党组织领导和社区居民委员会的指导、监督下开展工作。按照《深圳市社区工作站管理试行办法》,社区工作站应接受居委会的监督,听取居委会的意见和建议;积极配合和支持居委会依法开展社区居民自治、反映社情民意、办理社区公共事务和公益事业等工作;支持居委会和社区组织开展社区服务,共同建设和谐社区。现在深圳的社区居委会作为居民自治组织,正从繁杂的行政事务中脱身并实现居民自治。

社区工作站是社区建设的一项改革和创新,是政府职能向基层的延伸,这使得社区居委会和社区工作站的功能和职责有了一个清晰而明确的定位。它的设立在一定程度上“解放”了社区居委会,将原来居委会承担的行政职能“剥离”出来,这必将促进居委会自治功能的实现。

3. 社区服务中心

中国城市社区服务中心作为一种综合性、公益性社区服务设施,是伴随社区服务和社区建设事业的发展而出现的一项新生事物。1986 年北京东城区建国门街道建起全国第一个社区服务中心。1995 年民政部颁布《全国社区服务示范城区标准》后,全国城市社区中心的建设出现高潮。民政事业发展统计报告数据显示,截至 2012 年底,全国共有社区服务中心 15497 个,社区服务站 87931 个,比上年增加 31775 个,其他社区专项服务设施 9.6 万个。①

从登记注册的情况来看,社区服务中心的机构性质并不统一。有的属于市、区事业编制机构(差额补贴或自收自支),有的属于民办非企业,有的是兼有事业法人证和工商登记证。总体来说,现代意义上的社区服务中心是为本地居民、单位提供公益性服务的非营利性社会服务机构。对于社区服务中心的名称、运作等,全国

---

① 民政部:《2012 年社会服务发展统计公报》,民政部网站。

的情况并不一致。广州的家庭综合服务中心是在街道设置的一个服务平台，接受区（县级市）民政部门的业务指导。家庭综合服务中心通过政府购买社会服务的方式，由民办社会工作服务机构承接运营。截至目前，广州市已有150个家庭综合服务中心开业，其中街道家庭综合服务中心已经覆盖全市所有街道，数量为137个，另有镇家庭综合服务中心13个。

深圳的社区综合服务中心是由政府推动并协调、整合资源而建成的，政府通过招标采购向社会组织购买优质的社工服务以为社区居民提供服务。2011年4月，深圳市首家社区服务中心在龙华新区大浪办事处上岭排社区成立。当年底，全市建成了101个社区服务中心，按照市、区两级投资的方式，每家服务中心每年可得到50万元的政府资助，而中心运营则由社会组织自行管理、负责，逐渐形成了专业社工、心理咨询师、辅助工作人员、居民志愿者携手的自治、自管、自助便民服务组合。按照规划，深圳市到2015年将建成社区服务中心700个，实现社区综合服务全覆盖。

4.以社区为基础的民间服务组织

与居委会、社区工作站、社区服务中心等直接承担政府委托职能的社区组织不同，以社区为基础的民间服务组织主要指正式注册的公益慈善类服务机构或团体（如社区托老所、社区日托中心、社区文化中心、社区法律援助中心、社区妇女儿童保护协会、社区环境保护协会等），以及由政府分管部门备案的业主委员会等。这类组织在社区事务管理、社区公益事业，尤其是为社区老年人、残疾人、优抚对象、“低保”家庭、外来流动人口等特殊群体提供社会服务的作用是非常显著的，总体上它可以弥补市场失灵和政府政策的不足，有助于推动社区建设健康、有序发展。随着社区建设的需要与发展，这类组织将进一步向专业化方向发展。

5.居民自发团体或组织

随着单位体制改革和居民文化生活的丰富，在社区层面逐渐形成了居民自发团体或组织。这类团体或组织是由居民自发形成，属于不经政府部门注册的非正式组织。其目的是强身健体、发展兴趣爱好（如腰鼓队、乒乓球协会、象棋协会、交谊舞队、舞剑队以及晨练队等）或服务其他居民（如××志愿者或义工服务队）。它既是居民的活动形式，同时也是居民参与社区、服务社区的重要载体。

社区组织的类型和数量是比较多的，这就存在一个组织之间如何协调权利关系以防止冲突的问题。大家知道，行为主体自主性越强，主体间的矛盾就越突出，就越需要建立一种程序公正的民主协调机制。如果一个社区内部的各种组织之间不能通过协商对话，消除分歧，增进共识，社区就不能和谐发展。因此，如何理顺、协调社区组织间的关系，更好地发挥每一组织的功能将是未来社区建设以及社区组织研究的一大课题。

A 本章小结

1. 社区工作过程划分为建立专业关系、社区分析、制订计划、实施计划、评估五个阶段。作为工作员要明确社区工作的过程，知道在各个阶段应该做的工作和需要掌握的方法、技巧。

2. 社区工作者分为专业社区工作员和实际社区工作者两大类，对于专业社区工作员应明确自己承担的角色以及具备的能力素养。

3. 社区组织可根据组织的目标和工作内容分为“为社区的组织”、“在社区的组织”和“社区的组织”等类型，它们以不同的形式服务社区居民。

4. 中国城市主要的非政府、非营利性社区组织包括居民委员会、社区工作（服务）站、社区服务中心、以社区为基础的民间服务组织、居民自发团体或组织等。

B 主要术语

社区工作过程（Community Work Process）：指开展社区工作的一般步骤或程序。

专业关系（Professional Relationship）：指社区工作者与服务对象为解决社区问题，在特定的时间和空间里，形成的基于平等、互动、合作的正式助人关系。

专业社区工作员（Professional Community Worker）：指具有一定社会工作价值观和一定专业知识、技能，在社区领域提供福利服务的职业人员。

社区工作者的专业角色（Professional Role of Community Worker）：指社区工作者所处的社会位置及与之相适应的一整套行为模式。

社区组织（Community Organization）：指在特定社区内从事社区公共事务或公益事业的非营利性社会服务组织或社会团体。

C 练习题

1. 案例分析

A 村是一个依山傍水的自然村落，约 70 户人家，人口约 250 人，距离成都约 1 个小时左右车程。该村以传统的农业经济收入为主，男丁外出打工（主要是去挖煤）为辅，由于邻近一条国道，偶尔在路边卖点土特产，平均每户每月收入在 400 元左右水平,属于贫困村水平。当今中国农村"613899 部队"情况也在该村表现得比较显著。

由于国家的退耕还林政策,导致该村附近的山上有地不让种,不过国家有相应补贴,按 250 斤粮食另加 50 元每亩补助。每到农闲时节,村民们没有农活可干,大都在院子里打牌,空余很多劳动力。

该村面临最紧迫也是最大的困难就是:生计问题。因为村里男丁外出打工挖煤的地方可能因为煤窑关闭面临失业,女的在家又没收入,当地创收产业和资源又非常有限。因此,主要经济收入将面临中断,而该村的贫困问题亦可能会继续恶化,下一代的教育问题面临威胁。

如果你是一位即将介入该村服务的社区工作员,你将如何开展工作,结合案例,谈谈介入的过程及社区工作员应承担的角色。

主题:社区工作员角色与社区工作过程

目的:通过案例分析,使学生进一步掌握社区工作的过程及工作员应承担的角色。

步骤:(1)阅读案例;(2)提出要求,分组讨论;(3)小组总结分享。

活动时间:50 分钟

2. 实地考察

主题:社区组织的类型与特点

目的:训练学生观察和发现问题的能力。

步骤:(1)带领学生探访某社区,(2)撰写对社区组织的观察报告。

D 思考题

1. 简述社区工作的过程。

2. 解释专业社区工作员。

3. 结合实际,谈谈专业社区工作员应具备的能力素养。

4. 结合实际,谈谈各类社区组织是如何服务居民的。

E 阅读文献

1. [美]戴维·A. 哈德凯瑟等:《社区工作理论与实务》(第二版),夏建中等译校,北京:中国人民大学出版社,2008 年,第六章,第 203 ~ 243 页。

2. 夏建中主编:《社区工作》,北京:中国人民大学出版社,2005 年,第十二章,第 213 ~ 231 页。

3. 徐永祥主编:《社区工作》,北京:高等教育出版社,2004 年,第八、九章,第 150 ~ 215 页。

4. 周沛:《社区社会工作》,北京:社会科学文献出版社,2002 年,第五章,第 202 ~ 217 页。

5. 房列曙、陈恩虎、柴文杰主编:《社区工作》,安徽:合肥工业大学出版社,2005 年,第八、九、十章,第 200 ~ 264 页。

6. 全国社会工作者职业水平考试教材编写组:《社会工作综合能力中级》,北京:中国社会出版社,2008 年,第一章,第 31 ~ 40 页;第七章,第 245 ~ 259 页。

第四章　地区发展

罗斯曼(J. Rothman)总结前人的社区工作经验,在1968年发表他对社区工作实务理论的看法。他把社区组织(工作)实务分为三个模式:以社区建设为重、同时关注社区能力和社会整合的地区发展(Locality Development),以专家为指导、以数据为基础、以解决问题为导向的社会策划(Social Planning),以及注重倡导和推动、以根本性改革和社会公平为己任的社会行动(Social Action)。本章将介绍地区发展的基本概念、假设、目标、策略、发展阶段及工作员角色等内容,并结合案例对这一模式的本土适切性加以评价。

第一节　地区发展概述

地区发展可以追溯至英国在海外殖民地以及联合国和美国在发展中国家所进行的社会经济发展计划,此外这套理论模式也与美国自20世纪30年代发展的睦邻组织运动(settlement house movement)及大城市中的"邻里工作"(neighbourhood work)有关,倡议者包括德维夫斯(A. Twelvetrees)和托马斯(D. N. Thomas)。本节拟对地区发展的概念内涵及基本假设作一介绍。

一、定义

罗斯曼以12项选定的实务变项来说明对地区发展的界定:

(1)社区行动目标类属:地区发展模式着重过程目标,强调自动、社区能力与整合。

(2)社区结构及问题情况的假设:社区衰败、社会紊乱脱序、人际关系缺乏、民主方式解决问题能力不够,是传统、静态的社区。

(3)基本变迁策略:强调居民沟通、讨论,以解决自身的问题。

(4)变迁策略与技术之特点:以舆论产生共同意识,经由社区各团体及有关问题的沟通,采取团体讨论。

(5)从业者角色:促成者、协调者、催化者。使民众熟知解决问题技术,为伦理价值之教育者。

(6)变迁的媒介:运作小型任务导向的团体。

(7)权力结构取向:权力结构的成员是共同合作者。

(8)社区案主体系或拥护者的界定:整个地理区域上的构成分子(各式团体的参与)。

(9)社区次部分的利益假设:共同利益或可调和的差异利益。

(10)公共利益的概念:理性主义者。

(11)案主群或拥护者的概念:社区市民。

(12)案主或拥护者角色的概念:案主积极参与互动过程。

根据罗斯曼的界定,“地区发展”大体上是针对衰败、紊乱、传统的静态社区,以过程目标为主,希望社区居民自动、互助,期望获得社区能力提升与整合,并使用社区居民参与团体讨论方式,研究社区自身的问题,再通过工作员(社区工作者)促成、协调与催化协助,来获取社区共同利益。[①] 这个界定突出了带动社区内不同背景居民及团体参与的重要性,同时也假设社区问题可以通过参与和沟通获得解决。地区发展通过将个人和组织优势用于对社会和经济条件的改善,以此将地区的各种不同资源汇集起来,新的声音应该受到关注,有困难的人的声音也应该被予以关注和考虑。因此,地区发展的主题是:民主程序、志愿合作、自助、开发本土领袖和教育目标。[②] 杰佛瑞将地区发展重新命名为“能力和意识的提升”,因为她深信:“其实能力就在那儿,只是需要机会让它绽放而已”。这一视角或组织模型从邻居个人关怀开始,然后转向“培养和发现社区群体的技能和能力”。这一模型要求工作员具备“人际、教育和团队工作技能”。[③]

在众多的社区工作定义中,有一些是明显地倾向于或接近于地区发展的界定。例如,波哲(L. A. Ploch)界定社区工作是居民积极自愿参与的过程,旨在改善社区内的生活,而这些行动通常会增强社区内的人际及组织关系。[④] 沃伦(R. L. Warren)则把社区发展界定为“协助社区内人士分析问题,发挥其自主性的过程,目的

① 李增禄主编:《社会工作概论》,台北:巨流图书公司,1995 年,第 183 ~ 184 页。

② [美]戴维 · A.哈德凯瑟等:《社区工作理论与实务(第二版)》,夏建中等译,北京:中国人民大学出版社,2008 年,第 74 页。

③ [美]戴维 · A.哈德凯瑟等:《社区工作理论与实务(第二版)》,夏建中等译,北京:中国人民大学出版社,2008 年,第 70 页。

④ Ploch, L. A. ,Community Development in Action: A Case Study, *Journal of the Community Development Society*, Vol. 7, No. 1(1976), pp. 5 – 8.

在于提升他们及社区内团体对本社区的认同"[①]。香港社会服务联会社区发展部指出:"社区发展可以被界定为一个提升社会意识的过程。当中,人们透过集体参与来认识、发表及满足他们的共同需要。社区发展是一个社区导向的社会工作方法,包括一系列以谋取公义及改善社区生活素质为目标的有计划行动。"[②]

从上述定义可以看出,地区发展比较重视发动社区内不同团体及人士进行广泛的参与,参与的过程使他们达到自助及互助的目标,以改善社区关系,并增加他们对社区的归属感。[③]

本文的界定如下:地区发展是社区工作的介入模式之一,目标在于建立社区自助的能力和社区的整合,社区工作员通过推动社区内居民的广泛参与、互助合作,界定本身的需要,改善社区环境,解决社区问题。社区自助是指尽量挖掘和利用社区资源,动员社区内部的力量,不形成对外部救助或援助的依赖。

二、 基本假设

地区发展的基本假设如下:

(1)对社会现况的理解。采用地区发展模式的工作员认为,社会(社区)由个人、小组、利益团体等组成,彼此之间有共同的利益,就算是有矛盾也会很容易消除。社会稳定是必需的,也是必然的。要社会稳定,社会各分子之间、民众与政府之间,需要紧密合作、互相支持。另一方面,社会问题的根源主要在于个人的思想、态度或行为上出了问题,或与社会的期望不同,故需要纠正。在这种意识形态之下,地区发展的工作大体上是治疗性的,改变的对象是个人或社区的一些"病患",医治后便会恢复"正常"。工作的方针则强调共识和合作。[④]

(2)对社区问题成因的分析。采取地区发展模式的工作员对社区问题的看法是,随着社会工业化和城市化的发展,社会问题丛生,社区问题的成因及处理也变得愈加复杂。急速的城市化带来大规模的市区改造或重建计划,这些计划大大破坏了旧有社区的既有社会网络和社区文化。社区居民的关系没有随着城市化过程和居住环境的改善而紧密,反而变得疏离了。居民变得冷漠及无助,社区归属感也大大减低,社区关系逐渐解体,社区变得毫无生气。这也使得社区内的弱势群体面对很大的适应问题,在新的社区环境中处于社会隔离及孤独无助的境况。

---

① Warren, R. L., The Community in America, Chicago: Rand McNally, 1978, p. 20.

② 社区发展部编:《社区发展一九八八年立场书》,香港:香港社会服务联会社区发展部,1988 年。

③ 甘炳光等编:《社区工作理论与实践》,香港:中文大学出版社,1998 年,第 118 页。

④ 莫邦豪:《社区工作原理和实践》,香港:集贤社,第 52 ~ 53 页。

此外，社区内欠缺民主参与的渠道，面对日趋复杂的问题，居民显得缺乏足够的能力去解决这些问题，加上居民及团体之间缺乏沟通合作，社区问题便日趋恶化。

(3)居民是应该并愿意参与社区事务的。如果能通过带动参与去改善沟通和合作,社区问题便能获得解决。①

基于上述对社会现况的理解及对社区问题的分析,地区发展模式强调社区建设,以及地区内广泛的民主参与的重要。它认为只要不同背景的人们都能团结起来,那么就一定能实现共同利益。即通过互助与合作,重建和谐的社区关系,增加居民对社区的投入及归属感,同时也增强居民自助及解决社区问题的能力。②

第二节　地区发展的工作目标及策略

如上文所述，采用地区发展模式的工作员对社区的结构和社区问题有一个基本看法，就是社区是毫无生气的，社区内居民对社区事务漠不关心，居民间的关系十分淡漠，缺乏解决问题的能力。所以，社区工作的目的，就是要针对这种情况，促进居民的自助和互助，提高他们以民主方式解决问题的能力，增强社区的团结。主要的工作策略是鼓励广泛的居民参与去解决共同问题。这一策略强调共识，即通过和平的方法，使区内居民及各利益团体互相沟通、互相讨论以达成共识。

一、工作目标

地区发展的工作目标主要包括:具体社区问题的解决;社区生活的改善;居民通过参与学习自决自助,掌握解决问题的能力;改善社区内居民及团体之间的沟通与合作,增强居民对社区的认同,凝聚社区意识。社区认同是指社区居民习惯以社区的名义与其他社区的居民沟通,在自己的社区内互动,并对本社区产生明确的归属感。工作员应根据社区问题的不同而设计社区工作的重点及目标(表4－1)③:

---

① 甘炳光、梁组彬、陈丽云等编:《社区工作理论与实践》,香港:中文大学出版社,1998年,第118～119页。

② Ross, M., *Community Organization: Theory, Principles and Practice*, New York: Harper and Row, 1967, pp. 48－50.

③ 陈丽云:《基层社区发展工作阶段性介入模式》,《社区工作十载耕耘》,香港:香港基督教女青年会,1988年。

表 4-1　　基层社区发展工作目标与社区问题

社区问题	工作目标/重点
居民的冷漠及疏离感	个人发展: ——以互助活动增强居民办事能力及责任感 ——以成功的合作经验鼓励居民参与及增强他们的自信心
邻里关系恶劣	团结邻里: ——以多元化社区活动推广社区归属感及认同感 ——建立基层联络网,改善邻里间的沟通及关系
对社区资源陌生	社区教育: ——提供现存的社会服务及社区资源的常识 ——鼓励居民善用社区常识及资源以改善生活
缺乏参与决策的机会	社区参与: ——提供建设性的投诉途径及争取改善方法 ——鼓励居民表达不满情绪,反映民意,疏导民愤 ——建立决策部门与居民的联系及沟通以促进相互了解
缺乏地区资源	资源发展: ——发掘及训练社区领袖 ——引进外来专业人士做顾问 ——鼓励地区组织加强联系
环境及设施问题	解决困难: ——以集体参与解决社区问题 ——以居民小组或组织将改善社区的力量系统化
缺乏社会服务	服务提供: ——提供社区服务,例如转介服务、社区活动、教育活动等 ——连接、发掘社区资源以互助形式提供服务

罗斯曼将这些目标分为任务目标(task goals)和过程目标(process goals)两类。任务目标包括完成一些实质的工作,或解决一些特定的社区问题,例如提供某些服务、争取通过一些法律和政策等。过程目标则多涉及较为长久的制度及组织的建立,以及一些非实质的转变,例如提升居民对参与社区事务的兴趣,培养互助合作精神,培训地区领袖等。在地区发展模式当中,过程目标的地位及重要性要超越任务目标,而实现社区自主与居民参与、提升社区居民解决问题的能力以达到自助,是最重要的发展目标。托马斯(Thomas)认为这些过程目标的具体内容包括:各种社会网络的重新建立;居民互助及交往的增加;邻里关系的改善;居民及团体之间重建紧密的联系;居民觉醒参与的重要性,并愿意承担责任;居民对社区更加认同

及投人。[1] 不过，重视过程目标并不等于排斥任务目标。事实上，如果实质性的问题得不到改善或解决，过程目标也不能达到成效。因此，两方面的目标是相辅相成的。[2]

例如，某工作员在一个城市社区开展社区工作。该社区人口约3万人，老年人占到16%以上。工作员在社区探访中发现，老年人也有着不断增长的阅读需要、热情，但是社区内缺乏专门的老年阅读场所，虽然有一个小型社区图书馆，但适合老年人阅读的图书很少。更为普遍的是很多老年人自我封闭，处于消极、封闭、零散的生活状态，宁肯在家里看电视、干家务，也不愿走出家门。以往社区居委会、其他社工也组织过老年读书小组等活动，但是覆盖面很小，老年人只是被动参与，这些活动并没有真正与社区发展、社区团结结合起来。基于社区现状，该工作员运用地区发展模式，在社区推动建立名为"阅读坊"的社区老年图书角。他发掘、动员了很多老年人志愿者，帮助他们建立起多个固定或流动式的社区图书角，并组织开展了形式多样、生动有趣的社区活动，例如阅读兴趣小组、户外阅读、图书募捐、知识讲座等。这些活动的目的在于让老年人彼此分享阅读的快乐，相互带动，走出自我封闭的消极生活状态，同时，通过协助老年志愿者积极筹建、推广图书角，发掘社区内在资源，激活社区内在发展动力，让社区真正活跃起来。其目标在于：以社区图书角为平台，以快乐阅读活动为纽带，把阅读变成一种生活方式，把书籍作为一种交流工具，老年人能够跨越阅读障碍和交流障碍走到一起，为社区发展贡献力量。老年人沉浸在这些阅读活动中自得其乐，他们和社工一起总结、提出了社区图书角的口号：有生机的老人、有活力的社区。

二、 工作策略

采用地区发展模式的工作员主要运用推动居民参与和合作等策略，以改善居民沟通与合作的渠道，善用地区资源，解决现存的社区问题。

(一)居民参与策略

推动居民参与实为社区工作的理想之一。社区工作的重要理念是协助社会上弱势团体通过参与社区及增权行动，争取他们的权益及尊严，以改善他们的生活素

---

① Thomas, D. N., *The Making of Community Work*, London: George Allen and Unwin, 1983, pp. 89 - 105.

② 甘炳光等编：《社区工作理论与实践》，香港：香港中文大学出版社，1998年，第119～120页。

质。[①] 正如加拿大一位社区组织工作者所指出的："我们为了共同的目标而共同工作，我们为了达到这一共同目标规划了如何共同工作，并且我们非常高兴地把这一目标应用于我们的社区中。"[②]社区居民需求的有效满足，社区问题的解决，最终要通过社区自己的努力来实现，这就是社区的力量。因此，工作员要在社区内推动由下而上的社区参与。社区工作经验表明，社区参与可以减低居民的疏离感，加强自信心，以及改善邻里关系。

居民参与的目标是加强居民对社区事务的认识、关注和影响。工作员要多运用社区工作方法去帮助服务对象表达服务需要，提出他们对服务质量的意见和诉求。社区工作要提高更多由下而上的参与机会，鼓励社区居民多参与社区事务，让他们明白参与的重要及学习参与的方法，使他们不要只扮演被动的服务使用者的角色，而变为主动及自愿的参与；他们不再只是工作员的跟随者，不是凡事依赖工作员的安排和指示，而是有机会参与策划和决定。工作员实践的目标不是"为民工作"，而是"与民工作"，更要扮演群众的"同行者"（ally）的角色，一起汇集群众的集体智慧，让他们代表自己提出诉求，共同承担组织工作的责任。工作员更要推动社会服务单位推行"使用者参与模式"，在服务单位内鼓励服务使用者发表意见，让他们有选择的决定权，与工作员建立伙伴的工作关系，学习与工作员分享权力。工作员更要多向居民灌输服务使用者的权利及参与的概念和重要性，要多聆听居民的声音，创造和提供更多适合使用者参与的渠道。[③]

动员居民的参与有几个基本原则：应掌握居民参与的动机；让居民看到参与能解决社区问题；为参与者带来个人的改变；弄清楚动员的对象；要让居民感到有所贡献；减低居民付出的代价；注意工作员素质；要懂得选取合适的事件。

居民参与应当有三个步骤：首先建立居民对社区的归属感，然后提升他们对共同问题的关注，而最后才制造集体参与的机会[④]。基层参与的层次与居民的现况有关系（见表4－2）。当工作员最初介入社区时，居民对社区参与毫无认识，不愿意付出太大代价为社区谋求任何改善。通过提供服务，工作员对居民有基本的认

---

① 香港社会服务联会社区发展部编：《社区发展：挑战与蜕变》，香港：集贤社，第6页。

② ［加］夫莱迪瑞·卡宝等：《社区行动研习会手册》，薛艳艳等译，北京：企业管理出版社，2007年，第9页。

③ 甘炳光：《社区工作：意义重塑与展望》，《林护社会工作讲座系列之四：社区社会工作的理论和实践》，2011年。

④ Fireman, B. and Gamson, W. A., *Utilitarian Logic in the Resource Mobilization Perspective*, *The Dynamics of Social Movement*, Cambridge, Mass.: Winthrop Publishers, 1979.

识后，才可以更进一步提升居民对社区问题的关注及发掘领袖等。社区领袖是指那些以社区公共利益为己任，有组织集体行动、基层动员及领导能力的社区带头人。最终的目标是居民能成立一个有代表性、勤奋、真正为居民服务及有效率的居民组织。①

表4－2　　参与层次与地区发展工作

参与层次	居民分类	地区发展工作
参与决策	居民组织/社区领袖	居民组织的巩固，领袖的支持及培训
协助组织	社区小组/支持者	小组的内部团结，发掘及训练领袖
学习及提意见	普通成员/旁观者	建立居民对参与的信心，提升居民对社区问题的关注
接受服务	沉默大多数	提供服务，社区教育

一般而言，居民是否参与是经过一个理性分析的过程，清楚考虑代价与收益的平衡而下的决定。因此，减低参与代价，增加预期收益，便成为鼓励居民参与的基本方法。一些可行的方法有：

（1）减低参与所付出的时间：将会议时间尽量浓缩，减少会议次数；文字工作由工作员代劳；多采用家访形式与居民接触；将资料消化，帮助居民理解及吸收。

（2）增加参与的收益：增加参与的趣味性，增强核心成员的人际关系，营造齐心合力的社区参与气氛，多提供会员福利吸引基层支持，加强训练及经验分享，使成员觉得自己能从参与中有所成长。

（3）接受限制，建立实际的期望：工作员不应对居民期望过高，要按部就班，以多层次的工作及事件，吸纳新成员，去芜存菁，保留真正关心社区而有韧劲的社区领袖。

（4）建立阵地，加强影响力：将社区小组结构化成为居民组织；增强与政府部门、居（村）委会的联系，加强互相的沟通及责任感；建立跨组织、跨群体联盟，引入外来资源。②

---

①② 陈丽云：《基层社区发展工作阶段性介入模式》，《社区工作十载耕耘》，香港：香港基督教女青年会，1988年。

拓展阅读

保护土地:为了改变而积极地行动

在加拿大温哥华市的 Strathcona 区,当地的居民通过组织社区造园活动,挖掘了社区的潜力,把一个多年的垃圾场变为一个城市的绿洲,这些园丁(主要是妇女)保护了土地,供养了家庭,在一个对周围环境构成威胁的地方创建了一个社区。自从它建立十几年来,这种花园式建设扩展到了邻近地区并继续发扬光大。这种工作并不是单纯的种植和自愿行为,政治家和社会活动家确保了花园的继续扩大。对于任何城市来说,土地政策都是至关重要的,因此居民必须能够参与,以保证最终的土地决策对他们的现在和未来都是最好的。

资料来源:[加]夫莱迪瑞·卡宝等:《社区行动研习会手册》,薛艳艳等译,北京:企业管理出版社,2007 年,第 10 页。

(二)互助合作策略

一直以来,社区发展服务强调以社区整体为关注点、不分老幼贵贱、看重组织互助、培育关怀和归属感。[①] 这一策略背后有一项重要的理念,即社区内不同群体的利益并非对立,只要找到共同的利益所在,分歧便可化解,问题也可得以改善或解决。基于这个理念,掌握社区资源的权力拥有者便被视为合作的对象或伙伴,扮演着协助者和资源提供者的角色,而合作的方式会偏重于和谐、互利。生活在社区里的人,通过一起参与公共事务的过程,彼此沟通意见、相互学习,进而合作共同解决社区内的问题,创造社区的新面貌[②]。

自助既是工作目标,又是工作手法。地区发展着重强化居民的解决问题能力,以实现居民自助的目的,在这一过程中重视居民及地区团体的广泛参与,界定问题和需要,然后设计及采取行动去改善问题。其中,自决及参与是重要的介入原则,而协商及互谅互让也是强调的重点。[③] 社区自决是指社区居民及团体发挥主体意识,界定社区问题和需要,并设计及采取行动去改善问题。社区工作要特别关注到居民组织的发展,因为居民组织实为促进自助互助社区出现的条件之一,是社会经

---

① 香港社会服务联会社区发展部编:《社区发展:挑战与蜕变》,香港:集贤社,第 V 页。

② 郑晃二、陈亮全编:《社区动力游戏:工作坊使社区活起来》,台北:远流出版公司,1999 年,第 13 页。

③ 甘炳光等编:《社区工作理论与实践》,香港:中文大学出版社,1998 年,第 120 页。

济地位低下的居民保障其利益的媒介，也是促进社区稳定的中介组织。①

下面以一个农村地区发展案例加以说明。D 村是地处中原地区的一个普通农村。社区工作员在当地乡镇政府的支持下，进入 D 村开展农村社区工作。社区工作员成功运用地区发展模式，推动当地村民与村干部开展了农村社区养老探索，创造出多种社区养老方式。这主要包括：

（1）建立村级"养老点"。村里专门整理出几处空房（住户常年在外打工），供几户空巢老人集中居住，并聘用一名专职照顾者，为老人做饭洗衣。每位老人利用镇里发给自己的生活补助金，缴纳少量费用。养老点内提倡老人间的互助，低龄的、身体好的老人帮忙照顾高龄老人。老人居住房子周围可以种菜养鸡，老人们能像在自己家里一样，做一些力所能及的农活。村里打算在村内四个居住较为集中的地方，每处都设一个这样的养老点，除了孤寡老人，子女不方便照顾的老人也可入住。村民称其为"农家院养老"。养老点设在村内，老人不必远离家乡和亲人，村民们也可随时过来探望，符合农村老人的需求。平时几位老人聚在一起说笑，免去了许多孤独寂寞。参加一些力所能及的劳动不仅有所收获，最重要的是让老人们感到自己还是有用的人。

（2）村民组织起养老志愿者小组。通过工作员的动员和培训，村里 4 名妇女骨干认识到推动农村多样化养老，每个人都有责任，每个人都会受益。她们主动组建养老志愿者小组，担负起了照顾本村两位孤寡老人的任务。4 个人轮流值班，为老人洗衣做饭，陪老人说话聊天。她们的行动，不仅使老人感动，更感染了其他村民。十几位妇女不请自来，加入到照顾老人的活动中。

（3）社区互助养老。在工作员的推动下，村民们自发地按居住地和自愿原则组织起来，每十户一"保"，开展养老互助。对于年长的成员，小组之间有互帮义务，即"生产互助、家务互帮、精神互慰"。和谐、互助的社区精神，使渴望亲情、畏惧孤独的农村老人感到充实而幸福。

（4）建立老年组织。老年人在社区中是弱势群体，由于缺乏利益代言人，很容易被人们忽视甚至遗忘。如果组织起来，则不仅能使老年人形成合力，依靠集体的力量解决问题，还为老年人参与社区事务提供了载体，逐步改善他/她们在社区中的地位。社区工作员推动老年人参加或建立社区老年组织。这些组织中，有自娱自乐，丰富老年人文化生活的，如秧歌队、腰鼓队、文艺演出队等；有老人间互助的，例如照顾贫困老人，看望生病老人，为去世的老人送行等；有调解民间纠纷，尤其是对不孝老人的行为进行监督批评的，例如民事调解组；还有利用老年人自身特长，

---

① 香港社会服务联会社区发展部编：《社区发展：挑战与蜕变》，香港：集贤社，第 33 页。

参与社区事务,为村民服务的,例如"红白理事会"、"禁赌协会"、"环卫队"、"义务巡逻队"等。这些老年组织的突出的特点是"志愿性"和"自治性",参与者几乎没有经济利益,参与热情却分外高涨。在组织内和活动中,她/他们告别了寂寞,找到了精神寄托。更为重要的是,这些老年组织证明了老人自身参与社区事务的愿望和能力,它让村民们看到,老人是社区中的重要资源。这对于改变农村老人的弱势地位,增进村民之间的联系与信任起着不容忽视的作用。①

第三节 地区发展的介入阶段及工作员角色

罗斯曼的理论模型能协助工作员建立一套清晰的分析架构,但未能在实际工作方面提供详细的引导。随着实际工作经验的不断积累和丰富,地区发展工作者逐步建立起一个阶段性介入模式,以系统地解释工作员在行动策略、工作重点及角色上的转移,这也有助于工作员的训练。

一、介入阶段

一个完整的地区发展介入阶段应包括探索期、动员期、巩固期和检讨期。② 工作员必须根据不同发展阶段的需要而采取合适的介入策略,善用社区内外资源,运用不同的工作方法和技巧去团结居民,并在不同的情况下扮演不同的角色,以灵活发挥工作员的功能。当然,这四个发展阶段只是一个行动的指引,因为地区发展是一个延续及重复的过程,发展阶段的划分并非具有绝对性,工作阶段的主要方针更须同时进行。地区发展的介入阶段见表4-3。

表4-3　地区发展的介入阶段

发展阶段	工作对象	介入策略	资源动员方式	主要工作方针	细则
第一阶段:探索期	基层居民社团及机构	服务提供 策划倡导	提供资源 引进外来资源	计划服务 社区联络 建立关系	申请经费,招募人手,员工训练,筹备办事处,联络地区团体,认识社区,与居民及社区机构建立互相信任的工作关系

① 感谢杜芳琴教授提供本案例。

② 该部分内容转引自陈丽云:《基层社区发展工作阶段性介入模式》,《社区工作十载耕耘》,香港:香港基督教女青年会,1988年。

（续表）

发展阶段	工作对象	介入策略	资源动员方式	主要工作方针	细则
第二阶段：动员期	基层居民 社区小组 社区领袖	服务提供 互助合作 社区教育	提供资源 管理社区资源 增加社区资源	资源动员 成立社区小组 训练及巩固	发掘社区领袖及资源，制定工作目标的优次，组织社区小组，加强合作的社区气氛，社区教育，领袖训练
第三阶段：巩固期	社区领袖 社区小组 基层居民	行动竞争 互助合作 社区教育	争取外来资源 管理社区资源 资源交换 增加地区资源	成立居民组织 工作系统化 稳定组织	建立有代表性的居民组织，巩固居民组织及社区支持，建立内部行政程序，组织经验分享，结盟及建立稳固的资源体系
第四阶段：检讨期	居民组织 工作团队	跨组织 策划倡导	资源交换 引进外来资源	重新评估需要 检讨 跟进或撤离	协助居民组织根据社区变化而制定新目标，工作团队全面检讨，决定未来角色及方向，制定撤离或跟进的部署

（一）第一阶段：探索期

（1）社区情况：居民最初对工作员抱着怀疑的态度，有陌生及抗拒感。他们对工作员认识、熟悉后，又会过分依赖工作员，要求实质的帮助及服务。在这个第一阶段，居民对集体参与是缺乏信心的。

（2）主要任务：探索期的主要任务是由社工机构去申请资助，招募人手，成立社区工作团队，介入社区，建立良好的工作关系，认识社区问题、社区资源及情况，开始扎根于基层。

（3）工作手法：主要策略是提供服务、策划和倡导。工作员利用社区观察、行走、家访、大型活动等去认识社区及建立关系，以简单、容易成功的事件来鼓励居民参与。

（4）成效指标：工作团队已制定一套系统的介入计划，工作员认识某比例（例如300户）的居民并与其中一部分（例如60户）建立良好的工作关系，居民主动向工作员提出共同面对的社区问题，工作员了解有关政府部门、居（村）委会和其他社区团体的运作情况，此时第一阶段的目标可算是完成了。

（5）工作员感受：在最初阶段，工作员对社区感到陌生、不习惯。在短期内与很多不同年龄及背景的居民建立关系,工作员会觉得不自然,觉得工作对自己的要求很高,很吃力,同时也对基层工作方法缺乏信心。当然,新环境亦有新的挑战及喜悦。

(6)预期困难:工作员在未能充分掌握社区形势及为找到合适的方向时将工作过分活动化(Over-Programming)。过分活动化的弊端是工作员耗费大部分精力于活动上而迷失了基层的组织工作方向。欲速则不达,基层扎根及发展过程是需要时间的。慢一慢,会更快。

(二)第二阶段:动员期

(1)社区情况:居民仍然乐于坐享其成,但不愿意为公益做出个人牺牲。社区内有限的人力和物力资源仍然没有得到充分发掘、整合和利用。

(2)主要任务:动员期的主要任务是发掘社区资源,引发居民对社区的关注,成立不同的社区小组,广泛吸纳组员,增进邻里间的接触,从而改善邻里关系。

(3)工作手法:主要的工作策略是互助合作及社区教育,鼓励居民多关心及多参与社区事务。工作员经常探访街坊邻里,成立临时性的行动组及兴趣组。在召集会议、讨论及执行工作方面,工作员扮演一个主动的角色。当工作渐上轨道时,工作员应慢慢地退到幕后,鼓励居民负起简单的任务,从而培养他们独立的处理问题能力。在这一阶段,工作团队同时推出大量的互助计划及促进邻里关系的社区教育活动,营造一个互爱关怀的社区氛围。

(4)成效指标:当社区内能产生不同性质的社区小组,并培养了一个社区领袖核心去参与、统筹社区事务时,第二阶段的目标可算是达到了。

(5)工作员感受:工作员同时扮演服务提供者、组织者、教育者及专家的角色,觉得十分吃力。当然,居民小组的成立,成功的事例也可以给工作员打气鼓劲,增强其信心和工作的成就感、投入感。

(6)预期困难:谨防居民的依赖性及消极认命倾向。基层领袖的发掘和成长困难重重。居民小组也可能面临内部冲突和权力争夺,造成内耗。

(三)第三阶段:巩固期

(1)社区情况:新成立的组织朝气十足,领袖们充满理想并积极主动。但兴趣也可能被工作压力、居民不合理的要求及期望、组织内部纷争等取代。普通群众只乐于享受社区福利,参与积极性不高。

(2)主要任务:巩固期的主要任务是将已组织的小组及社区领袖巩固,成立居民组织,稳定社区参与力量,建立有效的居民组织行政架构和程序,建立跨组织、跨群体联盟,以便加强资源运用。

(3)工作手法:针对不同的工作对象,以服务去建立会员对组织的归属感,以互助活动去改善社区,以行动去争取外来资源,以社区联络去强化社区支持力量。工作员从旁支持、鼓励及培训社区领袖,以多种方式(例如课程、工作坊、小组分享等)提升社区领袖的能力。在这一阶段,工作员会耗费很多时间用于协助居民组织处理文件及会务工作。

(4)成效指标：当居民组织得到大部分居民的支持，领导核心实现健康的新陈代谢，组织工作系统化，并得到区外其他组织的支持时，巩固期的任务便告结束了。

(5)工作员感受：当社区发展的责任渐渐转移到居民领袖身上时，工作员会有如释重负的感觉。同时，工作员也会因居民组织开始独立而若有所失。他们开始为工作团队的发展前景考虑、担心。此外，居民领袖的流失会带给工作员挫败感。

(6)预期困难:工作员应谨防过分将注意力集中于少数居民领袖身上而忽视了沉默的大多数。一方面要巩固居民组织,另一方面也要协助居民组织注入新鲜血液,以免组织僵化。居民组织也可能因在服务提供方面停滞不前而失去长远居民参与的方向感。

(四)第四阶段:检讨期

(1)社区情况:随着居民变动及情势变化,社区需要不断改变,居民参与意愿提升,同时居民对工作员及居民组织的期望亦相应增大。

(2)主要任务:重新评估社区需要,检讨工作团队的工作,进行居民组织的经验总结,并重新界定组织的未来发展方向及工作任务,对未来发展作出相应的安排。

(3)工作手法:检讨期的主要策略是策划及倡导。工作团队运用成效指标,科学评估居民组织的独立能力,并协助组织规划未来方向。引入外来专业人士做居民组织的顾问,减低工作员对组织决策的影响。

(4)成效指标:社区工作团队和居民组织能以客观的方法去检讨、评估以往的工作,并有系统地计划未来,此时这一阶段的目标就算是达成了。

(5)工作员感受:工作员在撤离阶段可能百感交集。如果工作员因个人原因离开,他会觉得自责及惭愧。但是,当实现顺利的过渡和工作交接,工作员会觉得功德圆满而收拾心情到别的社区重新开展地区发展工作。

(6)预期困难:这一阶段要谨防工作记录遗漏以及人手流失。同时,应注重方向性而非形式化的工作检讨与反思。

二、工作员角色

采用地区发展模式的工作员需扮演多重角色。它需要工作员从事大量幕后工作并中性化他们的贡献,将荣誉赋予当地参与者而不是他们自己,与社区反对者和麻烦分子保持积极的工作关系,避免向他们提建议——即使工作员拥有必备的知识,因为只有这样才能使当地居民提出自己的解决方案。[①] 一般而言,工作员的主要角色有使能者、协调者、教育者。

(一)使能者

使能者(enabler)的角色就是要求工作员使用自己的知识和技巧,帮助服务对象发挥自己的能力,实现自己的目标,而不是直接指导服务对象如何去做。由于地区发展着重参与者的自决及成长,工作员主要运用较为非指导性(non - directive)的手法,扮演使能者的角色,协助居民表达对社区问题的不满,鼓励及协助他们组织起来,帮助他们建立良好的沟通渠道及人际关系,以及催化共同目标的产生[②]。使能者角色背后的理念是:最能帮助服务对象的并不一定是专业社工,反而是服务对象本身,因为他们最清楚自己的问题,他们理应由不少个人强项和潜能,有待运用和发挥。[③] 社区工作十分相信群众的能力和集体智慧,他们才是专家,工作员要与居民共同探索较为有效的行动方法及观念。凡是热心的人就能对社区做出贡献,反之,不热心的人专业知识再好对社区也没有用,所以社区里任何人只要有某项专长且有助于社区发展,就是专业者或专家。因此,工作员必须催化、创造一个良好的环境,并提供各种机会、平台来协助社区群众思考、讨论。协助居民运用社区资源、发掘社区需要、搜集信息、向有关部门谋求政策或服务的改善、向居民交代工作等,均为工作员的日常工作,更是其专长。此外,协助居民学习会议技巧、公开演说技巧等,同样也是社区工作常有的内容。[④]

---

① [美]戴维·A.哈德凯瑟等:《社区工作理论与实务(第二版)》,夏建中等译,北京:中国人民大学出版社,2008年,第68页。

② 甘炳光等编:《社区工作理论与实践》,香港:中文大学出版社,1998年,第120~121页。

③ 甘炳光:《社区工作:意义重塑与展望》,《林护社会工作讲座系列之四:社区社会工作的理论和实践》,2011年。

④ 香港社会服务联会社区发展部编:《社区发展:挑战与蜕变》,香港:集贤社,第32页。

拓展阅读

儿童参与案例

——斯里兰卡的“发展运动”和儿童的社区参与

尽管社区参与是与发展有关的国际和全国性非政府组织的主要日常活动，但它却很少涉及儿童。当然也有些例外，斯里兰卡的“发展运动”长期以来一直就是促使儿童参与发展活动的一个重要倡导者。发展运动是斯里兰卡一个成功的自助性创造，大多数农村人口都参与了这一运动。它的意思是“大家共同提高”。几千个村庄成立了年龄在6~16岁的儿童组织和年龄在30岁以下的青少年小组以及妇女、男人和年长公民小组，通过儿童将“发展运动”引入了村庄和他们的家庭。该运动的领导人阿里亚拉蒂纳（A. T. Ariyaratne）解释了唤醒青少年的人格是什么意思：“当一个青少年不再是外界影响（不管是环境影响还是命运影响）的客体，而成了能够按照自己的意志来改造他的环境和命运的主体的时候，作为一个人来说他就真正成熟了。因为他已经意识到他拥有的‘自主思想’的力量，他知道如何利用这种力量促使他自己的和社会的进步。”例如，在该岛山区中心康提附近的奈里卡洛瓦尔塔村，36名年龄在6~16岁的男孩和女孩管理着社区的15个水龙头。住在水井附近的2~4名儿童共同打扫水龙头周围的地区，以及护理水井周围的花园。水龙头管理小组选出的组长14岁，他每天检查15个水龙头的运行情况。儿童小组每周日会面，有一位选举产生的组长，年龄也是14岁。该项目囊括了全村几乎所有的儿童，他们真诚地参与到这个项目中来。

资料来源：[英]罗杰·A.哈特：《儿童参与——社区环保中儿童的角色与活动方式》，贺纯佩等译，北京：科学出版社，2000年，第63~64页。

（二）教育者

教育者（teacher）的角色主要注重在与服务对象互动过程中提供新信息和技巧，来解决他们面临的问题。在地区发展工作中，虽然在理论上强调社区自主，采取自下而上的方式推动居民参与、培育社区共同意识，但在具体操作过程中，普通群众对于社区发展的抽象概念难以理解，难以吸引他们参与进来。社区居民之间经常相互不认识，要把他们组织起来，坦诚表达自己的意见、用心聆听别人的建议，很不容易；即使大家热心参与，却不知如何发现社区的问题，或者是虽然发现了问题，却不知如何进行讨论、寻找对策；或是面对社区问题，人多口杂，公说公有理、婆说婆有理，很难达成共识；也有的居民参加了几次社区活动，一开始还有新鲜感，时间长了就索然无味,没有什么收获,因此厌倦、脱离。[1] 面对这些具体情形,工作员也可扮演教育者的角色,协助训练居民解决问题和组织的技巧,以及培养积极参与和自助互助的精神[2]。

社区工作坊:

愿景拼贴游戏

如何找出社区群众共同关心或愿意投入的议题,或是整理出大家可以接受的意见、推动的程序,甚至解决问题的做法,常常是社区发展的重点。特别面对社区出现的急迫性公共议题,需要较多的人在短期内汇集力量,并且因为时间压力,必须即刻有所行动。在这方面,“社区工作坊”技巧正好派得上用场。工作员可以使用这一技巧,协助社区居民在短时间内达成共识与行动计划。下面以愿景拼贴游戏为例介绍社区工作坊技巧。

活动背景:当大家缺乏共识、意见分歧,讨论的进度会渐渐原地踏步,且一时陷于眼前的困难或问题,无法看到社区未来的长远容貌,或是无法打开视野、发挥创造力以想象未来时,凝聚参与者的共识,建立未来共同的愿景就显得非常重要。另外,在讨论到社区各种各样的问题时,往往大家会觉得每件事都很重要,每个人关心的事情都不同,甚至彼此唇枪舌剑,阻碍进度,徒增许多不愉快的气氛。这时,通过建立一个共同的愿景,可以让参与者摆脱意见分歧的情景,寻找彼此意见相同的地方。在工作坊一开始就建立共同愿景,可以引导参与者描绘出共同寻找的目标,如果大家都能以此出发,重新看待眼前的问题,许多分歧便往往变得不重要了。建立共同愿景虽然不会对解决问题有直接的帮助,但是有共识的讨论有助于社区工作的推动。

活动时机:需要发挥大家对社区未来的想象时。

活动工具:全白色海报纸、旧报纸、杂志、胶水、剪刀。

活动步骤:1. 分组。依照参加人员与工作员人数进行分组,并分配工具。2. 寻找照片。每人找出一张最切合自己想象社区未来的图片。3. 讨论图片。每人轮流说明自己所挑选的图片,并与团队共同讨论。4. 故事串联。各组将每个成员的图片、愿景串联成一个故事;可以为故事取一个名字,最好是一个感性的诉求。5. 分

---

① 郑晃二、陈亮全编:《社区动力游戏:工作坊使社区活起来》,台北:远流出版公司,1999 年,第 5 页。

② 甘炳光等编:《社区工作理论与实践》,香港:香港中文大学出版社,1998 年,第 120 ~ 121 页。

组发表。上台发表，与其他各组分享本组的愿景。发表的方法应尽量生动有趣，各组可一起通过脑力激荡设计自己发表的方法，例如采取戏剧、小品表演的方式。当一组发表后，其他各组可以采取举牌的形式进行意见回馈。号码牌见表4－4：

表4－4　社区工作坊中意见回馈的号码牌

	看了你们的发表之后，我觉得	第一组	第二组	第三组	第四组	第五组
1号牌	非常感动，实在非常好	（举牌人数）				
2号牌	非常意外，实在没想到					
3号牌	非常想哭，人生至此夫复何求					
4号牌	非常抱歉，我不是故意的					
5号牌	其他					

活动提示：1. 活动过程中，大家轻松地翻阅、剪贴报纸，既可沟通感情，也有利于灵感的激发。2. 第三步骤的讨论非常重要，一定要让每个人都轮流说说自己所挑选的图片，而不是剪下来就直接贴到海报纸上去。3. 只要经过小组成员同意，过程中可以抽换或加入其他图片。

资料来源：郑晃二、陈亮全编：《社区动力游戏：工作坊使社区活起来》，台北：远流出版公司，1999年，第47～49页。

（三）协调者

在解决问题的过程中，工作员也可以扮演协调者（mediator）的角色。协调者的角色是指工作者要协调、动员社区内外的资源，投入到社区居民的发展项目中来，帮助社区居民组织发展项目，解决社区问题，改善社区生活素质。[①] 事实上，整体社区以及社区内的居民和团体皆为地区发展的介入对象，因此应该受到同等的重视，并获取平等的发展机会。因此，协调者角色意味着工作员要协调各方面的团体及个人，促进他们之间的沟通和合作，以协调社区资源，改善社区中的问题。[②] 链接、运用社区资源的好处是动员更多社区群众关心整个社区，促进社区互助关怀，也可减低社区群众对专业人士的依赖心态。专业力量结合社区力量才能最有效发挥社工的功能。此外，从建立社会资本的角度看，协调者角色也

① 徐永祥主编：《社区工作》，北京：高等教育出版社，2004年，第83页。
② 甘炳光等编：《社区工作理论与实践》，香港：香港中文大学出版社，1998年，第120～121页。

意味着工作员在社区内要多促进居民之间的互助互信关系，促进跨群体、跨组织的合作和联系，更要大力强化社区内的支援网络，以及积极建立社区居民的凝聚力。工作员可在社区内多成立互助网络，发动和组织社区义工小组，更多推动组织跨群体及跨界别义工合作计划，要让社区群众有互相接触、一起参与活动的机会。①

拓展阅读

卡普兰计划:儿童和长者的智慧

卡普兰(Kaplan)提出了一种使老年人和青春前期儿童在社区研究和规划上协作的代际模型,成为“居住环境2000”(Neighbourhoods 2000)。它是对在住房、卫生保健、娱乐和运输方面所产生的日益增长的代际隔离的一种反应。这种代际隔离不仅孤立了老年人,而且使儿童和青少年也失去了成年人的指导以及这些老年人智慧应该带给他们的益处。20世纪80年代以来,人们制定了许多计划,促使儿童和成年人聚集到学校、青少年中心、博物馆和图书馆,让他们参加音乐、话剧和业余爱好活动。卡普兰计划包括社区研究和规划,完全建立在社区内所有参加者个人知识的基础之上,在这个环境里儿童和老年人过着不同的生活。通过一起工作,儿童和老年人不仅能够提出街道规划建议,而且能通过比较他们对居住的同一街区的感受和看法而增进相互的理解。这一计划包括共同制作土地利用图、对居住环境拍照调查、请老年人叙述对社区的回忆和经历的采访、自传巡回展和共同制作模型。所有这些工作要汇总到一起,最后展示给社区规划者和社区服务专业人员。卡普兰模型已在学校、街道青少年活动中心和老年人活动中心得到了成功的实施。

资料来源:[英]罗杰·A.哈特:《儿童参与——社区环保中儿童的角色与活动方式》,贺纯佩等译,北京:科学出版社,2000年,第21~22页。

第四节　地区发展示例与评价

前面三节介绍了地区发展模式的基本理念、工作目标和实务技巧,本节拟在此基础上介绍一个实例,并简要评价这一模式在中国社会文化情景中的适切性。

---

① 甘炳光:《社区工作:意义重塑与展望》,《林护社会工作讲座系列之四:社区社会工作的理论和实践》,2011年。

一、 地区发展示例：农村妇女民众剧

2010年5月9日母亲节，中原大地的D市农村社区举办了“关爱女孩”大型宣传倡导活动。20位普普通通的农村妇女登上舞台，演出了民众剧《妈妈和女儿的故事》。①

民众剧最早发源于巴西，20世纪70年代初迅速在亚洲许多国家和地区（如菲律宾、韩国、泰国、印尼、中国的香港等地）发展起来。它完全以基层民众为主体，强调民众参与、民众创作，表达民众心声，为民众而存在。民众剧背后的理念是“每个人都是艺术家”。只要通过某种方式（如培训、座谈、排练等），为民众创造真诚、畅通的交流机会，她/他们就能表现出无尽的智慧和创造力，并有能力以自己的方式发声，促社区变革。

民众戏《妈妈和女儿的故事》就是在这种理念的支撑下，走了一条强调、重视民众参与的“群众路线”：

首先，由Z村和X村各自推荐了10名农村妇女，举办了为期两天的民众戏剧创作培训。方法是先向妇女们提出几个问题，如：“在目前农村，如果一个妇女头胎生了女孩，第二胎又怀了女孩，她会怎么办？”“一个女孩在成长的过程中，所受待遇和男孩有什么不同？”“女儿结婚不愿离开娘家，家里、村里会是什么态度？”“农村老人的现实处境怎样？”……

然后，将妇女们分为小组，每组将生活中的实际情况编成故事，并且给大家表演出来。最后把各小组的故事串联起来，就构成了《妈妈和女儿的故事》剧本雏形。当培训刚开始时，工作员对大家说，每一位参加者都是剧作者的时候，妇女吃吃地笑着，以为在取笑她们。可是，这个过程走下来之后，大家终于明白了，这种方法就是：“把我们每个人的故事集合起来，就成了剧本”。

两天的培训很快结束，工作员给参加者布置的任务是：回村以后，每个人根据自己在剧中的角色，采访2~3个案例，以求更加贴近生活真实。

正式演出前三天，妇女们再次集合起来——汇总案例、通编剧本、进入排练，接着就是演出大获成功。

全剧分为六幕：

第一幕“妈妈，请你留下我”——

一位妈妈得知自己怀的第二胎又是女孩，心里非常矛盾，她珍爱肚子里的生

① 该案例转引自梁军、杜芳琴：《纠正男孩偏好读本》，郑州：河南人民出版社，2011年。

命,又承受着来自家庭和四周的巨大压力。通过和腹内胎儿的对话,她最终还是留下了女儿……

第二幕"不要抛弃我的女儿"——

女儿出生以后,爸爸坚持把她送人,妈妈虽然因为没有男孩而感到对不起丈夫,但还是拼死保护了女儿……

第三幕"妈妈,我要读书"——

女儿终于长大了,学习成绩很好,可是因为家庭经济困难,妈妈忍痛让她辍学,把上学的机会留给弟弟……

第四幕"女儿要出嫁"——

女儿到了出嫁的年龄,感到父母需要有人照顾,希望能够在娘家招女婿。但按村子里的规定,家里有儿子,女儿是必须出嫁的。妈妈劝女儿认命……

第五幕"为我的女儿倾注全部的爱"——

女儿嫁到婆家,生下了自己的女儿,虽然妈妈婆婆都不满意,她却决心为女儿倾注全部的爱,不让女儿重复世世代代女人的命运……

第六幕"女儿为你养老"——

妈妈年轻时偏爱儿子,到了晚年,被娇惯的儿子却不孝顺。面对现实,妈妈开始反思,人们开始觉醒……

尾声"我们要改变"——

20位演员齐声高呼:"要改变!要改变!传统观念要改变!"

这部民众剧真实地再现了没有男孩的母亲所承受的来自社会和家庭的巨大压力,鞭挞了重男轻女的观念,使现场一千多名观众受到强烈震撼,几乎所有人都留下了眼泪。演出现场也是高潮迭起,仅第一幕妈妈和胎儿的对话,不到十分钟观众席上就响起三次热烈的掌声。在尾声部分,20名演员在舞台上表达"传统观念要改变"的愿望与决心时,全场报以热烈的掌声,观众们与演员们一起高喊:"要改变!要改变!传统观念要改变!"全剧在高潮中结束,总共不到40分钟。

这20位农村妇女不仅从来没有登过舞台,她们甚至没有机会走进这个剧场。由于没有经验,演出时接连出了好几个差错:说错话、忘台词、跑掉鞋子、提早出场……但是,观众没有丝毫的责怪,反而给予她们高度评价,理由只有一个,那就是"真实"!唯其真实,才能感人,达到演自己,教育自己,也感动教育他人。剧中人物就是她们自己,她们不是在表演,而是在表现——将自己真实的生活、面对的压力、内心的感受真实地表现给观众。观众也会很快被带进一个真实的生活场景,甚至忘记了自己只是在观看演出。民众戏的成功,证明了:只有真实的东西才能打动人心,说教式的口号只能令人厌烦。农民以主体身份的参与宣传倡导有着独特的优势。他们用不着谁来编排训练，就可以进入到自己所熟悉的故事和角色的内心世界，体会其中的喜悦、痛苦、冲突和两难。这样，也就最容易引起观众的共鸣，激发共同行动的愿望，从而使宣传倡导取得事半功倍的效果。

课堂讨论

“农村社区妇女民众剧”案例评析

1. 对照本章第二节介绍的相关内容，讨论本案例的工作目标与策略是什么。

2. 在本案例中工作员扮演了什么角色？

3. 本案例存在哪些优点和不足？

二、地区发展评价

地区发展模式在中国内地的适切性问题是一个值得关注的议题。西方有一句谚语：到罗马要学习罗马人的言行。类似的，佩恩(Payne)曾指出，社会工作是一项社会建构，其意义和存在价值都离不开其实践的环境。① 社区工作实践同样也是在一定的时空中，一定的国家、民族、社会、文化、社区和家庭的实际生活中活动和发生的。

20世纪80年代中期以来，中国大中城市兴起社区服务活动，继而发展成内容广泛的“社区建设”运动。中国的社区建设在一定程度上吸收、借鉴了联合国组织和世界各国的“社区发展”概念、理论和实践，但又不等同于外国的社区发展或地区发展。20世纪90年代以来的中国城市社区建设是社会转型时期具有特定内涵的社区发展过程。② 城市社区建设对专业社区工作的迅速成长具有重要意义。它不仅为专业社区工作创造了现实的发展空间，还提供了发展动力和需求。如何解决青少年犯罪、老年人服务、贫困救助、就业、家庭暴力、社区自治等问题已成为城市社区建设的重要内容，这需要大量专业工作员介入其中，提供服务。

与其他社区工作模式和手法比较起来，地区发展更注重居民的成长和社区团结。其优点在于：它强调自决自助的目标，可以使居民自己决定及推行切合本身社区需要的工作，更能有效地满足居民的需要，居民也可通过自助参与的过程获得能

---

① 殷妙仲、高鉴国主编：《社区社会工作：中外视野中的交流》，北京：中国社会科学出版社，2006年，第364页。

② 殷妙仲、高鉴国主编：《社区社会工作：中外视野中的交流》，北京：中国社会科学出版社，2006年，第25页。

力提升;它侧重运用和谐的工作手法,以及强调居民及团体间的合作互助,可有助于营造互相关怀的社区气氛,减低社区的疏离及人际关系的解体;它着重沟通与合作,可成为积极推动参与性民主的因素。[①] 因此,地区发展模式的目标和所运用的手法比较符合不喜欢对抗但爱面子等中国人的文化传统,很适合在中国内地社区中推行和实践。

但是也应看到,地区发展强调的是自下而上的民众参与,这与中国当前自上而下的"政府领导型"社区建设实践之间存在一定张力。中国城市社区建设是建基于政府的主导和推动,它延续了政府管理的目标。而中国的传统政治文化更强调,人民需要向权威表示绝对的服从,不可以"个人"的因素来抗衡国家的权力。[②] 集体主义的生活背景所强调的主要是人的义务,而不是个人的价值与权利。个人的命运是与整个集体结合在一起的,个人的成就是与集体的成功分不开的,个人的身份也是由集体所给予的。[③] 因此,受限于集体的纪律与约束,个人无法追求自主性目标。在集体主义观念的笼罩下,个人或少数群体的利益往往被忽略甚至被要求做出牺牲。但同时,个人又从对集体的归属中获得一种安全感,形成一种权威依赖的倾向。[④] 在未来很长一段时期内,专业工作员都要面对这种威权主义的政治文化传统以及自上而下式社区建设的制度约束条件。

地区发展模式主导的社区工作强调,社区建设不应只是以国家为主体的自上而下的行政管理,而是社区居民作为主体对社区事务及发展的参与过程。工作员希望居民在参与中加强自主及自助,并提倡多元接纳的文化,这些均是建立公民社会的重要元素。如果缺乏社区自下而上的真正参与,以及对弱势社群的真正赋权,这公民社会的基础将不会坚实。在地区发展中,人是社区工作最根本的部分,也是社区的动力所在。缺少了对人的关怀,社区工作就只剩下"目标"、"计划"、"行动"了;缺少了对人的关怀,再好的模式、方法也只不过是一些技术而已。因此,在中国的社会文化情境中,工作员需要认真思考:专业社区工作应当如何介入社区建设?应如何处理与政府、社区民众的关系?是以专业主义的姿态,继续强化政府的强势、成就国家,还是凝聚社区意识,更多与社区民众站在一起,帮助他们提升参与能力、意识及机会?

---

① 甘炳光等编:《社区工作理论与实践》,香港:香港中文大学出版社,1998 年,第 130 页。

② 梁祖彬、颜可亲:《权威与仁慈:中国的社会福利》,香港:香港中文大学出版社,1996 年,第 41 页。

③ 梁祖彬、颜可亲:《权威与仁慈:中国的社会福利》,香港:香港中文大学出版社,1996 年,第 19 页。

④ Pye, L. ,*Asian Power and Politics*,Cambridge, Mass. : Harvard University Press,1985.

A 本章小结

1. 地区发展模式对社区结构和社区问题的基本假设：社区是毫无生气的，社区内居民对社区事务漠不关心，居民间的关系十分淡漠，缺乏解决问题的能力。

2. 地区发展工作的目的是促进居民的自助和互助，提高他们以民主方式解决问题的能力，增强社区的团结。

3. 采取地区发展模式的工作员主要运用推动居民参与和合作等策略。

4. 一个完整的地区发展介入阶段应包括探索期、动员期、巩固期和检讨期。

5. 在地区发展模式中，工作员的主要角色有使能者、协调者和教育者。

B 主要术语

1. 地区发展（Locality Development）：通过推动社区居民的广泛参与、互助合作，建立社区自助能力，改善社区环境，解决社区问题。

2. 社区自助（Community Self – help）：尽量挖掘和利用社区资源，动员社区内部的力量，不形成对外部救助或援助的依赖。

3. 社区领袖（Community Leader）：指以社区公共利益为己任，有组织集体行动、基层动员及领导能力的社区带头人。

4. 社区认同（Community Identity）：社区居民习惯以社区的名义与其他社区的居民沟通，在自己的社区内互动，并对本社区产生明确的归属感。

5. 社区自决（Community Self – determination）：社区居民及地区团体发挥主体意识，界定社区问题和需要，并设计及采取行动去改善问题。

C 练习题

材料分析：近几个月以来，美丽村社区连续发生多宗老年人意外事故。最近的一宗是一位独居的王姓老先生在家中去世多日，才被邻居发现报警。据法医勘察发现，现年70多岁的王老先生是因晚上在家摔倒导致突发脑出血去世。王老先生的老伴去世多年，子女均在外地工作，只有节假日才能回家探望。他平素身体硬朗，一直坚持自己照顾自己，子女想请保姆来照顾他，均被他拒绝。他亦不愿入住老年公寓。据邻居介绍，王老先生爱好不多，生活很规律，平时除在家读书看报、看电视、养花外,很少与周围人来往。王老先生事件并非个例,近期由于气温骤降,美丽村社区中已发生五六起老年人意外摔伤或突发疾病事件。这些老人与王老先生类似,基本为空巢或独居老人。

美丽村是由26栋旧居民楼组成的开放式社区,属于村改居社区,本地居民大多是农转非人口。在村改居后,社区中的土地被大量征用。因为工作、子女上学等原因,年轻人大量离开社区,并把户口也迁出了。但老年人大都不愿随子女离开,都住在拆迁补偿的楼房。老年人已占到社区总人口的23%。美丽村社区居委会共4位工作人员,平时有大量的行政性事务要处理,居委会李主任深感人手不足。社区居委会在重阳节、春节均有探望社区困难老人的活动,但平时很少组织老年人活动,也无必要的活动场地和资金。

问题:假如你是进入美丽村社区的工作员,请你根据地区发展理论模式设计一份具体详细的社区工作项目计划书。

要求:(1)请首先阐述地区发展模式的基本内容;(2)项目计划书必须详细、完整,包含有具体的活动策划内容;(3)项目计划书中必须体现对地区发展理论的具体运用。

D 思考题

1. 试述地区发展的定义及基本假设。
2. 地区发展的工作目标是什么?
3. 如何理解地区发展模式的工作策略?
4. 地区发展的介入阶段有哪些?
5. 地区发展模式中工作员有哪些角色?

E 阅读文献

1. [美]戴维·A. 哈德凯瑟等:《社区工作理论与实务(第二版)》,夏建中等译,北京:中国人民大学出版社,2008年,第二章,第68~74页。

2. [加]夫莱迪瑞·卡宝等:《社区行动研习会手册》,薛艳艳等译,北京:企业管理出版社,2007年,第四章,第10页。

3. 甘炳光等编:《社区工作理论与实践》,香港:中文大学出版社,1998年,第六章,第117~134页。

4. [英]罗杰·A. 哈特:《儿童参与——社区环保中儿童的角色与活动方式》,贺纯佩等译,北京:科学出版社,2000 年,第一至四章,第 21 ~76 页。

5. 徐永祥主编:《社区工作》,北京:高等教育出版社,2004 年,第四章,第 74 ~97 页。

6. 殷妙仲、高鉴国主编:《社区社会工作:中外视野中的交流》,北京:中国社会科学出版社,2006 年,第二章,第 41 ~81 页。

第五章　社会策划

社会策划(Social Planning,也译作社会计划),作为一种社会发展的理性主义、社会工程学的具体应用,范围是广阔的。社区工作是就某个微型社区或功能社区而开展的组织和服务工作,与社区工作相关的社会策划可应用于地区重建、社区问题的政策策划、社区服务的项目管理、社区居民组织的计划管理等方面。

第一节　社会策划概述

本节首先从社会策划的概念入手,对社会策划进行界定,并分析社会策划与社会发展、社区规划的联系和区别,然后介绍社会策划的假设和特点,最后介绍社会策划的传统。

一、 社会策划与相关概念

(一)社会策划的定义

关于社会策划的界定,学术界认识不一。以下是几个有代表性的观点:

徐永祥认为,社会策划既是一种社区发展策略,也是具体的发展项目的管理,主要是针对社区中的问题所进行的有目的地收集资料、制定服务方案、理性选择最优方案提供服务给社区。①

夏建中认为,社区层面的社会策划就是社区工作者以理性方法,通过清楚理解工作机构工作理念、政策、资源和方向而确立社区工作目标,从多个预选方案中选择一个最理想的工作策略,然后根据社区需要而动员、分配资源,并在工作过程中结合变化的实际随时修改计划,使计划按预定的目标行进,待工作结束时对计划执

---

① 徐永祥主编:《社区工作》,北京:高等教育出版社,2004 年,第 98 页、104 ~ 105 页。

行情况加以检讨和反思。社会策划模式既是一种社区、社会发展的策略，也是具体的发展项目的管理。①

李沂靖认为，社会策划也译作社会计划，是指借助专家和外界权威机构对社区进行科学和理性的调查研究，选出一个最优的工作计划，通过自上而下的安排组织执行计划来解决社区的问题和满足居民需求。社会策划模式既是一种社区、社会发展的发展策略，也是指具体的发展项目的策划管理，它是运用程序计划去实践社会发展的宏观目标，在组织层面策划及推动改变以期能解决社会问题。②

以上三个定义有四个共同点：一是强调解决社区问题或满足社区需要；二是强调了问题解决的程序或社会策划过程；三是强调了社会策划的理性特征；四是指出社会策划既是一种社区发展策略，也是具体的发展项目的管理。此外，夏建中的定义把社会策划放在社区层面上讨论，指出社会策划的工作过程；李沂靖的定义指出了社会策划的主体和社会策划的过程以及社会策划的目的。

在这里本书也给出一个定义：社会策划是一种社区工作模式，注重实现任务目标、强调理性处理问题、注重自上而下的改变、控制及指导未来。具体地说，作为一种社区工作模式，社会策划是通过社区工作者收集和分析资料，设计和实施服务方案，并对方案执行情况进行评估，以解决社区问题，满足社区居民的需要。社会策划既是一种社区发展的策略，也是具体的发展项目的策划管理。

（二）相关概念

1. 社会发展

社会发展是一个处于不断发展中的概念，至今尚无明确统一的定义。詹姆斯·米奇利（James Midgley）将社会发展定义为：与经济发展的动态过程一起协同促进人类福利的过程。按照米奇利的观点，与社会慈善和社会工作不同，社会发展不是通过提供物品或服务，或者通过治疗或改造方式与个人打交道，而是聚焦于社区或社会，聚焦于更为广泛的社会过程与结构。③ 可以看出，社会发展是一种特定的促进人类福利的手段，它强调通过有计划的干预方式使社区与社会发生改变，其中计划是社会发展的一项重要内容。

2. 社区规划

社区规划是对社区环境、社区配套服务设施的总体计划及决策过程。社区规

---

① 夏建中主编：《社区工作（第二版）》，北京：中国人民大学出版社，2009 年，第 102 页。

② 李沂靖主编：《社区工作》，北京：中国社会出版社，2010 年，第 108 页。

③ ［美］詹姆斯·米奇利：《社会发展：社会福利视角下的发展观》，苗正民译，上海：格致出版社、上海人民出版社，2009 年，第 9、13 ~ 41 页。

划作为近年来突出的研究热点和实践形式,在北京、上海等各大城市开始普及。社区规划在现行规划体系中没有明确定位,主要继承了传统的居住区规划和街道管理规划,其基本理念和方法很大程度上仍然沿袭自上而下的行政管理体制,而在利益协商、社区自治和公众参与等机制保障方面较为欠缺。

从以上关于社会策划和社会发展及社区规划概念的讨论可以看出,社会发展是一种社会福利模式,旨在倡导社会福利的发展观,它提供了一个综合性宏观视角,强调有计划的干预,关注社区和社会的改变。而社区工作中的社会策划是一种促进社区改变的干预模式,是在社区开展的计划和服务工作。社会发展和社会策划都强调通过计划手段实现改变,这是其共同点。社会策划和社会发展在范围、内容上不尽相同,社会发展范围广,内容多,而社会策划范围小,内容相对也少,它主要是通过问题解决程序解决社区青少年违法、住房、精神健康等实质性问题。

社区规划和社会策划既有联系也有区别。两者是不同的概念:社区规划是规划社区,着眼于社区硬件设施的规划,集中在居住区规划和街道管理规划;而社会策划主要是针对社区存在的问题通过策划过程加以解决,焦点和重点在于福利服务上。两者都立足于微型地理社区范围,这是其共同点。

二、 社会策划的基本假设

(一)对人性的认识

在社会策划模式下,对人性的认识主要基于理性模式,主要观点是:人是理性的,计划者能够认识到所要达到的目标,可以清楚地计算和界定所要解决的问题,能够得到与计划相关的全部信息,能够列出所有备选方案并能计算出可能产生的结果,能够根据经济收益最大化原则选择最佳方案。理性模式是一种理想型的模式,其价值在于它使计划者在计划中更加理性,比较适用于稳定的环境。后来管理学家赫伯特·西蒙(Herbert A. Simon)提出了有限理性模式,认为人的理性是有限度的,决策者根据满意原则而不是最优原则选择备选方案。这是一个比较现实的模型,适用于不确定和复杂的环境。

(二)对社区问题及其解决方式的认识

社会策划主要致力于解决社区存在的问题,满足社区居民的需要。虽然社区各方的利益或许可以调和,但依靠社区自身力量却无法解决社区问题,所以需要信息量丰富、专业能力较强的外部人士的介入。社会工作者就是这样的外部力量,他们通过制订计划、实施计划来为社区提供专业的社工服务。

(三)对社会发展的认识

社会发展涉及许多学科领域,它关注所有与发展有关的社会层面。社会发展不是一个天然、自发的过程,社会发展涉及人类有意的行动所促成的变革过程,可以通过对社会发展规律的系统研究,掌握社会发展的规律,然后通过计划、管理,促进社会的发展和变迁。此外,社会发展的倡导者主张采纳一种宏观聚焦,即把注意力投向社区、地区和社会。虽然社会发展特别关注那些被经济增长所忽视的人或者被排除到发展之外的人,但它对这些群体的关注是在更广泛的全民性干预环境下进行的,这些干预手段是为了促进所有人的福利。

三、社会策划的特点

策划是一种十分普遍使用的工作方法,它是在没有采取实际行动前所进行的计划工作,是把目前的情况和将来的理想进行联结的工作方法。策划涉及一系列行动的决定,包括人力、物力投入多少,用什么方法和组织方式去实现目标,由谁负责有关工作等。社会策划主要是依靠专家的意见和知识,通过理性、客观和系统化的分析,处理社区问题的过程。社会策划的特点有以下几个方面:

(一)注重任务目标的实现

在社区工作中,适用社会策划的社区存在着多重问题,如医疗、就业、福利、娱乐设施不足等,这些问题需要排列优先次序,逐一解决。社会策划注重任务目标的实现,以解决实质社会问题为主要工作取向。

(二)强调理性化地处理问题

社会策划,一方面强调过程的理性化,包括工作中设定清晰的目标和价值取向,设计可行性方案,预估方案的收益与代价,比较和选择代价最低、效果和效率最佳的方案实施;另一方面强调方法的理性化,主要包括一些科学的策划技巧,尤其是应用统计学中处理数据的方法来收集、处理及分析资料,并通过计划的成本收益分析、关键路线分析、管理信息系统预测和分析等方法,来作出相应的行动决策。

(三)注重自上而下的改变

社会工作者扮演着专家的角色,运用知识、科学的决策能力及其权威,推动及策划改变。社会策划的过程主要是收集与问题有关的各种资料，了解问题的本质和发生原因，并用理性的态度决定解决问题的行动方案。社会工作者在收集资料、分析事实、决定方案、采取行动等过程中居于主要位置。

（四）控制及指导未来

社区策划是通过分析当前和过去的资料，预测将要发生的事情，并设计应对措施，其目的是尽量减少社区未来的不确定性。

四、社会策划的传统

弗里德曼（J. Friedmann）对策划的四个传统进行了比较全面的分析，下面进行简要介绍。①

（一）改革传统

改革传统的策划者以研究国家在社会改变中的角色为主，他们希望通过科学知识及分析，设计出理想的计划，改良资本主义社会内的生活条件。改革传统的特点是批评政府决策，争取政府支持他们的建议，改善不正义不公平的社会结构，寻找和建立理想的社会模式。改革传统提倡倡导策划的模式，认为政府应该允许持不同意见的人士或其代表表达对政策及计划的看法。策划者就像法庭上的律师，各自代表诉讼当事人的利益，以法理陈述和据理争取计划和政策更多地照顾到其所代表的当事人的利益。改革传统提醒策划者他们的角色并不是中立的，也不能退居幕后工作。工作员经常以专家的身份及倡导者的角色，促使社区居民关注社区问题，必要时采取集体行动去促使政府修订政策。

（二）政策分析传统

政策分析传统中的策划者是受聘于政府的技术专家，负责提供技术指导，他们的工作主要包括搜集资料，利用统计及科学技术分析资料，寻找各种解决问题及应付危机的方案。在社区工作方面，工作员可以看做政府决策部门的雇员或顾问，向政府提供意见及分析。此外，工作员也需要了解策划过程及其背后的动机及决定因素，从而制定影响决策的策略。许多一线工作员由于在政府资助的社区服务项目中工作，贯彻实施政府的计划，因此一线工作者也是策划过程的一部分。

---

① 甘炳光等编：《社区工作：理论与实践》，香港：香港中文大学出版社，1994 年，第 175 ~ 178 页。

(三)社会学习传统

社会学习传统是以社会科学尤其是社会心理学为基础,也受到杜威(J. Dewey)的教育思想影响,即"从行动中学习",对教育过程十分重视。策划者扮演顾问或推动改变的中介人角色,不是在办公室内处理资料,而是与工作对象一起交往,互相合作及学习。社会学习传统注重策划过程,对象的成长也成为工作的目标。社会学习传统认为策划是一个灵活及适应的过程,需要不断从环境及实践中学习,根据新情况适当修改计划,慢慢发展出计划。

(四)社会动员传统

社会动员传统的理论根据是马克思主义及法兰克福学派的社会批判理论,对现状的批判最为激进,并且追求整体性的社会结构改变。社会动员传统的策划者反对以经济利益为中心的计划及政策,代之以改变社会不平等及权力过分集中的情况为重点,工作是动员群众去了解及批判现存资本主义制度的矛盾。社会动员传统为工作员提供了一套宏观的意识形态,此外也有助于深入地分析政府计划及政策背后的政治及经济意义。

第二节 社会策划的工作目标、内容、策略与原则

社会策划服务于一定的工作目标。社区问题不同,社会策划的内容不同。为使策划过程客观、科学和切实可行,进行策划需要遵循一定的原则。下面进行详细介绍。

一、社会策划的工作目标

下面先看一个案例并进行课堂讨论。

社会策划的目标包括任务目标和过程目标两大类。社会策划强调任务目标,即强调运用各种规划技术来解决社区现实问题。具体说来,它以解决问题为取向,运用理性方法,合理有序地解决社区内存在的实际问题。其中,社区的共同需要和根本愿望应该成为该模式关注的重点。工作员应当根据社区的内外环境、社区问题的性质及工作者自身的条件来设计工作计划,以解决社区所面临的问题,实现预定的目标。在社会策划及问题解决过程中,以上任务目标的实现有利于促进社区

拓展阅读

2008 年汶川地震后，上海某社会工作服务队进驻都江堰市 A 安置点。服务队发现该社区存在由于生活设施简陋易损、物业管理缺位而导致的居民基本生活条件困难问题。如何开展公共厨房、公共浴室、公共厕所的设备维护维修和保洁，如何保证水电等的正常供应，房屋漏水和道路积水如何及时得到处理等，都成为居民日常生活中最关心的话题。

讨论：

(1)在 A 安置点从事社区工作，应采用什么模式？

(2)该模式的目标是什么？

(3)在该模式下可以采取什么策略来实现既定目标？

资料来源：费梅苹：《灾后安置社区社会工作的实践与反思——都江堰市"勤俭人家"社会工作服务经验研究》，《华东理工大学学报(社会科学版)》2008 年第 4 期。

居民参与社区事务，增进社区居民间的交往，建立社区内不同群体的合作关系，增强社区居民解决问题的能力、信心和技巧，增强社区归属感，从而促进社区和社会发展，这些都属于过程目标的范畴。

二、 社会策划的内容

社会策划因问题而起，所以策划的内容主要是围绕解决这些问题展开。问题社区通常有至少一种问题，比如失业问题、治安问题、物业纠纷、医疗问题、子女教育问题、老年人问题、青少年问题、贫困问题、休闲娱乐问题等。存在单一问题的时候很少，更多的时候是多种问题叠加在一起，需要一揽子解决计划。制定一个科学合理、便于操作的行动方案，在有限的时间内有效地解决这些问题，是社会策划的主要任务。其主要内容如下：

(一)社区服务策划

社区服务规划在社会策划中涉及最多、应用最广，因为社区工作本身就是根据社区的需求，针对社区问题，组织社区居民，动员各方资源，设计并提供社会服务的专业与实践。社区服务策划主要包括社区卫生医疗康复服务、社区安全防范服务、社区老人照顾服务、社区青少年学习辅导与精神健康服务、社区居民的日常生活服务、社区环境的美化和保护服务、弱势群体的救助、社区合作经济等。社区服务提供的主体可以多方调动,一是可以选择专业机构提供社区服务;二是可以动员社区自助服务团体提供自我服务,尤其是可以动员社区人力资源,使每一个人都能够参与到社区公共事务和公益事业中来;三是可以调动社会上的人力和物力资源为社区公益事业作贡献。

(二)社区教育策划

社区教育是指在一定的区域内,为提高社区群众的文化素质和生活质量,整合社区内外的各种教育资源,开展多种形式的教育活动。社区教育以面向基层、服务群众为主要内容,社区教育的实质是“人人参与教育,人人接受教育”的社会大教育。通过社区教育,可以全面提高社区居民群众的基本素质和文明程度,培养社区居民群众的高尚道德情操和对自己社区的归属感、认同感。社区教育的类型是多种多样的。就社区自身单独主办的形式来说,有针对少年儿童的兴趣教育班,如少儿书法班、绘画班、音乐舞蹈班等;有针对老人的老年教育班,如老年电脑教育班、书法班、绘画班、针织班、插花盆景班等;有针对待业群体的多种职业技术培训班等。随着时代的发展,社区教育的办学形式和内容也在不断发生变化。如社区与学校联办、由政府牵头几个社区联办、社会组织或企事业单位与社区联办等形式也已出现。

(三)社区文化策划

社区文化是指居住在社区内的居民在自己长期实践过程中创造出来的,带有一定区域特征的物质文化、精神文化和制度文化的总和,其中也包含对外界文化的吸取。社区文化是一个复杂的社区系统,可以从不同角度划分为多种类型。以其构成内容划分为物质载体文化、精神文化、制度文化,以其表现形式划分为社区民俗文化、文艺娱乐文化、家庭文化、少儿文化、老年文化等。社区文化策划应该把各种不同的社区文化联系起来,把每一个具体的社区文化策划看成是整个社区文化的一个有机组成部分。只有在整体视野下进行社区文化策划,才能使社区文化形成各种形式相互配合、蓬勃发展的局面。

(四)社区组织策划

社区组织是社区建设的依托,健全的社区组织体系是社区建设的重要支撑。在社区组织建设上中西方有着较大的差别。西方国家是在一个国家和社会相对分离的状态下开展的社区工作,社区工作是政府和非政府组织平等地根据社区状况,组织居民,提供服务。所以在西方国家,社区组织仅仅是社区居民自我服务、互动组织的建设,最多包括各个党派在社区中拉选票,组织居民参与议会政治或者是行政咨询等。中国的社区组织建设是在国家与社会高度一体的背景下开展的,社区组织建设是在党和政府的领导下,通过党的基层组织和社区自治组织建设,实现社区居民的组织化和社会整合。从组织性质上划分,社区组织分为社区党组织、群众自治组织和社区社会组织。在社会转型的时期,中国社区组织建设应该发展更多的社区社会组织,使其能够承载政府与企事业单位转移过来的社会服务与社会管理的任务,并能够在完成任务的过程中组织和教育居民,提高他们的参与意识、群体意识、参与水平、决策能力,养成自我管理、自我发展、自我约束、自我监督的现代公民品质。

(五)社区资源开发策划

社区资源开发策划是社区发展规划的重要内容。制定正确的社区资源开发规划,必须在调查清社区的区位、地理、交通、自然资源和社会资源状况的基础上,根据市场竞争的"SWOT"(strength、weakness、opportunity、threats)分析模型,确定本地区的资源开发利用方向、发展远景、发展速度、发展策略等。社区资源开发的整体规划通常由政府专业职能部门联合组织实施,工作员主要是倡导社区资源开发规划、负责联合协调规划、组织居民提出需求和建议等。

三、 社会策划的具体策略

社会策划的具体策略措施可分为两部分,一是理性技术策略,二是社会关系策略。

(一)理性技术策略

理性技术策略包括调查社区的问题,收集事实资料,比较分析方案的利益得失,选择最优方案,并学会组织管理、落实方案、监督方案的执行,最后评估方案的成效等。具体见本章第三节和第四节的相关内容。

(二)社会关系策略

虽然社会策划包含理性及技术方面的工作,但为了使计划获得重要团体和人士的接受,要根据具体的情景,要么选择冲突性措施,如游说、倡导、谈判、竞争、抗议、游行、示威、罢工、对抗等;要么采取共识性策略,如协商、沟通、对话、合作、分包、交换等。

四、社会策划的基本原则

在社会策划过程中需要遵循以下几个原则,以使得策划过程客观、科学和切实可行。

(一)为目标服务的原则

任何组织或个人进行策划都是为了有效地达到某种目标。目标是组织期望其未来达到的一种状态。计划是目标实现的蓝图,具体明确实现目标所必需的资源组合、时间进度、任务和其他举措。目标明确未来要达到的状态,而计划则明确现在的手段。当然,在策划开始之前,这种目标可能还不十分具体,策划就是起始于这种不具体的目标。在策划过程的最初阶段,制定具体的明确的目标是其首要任务,其后的所有工作都是围绕目标进行的。

策划要使今后的行动集中于目标,要预测并确定哪些行动有利于达到目标,哪些行动不利于达到目标或与目标无关,从而指导今后的行动朝着目标的方向前进。可以说,没有计划的行动,或多或少是一种盲目的行动。

(二)可行性原则

经过策划过程形成的方案要具体可行,否则将不会产生期望的效果。要使策划可行,就要求策划者在设计方案的过程中尽量避免异想天开、主观臆断,还要求策划者在制订实施方案的过程中,对策划所包含的目的性、可行性、时间、步骤、地点、人力、物力等进行认真分析,以一种现实的态度,对策划方案进行周密、具体的布置和安排,而不使策划方案成为一种"科学幻想"。

(三)创新性原则

社会策划的创新性是指不因循守旧,不照抄照搬,而是把党和政府的各项方针政策和其他地区社区工作的经验,同本地区自身的条件特点和需要有机结合起来,创造性地策划一套适合本地区社区工作的新模式。中国社区工作尚处于初创阶段,社区工作的各个方面都要求我们不断地去创新,只有努力创新,才能走出一条具有中国特色的社区工作之路。

社会策划的创新,一方面,要靠策划人员所具有的创造性思维的能力、渊博的知识、丰富的想象力、敏锐的洞察力;另一方面,更要靠策划人员深入群众、深入实践,善于听取群众的呼声,善于总结群众的经验。社区工作创新的策划,要求策划人员能够解放思想,充分发挥主观能动性,与时俱进,努力进行创造性策划。创新是对策划者的要求,也是社会策划必须具备的特征。

(四)权变性原则

权变性原则要求策划活动应该根据各种客观条件和因素的变化随机应变,制定适时适事的策划方案,并能使策划方案具有一定的可塑性,而不是一成不变。在策划的运作过程中,贯彻权变性原则要注意三个方面的问题。一是要做到策划方案具有可塑性。策划方案是一种行动纲领,不是一成不变的,而应该是富有弹性的。由于任何策划都不是在绝对充分地占有信息基础上完成的,因此一个策划方案的形成只是当时背景之下根据有限信息设计出来。在方案的实施过程中,客观环境、各种制约因素可能会发生变化,这就要求对实施方案及时加以调整,使主观与客观相一致。二是在策划过程中,策划主体应具有充分的预见性,对方案执行过程中可能遇到的障碍和难点进行预测,对各种环境变化情况进行估计,并事先考虑好各种应变的对策和措施。三是策划主体应争取制定多套策划方案,使策划的实施具有一定的灵活性,以尽可能降低策划的风险,保证策划的效益。

(五)效益性原则

社会策划的目标是谋求社区的发展和居民福利的改善,为达到这一目标需投入大量的人力、物力和财力资源,必须讲求效益。一个策划方案的实施不能为社区工作创造效益,那么,这个策划方案就是失败的。社会策划的效益有经济效益和社会效益两个方面。从经济效益方面看,策划应使经济行为以较少的投入产生较大的效益,这就要求策划主体认真进行经济核算,选择最优方案。通过策划所产生的经济效益,其表现可能是多方面的:一是选择了最优方案,降低了各种费用支出,相对提高了经济效益;二是通过执行策划方案,使经济行为产生了效益的增量,也就是经济效益的提高;三是通过执行策划方案,后续的经济行为产生持续的高效益。从社会学、社会工作的角度看,社会策划更应注重社会效益,注重社会公平、人民福祉、能力建设和社会的可持续发展。通过社会策划所产生的社会效益,其表现也是多方面的:一是贫富差距、地区差距的缩小;二是居民生活条件的改善,幸福指数的提高;三是社区居民认同感和归属感的提高;四是社区环境的改善。

(六)参与性原则

社区策划一方面强调自上而下的改变,另一方面也需要社区居民自下而上地参与。在社会策划过程中,可以根据居民意见自上而下制定工作计划,或者让居民参与社区策划项目或组织社区相关活动。居民参与是个人社会权利的体现，可以促使个人态度、行为以及社会和政治环境的改变。只有让居民亲自参与，才能让他们感同身受，起到实效；只有让居民亲自参与，才能启发民智，设计出高质量的服务方案；只有让居民亲自参与，“开门搞策划”，让群众“指手画脚”，才能使策划方案更加充实、务实。

第三节　社会策划的介入过程与工作员的角色

一、社会策划的过程

社会策划过程包括三个阶段，每个阶段可细分为一系列不同的步骤。

（一）准备阶段

1. 明确组织的使命和目标

工作员一般都是社会服务组织（包括街道办事处、社区服务中心、以社区为本的非营利服务机构等）的职员，其所服务的组织或机构都有其一般服务信念和使命，用来表示其存在的价值和提供服务的意义。使命代表了社会服务组织未来的理想、蓝图、目标和信念。明确的服务使命可以鼓励工作人员认同，并指引他们澄清工作的方向、范围、重要性、意义，指导建立工作目标。而组织的目标则指出了组织所要解决的社会问题和满足的社会需要。

2. 分析环境和形势

工作员要收集环境发展趋势资料，了解对计划有影响力的人士和团体，分析他们的利益和需要、他们与计划的关系、对计划的期望和要求。此外还需要考虑如何获得财政支持和人力支持，并预测整体环境的改变和发展趋势，了解计划将会面对的机会、竞争和障碍。

3. 客观地认识自己的能力

社会工作者要评估所在社会服务组织的特点，相对于将要开展计划的优势和劣势，认清自身的优点和不足，从而清楚确定目标、界限和范围。

（二）计划制定阶段

1. 界定和分析问题

明确社区问题的现状、特点、成因，发现目前解决这些问题的方法的不利或不足之处。具体包括了解受问题影响的人数、人群特征、居住区域,掌握不同类型人口之间的比例(整体人口——有需要的人口——服务对象——接受服务者)。此外,应该通过数据了解社区问题的严重性,它给整体社会和经济造成的损失和社会为此付出的代价,并据此确认问题的严重程度,明确必须通过社会干预来加以解决。

2. 确定需要

需要是解决问题的方案所依据的标准,只有通过对需要的界定和评估,才能够显示社会有责任解决或满足个人或群体的需要。评估需要的主要方法:一是参与性方法,即由服务对象参与确定需要;二是社会指标方法,用社会或专业所认可的指标数字来推断出需要;三是服务使用情况方法,即通过目前使用服务者的资料也可以反映出需要的情况,如使用率、等候人数等;四是社区调查方法,即通过问卷调查科学化地了解居民的需要。

3. 建立目标和达到目标的标准

目标代表了工作的方向和预期所要达到的理想效果。目标的建立需要遵循以下原则:一是在执行之前,与同事共同讨论确立;二是应以文字表达,且具体和可量度;三是有明确的服务对象,并被同事、社会人士和服务对象理解、认同和支持;四是具有一定难度和挑战性,并强调对服务对象的改变;五是有完成目标的时间限制,有清楚的先后次序和重点效果目标;六是目标的建立应与社会工作者和服务组织的能力、资源、权力和责任相适应。

4. 列出、比较并选择可行方案

目标建立后,就需要列出所有能达到目标的可行性方案和策略,并确定各个方案的理论依据,使问题的成因、解决方法和效果联结起来,以便能够评估各个方案的收益与代价,掌握其效果和效率。在选择方案时,应充分考虑其可行性、效果和被接受的程度。方案应大致可以保证目标的实现和达到预期的效果。同时其服务策略和技术是社会人士能够接纳的,并被认同是可以有效解决问题的方法。至于可行性,则需要考虑财政来源、工作人员能力和可能限制方案执行的因素。

5. 测试方案

选定方案后,便需要决定执行机构,包括人力、预算和大致的工作程序等。此时整个计划需交给拨款者或资助者了解以实施拨款,要争取获得社会服务组织和行政决策系统的批准,有必要时,也可先推行一些试验性的工作,增强各界人士对服务的信心。在这一过程中,计划也可能会因环境的变化而进行局部修改,一般都是因为拨款减少,导致整个计划在规模上缩减。

(三)组织实施阶段

1. 执行方案

在执行方案期间,策划者需要监管整个运作程序,以免工作偏离轨道。而更为重要的是要从实际工作中了解和学习应付某些执行上的问题。事实上,在方案执行过程中,经常会因为对问题了解的加深而需要部分修改原来的目标和策略,所以方案也不是一成不变的,而策划者和执行者之间的沟通是促使方案成功的重要因素。在执行方案时出现问题,较多集中在人事和管理方面。

2. 评估结果

评估和总结的工作,并不一定要等到计划执行后才进行,事实上评估设计也是策划的一部分工作。评估和总结工作的主要环节包括:确定评估的目标、指标,需要收集的资料,量度表现的方法等。此外,评估工作也需要分析计划在落实过程中的运作状况、达到目标的程度,以及其可能产生的副作用。

上述的计划步骤只是理想的过程,实际的计划程序要复杂得多,不同的环节可能出现交叉。

二、 工作员的角色

在社会策划中,工作员主要扮演如下角色:

(一)研究者

从某种意义上说,每一个工作员都是研究者。实际上,细致地了解服务对象的问题并给出正确判断就是研究。作为一名在社区工作的工作员,他在策划的每一个阶段都需要进行研究。例如在准备阶段,工作员要了解组织使命及目标,分析环境形势;在计划制定阶段,工作员需要从社区实际情况出发,采用实地调查、深度访谈、问卷调查、参与观察等社会调查方法,以对社区整体状况进行系统深入的把握,并在此基础上形成对社区问题的理性分析和客观判断;在组织实施阶段,工作员需要收集方案执行情况的资料,并对方案进行过程评估、影响评估和效率评估,评估就是一种研究工作。

(二)专家

专家角色是指工作员依靠技术理性来调查社区问题,分析社区事实条件,评价各种服务方案,规划社区服务发展。工作员扮演专家角色时必须注意两类环境:一是上级政府主管部门，策划者须将社区出现的问题反映给主管的单位；二是出现问题的人群，了解掌握问题出现的根本原因，最终在政策控制范围内制定有效解决或缓解问题的策划项目。

拓展阅读

社区老年社会工作实施方案

一、在Y市开展社区老年社会工作的意义与可行性分析

(1)服务需求。据统计，到2011年底，Y市60岁以上老年户籍人口总数已达到126.34万人，占全市总人口的19.38%；80岁以上老人的比例为3.22%，百岁以上老人的比例为73.73/百万；空巢家庭32.05万个，占57:43%。

(2)可以动员的社区资源和社会力量。

(3)社工+义工的有利条件。

(4)切入地方政府的主要工作任务和目标。

(5)专家指导。LD大学法学院社会工作专业可以进行方案设计、服务指导与人员培训工作。

综上所述，在Y市开展社区老年社会工作能满足老年人的需要，提高老年人的生活质量，促进社区居家养老。Y市社区建设与义工队伍建设卓有成效，LD大学社会工作专业能提供专业服务，这为开展社区老年社会工作提供了坚实的基础。

二、社区老年社会工作的目标

(1)解决空巢老年人、高龄老年人及危机老人的问题，满足其需要。

(2)解决家庭养老纠纷，提高家庭养老的水平。

(3)建立立足社区、服务老年人的社区义工网络。

(4)宣传社区敬老、尊老、养老意识，提升社区养老水平。

(5)对工作员和义工进行社会工作、老年学、老年社会工作的教育，提升工作员和义工的专业水平。

三、社区老年社会工作的对象

社区老年社会工作主要针对四类老人：空巢老人、高龄老人、危机老人、有赡养纠纷的老人。此外也可把社区作为工作对象。

四、介入策略与方法

(1)挖掘社区义工资源，建立工作员统领义工的为老人服务的义工网络。

(2)提供针对性服务，着重解决高龄老人、空巢老人及危机老人的问题，满足其需要。

(3)深入有养老问题的家庭，调节养老纠纷，促进家庭养老。

(4)举办各种小组活动,加强老年人之间的联系。

(5)联系驻社区单位,解决老年人的问题。

(6)举办老年学与社会工作的讲座,提升工作员、义工与服务对象的水平。

(7)开展社区宣传教育工作,宣传尊老、敬老、养老的传统美德。

(8)方法:个案工作、小组工作、社区工作方法等。

五、具体计划与安排

1. 社区调查

(1)进入社区,建立工作关系。

(2)设计问卷和访谈提纲,进行社区调查。该项问卷包括老年人基本情况、老年人的身体健康状况、闲暇生活方式、家庭和社区支援网络、使用社区服务情况等。

(3)调查时间:5月中旬。

(4)调查人员:LD大学社会工作专业学生与义工。

(5)调查地点:所选择的社区。

2. 义工招募与训练

(1)义工招募对象:Y市慈善总会义工分会及Y市Z区慈善总会义工分会注册义工,社区爱心人士、社区大中学生等。

(2)义工训练:义工精神、老年社会工作基本知识与技巧等内容。

(3)选举义工组长。

(3)时间:5月中旬。

(4)地点:社区服务中心或社区老年活动中心。

3. 建立义工网络

(1)模式:工作员统领义工组长,义工组长负责小组服务情况,义工组长及义工提供服务。

(2)参与人员:社区工作专业教师、工作员、义工。

(3)时间:5月中旬。

(4)地点:社区服务中心或社区老年活动中心。

4. 服务活动

(1)义工与空巢老年人结对。

①服务对象:空巢老人。

②参与人员:工作员、义工、空巢老人。

③服务方式与内容:一名义工与一名空巢老人结对。主要提供日常服务,包括打扫卫生、做家务、谈心、代为购物等。

④地点:老年人家中、社区服务中心、社区老年活动中心等。

⑤开展服务的时间:应能做到长期坚持,若中途退出,可由其他学生或义工加入。

(2)针对特殊老年人的专业服务活动。

①服务对象:针对有生理、心理、社会交往问题的老年人。

②工作者:工作员、社会工作者专业教师与学生。

③工作方法:个案工作与小组工作方法。

④地点:老年人家中、社区服务中心、社区老年活动中心等。

⑤时间:根据老年人的情况而定。

(3)家庭养老纠纷及解决。

①服务对象:有养老纠纷的老年人及家庭。

②工作者:工作员、社会工作专业教师与学生。

③服务内容:了解存在的问题,协商解决;提供信息;建议与咨询等。

④地点:老年人家中或社区居委会等场所。

⑤时间:以解决养老问题而定。

(4)发掘社区资源、营造关爱老年人的社区工作。

①工作对象:社区。

②参与人员:工作员、社会工作专业教师与学生、义工。

③开展的活动:进行慈善捐赠活动,帮助贫困老年人;在社区中开展家庭养老的宣传,营造良好的社区养老氛围;举办老年学与社会工作的讲座,提升工作员、义工与服务对象的水平;联系驻社区单位,建立社区为老人服务的资源网络等。

④工作方法:社区工作。

⑤地点:社区广场、社区老年活动中心等。

⑥时间:待定。

5. 评估

需要对本方案实施活动进行不同类型的评估,如目标执行成果评估、过程评估、服务对象满意度评估和影响评估等。

(三)协调者

工作员作为协调者的角色,是为各个专业的技术人员提供服务,协调不同专业和机构协同合作,共同完成社区服务、社区建设的任务。例如在为具有多种问题的家庭服务时,通常有好几个机构同时工作,以满足该家庭在经济、情感、法律、健康、社会、教育、娱乐以及家庭成员之间互动的需要。因此,工作员常常作为协调人,协调不同机构的工作,避免重复和冲突。

（四）顾问

工作员作为顾问的角色，是指向有关政府部门、社会团体、公众及其他专业提供关于社会工作专业的资料，参与各种委员会，提供咨询意见，如再就业促进委员会、扶贫政策小组、地区发展规划组等。这要求工作员有极其丰富的专业知识与实务经验，并具有政策眼光与敏锐的思维，更要有为社会献身的精神与对人类福利理想的追求。例如，1999 年我国台湾地区9・21大地震后，当地的社会福利部门接受社会工作专家的建议，在各受灾乡镇先后设置了 23 个社区家庭支持中心，以公办民营的方式引进大量社会工作员协助灾后重建工作，被认为是救灾服务与“福利社区化”相整合的首创之举。社区家庭支持中心的任务包括咨询与转介、个案辅导与管理、居家照顾服务、社区组织等。总计有 12 个民间团体加入承接中心的业务。虽然几年后随着地方基层政府更迭，中心被移转给乡镇市公所管辖，与原来民间服务团体的契约终止，但通过社区中心形式在灾区前线发送专业化服务，不失为一种新的长效救助方法。①

（五）倡导者

工作员作为倡导者的角色，一是向政府或权威集团带头提倡，维护社区居民的利益；二是提倡一种符合社会整体利益的新理念，动员社区居民去行动。对于前一种倡导者的角色，主要是以弱势群体的代表或是弱势群体领袖的身份出现，通过与社区内外的相关权威机构取得联系，改变他们忽视弱势群体利益与声音的问题，还要及时发现社会政策的不合理之处，提出改进及修订意见，积极推进新社会政策的出台与实施。所以，在充当这一角色时，工作员应讲究工作方法，避免引起权威机构的不满。对于后一种倡导者的角色，由于符合社会的整体利益，所以易于得到政府机构的支持，但也要讲究工作方法，以提高工作成效。例如，1999 年台湾地区9・21大地震后进入灾区的社会工作者就曾经扮演过倡导者的角色。在灾区进行直接服务的社工不断地传回信息，将灾区灾民的问题与实况告知台湾的民间灾后重建协调监督联盟协调中心，并要求该联盟一定要通过渠道反映到制度和法规的修订过程中。该联盟因而成立法律权益组，请法律人士和社工合作，参与灾后重建工作，推动委员会的重建规划和“9・21 震灾重建暂行条例”的拟定。显著的成就是，将“生活重建”的观念纳入重建条例，使灾民的整体生活照顾得到全面的制度性支持，不仅仅是心理扶助，让灾区重建不仅是帮助灾民得到一个住所，而是重获

---

① 高鉴国：《灾区重建与社区工作模式》，《福建论坛（人文社会科学版）》2008 年第 8 期。

一份让人安心、安身又安全的生活。[1]

第四节 社会策划示例与评价

上面三节介绍了社会策划的基本知识、基本理论和基本方法,这为成功进行社会策划奠定了基础。本节首先介绍一个社会策划的示例,以期把所学到的知识、理论和方法应用到具体的实践中,然后简要分析一下社会策划的优点和局限。

一、社会策划示例:上海市A区社区青少年健康教育计划[2]

案例背景:

现代社会中,公共卫生已成为衡量社会文明程度的一个重要指标,人们同各种疾病的斗争一直没有停止过,拥有健康的身心早已是人们共同追求的理想。然而2003年"SARS"病毒的肆虐,却让我们的公共卫生系统和健康观念与习惯面临新的挑战,在这种情况下,急需在全社会进行公共卫生的教育与培训。青少年作为未来社会的栋梁,理应具备基本的社会公共卫生知识与意识。然而在当前的学校教育中,系统的公共卫生课程还较为缺乏。

据A区教育部门调查显示,尽管该区青少年卫生习惯总体良好,但仍有众多青少年缺少基本的卫生常识,要使他们养成健康、科学、文明的生活方式,仍需要社会的大力引导。同时,毒品、艾滋病、网络沉溺等现象也日益侵害青少年的生理和心理健康。因此,为青少年进行科学、系统的公共卫生与健康教育,成为一项非常紧迫的任务。正是基于此,A区社会工作者协会制定了此项社区青少年健康教育计划。

该计划由A区社会工作者协会联合一些社会工作服务机构及相关机构共同组织一项社区活动,通过前期大量调查和准备,在了解当前青少年健康教育基本情况之后,举办了一系列有针对性的教育活动。整个活动历时一年,包括调查准备期、计划执行期、撤离评估期三个阶段。

(一)调查准备期

这一阶段的工作包括了解相关知识和社区背景、界定问题和需要、建立目标和

① 冯燕:《9·21灾后重建:社工的功能与角色》,《中国社会导刊》2008年第12期。

② 本节案例来自于马伊里、吴铎主编:《社会工作案例精选》,上海:华东理工大学出版社,2007年,第157~177页。

标准、确定工作方案等。

1. 收集相关资料

收集整理关于青少年用眼卫生、龋齿、肥胖、体育运动、健康饮食等方面的详尽资料，邀请有关卫生健康、项目活动、社会工作等方面的专家和本协会医务专业委员会和各社工站共同商讨、制定出项目总的专业介入策略、服务模式等方案。

同时，选取A区三个有代表性的社区，向这些社区的家长发放调查问卷，了解该区青少年的健康卫生知识与意识、教育情况及需求内容。（问卷略）

2. 确立活动目标与内容

(1)活动目标。引导A区青少年养成良好的卫生习惯，培养他们健全的身心状态，以及对健康重要性的高度认识，用科学的方法去保障健康。

(2)服务内容。通过专业培训，使青少年掌握公共卫生相关知识，协助青少年养成良好的公共卫生及个人卫生习惯，使青少年了解有关公共卫生的法律、法规，等等。

3. 制订实施方案

根据以上信息，主办者制定了此次社区工作的实施方案。此处只选取部分内容列入表5-1：

表5-1　社区工作实施方案

序号	名称	内容	开支项目
1	公共卫生课程培训	公共卫生概论 环境卫生与健康 劳动卫生与职业病 饮食习惯与营养 心理卫生 专题（包括毒品、艾滋病、“SARS”等）	前期宣传 场地租赁 聘请专家 用餐交通补贴 购买课程书籍
2	社区青少年卫生评比	制定卫生评比标准，评选青少年卫生模范	宣传 义工培训与补贴 奖品
3	青少年健康读书、健康上网活动	发动青少年互相监督，养成读健康书、上文明网习惯，同时可介绍一些卫生与健康方面的书籍和网站	制作宣传材料 购买书籍
4	设点进行卫生宣传活动	在学校、社区、医院等场所设点进行卫生宣传与咨询活动	制作宣传材料 租赁场地 聘请专家 义工补贴

（续表）

序号	名称	内容	开支项目
5	公共卫生系列展览	举办专题展览，用文字、录像、图片等形式进行公共卫生的普及教育	租赁场地 宣传 聘请专家指导 购买展览品
6	青少年公共卫生历奇与竞赛	以游戏、历奇的形式对青少年进行公共卫生教育，举办卫生知识竞赛，并奖励优胜者	聘请专家出题 租赁场地 历奇器械与人员 奖品
总计			

资料来源：马伊里、吴铎主编：《社会工作案例精选》，上海：华东理工大学出版社，2007年，第160~161页。

4. 落实经费，组织力量

根据上述实施方案中涉及的经费预算，向有关部门及企业筹集资金，邀请相关领域专家学者担任顾问，并与该区各社会工作服务机构及学校、医院、社区服务中心、科普协会等机构达成合作意向，明确分工合作机制，共同完成该项社区青少年健康教育项目。

（二）计划执行期

经过第一阶段的调查准备期后，项目进入了计划执行期。在该阶段中，一方面要执行项目计划，尽力实现各阶段的项目目标，同时又要准备应对突发局面，根据实际情况对计划作出及时的修正。下面选取计划执行期一个有代表性的工作进行介绍。

“关爱生命，远离伤害”社区青少年健康系列演示

时间：2006年5~7月，周末下午13:00—16:30。

地点：A区某社区服务中心露天活动场所。

服务对象：中学生120人/次。

内容：

（1）健康知识游戏竞答。将卫生健康类型的题目放入气球中，参与者击中气球的可回答问题，回答正确者获得积分及小奖品。

（2）野外急救包扎模拟。利用提供的工具和器材，模拟野外急救包扎技术，由专业人员给予指导，表现优秀者获得积分及小奖品。

(3)我是小小营养师。准备蔬菜、水果多种，由参与者选择早、中、晚餐的正确搭配方式，工作人员进行指导，表现优秀者可获得积分及小奖品。

(4)急救药箱配置。准备急救工具及药物若干，由参加者根据不同情况配备急救药箱，表现优秀者获得积分及小奖品。

(5)拷贝健美操。由健美操老师指导示范，参与者现场学习健美操动作并进行表演，表现优秀者获得积分及小奖品。

以上5组活动同步进行，学生们分组参与，根据积分情况评选出优胜者。优胜者可获得“阳光青少年”和“健康小博士”称号。

自我评估：青少年获取知识的主要途径是书本，但其操作性不强。我们通过现场活动这种寓教于乐的方式组织了多次现场演示活动，让他们对于一些急救常识、自救知识有了立体的、全方位的了解，更通过现场操作的方式增加了他们的动手能力。由于这种活动方式深受青少年的喜欢，该健康演示活动又在其他社区相继开展了多次，得到了广大青少年和家长、老师的肯定，成为整个项目中的品牌活动。

(三)撤离评估期

经过一年时间的运作，社区青少年健康教育项目的目标已基本完成，累计接受服务的青少年达到20000人次。此次活动通过丰富多彩的形式，向A区青少年传播了健康、卫生知识与理念，帮助部分青少年改正了不良卫生习惯，并通过青少年将科学、文明的生活观念向家庭、社区及全社会进行传播。通过社工人员的服务，整个活动的意义得到了延伸和拓展，突出了“健康、卫生”的主题，最终达到了促进人际关系和谐、塑造健康温馨社区氛围的目标。同时，主办方在此次项目中形成了自己的品牌活动，即“关爱生命，远离伤害”社区青少年健康教育演示活动。

课堂讨论

“上海市A区社区青少年健康教育计划”案例评析

1. 对照第三节介绍的社会策划步骤，讨论本案例的策划步骤。
2. 该案例存在哪些缺陷和不足？
3. 在该案例中社会工作者可扮演什么角色？
4. 针对本案例提供的背景资料，请你设计一份青少年健康教育方案。

二、社会策划的评价

社会策划模式既有优点也有局限,下面进行简要分析。

(一)优点

社会策划总体上是一种自上而下的社区工作模式。社会策划由于崇尚理性和专家权威,并运用了一套较为科学的策划技术和方法,因而其质量与其他模式相比有着明显的优点:

(1)保证服务质量。因为事先已经考虑清楚如何解决社区问题,加之社会工作者又拥有所需的技术和能力,所以可保证所提供的服务的质量。

(2)较有效率。社会策划比较注意专家的作用,因而使决策和行动都可以有更高效率。除非遇到反对的工作者和机构,一般而言可以保证服务能较快满足民众的需要。

(二)局限

社会策划属于机构层面的工作,居民扮演的角色较为被动,只限于对计划提出一些修改意见,所以从根本上看,这个模式较为保守。它以效率为重点,有可能会忽视居民意识和能力的培养。这具体地表现在以下四个方面:

(1)居民参与率低。首先,在服务目标方面,常常由社会工作者来确定什么是社区居民的需要,可能未真正代表居民的心声;其次,由于在决策过程中缺少居民的参与,可能导致居民对计划本身缺乏兴趣和投入。

(2)如果社会工作者不能恰当地运用社会策划方法,有可能使得服务对象对所提供的服务的依赖性上升,可能导致被动居民群体的出现。

(3)社会策划是依赖过去和现有的资料来制定服务方案,这样的策划本身就可能存在与社区未来发展不符的问题。

(4)在各种利益集团的压力之下,“理性策划”也很难真正保持价值中立,这无疑又会对社区及社区居民的真实利益形成挑战。

A 本章小结

1. 社会策划是借助计划专家来收集和分析资料,设计和实施服务方案,并对方案执行情况进行评估,以解决社区问题,满足社区居民的需要。社会策划的基本假设包括对人的认识、对社区问题及其解决方式的认识和对社会发展的认识。社会策划注重实现任务目标、强调理性处理问题、注重自上而下的改变、控制及指导未来。社会策划的传统包括改革传统、政策分析传统、社会学习传统和社会动员传统。

2. 社会策划强调任务目标，即强调运用各种规划技术来解决社区现实问题。社会策划的内容包括社区服务策划、社区教育策划、社区文化策划、社区组织策划、社区资源开发策划、社区基础设施规划。社会策划的策略包括理性技术策略和社会关系策略两大类。社会策划的基本原则包括为目标服务的原则、可行性原则、创新性原则、权变性原则、效益性原则。

3. 社会策划的过程包括准备阶段、计划制定阶段、组织实施阶段三个阶段，每个阶段可细分为一系列不同的步骤。在社会策划中社会工作者扮演的角色有研究者、专家规划者、协调者、顾问、倡导者。

4. 以上海市 A 区社区青少年健康教育计划为例介绍社会策划的基本过程及具体工作。社会策划模式既有也优点也有不足。

B 主要术语

社会策划(Social Planning)：一种社区工作模式，注重实现任务目标、强调理性处理问题、注重自上而下的改变、控制及指导未来。

社区规划(Community Planning)：对社区环境、社区配套服务设施的总体计划及决策过程。

社会发展(Social Development)：与经济发展的动态过程一起协同促进人类福利的过程。

专家(Expert)：依靠技术理性来调查社区问题，分析社区事实条件，评价各种服务方案，规划社区服务发展的专业工作者。

C 练习题

假如你是在一个旧城区工作的工作员。一天，你探访了城区内一座破旧不堪的旧楼，居住(租住)在这里的是一些社会底层的贫困居民。这里居住条件和生活环境十分恶劣，存在着火灾隐患，老鼠与跳蚤很多。业主(房屋所有者)似乎并不关心住所的状况，也不肯花钱去维修。

在上述情况中，根据社会策划模式，你会采取什么介入行动去帮助居民改善他们的居住条件和生活环境?

(资料来源:林香生、黄於唱:《社会工作实践:社区工作》,刘继同译,香港:香港理工大学应用社会科学系,2002 年,第 38 页。)

D 思考题

1. 社会策划的特点是什么?
2. 社会策划的内容有哪些?
3. 社会策划的基本原则有哪些?
4. 社会策划过程可分为哪几个阶段,具体步骤有哪些?
5. 在社会策划中社会工作者可扮演什么角色?
6. 社会策划模式的优点和不足是什么?

E 阅读文献

1. 甘炳光等编:《社区工作:理论与实践》,香港:香港中文大学出版社,1994 年,第八章,第 171 ~ 183 页。

2. 马伊里、吴铎主编:《社会工作案例精选》,上海:华东理工大学出版社,2007 年,第六章,第 155 ~ 177 页。

3. 王思斌主编:《社会工作综合能力(中级)》,北京:中国社会出版社,2007 年,第七章,第 232 ~ 238 页。

4. 夏建中主编:《社区工作》(第 2 版),北京:中国人民大学出版社,2009 年,第六章,第 103 ~ 125 页。

5. 徐永祥主编:《社区工作》,北京:高等教育出版社,2004 年,第五章,第 106 ~ 107 页。

第六章　社会行动

社会行动是社区工作的重要介入模式和工作方法，其与地区发展、社会策划并称为社区工作的传统三大模式。社区工作的核心目标是改善社区环境和提升居民生活福祉，而要达到这个目标，工作员有时会与居民一起组织社会行动，向社会公众表达他们面临的弱势困境和受到的不公平对待，并通过多种形式向有关组织施加压力，以促进社区问题的有效解决。

作为一种解决问题的方法，社会行动不单为社区工作员所采用。在西方，不少政党组织、工会组织、专业人员组织、环境保护组织及各类弱势社群组织都会运用社会行动的手法来为组织成员及社会大众争取合法的权益。但是，社区工作视角下的社会行动不等同于上述组织所进行的权益争取行为，二者在价值理念、服务对象及工作手法等方面都存在一定的差异。本章将集中讨论社区工作视角下的社会行动，首先介绍社会行动的定义、服务对象和基本特征，然后分析社会行动的介入策略和工作步骤，最后在分析本土社会行动案例的基础上讨论此模式的优缺点以及在中国本土应用的适切性。

第一节　社会行动概述

社会行动（Social Action），也称社区行动（Community Action）、抗议行动（Protest Action）或冲突模式（Conflict Approach）。[①] 在社会工作的理论和实务领域，较多采用社会行动这一表述。

一、社会行动的定义

在社会行动发展史上，学者们从社会行动的诸构成要素出发对社会行动做出了不同的阐释。在这些定义中，有些着重描述社会行动的对象，有些强调社会行动

① 甘炳光、梁祖彬等：《社区工作：理论与实践》，香港：香港中文大学出版社，1995年，第135页。

方法的冲突性和对峙性，有些则偏重于揭示社会行动的最终目标。

罗斯曼（J. Rothman）认为，社会行动假定有一些处境不利的群体，他们需要被组织起来，联合其他人向整体社会争取资源及获得符合民主及公义的对待。社会行动的目标是使权力、资源及决策权得到公正的再分配，并影响基本政策及其他制度的改变。

拜因（R. Bryant）指出，社会行动要解决的问题，是动员社会上无权无势及政治权力薄弱的群体，去争取更大的代表性及获取应得的集体利益。

香港学者甘炳光、莫庆联认为：社会行动是组织社会上受到忽视、压迫或政策不合理对待的低下层群体，通过集体行动，采用非制度化途径及较多运用冲突对峙的策略，并争取第三方的支持，向当权者争取群体的本身利益，以期获得应得的资源，使社会地位、权力及资源得到合理的再分配，并在过程中提升参与者的社会意识，改变他们的无能及无助感，最终实现更公平、更公正的社会。①

本文整合了社会行动的诸构成要素，对社会行动界定如下：社会行动是社区工作的介入模式之一，其以合理利益受到侵害的地域性弱势群体或功能性弱势群体为服务对象，由社会工作者协助群体成员开展集体行动，较多运用冲突对峙的策略向有关社会组织争取自身权益，目标指向促使权力和资源得到公平、公正的再分配，并通过对群体成员和居民组织进行增权，增强他们的权利意识和社会参与意识，提高他们的自信心及解决问题的能力，最终实现社会的民主、公平与正义。

值得指出的是，社会行动作为一种自下而上的集体行为，其目标虽然是改变不平等的权力及资源分配格局，但其本质并不是要推翻整个社会制度，也不是要对政治、经济和社会结构进行全面改革，更不是进行社会运动和社会革命，而是在既有的基本制度框架下，通过改变不公平的政策，达到有限度的社会改革。

二、 社会行动的基本假设

（一）对弱势群体权利的假设

弱势群体是社会的重要组成部分，虽然其在经济收入、社会地位和社会声望等方面处于社会的边缘，但他们有权利获得实现自身生存和发展所需的资源，有权利改变导致自身利益受到忽视及剥夺的社会制度，以获得更符合社会公正与民主的资源及待遇。

---

① 甘炳光、梁祖彬等：《社区工作：理论与实践》，香港：香港中文大学出版社，1995 年，第 143 页。

(二)对社会问题成因的假设

社会行动假定社会问题的出现,是由于社会上不同利益群体之间存在着利益冲突,而社会的变迁正是基于这些不同利益群体的利益争取行为而实现。冲突产生的具体原因可能是处于强势地位的群体对资源匮乏的群体缺乏了解和关注,也可能是二者之间缺乏正常的沟通渠道,以至于不能充分反映各自的需要,更可能是社会上存在不公平的资源及权力分配格局。

(三)对解决问题途径的假设

因制度和政策不公正以及权力差异等社会结构因素所导致的冲突或分歧不容易通过协商或制度化渠道得以缓和,因此不同利益群体为了实现本身的利益,只能通过运用局部冲突的方式,采用争取和对峙的方法来解决。

三、 社会行动的服务对象

社区工作领域中的社会行动,工作对象主要是低下层社会群体,他们拥有的社会资源非常有限,通常占据较低的社会地位,享有较少的社会权力。其中有许多人属于社会的边缘群体,备受社会大众的忽视,甚至正在遭受不公平社会制度和政策的压制。在中国大陆,这些群体主要包括农民工、城乡拆迁户、城乡重建户、城市流浪者等。通常来说,社会行动的服务对象分为两大类:

(一)地域性弱势群体

在一个地域性社区内,正在面临或可能即将面临不利生活处境的社会群体,我们称之为地域性弱势群体,这是社会行动的基本服务对象。在这些社区内,他们可能面临共同的贫穷问题、环境问题,或者正在遭受社会政策的不公平对待,比如受工业污染严重的城乡社区居民、受到政策不公平对待的城乡拆迁户、受物业公司不合理收费影响的社区居民等。

(二)功能性弱势群体

社会行动并不一定要在地域性社区内进行组织,有一些社会群体,虽然成员没有居住在共同的地域,但是他们有着共同的遭遇及面临相同的生活困境,我们把这些群体称为功能性弱势群体,这也是社会行动的重要服务对象。这些群体成员通常认为自己是无权无势的群体,他们对当前的境况感到无助和无奈,更缺乏争取自身权益所需的资源。社会行动可以去组织这些人员,改变他们的无能感,挖掘他们的自身潜能,协助他们获取及强化改变现状的权力,比如利益受到侵害的农民工群体、受到社会歧视的同性恋群体及城市流浪人员等。

四、社会行动的基本特征

社会行动的过程是一个行动体系,从行动的介入焦点、行动的整体特征以及具体行动策略的性质来看,其具备以下几个特点。

(一)由居民最为关切的问题及具体事件介入

社会行动是针对某一事件进行的面向某一社会组织或社会大众的集体行为,其往往需要参与者付出较多的精力,持有较高的行动热情,而要达到这一要求,介入事件的本质至关重要。

首先,事件应该是居民最为关心或希望解决的问题。只有这样才能将居民组织起来表达对事件的看法,并通过讨论确定所要共同争取的目标及可行的解决方案。如果事件明显地反映了社会不公平或市民受压迫的现象,行动则更容易获得社会大众的理解和支持,当权者也会因为面临较大的公众压力而做出让步。

其次,事件应该是具体的、微观的,而非抽象的、宏观的。过于宏观及抽象的事件容易超出一般社区居民的认知范围,并且解决此事件需拥有较多的社会资源,社区居民可能无法承担,而只有较为具体及微观的社区事件,才更能反映老百姓的日常生活需求,且所需耗费的资源有限,容易调动居民的参与热情。

(二)集体行动

集体行动是指受特定社会事件引发、由许多社会个体参加、具有很强自发性的非制度化群体政治行为,是社会行动的力量源泉。因为社会行动的服务对象大部分是无权无势的人,他们没有与当权者抗衡的资源及社会地位,唯一拥有的能力是行动人数及团结的力量,所以社会行动就是要协助社区居民组织起来,以集体行动的方式壮大自身的声势,并且要通过提高行动的持久性使当权者觉察到问题的严重性,最终迫使当权者做出应有的让步。

(三)较多采用冲突策略及非制度化途径

冲突策略是通过采取对立、对峙和对抗等较为激烈的方式解决问题的一种策略。王卓祺在《社会行动与香港》一书中指出,社会行动是一种社会介入的方法,它强调了对峙、冲突行为是解决社会矛盾的一种重要方法。他认为,对于社区工作员来说,社会行动是以冲突策略作为改变当事人处境的介入方式。[①] 因为由社会资源及权力分配不公正所引发的利益冲突不容易通过协商及合作的方式来解决,再加上社会行动的服务对象大多是社会低下层群体,他们拥有的资源和权力都非常有限,所以冲突、对峙和其他破坏性策略便成为他们较多运用及较有效的方法。国外常用的冲突策略有游行、请愿、示威和静坐等。

社会行动也多采用非制度化途径为弱势社群争取权益。所谓非制度化途径,是指非政府框架下的途径,如通过居民大会、记者招待会表达居民的不满和诉求。在香港,通常居民会首先通过制度化途径向有关部门提出要求,如约见政府官员、写信投诉、要求地区议会进行讨论等,但基于官僚系统的弊端,居民的很多需求不能得到及时、合理的答复及适当的回应,以致被迫采用非制度化途径进行争取。

需要指出的是,是否需要采用冲突策略及非制度化途径要视社会行动对象的反应而定,若对方愿意展开对话及做出让步,则没有进行激烈社会行动的必要。在香港,一些非对抗性的方式,如向政府官员游说、向有关人士提供资料、进行社会调查及公开调查报告等都是社会行动的重要策略。所以,并不是所有社会行动一定都需带有冲突意味,而是要依据事件的性质、对方的反应诸多要素将共识协商和冲突对峙两种策略结合使用。

(四)积极争取第三方支持

在社会行动过程中,社区工作员经常协助社区居民争取第三方的关注和支持。所谓第三方,通常是指社会大众、传播媒介及有影响力的社会人士(如政府官员、企业家等)。由于社会行动的服务对象是低下层社会群体,他们所掌握的社会资源及权力非常有限,所以即便采用了冲突策略及非制度化途径,也未必能迫使当权者做出应有让步。而第三方是一股强大的社会力量,其往往掌握着较多的社会资源和具备较大的社会影响力,因此若能够获得新闻界的支持,通过大众传播媒介将事件进行公开报道,特别是对受压迫者的境况及当权者的不合理之处进行披露,则更能够获得社会大众和知名人士的理解和支持,从而向当权者施加间接压力或从中斡旋,促使其展开沟通与对话,这样就比较容易达至社会行动的目标。

---

① 王卓祺:《社会行动与香港》,香港:青文书屋,1989年,第16~17页。

第二节　社会行动的工作目标与策略

社会行动的过程是一个行动的体系。在这个动态体系中,各种要素相互配合,共同推进社会行动进程的发展。本节将集中讨论社会行动体系的两个构成要素:目标及策略。目标是社会行动的灵魂,指引整个社会行动的方向;而策略则是实现社会行动目标的行动方针和方案集合,其体现了社会行动的性质。

一、 社会行动的工作目标

依据罗斯曼关于社区工作目标的分析框架,社会行动的工作目标可以分为任务目标与过程目标两大类。在社会行动过程中,受介入事件的性质、策略的选择等因素的影响,对两类目标的侧重会有所差异。

(一)任务目标

任务目标也称作硬性目标,是指在社区工作过程中具体问题及实质性问题的解决。罗斯曼认为,社会行动的目标是要达致制度的改变,使权力及资源得到合理再分配,并影响基本政策的转变。何志(P. Hodge)指出,争取权力和资源的重新分配是社会行动的重要任务目标,采取社会行动的目的是要将市民的怨愤联接起来表达不满,组成压力团体与当权者对抗,以争取市民权力,获取较多的资源及较佳的服务与设施。①

综合来看,社会行动的任务目标就是要通过集体行动,争取群体自身利益,获取应得资源,改善生活环境,伸张居民权益,并提高群体参与制定社会政策的机会,获取合理的决策权。这些任务目标通常是弱势群体的切身需要和急需解决的问题,如为城乡拆迁或重建户争取合理的安置与补偿政策,为农民工争取合理的社会福利服务,为居民改善小区环境及社区服务设施等。

(二)过程目标

过程目标也称作软性目标,主要是指在社会行动过程中居民及群体的成长。社会行动的过程目标是要通过集体行动的过程,对个体和群体进行增权,以提升参

---

① 甘炳光、梁祖彬等:《社区工作:理论与实践》,香港:香港中文大学出版社,1995 年,第 138 ~ 139 页。

与者的社会参与意识，改变他们的无助感和无能感，提高他们解决问题的能力，培养居民的批判反思能力，使其学会组织集体行动的技巧。另外，过程目标也包括通过行动让居民认识到团结的重要性，成立居民小组或居民组织，继续关注社区及群体面临的问题等。

二、 社会行动的策略

策略是指行动的整体规划和实现目标的方案集合。关于社会行动的具体策略，许多学者都进行了有价值的探讨。如拜因认为社会行动的策略分为两大类，即交易策略和对峙策略，禾伦（R. L. Warren）则指出社会行动的策略包括合作式、运动式和竞争式三种。以上两种分类法虽然都注意到了社会行动的对话性和对峙性两大类型，却未能将对峙策略的内容进行进一步分类，所以未能揭示社会行动策略的多元表现形式。香港学者甘炳光、莫庆莲的分类则较为具体，他们根据社会行动手段的激烈程度，将社会行动的策略分为以下四种：

（一）对话性行动

这是最温和的社会行动策略，通过采取沟通、协商及谈判等方式向相关社会组织表达自身利益诉求、争取自身合法权益，与拜因的交易策略和禾伦的运动式策略类似。虽然弱势群体与当权者对事件的解决方法存在分歧，但是弱势群体对当权者没有失去基本信任，依然认同当权者有行使权力的合法地位。他们认为只要能收集到足够的资料数据，就能够说服当权者。常见的对话性行动包括游说官员、致信官员表达及陈述需求等。

（二）抗议性行动

这是稍显激烈的社会行动策略，通过采取集体行动获取大众传媒和社会大众的关注、理解和支持，最终迫使当权者做出合理让步。因为弱势群体拥有的资源及权力非常有限，所以在大多数情况下无法迫使当权者接受谈判，只有通过采取社会行动揭示政府政策和制度的不完善之处，才能得到大众传媒和社会大众的关注和支持，最终借助第三方的压力迫使当权者做出改变。在香港，抗议性行动主要有以下几种形式：

1. 签名行动

这是争取社会大众发现问题及获取大众支持的常用方法。虽然在签名行动中群众付出的精力较少，参与层次较低，但这是以最少资源获取更多人支持的有效方式。

2. 记者招待会

这是指通过传播媒介向社会大众公布事件的详细情况以及政策的不合理之处,以获取大众的关注、理解和支持。通常召开记者招待会之后,社会大众亦开始期待事件的后续发展。

3. 请愿及游行

这是香港最常见的社会行动形式。由于参与的人数较多,所以常常给人一种较强的声势感和力量感,人数越多,力量越大。这种形式可跨过政府的多层官僚架构,在社会大众和舆论的支持下,直达有关的负责机构及部门。

4. 露宿及绝食

这种抗议性行动较为激烈,其他类似的形式还包括静坐和车辆慢驶等。这些方式虽然有些极端,却是表达心中愤懑及赢得社会大众同情的有效方法。

5. 群众集会

这种方式与请愿及游行类似,都有较多的群众参与其中,但较为静态,越多人参与集会,影响力也就越大。特别是群众集会获得大众传媒的支持时,会给当权者造成较大压力。

(三)对抗性行动

这是比较激烈的社会行动策略,通过组织集体行动直接影响对方的利益或使对方的工作不能正常运转,迫使对方因利益受损而愿意接受谈判。对抗性行动的形式一般有三种:

1. 抵制行动

抵制行动,包括罢工、罢交及拖欠租金等。要成功运用此策略,事件的不公正性应该比较明显,从而导致受到利益侵害的群众非常愤怒,而且群众需要有较高的内聚力和团结度。需要指出的是,有时威吓使用这种形式的效果比起实际运用此种形式更为显著。

2. 占用房屋及土地

这种形式往往是由于群众不满拆迁安置不当,或不满政府的某些建设不当和不公正的社会政策而采用。有时,群众的目的不在于侵占对方房屋及财物,而是希望阻止对方施工或清拆,以迫使对方做出最大的让步。应该注意的是,由于这种方式可能违反相关的法律规定,所以有被拘捕的可能性。

3. 抗命

这是一种跟当权者不合作的行动,群众冒着被捕的危险,公开违反一些不公平的法律或政策，最终迫使当权者对相关制度进行修改。

对抗性行动与抗议性行动的最大区别在于，前者的取胜之道不完全依赖大众传媒及社会人士的支持，而是需要群众与当权者进行面对面对峙，所以这种形式有较大的风险。

（四）暴力性行动

这是最为激烈的社会行动策略。这类活动大多是缺乏严密组织的群众在无计可施的情况下实施的情急之举，主要形式包括向有关部门人员抛掷物品、毁坏对方财物和挥动武器进行追打等。暴力性行动策略在华人社区较少发生，另外由于政治体制和传统文化的影响，这类行动由于可能破坏正常的社会秩序而不为政府和社会大众所接纳。

三、运用社会行动策略的原则

一般来说，社会行动需要群众付出较高的资源及代价，因此需要谨慎运用。社区工作员首先会遵守案主自决原则，向社区居民解释社会行动的利弊、可能得到的收获和可能付出的代价，然后由居民集体决定是否采取社会行动的策略。在社会行动实施过程中，工作员须遵守一系列原则，使行动能够朝着理性的方向发展，以为群体争取到最大的合理利益。香港学者甘炳光、莫庆莲认为运用社会行动策略的原则有以下四点：

（一）行动的渐进性

对话性行动、抗议性行动、对抗性行动及暴力性行动，是社会行动策略由温和走向冲突的渐进过程。社会行动一般由最温和的对话性行动起步，当策略行不通时才会提升行动的层次。无权无势的群众倾向于用和平的方式解决问题，较少人一开始便有目的地直接使用对抗性行动迫使对方就范，采用较为激烈的行动方式是没有选择空间下的无奈之举。当策略升级到对抗性行动时，由于可能逾越法律的界限，所以需要向群众解释行动可能带来的后果。事实上，较多社会行动采取“混合策略”，即对话性行动与对抗性行动交互使用，以达到软硬兼施之效。

（二）争取让步而非破坏

无论采取哪一种社会行动策略，其最终目的都是与当权者进行谈判，通过沟通来改善自己的不利处境。破坏只是一种向当权者施压的手段，为破坏而进行破坏的社会行动是不存在的,也是不符合弱势群体自身利益的。

(三)行动的连续性

引发社会行动的社会事件,一般都与不合理的社会结构或社会政策相关,其成因的复杂性和深刻性决定了此类事件不能单靠一次行动获得解决,因此当某一行动不成功时,应有一连串的行动形式跟进,以给当权者造成持续的压力。如果当权者能够遇见群众下一步的行动,则非常有利于问题的解决。

(四)争取舆论支持,避免使用暴力

多数社会行动都不期望采用暴力行动达到预期的目标,而是在既有的法律和制度框架下,通过有秩序及和平的方法来争取舆论和社会大众的支持,从而迫使当权者做出让步。在行动中,群众经常将自己塑造成无辜或被歧视的善良者,以争取公众的支持,如果事件不能得到公众的支持,无论行动的对抗性有多大,也只能被认为是“滋事者”,以致无法达到预期的目的。

四、 选择社会行动策略需考虑的因素

在选择社会行动的不同策略时,工作员必须考虑以下几个因素:

(一)群众的资源

包括资金、知识、组织能力及对外关系等。通常而言,从对话性行动到暴力行动,对资源的要求也是逐渐递增的。另外,在同一类型的行动策略中,不同形式的活动对资源的要求也不同。如在抗议性行动中,游行示威所需的资源就比召开记者招待会要高;还有一些活动形式(如罢交租金)对行动的持久性要求较高,因此也需要投入大量的资源以巩固群体的内聚力。

(二)群众的投入程度

包括群众投入的人数、投入的时间、行动的热情及各种心理准备等。从对话性行动到暴力行动,对群众的投入程度要求越来越高。如对抗性行动可能会超越法律的界限,因此风险较大,其对群众投身的要求必然要高于抗议性行动。

(三)社会氛围

一般而言,社会氛围越自由开放,人民的权利意识越强,对较激烈行动的容忍

程度就越高。相反,人们就会惧怕社会行动可能带来的社会动乱,从而排斥较为激烈的对抗性行动,特别是暴力行动。

(四)事件的本质

这是指行动介入的事件是否明显体现了社会不公正或政策的不合理。如果是,则容易获得社会大众的同情和支持,此时宜采取对话性及抗议性行动;如果不是或事件比较具有争议性,又或者是事件牵扯的政策层面越广,则运用对抗性行动的机会较多。

拓展阅读

亚伦斯基的社会行动哲学及行动案例①

亚伦斯基(S. Alinsky)于1909年生于美国,曾在芝加哥大学修读犯罪学,他提出了很多有关群众组织及权力斗争的概念与手法,在社会行动领域开创了亚伦斯基主义(Alinskyism),其学说在全世界具有广泛的影响力,被人们称作"社会行动之父"。

一、亚伦斯基的社会行动哲学

1. 在其行动哲学中,权力及冲突是最主要的概念。他相信社会的民主结构不足以保证能听取所有人的声音,只有通过组织人民,争取权力,才能实现真正的民主。

2. 权力不是恩赐得来的,当权者在感受到压力的情况下才会做出让步,一般市民没有金钱,也没有政治影响力,唯有靠冲突的战术。

3. 市民的最大实力来自于庞大的人数及他们是否被组织起来,成立有深厚群众基础的组织,是显示人民力量的有效方法。

4. 社区事件如果没有争议性,居民便不会特别关心,所以最佳的介入点是从群众的切身及具体问题出发,揭示事件的不合理与不公平之处,以此来引发社会行动的产生。

二、亚伦斯基的社会行动案例

亚伦斯基非常注重战术的选择,他的战术非常新颖,极具趣味性和想象力,但又不会触犯当时的法律和远离暴力,为从事社会行动的人士带来很多启示。以下是亚伦斯基运用社会行动策略取胜的两个经典案例:

---

① 甘炳光、梁祖彬等:《社区工作:理论与实践》,香港:香港中文大学出版社,1995年,第151~152页。

1. 亚伦斯基买了100张交响乐团演奏会的门票,分发给当地的黑人居民。音乐会开演前3小时,他组织100名黑人聚餐吃炒豆子(注:吃炒豆子容易生屁),然后再到达音乐演奏厅。结果,演奏会第一章尚未开始,剧场就已经臭气弥漫,在场观众实在无法忍受,纷纷离席,使演奏会不得不延期举行。这种战术超越了当权者的经验,因为对方无法预料你会在这富丽堂皇的场所进行"攻击"。况且,这种行动是一种嘲笑,法律也不能发挥作用,因为法律不能禁止人类"放屁"这种自然功能。另外,这种战术在群众经验范围之内,并让群众体验到了行动的趣味性。

2. 欧海尔机场是世界上最繁忙的机场之一。旅客在飞机上饱餐后,下了飞机他们一般都会比较匆忙地奔向厕所。只要你在厕格里关起门来,就可以在里面待上一整天,不用担心违反法律和机场制度。男厕所可能要多花一点力气,例如亚伦斯基发动四五个人在每个尿槽前排队。警察面对这种占领厕所的行动束手无策,旅客找不到方便的地方,小孩唯有就地解决,从而给机场的秩序带来了很大影响。

第三节　社会行动的介入过程与工作者角色

社会行动的过程既具有连续性,又呈现出阶段性特点。连续性和阶段性的统一要求工作员必须遵循一个基本的介入过程,并且于每一阶段选择好所要扮演的角色,秉承专业伦理,积极推动社会行动进程的发展。

一、社会行动的介入过程

香港学者梁祖彬提出社会行动的介入过程包括以下四个阶段:工作者觉察到居民对某些问题特别关注;以这些问题为中心,发动居民参与及商讨解决问题对策;将问题向外宣传,引起社会人士及政府的关注、同情和支持;问题得以解决。① 而后,香港学者甘炳光、莫庆联在此基础上进行了完善和补充,他们将社会行动的介入过程分为四个阶段:酝酿期、宣传组织期、行动期和总结期。这一过程指出了每个阶段的工作内容、工作重点和具体方法,比较具有操作性,可以视为社会行动的一般过程模式,见表6-1。

① 邓演超、梁祖彬:《穗港社区工作理论与实践》,广州:高等教育出版社,1990年,第196页。

表 6－1　　社会行动的介入过程

阶 段	工 作 重 点
酝酿期	找出居民共同关注的问题,进行初步的资料收集,预估群众的反应及参与意愿,初步制定事件的争取目标,预测对手的反应。
宣传组织期	广泛宣传社区问题，召开居民大会，目的是： （a）推举代表，成立争取关注组； （b）定出争取的要项； （c）通过争取的行动系列； （d）统一步伐，团结士气。 或 1.先召开座谈会，物色核心领袖； 2.将在座代表组成争取关注组； 3.关注组织召开居民大会，商议各项行动要求，提高团结力量。
行动期 (A)对话性行动	1. 接触官方,尝试约见并陈述意见。 2. 进行调查,收集数据。
(B)抗议性行动	1. 进行签名行动,争取基层支持。 2. 发动群众参与行动,迫使对方谈判或让步。 请愿　示威　→　a.初步/直接目标，如： （1）有关部门； （2）上级主管部门 第三者协助施加压力 请愿　公开要求　→　b.第三者（间接目标），如： （1）传播媒介； （2）区市人民代表大会； （3）市人大代表； （4）社区其他组织。
(C)对抗性行动	1. 直接干扰部门运作。 2. 争取第三者的理解和支持,迫使对方谈判或让步。
总结期	1. 问题得到改善。 2. 总结及检讨行动。

资料来源:甘炳光、梁祖彬等:《社区工作:理论与实践》,香港:香港中文大学出版社,1995 年,第 153 页。

二、　策划社会行动时需考虑的因素

社会行动是一个复杂的行动体系,其发展进程会受到体系内外部各要素的影响,这些要素的特性直接影响行动策略的选择及目标的达致程度。包伯(K. Bobo)

等人提出，在策划社会行动时，应就以下六个方面的因素进行认真考虑，即目标、工作者及群众的取向、组织考虑、盟友及对手、当权者、战术运用。每一方面的考虑因素中又可以细化为几个具体的可能性，工作员可据此来制定行动策略。香港学者杨森认为，在制定行动策略时，工作者的价值观及对工作的期望也是需要考虑的重要因素。表6－2整合了包伯和杨森的观点。

表6－2　　策划社会行动需考虑的因素

目标	1. 列出行动的长远目标。 2. 行动的短期目标是什么？ 3. 短期目标达到后如何走向长期目标？ 4. 行动是否对民众生活质量有实质性的改善？ 5. 能否提升民众的权能感？ 6. 可否改变不合理的权力关系？
工作者及群众的工作取向	1. 工作者如何看待社会财富分配，用什么方法改变社会？ 2. 工作者期望自己认同行动及投入的程度如何？ 3. 在社区内，谁会关心这个问题，他们能否参与？ a. 这是谁的问题？ b. 如果成功了，他们将得到什么？ c. 行动有何风险？ d. 实力从哪里来？
组织考虑	1. 列出各项在行动时可动用的资源，如资金、组织者数目、设施、声誉等。 2. 整个行动要花费多少资金？ 3. 通过行动，能够使组织：a. 成员人数增加？ b. 领袖的经验增多？ c. 筹到更多的资金？ 4. 如要使行动策略成功，需要解决什么内部问题？
盟友及对手	1. 谁是你的盟友？ a. 社区内外各有多少？ b. 他们与你的关系怎样？ 熟悉程度如何？ c. 社会人士的支持有多少？ 2. 谁是反对你的人？ a. 如果你取得成功，反对你的人将付出什么代价？ b. 他们会如何反对你、阻挠你？ c. 他们有实力吗？
当权者	1. 直接当权者：a. 谁有实力决定你的命运？ b. 你有什么实力可以打垮他？ 2. 间接当权者：a. 谁有能力去影响直接当权者？ b. 你有什么实力能使“间接当权者”助你一臂之力？
战术运用	针对每位当权者，列出各种可能使对方感受到压力的战术，这些战术能否： 1. 显示你的实力？ 2. 提高你们的士气？ 3. 使传媒报道？ 4. 有趣味性？

资料来源：甘炳光、梁祖彬等：《社区工作：理论与实践》，香港：香港中文大学出版社，1995年，第155页。

三、 工作员的角色

在社会工作实务过程中,依据所选取的工作模式和所处的工作阶段不同,工作员往往要扮演多元的角色,这些角色虽然性质不同,但在整个服务进程中却是一个统一的整体。传统的社会工作强调工作员的辅导者及使能者角色,主张采用非主导性的工作手法协助服务对象解决问题,因此工作员多被形容为站在服务对象背后的辅助人物。但是在社会行动中,工作员会经常站在前线,采用较为主导性的角色鼓励居民团结起来以争取本身权益。需要指出的是,在社会行动过程的每一阶段,工作员扮演的角色会有所差异。综合来看,主要有以下几种:

(一)倡导者

在社会行动中,工作员要鼓励居民组织起来关注和讨论自身问题,通过社区宣传、召开小组讨论会和居民大会的形式,调动居民的参与热情,鼓舞团队士气,提高集体的行动力和行动效率。另外也要做好居民的意识提升工作,使群众认识到自身的问题与不公平的社会政策相关,增强他们的权利意识,动员群众通过集体行动影响和改变不公平的社会政策。

(二)行动者

工作员不仅是社会行动的组织者和策划者,也是社会行动的积极参与者和居民的同行者。他们经常会处于行动的最前线,与社区领袖和其他居民并肩作战,协助居民组织维护自身的利益,以及运用传媒的力量向政府施加压力,来影响正式组织的决策。需要指出的是,在社会行动的不同阶段,工作员的行动参与度是有差异的。在行动初期和居民组织不成熟的阶段,工作员的行动参与度比较高,而在行动中后期和居民组织较为成熟的阶段,工作员的行动参与度较低。

(三)教育者

在社会行动中,工作员经常采用教育和培训的方法对居民和居民组织进行增权。比如帮助人们认清问题,分析问题的根源及思考可行的解决办法;训练居民掌握社会行动技巧及政策分析技巧;提高社区领袖组织动员和组织运行的技巧;在面对当权者的威胁和操纵时,唤醒居民的权利意识,提高居民的行动信心,教育居民进行反操纵等。

(四)资源提供者

与其他社区工作模式相比,社会行动一般需要动用较多的社会资源,但是社会行动的服务对象大多是社会低下层群体,他们所拥有的社会资源非常有限,所以社区工作员需要向居民提供社会行动中的所需资源,包括资金、人力、会场、宣传材料及专家支持等。与此同时,工作者也要注意整合社区内部资源,积极争取社区外部资源,以此来保障社会行动的顺利进行。

第四节　社会行动示例与评价

社会行动发源于美国,其产生、发展和繁荣深受美国独特的政治、经济、文化和社会结构的影响。在长期的社会行动实践中,西方和我国香港的社会工作者运用社会行动的策略有效解决了弱势群体面临的问题,积累了丰富的社会行动经验,但是由于其工作方法的冲突性和对峙性,也受到了有关专家学者和社会大众的批评。本节将在分析本土社会行动案例的基础上讨论此模式的优缺点以及在中国本土应用的适切性。

一、社会行动示例:X 社区中教师与学校的冲突[①]

(一)案例介绍

X 社区是由一所地方性大学兴建的单位型住宅小区,小区内有三种住房类型:单身宿舍、福利分房和集资建房。按照学校制定的福利分房制度,学校每年会按照教师的职称级别、工作年龄和婚姻状况等因素确定福利房分配方案,为符合条件的教师分配住房。冲突就以此为开端。2003 年 9 月,学校后勤处在办公平台公布了当年的分房人员名单,并安排了具体的签房日期,可是快要到签房日期时,学校没有做任何解释就单方面下发通知取消今年的福利分房,下次分房日期待定。这件事使得那些等待分房的教师非常失落,原本无比期盼的心情瞬间跌落谷底,他们感觉自己被剥夺了福利住房权,心中有一种被愚弄的感觉。几名教师以个人的形式找到后勤处领导,希望学校给出一个负责任的解释,后勤处领导态度很温和,答应

① 案例来源:张荣艳:《社会冲突与社会行动模式——以 X 社区教师与学校的冲突为例》,《长春理工大学学报(社会科学版)》2006 年第 3 期。

他们尽快解决这个问题。有了后勤处领导的承诺，这些教师没有再采取进一步的行动，而是耐心等待学校的处理结果。可是，令他们万万没有想到的是，从2003至2005的两年间，学校均以福利住房紧张为由拖延分房时间。在这两年间，一些热心的老师通过多种途径了解到学校并不是没有房源，反倒后勤管理部门的领导为了满足个人利益而私下收受贿赂，将房源提前预支给了不符合福利分房条件的人，这些违规做法和腐败行为引起了教师们的极大愤怒。X社区中受此事件影响的教师妻子小吴是一位社区工作员，她认为这个问题如不采取理性的集体行动是很难解决的，因此将社会行动的策略运用到这个事件当中。

（二）介入过程与策略

1. 酝酿期和宣传期

首先，小吴请丈夫帮忙收集和整理了受到这个事件影响的教师名单，将大家组织在一起召开了一次非正式的座谈会，并物色到了一个核心领袖曾老师。依据学校的福利分房制度，曾老师本可以在2003年初分到一套三室一厅的房子，但是由于房源的楼层较高，考虑到年老有病的父母要和他一起居住，他决定参加下一批的福利分房，以便能分到一个较理想的楼层。接下来的漫长等待是曾老师万万没有想到的，由于家里人口较多，所以他急需通过福利分房改善居住条件，而且他的口才非常好，说话具有煽动力，所以大家一致推选他作为团队的领袖。同时，座谈会又选出了10个教师代表作为这次事件的关注组。作为一名社区工作员，小吴为关注组成员聚会联系了会议场所和一定的经费支持。关注组的成员首先查找了学校的相关文件和通知，根据这些文件他们得知学校目前还有150多套住房闲置，这就表明学校有足够的房源，而且他们还查到了20多名通过非正常渠道获得福利分房的人员名单，随后关注组成员在一起制定了一系列的行动计划。他们决定先去找负责分房的直接领导进行谈判，若不成功，他们将继续找分管后勤的上级领导进行谈判。如果通过直接谈判无法解决问题的话，他们将会逐步升级社会行动的策略，以最终迫使学校进行谈判并作出让步。社区工作员小吴非常认同关注组的计划，鼓励关注组进入行动期实施社会行动策略。

2. 行动期

首先，X社区教师采取的是对话性行动。曾老师带领关注组成员以及周一上午没课的老师找到了负责分房的江处长反映问题，江处长以自己要参加紧急会议为由请他们下午再来办公室进行沟通。下午曾老师他们如约到达后勤处办公室，却被告知江处长已经出差了，要一个月以后才能回来。接着他们又找到了学校工会领导反映问题,希望工会能够出面协调相关部门解决这一问题,但没有得到理睬。这些老师感到非常生气,决定采取下一步的抗议性行动。

然后,X社区教师积极寻找利益同盟者,壮大团队力量,采取抗议性行动。为了扩大此次事件的影响,他们将事情真相整理成文字并做成宣传单,分发给受到这个事件影响的教师及关心这次事件的普通老师,动员每一位老师参加到他们的队伍中来,通过理性的集体行动维护自身的权益。后来,关注组的王老师了解到一些原校办工厂的职工也受到了这一事件的影响,学校承诺这些职工到了一定工龄将会享受福利分房的待遇,但是在2003至2005年间也没有分配住房。曾老师安排王老师去联系这些工人,向他们解释学校的相关制度规定和在福利分房中出现的不公正现象,帮助他们增强维权意识,争取把这些和他们具有共同利益诉求的工人联合起来扩大声势,形成一个具有共同目标的行动共同体。通过一周的动员,曾老师将2003至2005年应享受福利分房待遇的94名教师和原校办工厂的51名职工共145人都组织了起来,在关注组草拟的一份分房呼吁书上进行了集体签名。时隔一周,曾老师带领关注组代表拿着这份有集体签名的分房呼吁书找到了主管后勤工作的副校长,副校长感觉到了事态的严重性,为了稳定教师们的不满情绪,遂答复他们会尽快解决这一问题。关注组代表向副校长提出必须在一周内公布房源,安排分房的时间,否则他们将采取进一步的行动。

最后,由于利益诉求继续被忽视,X社区教师采取对抗性行动,事情得到解决。一周过后,学校没有采取任何措施回应教师的合理要求,关注组向副校长询问事件的处理进度,副校长以公务繁忙为由拒绝回答。关注组组织召开团队成员大会,向成员公布事情的进展,最后决定将行动进一步升级,采取对抗性行动。2005年10月8日上午,关注组组织受到此次事件影响的教师集体罢课,与50多名工人一起在学校行政办公楼外集体静坐,并邀请了相关媒体进行事件报道。这种对抗性行动严重干扰了学校正常的办公与教学秩序,学校紧急召开校长办公会讨论解决方案,并邀请关注组代表进行谈判。经过谈判,学校答应了关注组的所有要求。当天下午,学校后勤部门通过办公平台公布了房源和分房时间,并在接下来的一个星期内完成了福利分房工作。至此,长达两年多的福利分房事件终告结束。

3. 总结期

福利分房工作结束后,关注组组织团队成员对整个行动的过程进行了回顾,社区工作员小吴从专业角度对行动的目标实现程度、成员的个人成长、行动策略的有效性等方面进行了评估,从中总结经验,发现不足。基于关注组在这次行动中所发挥的重要作用,小吴和大家都建议将关注组改名为维权委员会,继续关注和解决X社区内的类似事件。

二、社会行动的评价

(一)社会行动的优点

(1)能够广泛吸纳社区居民参与。社会行动通常从居民最为关切和最迫切需要解决的问题入手,而且这些事件还常带有不公正性色彩,所以比较容易组织和动员受到事件影响的居民广泛参与进来。在社会行动过程中,社区居民采取集体行动的方式宣泄不满情绪并向有关部门和社会大众表达自身诉求,确定争取的目标和解决问题的方式。当行动获得初步成效之后,居民会进一步认识到参与和组织的重要性,从而提高自身参与的主动性和能动性。

(2)有利于发掘及培养社区领袖。社区领袖对于社会行动的整个过程乃至整体社区的发展都是非常重要的,因为他们能够团结和领导有共同利益和信念的群众,通过集体行动的方式争取合理的权益;他们通过组织和动员居民参与社区事务,共同商议解决问题的对策,有助于促进和提高社区民主。社会行动采取的集体行动策略有助于社区工作员发掘具有领袖潜质的社区居民,然后采取相应的方法(如个案辅导、领袖小组等)加强领袖的个人能力建设,提高其策划、团结、组织管理、谈判及游说等多方面的技巧。

(3)能够较为快速地解决社区问题。社会行动较多采用冲突对峙及非制度化的方法,通过集体行动来维护弱势群体的利益。其广泛的居民参与性、解决方式的冲突性以及充分利用大众传播媒介获得公众同情等做法,容易给事件的对方造成较大的社会和心理压力,当权者由于担心事件影响过大会进一步危害其利益,往往会较为快速地对居民的诉求做出回应,从而使问题能够较快地得到解决。

(4)有利于提高社区居民的权利意识和组织能力。在社会行动中,社区工作员和社区领袖组织居民对事件进行全面分析,引导社区居民发现、关注和认识其中的不公正之处,思考和解释社会结构及制度的不公平对其生活产生的影响。最终目的是为了唤醒居民的权利意识,并且使居民意识到通过成立组织开展集体行动的重要性。随着社会行动进程的逐步深入,居民的权利意识会得到进一步增强,其组织能力也会得到进一步提高,而这些对于解决弱势群体的后续问题是极具发展意义的。

(二)社会行动的局限

(1)可能激化矛盾。社会行动大量运用冲突策略和非制度化途径解决问题,特别是具有激进色彩的对抗性行动和暴力行动的不慎使用,可能激化事件双方对立的情绪,使当权者一方完全采取不合作的态度,从而不利于问题的最终解决。从策略上来看,无论采取哪一种社会行动的策略,其最终目的都是要迫使对方回到谈判桌上来并作出有利于弱势群体的让步,所以一定要将矛盾控制在一定的程度上,矛盾的过分激化会最终损害社区居民的利益。

(2)可能被政党或利益团体操纵。社会行动是一个通过集体行动向当权者施加压力的过程,这就有可能吸引那些对当权者不满的在野政党或利益团体的注意。尽管他们与社会行动事件没有直接关系,但他们可能会通过提供资源支持等方式控制社会行动的参与者,误导社会行动者为自己政党或团体的目标和利益服务。这种情况的发生提高了社会行动的政治性和社会运动色彩,严重的情况下可能会对现有的社会秩序造成较大冲击,危害社会稳定与和谐。

(3)挑战及批判色彩浓厚,但难以从根本上解决问题。从策略上来看,社会行动从导致弱势群体生活困境的不公正社会制度入手,试图通过集体行动向当权者施加压力,来改善不平等的社会政策,这就使得社会行动带有较强的批判色彩。但从结果来看,这种改善大部分只是针对问题本身所作出的有限妥协或资源分配的有限调整,且当权者更多地将这种妥协与让步视为缓解矛盾的权宜之计,所以很难使社会政策发生有利于弱势群体的根本性变革。有些学者认为,社会行动缺乏长远的、根本的目标及努力主动改造和建设的意识。①

(三)社会行动在中国本土应用的适切性讨论

社会行动发源于美国本土,其产生、发展和繁荣都带有较强的西方文化属性。作为一种社区工作介入模式,社会行动能否适用于政治、经济、文化和社会结构都不同于西方的中国,这是一个值得深入探讨的问题。20 世纪 90 年代,香港学者甘炳光、梁祖彬在总结西方和香港社会行动经验的基础上提出,社会行动的存在和发展需要具备以下条件:社会上存在被压迫的少数群体、社会资源分配不公平、个人自由及人权受到保障、拥有自由的传播媒介、市民缺乏政治参与渠道、社会文化并不压制以冲突方式作为解决问题的方法。我们可以依据此标准,结合改革开放以

---

① 徐永祥主编:《社区工作》,北京:高等教育出版社,2004 年,第 133 页。

来中国社会所发生的深刻的社会转型,来探讨社会行动在当前中国大陆应用的可行性。首先,改革开放至今的30多年时间里,中国的经济得到了飞速发展,民众的生活水平得到了巨大改善,与此同时社会结构也越来越复杂,社会分化与社会分层的程度越来越高,边缘群体的类型和数量呈现上升趋势。由于社会制度和政策的滞后性,若干边缘群体的合法权益无法得到有效保障,侵害其利益的行为时有发生。在农村,社会冲突的焦点主要集中在土地承包、摊牌与收费不合理、土地征用和转让过程中的经济补偿等涉及农民切身利益的问题上;在城市,这些矛盾则主要体现在社区治安与环境、开发商与业主的经济纠纷、物业公司的收费与服务不到位、居民住宅动迁等方面。在处理这些问题的过程中,弱势群体由于自身的边缘和无权地位,往往受到社会制度和政策的不合理对待,无法获得符合社会公正的资源分配。其次,近些年来我国不断推进社会管理体制改革,城市和农村的基层政权及民主建设取得了突出成就,民众的民主、民权和公平意识显著提高,他们已经开始学会运用法律维护自己的权益,利用社会舆论争取社会大众的同情和关注以呼唤社会公正。受社区不公正事件的影响,他们的社区意识开始觉醒,并尝试通过集体的力量来维护自身权益:居民因不满环境恶劣,争取新闻媒体曝光;因不满物业公司乱收费,集体干扰物业公司正常办公;农民因不满拆迁补偿,拥堵附近主要交通干道,到相关政府部门集体请愿等。再次,随着传播媒介自主性和独立性的日益提高,媒体的社会责任和社会关怀意识逐渐增强,开始关注和报道边缘群体的生活和各种社会不公正现象,以引起政府相关部门和社会大众的重视。另外,只要社会行动不会危害正常的生活和社会秩序,社会大众对弱势群体采取社会行动解决自身困境的方法也越来越持一种同情和包容的态度。

综合以上论述,本文认为温和、适度和理性的社会行动可以成为解决中国社区问题的一个有效途径。与此同时,我们也要正确认识到,虽然社会行动是提高社区意识与社区团结、缓解社会矛盾的重要手段,但是非理性的、激进的社会行动可能破坏正常的社会秩序,从而受到政府、社会大众的抵制和批评。在社区工作过程中,社会工作者应秉承专业伦理,运用社会行动促进社区的团结与和谐,或通过化解冲突因素来促进社区与政府、企业的合作及共赢。随着中国基层民主建设步伐的加快、社区居民民权意识的觉醒、法律制度的逐步健全、新闻媒体监督功能的加强、政府容忍程度和社会控制能力的提高,以及社区工作员专业化程度的提升,非激进的社会行动将在维护弱势群体切身利益、改善不合理的社会制度和政策等方面发挥积极作用。

拓展阅读

社区工作三大模式的比较与整合

地区发展、社会策划和社会行动是罗斯曼(J. Rothman)提出的社区工作三大经典介入模式,三者在介入理念、介入目标、介入策略和工作方法等方面都存在着显著的差异。徐震、林万亿从12个维度对三者进行了系统阐释及比较分析,可作为社区工作者深入理解三种介入模式内涵及选取、实施具体介入模式的重要参考(见表6-3)。虽然这三大传统社区工作模式在12个维度都存在明显差异,但在实际的社区工作实务中,三者并不是完全分立的。罗斯曼强调:这三个模式是为了学术分析上的方便建构起来的理想模式,在实际工作中工作者要学会"融而合之"和"分期用之"。"融而合之"是指地区发展、社会策划和社会行动三大模式可以在同一时间或同一情况下交替混合使用。例如采用地区发展时可兼用社会策划去解决一些实质性的社区问题;运用社会策划时可兼用地区发展去组织和动员居民参与;使用社会行动时可兼用地区发展促成居民组织的成立和发展,也可以使用社会策划使居民组织的运行更科学、更有效率。"分期用之"是指在不同的时期可以采用不同的模式去推动工作的进展。比如在运用地区发展促成社区组织成立后,因外在问题的加剧和制度的阻碍,工作者可改用社会行动组织居民去抗衡不公正的对待。衡量应该选取或是否选取某一模式来解决社区问题的标准,应该是该模式能否在最大限度上提高社区居民的福祉,以及能否通过这一模式和方法的运用促进社会公平、公正及民主。

表6-3　　社区工作三大模式的比较

比较维度	地区发展	社会策划	社会行动
1. 介入目标的特点与侧重	社区自助能力的建立与社区整合(过程目标)	实质性社区问题的解决(任务目标)	维护弱势群体权益,改变权力关系和资源分配机制,推动制度变迁(任务目标或过程目标)
2. 与社区结构和社区问题有关的假设	社区衰败、紊乱,社区结构松散,缺乏良好的社会关系及问题解决能力	社区有诸多实质性问题需要解决:健康、环境、住宅、休闲娱乐等	社区有弱势群体面临不利生活处境,社会不公平、社区剥夺及不平等是重要的导致因素

（续表）

比较维度	地区发展	社会策划	社会行动
3. 基本的变迁策略	居民参与决策及实施，立足社区自有资源，充分运用外部资源，民主协商解决问题	针对问题收集事实资料，依靠外部专家和相关技术理性决策社区事务	将争论或冲突具体化，组织人们采取集体行动与当权者进行对话、抗议及对抗
4. 特有的变迁策略及方法	一致共识：采用团体讨论的方法，促进社区内各团体及利益群体之间的沟通	一致共识或冲突	冲突或竞争的： 磋商 质询 直接行动
5. 工作者角色	促成者、协调者、使能者、问题解决技术与伦理价值的教导者	事实收集者与分析者、方案制定者、实施者和催化者	行动者代言人、策动者、磋商者、中间人、资源提供者
6. 变迁媒介	小型任务取向的团体或小组的运作	正式组织的运作与资料的处理	大型组织与政治过程的运作
7. 权力结构	权力掌握在居民手中，且成员在团体或组织中是分工合作关系	权力掌握在雇主和赞助者手中，居民处于无权或少权状态	权力掌握在行动的外在目标中（如当权者和敌对者）
8. 社区案主系统或支持者的界限范围	整个地理社区	整个社区或社区的一部分（包括功能性社区）	部分社区
9. 关于社区次部门利益的假设	共同利益或可调和的利益差异	利益调和或冲突	无法调和的利益冲突
10. 公共利益的概念	理想主义者	理性主义者	现实主义者兼个人主义者
11. 案主群体的概念	公民	消费者	现有社会体系的牺牲者
12. 案主角色的概念	积极参与到互动的问题解决过程之中	消费者或受益者	雇主 组成者 成员

资料来源：徐震、林万亿：《当代社会工作》，台北：五南图书出版有限公司，1999 年，第 252 页，表中文字略有改动。

A 本章小结

1. 社会行动的服务对象包括地域性弱势群体和功能性弱势群体。

2. 社会行动一般由居民最为关切的问题或具体事件作为介入点，通过组织居民进行集体行动，积极争取第三方的支持，并较多采用冲突策略及非制度化的方法解决问题。

3. 社会行动的目标分为任务目标和过程目标两大类。

4. 社会行动的介入策略分为对话性行动、抗议性行动、对抗性行动和暴力性行动四种。

5. 选取社会行动策略时，需要考虑四个主要因素：群众的资源、群众的投入程度、社会氛围和事件的本质。

6. 运用社会行动策略时，需要遵循四条基本原则：渐进性、连续性、争取让步而非破坏、争取舆论支持避免使用暴力。

7. 亚伦斯基的权利哲学及权利战术对社会行动的策划及实施具有很强的指导和借鉴意义。

8. 社会行动的工作步骤包括酝酿期、宣传组织期、行动期和总结期四个阶段。

9. 社会行动下工作者主要扮演倡导者、行动者、教育者和资源提供者四种角色。

10. 社会行动有其自身的优点和不足，温和、适度和理性的社会行动可以成为解决中国社区问题的一个有效途径。

B 主要术语

社会行动（Social Action）：社区工作的介入模式之一，以合理利益受到侵害的地域性弱势群体或功能性弱势群体为服务对象，由社会工作者协助群体成员开展集体行动，较多运用冲突对峙的策略向有关社会组织争取自身权益，目标指向促使权力和资源得到公平、公正的再分配，并通过对群体成员和居民组织进行增权，增强他们的权利意识和社会参与意识，提高他们的自信心及解决问题的能力，最终实现社会的民主、公平与正义。

集体行动（Collective Action）：是指受特定社会事件引发，由许多社会个体参加的、具有很强自发性的非制度化群体政治行为，是社会行动的力量源泉。

冲突策略（Strategy of Conflict ）：是通过采取对立、对峙和对抗等较为激烈的方式解决问题的一种策略。

非制度化途径（Non – institutionalized Methods）：是指非政府框架下的途径，如通过居民大会、记者招待会表达居民的不满和诉求。

对话性行动（Dialogic Action）：最温和的社会行动策略，通过采取沟通、协商及谈判等方式向相关社会组织表达自身利益诉求、争取自身合法权益。

抗议性行动（Protest Action）：稍显激烈的社会行动策略，通过采取集体行动获取大众传媒和社会大众的关注、理解和支持，最终迫使当权者做出合理让步。

对抗性行动（Confrontational Action）：比较激烈的社会行动策略，通过组织集体行动直接影响对方的利益或使对方的工作不能正常运转，迫使对方因利益受损而愿意接受谈判。

C 练习题

张家村（化名）位于南都市（化名）市郊，是一个以农产品种植为主要产业的行政村，全村共有居民500户，农田1500余亩。近几年来，南都市城市化发展迅速，许多城郊农村的土地都被征用为城市建设用地，用于兴建各种城市设施，如公路、商场和商品化住房等。2008年，经南都市政府组织和协调，张家村的500亩农田被出售给广达房地产公司（化名）用于兴建商品化住房。在村民与广达签订的协议中规定，房地产公司需要向村民支付6亿人民币的土地赔偿款，并承诺分两期支付全部款项：自土地出售之日起第一年支付2亿土地款，第二年支付完剩余款项。2009年，广达向村民按期支付了第一年土地款。2010年，广达房地产公司由于经营不善导致资金出现严重问题，一直到2012年底都没有向村民支付剩余土地款项。由于大量农田被征用，许多村民通过农产品种植获得的经济收入锐减，很多家庭寄希望于这笔赔偿款补贴家用。三年间，张家村村民在村委会的组织和带领下，多次与房地产公司进行交涉希望广达尽快支付剩余款项，但广达总是以各种理由推迟付款时间。经过很多次交涉之后，村民实在无计可施，但又迫切希望能够尽快解决这个问题。

假设你是一名社会工作者，将如何运用社会行动协助张家村村民解决剩余土地赔偿款迟迟不到位的问题？

D 思考题

1. 社会行动的过程目标有哪些?

2. 与地区发展和社会策划相比,社会行动具有哪些特点?

3. 在社会行动中,社会工作者如何扮演好倡导者的角色?

4. 社会行动的实施,需要具备哪些社会因素或社会条件?

5. 讨论社会行动在中国本土应用的适切性。

E 阅读文献

1. 徐永祥主编:《社区工作》,北京:高等教育出版社,2004 年,第六章,第 120 ~ 137 页。

2. 夏建中主编:《社区工作(第二版)》,北京:中国人民大学出版社,2009 年,第七章,第 115 ~ 133 页。

3. 李沂靖主编:《社区工作》,北京:中国社会出版社,2010 年,第五章,第 116 ~ 125 页。

4. 江立华主编:《社区工作》,武汉:华中科技大学出版社,2009 年,第四章,第 96 ~ 103 页。

6. 甘炳光、梁祖彬等编:《社区工作理论与实践》,香港:香港中文大学出版社,1997 年,第七章,第 135 ~ 170 页。

7. [美]戴维·A. 哈德凯瑟等:《社区工作理论与实务》(第二版),夏建中等译,北京:中国人民大学出版社,2008 年,第十四章,第 555 ~ 595 页。

第七章　社区照顾

社区照顾起源于英国，是在反思院舍照顾的不足和应对20世纪70年代福利国家的福利困境中产生的。它整合了非正规的和正规的照顾资源，让有照顾需要的人士在家里或社区中类似家庭的环境下得到照顾，从而实现了多层次的服务目标。

第一节　社区照顾概述

社区照顾是在特定的理论与政策背景下出现的，该模式建立在两个基本假设的基础上，包括“在社区内照顾”和“由社区照顾”两种主要类型，其对象可分为照顾对象和工作对象，无论在资源主体还是服务主体上都呈现出多元化的特点。

一、社区照顾产生的背景

社区照顾是在反思院舍照顾弊端的背景下出现的。院舍照顾是19世纪逐渐建立起来的一种照顾方式，由政府人员及专门工作人员负责对某些特定人群如老年人、身心残障人士等进行照顾，这种由国家承担具体社会福利服务的做法，缓解了贫富分化和社会矛盾，促进了这些特定领域照顾的专业化发展。但院舍照顾在长期发展过程中也暴露了一些问题，对它进行全方位反思，催生了社区照顾模式。

（一）理论背景

（1）院舍照顾的非人性化。大型院舍是将各类虚弱人士集中在一起照顾，或是分别照顾。20世纪50年代初期，西方社会（如英国）开始关注长期大型院舍照顾所产生的一些非人性化后果，如在20世纪30年代，披露出有2500名在院舍中的身心障碍者被强迫结扎，以预防他们生育低能后代。精神病院禁止患者外出，精神病患者衣衫简陋,饮食单调乏味。[①] 这些现状与院舍照顾为被照顾者提供人性化服务的初衷相背离。

(2)院舍环境不利于被照顾者的心理成长。大型院舍强调规范,要求被照顾者整齐清洁、按日程表行事、需接受工作分配。在大型院舍内不重视人际关系,也不鼓励家人探访,造成被照顾者与社会隔绝,丧失自我认同,个人尊严受到伤害,造成更大的压力与挫折。

(3)院舍照顾容易使被照顾者产生依赖性,并渐渐失去重新适应社会的能力。

(4)院舍行政管理的官僚化。大型院舍里的工作人员往往会形成一种控制甚至是虐待被照顾者的行为方式,或为了维持机构顺利运转而过于强调机构的需求,而不是服务于被照顾者的需求。比如,为工作人员的方便而制定严格的用餐时间,忽略被照顾者的意愿。每个被照顾者都有自身习惯,他们感觉到自己的需要在大型院舍中很难得到满足。

(5)院舍服务的昂贵。随着专业化的发展,院舍中提供照顾的工作人员是来自不同专业并经过正规专业培训的人员,如理疗师、护士、心理咨询师、社会工作者等,院舍照顾相较于传统的家庭照顾方式,其费用要昂贵得多。

总之,对院舍照顾的反思强调了"正常化"的意义,肯定了被照顾者的个人权利,即:任何人都应该能够按照一定的社会文化价值,过尽可能正常化的生活。让被照顾者回归社区,是实现正常化目标的重要手段。

(二)政策背景

福利国家是二战后西方工业化国家普遍采取的制度设计,通过政府创办并资助社会公共事业,实行和完善一整套社会福利政策,对社会经济生活进行干预,以缓和社会矛盾。英国是最早构建福利国家的国家之一,福利国家的起源即来自英国的《贝弗里奇报告》。这个报告关于社会福利的主张可以概括为"3U"思想:普遍性原则(Universality),即所有公民不论其职业为何,都应被覆盖以预防社会风险;统一性原则(Unity),即建立大一统的福利行政管理机构;均一性原则(Uniformity),即每一个受益人根据其需要而不是收入状况获得资助。

20世纪70年代遇到财政困难后,英国开始全面反思并改革包括国家提供特定人群照顾的国家福利模式。这些反思主要体现在以下方面:

(1)政府办的服务效率低,质量差。集中式的政府服务是种行政垄断,它避开了市场竞争,难以快速灵活地应对民众不断变化的需求,导致浪费和不必要的支

---

① 徐永祥主编:《社区工作》,北京:高等教育出版社,2004年,第138页。

出,也无法诱发革新与实验以促进社会福利使用的效率,使得服务质量很难达到预想的目的。

(2)国民依赖福利和政府服务,工作意愿弱化。福利国家提供了民众生活的各种保障,误导民众不需要为自己的生活负责,养成民众依赖政府的习惯,弱化了工作意愿。

(3)国家福利模式削弱了家庭和社区的责任。由于国家承担了原本属于家庭和社区的责任,客观上破坏了家庭的伦理及稳定性,使得原来具有互助功能的社会制度如邻里、社区、志愿组织、教会等受到负面冲击。

(4)政客为讨好选民而扩张福利,使政府功能超负荷,造成财务危机。在选举政治中,增加和扩张社会福利无疑是吸引选票的有效方式,所以福利国家的福利扩张趋势是难以避免的,这就使得政府功能超负荷,造成财务危机。高福利意味着高税收,不利于经济发展,客观上降低了国家竞争力。

不可否认,当代社会越来越多的社会问题如老龄化社会到来等因素,也迫使国家对院舍照顾方式做出调整,发展社区照顾予以应对。

二、 社区照顾的定义

在不同的历史时期以及不同的国家和地区社区照顾的实践不同,社区照顾的概念也不尽相同。

1989年英国“照顾人民”白皮书指出:“社区照顾”是指给因老年、心理疾病、心理障碍或身体及感觉机能障碍问题所困者提供服务和支持,让他们能够尽可能在自己家中或社区中“类似家庭”的环境下过着独立的生活。

马丁·布尔默(Martin Bulmer)认为,“社区照顾”是指正式机构之外的可用资源,特别是将家庭、朋友或邻里等非正式关系视为提供照顾的工具。

阿伯斯(P. Arams)认为,社区照顾是“由非专业的人士在家居或工作的环境中提供协助、支援或照顾”。

万育维则认为,服务社区化的基本精神和理念与生活正常化相通,均是希望那些需要被照顾者得到适当的支持或信息服务,使其能有尊严、独立地生活在自己的家里或类似家庭环境的社区内。

上述概念虽然不完全一致,但在内涵上有一些共同之处。本书认为,社区照顾是指社会工作者整合社区非正规和正规服务资源,让有照顾需要的人士在家里或社区中类似家庭的环境下得到照顾,过正常生活的一种专业服务模式。它不仅有利于被照顾者过正常的生活,加强其在社区内的生活能力,更好地与社区融合,并有助于建立一个关怀性的社区。

三、社区照顾的基本假设

社区照顾的基本假设包括：

(1)服务对象生活的原环境优于院舍环境。以服务对象熟悉的正常化的环境和方式向其提供照顾,能修正院舍照顾引起的不良后果。

(2)社区可以有效利用非正式支持网络对需要照顾的人士提供支持。个人、家庭和社区蕴涵着丰富的对服务对象可以提供支持和照顾的非正式资源,社区照顾可以利用社区中存在的非正式支持网络,向服务对象提供帮助和服务。同时,社区照顾关注现代社会变迁引起的社会非正式关系网络的破损,一方面尽量修补个人的社会关系网络,另一方面也强调非正式支持网络和正式支持网络相结合,有效满足服务对象的照顾需求。

四、社区照顾的类型

社区照顾一般包括“在社区内照顾”(care in the community)和“由社区照顾”(care by the community)两种主要类型。[①] 在实践中随着社区照顾理念的丰富,还出现了为社区而照顾(care for the community)、使社区能照顾(care of the community)等类型。

“在社区内照顾”侧重社区的地域含义,指有需要及依赖外来照顾的人们在社区内的小型服务单位或住所中获得专业工作人员的照顾。

“由社区照顾”侧重功能社区,指由家人、朋友、邻居及社区内志愿人士所提供的照顾。“由社区照顾”的重点是重新建立支持网络。

以上两类社区照顾形式是20世纪60至80年代英国不同时期的社区照顾服务导向,反映了英国对福利国家进行反思并对社会福利政策进行调整的变化。20世纪70年代以前,社区照顾更多考虑被照顾者的需求,政府承担着主要的照顾责任。“在社区内照顾”主要由专业的工作人员在社区内的小型服务单位或住所中,向被照顾者提供服务,强调不能因为社会非正式支持网络的存在而减轻或排除政府和机构等正式网络对社区提供的服务。70年代以后,社区照顾逐渐转向“由社区照顾”,鼓励非正式支持网络承担照顾工作,其实是将原来由政府承担的照顾责任进一步转移给社区支持网络。

---

① 万育雄编:《社会工作概论:理论与实务》,台北:双叶书廊有限公司,2001年,第102页。

80 年代以来，随着社区照顾政策的逐渐完善，这种导向又转变为“照顾混合经济”，提倡政府与志愿、非正式及商业部门共同担负起照顾责任。“照顾混合经济”虽然带有浓厚的“由社区照顾”色彩，但在现实中的确起到了削减政府的经费开支、减轻政府财政压力的作用。并且由于融合了包括政府与志愿、非正式及商业部门在内的各种资源，恢复了社区网络，使得社区照顾成为体现社区关怀、重塑社区归属感的实务模式。

社区照顾在实践中可以通过把被照顾者迁回家庭、给予社区支援、使大型院舍小型化、把大型院舍迁回社区等方式实现。

拓展阅读

英国社区照顾的发展历程

1. 19 世纪，大型院舍的建立。
2. 20 世纪二三十年代，院舍照顾的弊端逐渐显露。
3. 20 世纪 50 年代，反院舍化运动。
4. 20 世纪 60 年代，社区照顾开始成为英国的社会福利政策。
5. 20 世纪六七十年代，社区照顾导向：在社区内接受照顾。
6. 20 世纪七八十年代，社区照顾导向：由社区负责照顾。
7. 20 世纪 80 年代，社区照顾导向：照顾混合经济。

五、社区照顾的对象与实质

（一）社区照顾的对象

社区照顾体系是一个相对复杂的工作环境，既包括照顾对象又包括工作对象。社区照顾对象是社区照顾方案服务的受益者。狭义的照顾对象是指处于危机状况、需要外界提供帮助的人及其家庭，如老年人、弱能人士等。广义的照顾对象则是全体社区居民，因为任何人在某些时候都可能需要社区照顾。社区照顾的工作对象是整个社区和社会公众，因为社区照顾背后包含着一个“关怀社区”的观念，建立一个关怀社区需要包括政府、非政府服务团体、民间甚至市场资源等各方面的共同努力。社区照顾不单单是直接为有需要者提供照顾性服务，也包括了为建立一个能关怀、照顾及服务其中成员的社区的种种方法及策略。

(二)社区照顾的实质

1. 资源提供主体的多元化

从提供资源的主体来看，社区照顾体现了福利多元主义思想。福利多元主义是指由非营利组织、市场营利组织、非正式团体、行政部门等共同分担福利供给任务的主张和政策。该思想认为，国家作为福利服务提供者的任务应该适度缩小，让各类性质的组织共同分担福利供给任务，维持多元化局面。这种多元化局面既缓解了政府所面临的财政危机，又因为不同类型资源提供者参与竞争，提高了社会服务的效率。非正式团体作为重要的社区资源以其独特的优势承担了照顾职责。

2. 服务提供方式的多元化

社区照顾从照顾方式来看,是在院舍照顾为主的格局下,逐步增加社区资源这种非正式支持网络力量的介入。照顾方式可分为正规照顾和非正规照顾。

(1)正规照顾(formal care),指由政府、非政府福利组织及营利机构等专业化机构和专业人员提供的照顾服务。它的优点:受政府资助、管理和监督;需甄别服务需要,确立接受服务的资格,有明确及正式的服务提供步骤;一定程度上能控制服务品质。正规照顾的缺点是价格比较昂贵,同时具有专业主义共有的过于理性、缺乏人情味等特点。

(2)非正规照顾(informal care),指亲戚、朋友、邻居、志愿者以及案主群的互助组织所提供的服务。它的优点是快捷、人性化、便宜,能动员更多社区资源,易于建立关怀社区。但它缺点也同样明显:增加社区负担,服务质量难以保证,服务参差不齐,强化避免使用专业服务的心态,不能达到有效的社会资源再分配,成为政府削减责任的借口,加重女性压力,影响个人隐私权等。

社区照顾是正规照顾与非正规照顾的联合,其理想状态是两种照顾方式优势互补,也就是专业、高品质,依托社区,为服务对象提供更人性化、有一定质量保证的照顾服务。

第二节　社区照顾的目标与策略

社区照顾具有多重目标,包括任务目标、过程目标和具体目标等。为更好地达到这些目标,需要运用一定的工作策略。社区照顾的主要策略有照顾管理模式、康复计划、社区支持网络以及为照顾者提供服务。

拓展阅读

正规照顾与非正规照顾资源

三类提供正规照顾服务的部门：

(1)政府部门(社会服务部门、卫生部门、住宅部门等)。

(2)非营利机构或志愿部门(各种慈善机构、非营利性机构、社区组织)。

(3)私有的营利机构。

正规照顾资源，有的直接提供于案主(受照顾者)，有的则是提供给案主的家人(照顾者)。

提供给案主的照顾服务基本上有：

(1)日常生活的照顾，如家务服务、运输服务、送餐服务、医疗照顾等。

(2)医疗服务，如社区护理站、居家护理等。

(3)精神支持，如友善访问、问安电等。

一、社区照顾的目标

(一)社区照顾的任务目标和过程目标

罗斯曼(J. Rothman)把社区工作的目标分为任务目标和过程目标两类，就社区照顾来说，它的任务目标和过程目标更具自身特色。

1. 任务目标

社区照顾的任务目标是为社区内有需要照顾的人士提供照顾和支援。不管提供照顾的主体是正规专业机构还是非正规团体，或是不同发展阶段中照顾的资源来自不同方向，一旦变成具体的工作过程，社区照顾就要以服务对象的需求作为中心来设计。“照顾”基本上可以分不同层面内容：行动照顾，如起居饮食的照顾、打扫居所、代为购物等；物质支援，如提供衣物家具和现金、提供食物等；心理支持，如问候、安慰、辅导等；整体关怀，如留意生活环境、发动周围资源以支援等。

一般在谈及“照顾”时，通常是指行动照顾和物质支援，有时也包括心理上的支持。但在设计社会服务或社会福利政策、模式过程中谈到“照顾”时，应该要包括上述四个层面。

拓展阅读

英国社区照顾的服务

1.建立社区活动中心。主要为老年人、残疾人服务和学龄前儿童服务等。老年人服务包括为本社区内居住的老人提供一个娱乐、社交的场所,那些行走不便的老人定期由车接到中心参加活动。对残疾人提供的服务有康复性的训练,锻炼生活自理能力,参加简单的手工劳动等。对儿童的服务主要是为社区内的儿童提供一个良好的娱乐、学习环境。社区活动中心由地方政府出资兴办,服务基本是免费的。

2.加强老人服务。除社区活动中心外,为老年人提供的服务还包括老人公寓服务、家庭照顾服务、暂托服务、居家服务和老人院服务等。

老人公寓是政府为社区内有生活自理能力,但身边无人照顾的老年夫妇或单身老人提供的一种服务设施。公寓由面积不大,但功能齐全的二居室单元组成。楼内设有洗衣房、活动场所,每个单元都设有紧急呼救装置。老人公寓收费低廉,入住者一般是经过审查确有困难的低收入老人。

家庭照顾是政府为使老人留在社区、留在家庭而采取的一种政策措施,对在家居住、接受亲属照顾的老人,发给与住院同样的津贴。这种家庭照顾补贴同样适用于对病人、残疾人的照顾。

暂托处是为减轻实施家庭照顾的亲属的压力而设置的一种短期护理服务机构。实行家庭照顾的人如果疲惫不堪需要休整或有事外出,就可把需护理的对象送到暂托处。暂托处照顾服务的时间一个月内不能超过两周。

居家服务是对居住在自己家里,尚有部分生活能力,但又不能完全自理的老人提供的一种服务,项目包括上门送餐或做饭、洗衣、洗澡、理发、搞清洁卫生、购物、陪同上医院等。从事居家服务工作人员的服务本身不收费或收费极低。

老人院,即集中收养生活不能自理又无家庭照顾的老年人的院舍。主要针对单身或与配偶分居,或子女不在身边的老人。

3.提供其他社区服务。英国的社区照顾服务除了老年人服务外,还包括残疾人服务、精神病患者服务等特殊群体的服务。另外,还有儿童服务、感化服务、家庭服务等内容。

2.过程目标

社区照顾的过程目标是健全社区关系网络,提升社区居民的归属感,建立一个具有关怀性的社区。随着工业化和城市化的发展,社区在空间结构、职业结构纵横关系等各方面的变迁,使得传统的社区关系被侵蚀。通过建立和恢复社区内的互助网络,能够促进居民对他人的正面态度,提高对他人和社区环境的关心,从而使社区居民获得归属感、认同感,建立一个具有关怀性的社区。

(二)具体目标

海恩波特(C. Heginbotham)在《回归社区:志愿者道德与社区照顾》一书中提出了"源自关怀社区的照顾"(care within a caring community)中的五点理想,可以看做是社区照顾的具体目标。①

(1)提倡新公民社会意识。重建新公民社会意识,就是要加强居民在社区中的义务参与,建立社区中互助互爱的关系,抗衡个人主义给都市带来的疏离与孤立的文化。社区是建立新公民社会意识的重要基础。

(2)政府与社区建立伙伴关系。在社区照顾中,政府与社区的参与应该是相辅相成、互补长短的关系,服务的模式不是以家居照顾取代院舍照顾,而是正规照顾与非正规照顾的结合为服务对象提供更人性化的、有一定质量保证的照顾服务。社区联络和公共关系会是一项长期的发展计划,也是决定社区照顾方案能否长期稳定实施的重要影响因素。

(3)协助服务对象正常融入社区。社区照顾的目标应该是以协助服务对象正常融入社区为主,使他们可以建立自己的生活方式和社交关系。

(4)唤起服务使用者的参与和倡议角色。社区照顾的目的除了提供照顾外,还要使服务使用者参与表达他们的需要。通过社区照顾组织,在政策和服务提供方面担负起倡议者的角色,使服务及政策可以更有效地照顾到他们的实际困难和需要。

(5)迈向关怀的社区。由志愿团体将社区内疏远和松散的网络有效连结起来,通过居民参与,发展自我潜能和对社会的影响力。发扬社区互助精神,最终可以迈向人性化且互相尊重、互相关怀的社区生活。

二、社区照顾的策略

(一)照顾管理模式

由于社区照顾中工作对象与工作内容的复杂性,社区照顾有必要引入一些管理理念。以老年人的居家照顾为例,不同程度的老年人所需的照顾各不相同,为使

---

① 甘炳光等编:《社区工作:理论与实践》,香港:香港中文大学出版社,1998 年,第 254 页。

他们能在社区中正常生活,必须把他们的需求具体化并提供动态服务,社区工作员便以照顾管理的工作模式开展工作。

照顾管理(Care Management)源自于美国通用的个案管理(Case Management),1990 年英国卫生部政策指导方针(Policy Guidance)以照顾管理取代个案管理,照顾管理成为英国一致的用词。之所以采用"照顾管理"而非"个案管理",是因为它所要从事的工作,是包括由各种资源所提供的一系列活动和服务,是包括能够使个人在小区中持续生活的一整套服务,这些服务是必须要被管理的,不仅仅是社会工作者对个别服务对象的经常性的访视。同时,若使用"个案"(Case)而非"照顾"(Care),似有贬低服务对象的意味,同时会将焦点仅放在服务对象的弱势方面,而忽视了服务对象本身的能力。

"照顾管理"是一种经对需求评估和确认可用服务后,再为服务对象设计并组织包裹式照顾的工作方法和过程。通过这一过程,将更有效率地促进资源的使用、需求导向的服务以及提供使用者较大的选择权。通过照顾管理,可协助服务对象厘清其需求,并有效地运用服务对象本身及社区的资源以满足其需求。

一般而言,照顾管理的工作流程包括:发掘个案和转介,评估和选择,照顾计划,照顾的执行,监督和评估,结案。其中,尤其强调评估、照顾计划、执行、监督和评估这几个核心过程。

(二)康复计划

以社区为本的康复计划的目的是以低廉和非专业的介入提供康复服务,以取代集中但昂贵的机构服务方式。早在 20 世纪 80 年代就由世界卫生组织倡导,初衷是以务实的方法协助发展中国家面对相关问题。这种理念倡导将康复过程中一些比较简单和非专业化的训练和护理程序,改由被照顾者的亲属或志愿人员协助进行,使这些伤残或弱能人士无需依靠专业服务和设施,仍可以在家居的环境下进行康复训练和护理等。①

以社区为本的康复计划可适用于不同类型的照顾对象,如单身老人、伤残人士、精神病康复者等,除康复外,目标可以扩大至包括弱能人士与邻里、社区的关系,以及社区的接纳、支持等。社区工作员可以和社区内提供照顾服务的机构合作,例如康复机构、老人服务机构等,建立服务协调机制,同时发动居民团体和志愿者进行有效的社区照顾。

① 甘炳光等编:《社区工作:理论与实践》,香港:香港中文大学出版社,1998 年,第 257 页。

(三)社区支持网络

社区照顾强调社区支持网络对服务对象的重要性。社会支持网络是指通过相互作用、参与交换达到目的的人、群体和组织的一种社会排列。当人们寻求可以和可能帮助他们的人,或他们可能帮助的人时,这种网络就出现了。在社区照顾体系中,社区支持网络大致可以分为三类:

(1)提供直接服务的网络。它是在社区内动员家人、亲友、邻居、社区内志愿人员或居民组织成员等,建立一个志愿体系。如动员志愿人员探访独居老人,协助他们清洁家居;动员志愿人员为伤残人士提供义载服务;动员专业人士如医生等为被照顾的有特殊需求群体以义务或低收费提供相关专业服务。

(2)服务对象自身的互助网络。这类网络可以使服务对象以自助助人的方式互相支持,这是以功能社区概念去建立的互助性组织。由于他们亲身感受到病患或伤残的痛苦,他们可以组织起来成为有效的互助团体,也可以弥补其他资源的不足。

(3)社区紧急支援网络。这是协助个人或家庭预防突发事故或危机为主的网络。理想的社区紧急支援网络,应配合地方警务部门、社区中心、居民组织、地方社团或教会的经常性活动,建立热线或紧急支援网络,为突发事故或危机提供及时、有效的服务。

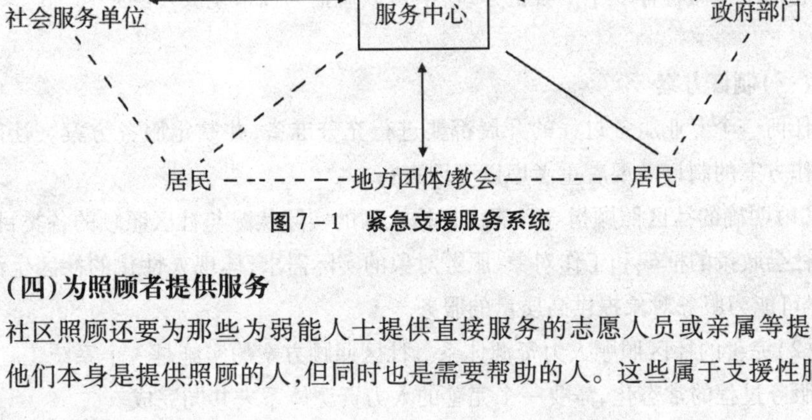

图7－1　紧急支援服务系统

(四)为照顾者提供服务

社区照顾还要为那些为弱能人士提供直接服务的志愿人员或亲属等提供服务。他们本身是提供照顾的人,但同时也是需要帮助的人。这些属于支援性服务,主要包括：

(1)为照顾者提供一些具体和实际的帮助,如家务、护送服务等。

(2)协助照顾者善用服务资源,并鼓励他们参与服务机构的活动。可以利用原服务机构或相关类型服务机构举办的一些活动,进一步了解此类型照顾的一些技巧并缓解压力。

(3)为照顾者提供稍作歇息的空间。社区工作员或相关管理人员,可以以直接服务或利用相关社区资源的方式,为照顾者提供暂托、日托服务,使他们稍作歇息。

(4)针对照顾者的压力提供情绪及专业上的支援。用辅导、咨询等方式,缓解照顾者们因长时间特定工作内容而带来的负面情绪。

(5)协助照顾者为服务对象提供足够及素质高的服务。由于照顾过程是一个长期的动态的状态,针对照顾过程中出现的变化,可以为照顾者提供日间医院、护理疗养院或临终医院等服务转介。

第三节　社区照顾的过程与工作者的角色

社区照顾需要遵循一定的专业工作流程,其过程包括制订方案、进入社区、实施方案、评估等步骤。在社区照顾过程中,社会工作者扮演着照顾管理者、行动方案规划者、顾问与使能者等多重角色,需要掌握辅助、支持、保护、磋商、调解等常用的具体工作技巧。

一、 社区照顾的过程

由于社区照顾模式是在社会福利政策调整和机构角色调整的背景下进行的,所以它的工作流程体现了更强的系统性,可以概括为以下主要步骤:

(一)制订方案

任何一个专业服务过程的开展都要进行充分准备,并制定服务方案。社区照顾工作方案的制订需要着重考虑以下因素:

(1)明确的社区照顾指导思想。根据社区的实际状况与社区照顾的各类目标,结合社会政策的框架和工作对象、服务对象的实际需求,体现人性化的社区生活状态,尽可能为服务对象提供高质量的服务。

(2)完善的社区照顾人力资源体系。社区照顾方案的实施是一个系统工程,为保证服务过程的常态化,需要一个完善的人力资源体系去共同完成。

管理人员：全面负责某一社区的社区照顾工作，例如分配资金，聘用基层社区照顾人员，及监督、完善本社区的照顾工作等。

关键工作人员：受管理人员领导，负责更小社区需要照顾人士的照顾工作，例如发放救济金、了解需要照顾人士的需求、解决需要照顾人士的具体困难等。

照顾人员：具体为需要照顾人士提供日常生活服务的人。

（二）进入社区

一般来说，社区都有自身固有的规范、历史及文化，这些因素可能使居民对工作员的介入存怀疑态度，甚至是抗拒倾向。工作员需要尽快熟悉社区及使社区相关人士接受相关工作人员和服务方案，掌握一些开展工作的技巧，有助于后期的组织工作和最终目标的实现。

初期进入社区所要做工作包括：

（1）一些事务性工作，包括申请经费、物色理想的办公地点、购买开展工作所需要的一些基本用品、按工作计划的要求招聘员工等。

（2）建立基本的人事管理制度。为使员工安心、积极地投入日后工作，可借鉴一些成熟的人事管理经验，如对员工进行入职培训、进行入职引导活动、清晰界定员工的职责和权限、多用参与协商式工作方法等，进一步细化初期工作方案。

（3）与居民建立初级信任关系。由于社区照顾需要大量社区人士不同程度的参与，后面的工作步骤还会涉及相关工作，所以与社区居民之间建立信任关系存在于各个工作阶段中。初期的关系可以通过社区调查、家访、阅读相关资料或开展一些普及性质的活动来进行。

（三）实施方案

社区照顾方案的实施具有较大的灵活性，社区情况的差异和服务对象的自身特点都会影响其中的一些工作内容和步骤。在实施工作方案的过程中，会涉及资源调动、社区联络、倡导、社区教育、训练、预防及社会立法等方面工作内容，这些内容也被认为是社区照顾的宏观介入技巧。[①]

1. 资源调动

由于社区照顾需要大量的志愿者和辅助工作人员，所以策划和发动社区人士加入服务便成为工作人员初期重要工作。一般来说，志愿者的招募方法主要有：

（1）社会宣传。以广告、活动、刊物等宣传志愿工作意义，以争取社会人士对困

---

① 甘炳光等编：《社区工作：理论与实践》，香港：香港中文大学出版社，1998年，第262页。

难家庭的正面认可及肯定。

(2)经济补偿。可以以交通费、津贴等作为对志愿人员牺牲的个人时间的补偿。

(3)总结成绩。表扬志愿人员的贡献,强调并表彰志愿服务的光荣感和牺牲精神。

(4)加强投入感。如邀请志愿人员加入服务的计划和管理。

精神病人家属、弱智儿童家长及伤残青年等需要帮助的人,同样也是重要的社会资源,由于他们亲身感受到病患或伤残的痛苦,可以组织起来成为有效的互助团体和主要的社会教育人力资源。

2. 社区联络

社区联络的作用是建立良好的公众形象和公共关系,以确保社会人士对服务的长期资助和支持。社区联络可通过多种形式进行:新闻发布会、宣传刊物、个案介绍、餐会、网站、筹款活动等,也可以委任知名人士加入工作委员会,以及咨询个别人士或公众对服务计划的意见来实现。

3. 倡导

为了受助人的利益,社会工作者必须时常在机构内争取最佳的服务安排,向社会建议合理的政策修订,并对现有的服务水平做出健全的监督。社会工作者可以利用机构内的倡议行动,避免把行政安排置于服务质量之上,以确保被照顾者的利益。

4. 社区教育

社区照顾的理想是使有特殊需要的人士能留在真实的生活环境中接受服务,回归原本的社会网络,所以帮助他们减轻来自社区的歧视,建立与社区的有效沟通非常重要。这是一个让社区深入了解社区照顾的过程。社区教育可以通过多种方式实现:

(1)通过在工作中有接触的人员、受助人家属、朋友、志愿者及服务受助者本身对服务的介绍及口碑,宣传和推展社区照顾。

(2)社工专业团体通过职业介绍和展览,介绍推广社区照顾的重要性。

(3)提供社区照顾的服务机构也要重视社区教育。服务机构在服务展开前,应做充分的社区教育宣传工作,使社区居民了解和体会有特殊需要者的困难和境况,争取同情和支持,减轻阻力和歧视。

(4)通过大型社区宣传活动或小型讲座等方法,整体提高社会互助及相互接纳的气氛。

5. 训练

鉴于社区照顾对象一般具有特殊需要的人士，所以所有可能与之接触的社区人士都需要接受不同程度的训练。这些训练包括：

(1)邻居的训练。主要是使邻居克服对异常人士或伤残人士的恐惧，教会他们与工作对象日常交往的方法，提高他们对危机的敏感度，必要时主动提供协助。

(2)志愿人员和受助人家人的训练：了解受助人的困难，情绪及身体状况，学习简单的护理技巧及方法，向他们提供长期的在职训练及咨询服务，系统地协助他们解决在与受助人相处及护理上的技术问题。

(3)全职工作人员及专业人员在职训练。随着知识及技术的发展进步，全职工作人员及专业人员须跟上这些进展并掌握新的技术。建立不同专业人员及团体的沟通和合作系统，对工作人员的知识更新会有促进。

(4)社区照顾对象本人的积极参与和合作。这对康复过程具有决定性作用。须根据当事人的水平、体力及潜能设计训练系统和课程。

(5)服务机构出版一些普及性印刷品，向不同服务对象及其社会人士推广有关常识和技巧。

(6)与有关政府部门、大专院校、有关服务机构携手，成立训练中心，并根据当地实际情况，编写合适的训练材料。

6. 预防措施

旨在尽量减少困难人群及危机的出现。预防工作需要社会立法、社会设施，并结合指标服务、大量的社会资源和社会人士的积极参与，才能有效地推行。

7. 社会立法

政策建议及倡导的最终目的，是将补救性服务和预防性措施经过政府的认可程序，成为法令或服务标准的规定。推动立法的技巧包括政治游说、服务水平的制订、政策研究及倡议、公共关系，以及需要时策动社会大众的支持。

(四)评估

社区照顾的评估工作是决定工作方案能否长期进行下去的关键步骤。由于社区照顾需要动用大量政府福利资金及社会资金，所以它也是一个“资助交代”的过程。评估内容包括三大类：

(1)努力的评估(evaluation of effort)，又称过程评估，主要评价有关活动的质与量。如在社区照顾计划中，动员了多少名志愿人员，为多少名被照顾者提供了服务，包括哪些服务等。

(2)成果的评估(evaluation of outcome)，也称作效能评估，主要考察工作成果是否合乎当初预定的目标。如在社区中建立非正规照顾网络,亲友、邻居、志愿人员所能提供的照顾是否都能达到预定方案的要求,专业照顾机构工作人员与这些非正规照顾网络的衔接程度是否达到预期效果,被照顾者回归社区后的具体情况是否达到预想的状态等。

(3)效益评估(evaluation of efficiency),主要考察成本效益,即在一定成本下提供服务的成果是多少。在社区照顾中,由于照顾方案的资金绝大部分来自政府财政预算,并且最初的设计就是基于社区照顾比机构照顾成本低进行的,所以效益评估在社区照顾过程中整体是被肯定的。不过需要注意的是服务质量以效益方式体现,操作难度比较大。①

社区照顾的评估以对努力和成果的评估为主。为评估所进行的资料收集工作包括:问卷调查,通过结构性的问卷问题收集服务对象的态度和行为资料;面谈访问,与有限的、有代表性的人员进行深度访谈;观察,记录下所见所闻,没有标准问题和答案;现存资料,利用已有的记录、报告、统计数据等。评估的标准有一些是客观性的,如多少参与者、服务项目等,但有些标准很难客观量化,包括服务对象的主观感受等,所以评估过程需灵活机动应对。评估目的也不是惩罚性的,而是通过评估能更好地对服务设计作出调整,使受照顾者得到较好的服务,并且为服务方案长期运作下去提供参考。

二、工作员的角色

工作员在社区照顾过程中占有重要地位,是由于他在其中扮演的几种重要角色:照顾管理者、行动方案规划者、顾问与使能者。②

(一)照顾管理者

作为照顾管理者,主要是帮助案主确定自身需求,有效使用个人资源和社区资源来满足这些需求。一般来说,照顾管理者会涉及以下工作步骤和内容:

1.服务计划拟定

涉及收集完整且深入的案主背景资料,包括其经济、社会资源状况、过去的经历、家庭背景、居住环境、婚姻状态、心理生理状态等。这样才能真正了解案主问题所在,进而提出完整周全的服务计划。

---

① 甘炳光等编:《社区工作技巧》,香港:香港中文大学出版社,1997年,第397~398页。

② 万育雄编:《社会工作概论:理论与实务》,台北:双叶书廊有限公司,2001年,第106~111页。

2. 协调安排服务项目

工作员需了解社区中可以利用的各种服务项目,如居家护理,送餐服务,水、电、煤气等公共设施服务,社区医疗服务等,还包括老人的自身人际关系网络,依此进行安排、转介、协调服务等工作,同时代理案主去争取各种权益。

3. 定期追踪

定期以电话或探访方式与案主及其家属联络,评估初期计划是否如期进行,以达到保证服务质量的目的。如果案主情况有变化,如老人、残障者,本身生理、心理状况脆弱,容易产生变化,需要随时调整服务计划,尽快作出安排。

4. 再评估

确定案主因情况变化某些服务项目的适当性,同时也评估案主在接受服务之后是否还有未曾照顾到的需求,以及案主对服务安排的满意度。

(二)行动方案规划者

除照顾本身,社区照顾还有带动社区居民共同参与、改进社区文化、增进社区归属感等目标,所以社区照顾过程中,结合照顾方案,工作员也有促进居民参与、培养公民意识、社区共同意识等使命。照顾过程会伴随以居民需求和社区问题为导向的其他行动方案,依托社区内福利机构和各种发展协会,以自助为原则,推动居民的持续参与。

(三)顾问与使能者

在社区照顾中,工作员应向有社区照顾需要的个人和家庭提供活动和发展方向上的意见,向其他服务机构提供意见。同时,要帮助社区内的弱势群体,增强他们运用资源、解决问题的能力。工作员通过日常生活,协助这些弱势群体发展并增加他们善于利用人际影响力及有价值角色表现的技巧,抵消他们既有的、源于无权利或欠缺知识、资源等而导致的负面价值。这是一个赋予个人有权利或力量去掌握其环境从而最终能够自决的过程。

三、工作技巧

工作员在具体工作过程中会用到各种层面的工作技巧,常用技巧主要包括:

(一)辅助

1. 提高当事人面对困难的自信心和意志,尝试解决问题的新方法。

2. 协助当事人把成功的经验转移用于解决其他困难。

3. 以详细、明确的指标辅导当事人,使其本人和家庭建立切实的改善目标。

(二)支持

1. 在问题无法改善的时候,适当的支持能够帮助当事人在困难中生活。

2. 介绍服务或提示改变的方向及可能性,支持当事人尝试新方法。

3. 在改善情况尚未稳定之前,仍需不断地支持和鼓励。

(三)保护

1. 最极端的保护方式是强制"隔离"。

2. 当事人情况不稳定时,应采取"安全措施",预防情况恶化。

3. "修正"一贯方法,以减低发生危险的可能性。

(四)磋商

磋商的作用是替当事人争取更多的社会资源和服务。在磋商遇到困难时,可运用下列技巧:

1. 将方案分成若干阶段或若干层次,使双方能够同意方案的一部分。

2. 提出假设性问题。

3. 在适当时机,将当事人的困难故事讲出,引起具有影响力人士的同情,动员更多资源。

4. 以研究小组方式系统总结和组织资料,以咨询会议方式协调。

(五)调解

1. 社工解释清楚介入调解的原因和目的,并应采取客观态度。

2. 以"穿梭外交"的方式加强沟通,把双方意见加以重新解释,强调双方共同点,互利作用,减轻不满。

第四节　社区照顾模式示例与评价

近年来,在中国本土亦出现了比较契合社区照顾内涵的针对不同弱势群体的社区服务。可以说,社区照顾模式具有独特的优点,但也存在一些不足之处。从中国的历史传统、当前的福利走向、现实条件与实际需要来看,社区照顾在中国多有可行之处，但在借鉴该模式时，在一些具体环节上也需要加以注意。

一、社区照顾的模式示例

（一）案例1——中国居家养老服务

1. 项目简介

中国已逐步进入老龄社会。随着老年人口的不断增多，各地开始对养老福利模式进行积极的探索，居家养老服务应运而生。

居家养老服务是指政府和社会力量依托社区，为居家的老年人提供生活照料、家政服务、康复护理和精神慰藉等方面服务的一种服务形式。它是对传统家庭养老模式的补充与更新，是我国发展社区服务，建立养老服务体系的一项重要内容。

2. 主要服务目标和服务内容

目前，居家养老一般由民政部门牵头，通过街道办事处安排社区内的大龄下岗女职工，以家庭养护员的身份实现再就业，进入生活有困难的孤老家庭，照顾老人的日常生活起居，以“家庭养老院”的形式帮助老人度过健康安乐的晚年生活。随着居家养老服务的展开和各种社会力量的介入，各地也相继探索了更丰富的居家养老服务内容，主要包括：

（1）健康服务。健康服务是老年人第一位的需要，包括健康讲座、陪同看病服务、家庭病床、专业健康护理、急救服务、代办取药、体检和康复等内容。

（2）日常照料服务，包括社区日间照料、家政服务（保姆服务、小时工上门服务、家庭房屋门窗和上下水修理、电器维修、上门做饭、代理购物、协助洗澡、修理指甲及修脚、理发等）、送餐、紧急求助铃、邻里探望、志愿服务等。

（3）精神文化服务，如建立各种文体兴趣小组、社区老年学校、法律咨询和心理咨询等。

居家养老服务的开展，带动了政府与社会力量包括市场和公益组织之间的分工与合作，涉及基础设施建设、环境整治、服务队伍的健全和专业化、监督管理评估等制度的健全等问题，也涉及养老保障制度和医疗保障制度等方面的改革，如完善贫困老年人的医疗养老救助制度、把家庭护理和家庭病床的费用纳入报销范畴等具体问题。

（二）案例2——上海基督教青年会（YMCA）自闭症儿童康复项目

1. 项目简介

自闭症康复在中国大陆是一个新兴的领域，许多自闭症儿童的家长由于对自闭症知识的缺乏,并不承认自己的孩子患有自闭症,这给自闭症儿童的治疗介入带来了很大的困难。为此,上海基督教青年会、女青年会,除针对患者儿童本人提供康复训练外,还向社会宣传自闭症,增加家长对该病症的认知度,提高早发现、早诊断、早干预的概率。青年会搭建了包括海外专家资源的专家支持服务平台,在自闭症儿童训练的同时,着重培训和拓展家长支持系统在儿童康复过程中的作用。康复项目还动员志愿者的加入,呼吁更多的人共同关注自闭症儿童群体。通过专家支持平台的建立,家长支持系统的构建及其志愿者的参与,逐步为自闭症儿童提供高质量的康复服务。

2. 主要服务目标

(1)向0~6岁自闭症患儿提供科学、全面的康复训练,帮助他们平稳升入普通或辅读小学。

(2)宣传自闭症知识,让患儿家长了解自闭症,积极配合疗育,采取正确的方法教育、引导孩子。构建自闭症儿童家长互助支持系统,帮助家庭回归社会。

(3)同相关机构合作,共同探索自闭症儿童训练机构的规范化道路,促进儿童自闭症康复教育机制的发展和完善。

(4)通过开展志愿者爱心服务,搭建社会支持网络,增加社会对自闭症的认识和了解,并给予自闭症儿童及其家庭更多的关注和关怀。

3. 具体服务项目

(1)通过评估、制作个别训练计划和个性化教育,让儿童在大肌肉、小肌肉、自理、认知、理解、表达、社交等方面的能力有所提升。激发他们的探索欲望,引导他们敞开心灵,走出自我封闭的空间,学习基本生活技能和与人沟通的技巧,从而进入主流学校或者辅读学校。

(2)开设专家讲座,通过直接与专家的对话交流,让家长学习针对自闭症患儿的正确辅助教育方法。由社工搭建家长交流平台,定期开展家长小组活动,让家长得以释放压力,相互分享照顾孩子的经验和方法。

(3)构建与美国、日本、我国的香港和台湾等国家和地区自闭症康复机构的合作网络,引进海外的先进康复理念和技术,发展出本土化的自闭症康复训练体系。

(4)搭建家长互助俱乐部与志愿者互动的平台。培育出200名以上的志愿者,加入到自闭症儿童服务的队伍中来。

整个项目主要协助自闭症儿童在身心、体能、智力、情绪、社交、语言、自我照顾等方面有一定的发展,通过与家长的共同合作与努力,共同为自闭症儿童创造一个健康的成长环境。通过训练,帮助自闭症儿童走出自我封闭的空间,恢复基本生活技能,融入主流教学,回归社会。同时给予了患儿家长、监护人心理疏导、技能培训和教养指导，从而能够使他们理智地面对现实，重拾生活的希望和信心。

二、 社区照顾的评价

(一)社区照顾的优点

社区照顾的实施,结合了对制度的反思和对机构照顾的反思,在实施过程中呈现其独特的优势:

(1)社区照顾所提供的服务可以立刻见效,使接受服务者及时得到生活上实质的帮助。

(2)社区照顾可以容纳更多接受服务者,并有预防问题恶化的功能。

(3)社区照顾可以减少对护理之家和医院等机构的使用,避免机构式照顾所产生的负面效果。

(4)社区照顾中以家庭为重点的政策可以回应被照顾者居家的需求,也可以减轻家庭过重的照顾负担。

(5)扩张和改善了传统的居家照顾,包括以现金补助的方式支持自我照顾、非正规或准正规的照顾网络支援等。

(6)通过增加就业、收入、住宅和健康照顾等其他社会服务,改善了社区照顾的环境,增强社区照顾的影响力。

(7)协助和协调家庭照顾资源、志愿者照顾资源等非正规网络和正规照顾机构之间形成伙伴关系。

(二)社区照顾的局限

社区照顾有以下几个方面的局限:

(1)社区照顾政策本身包含了政治目标,包括减少政府开支、促进社会服务市场化改革等,意味着福利削减和政府卸责。

(2)由于所需资源配置的多样化,社区照顾缺乏清楚的政府投入。

(3)社区照顾的服务提供者主要是女性,这种类似"自然角色"的设定,越来越受到女性主义的批判。

(4)由于经济、人口和社会变迁,依靠家人和亲友照顾越来越困难,社区照顾很难有效支撑起非正规照顾网络的正常运作。

(5)激励机制问题。由于大量使用志愿人员,虽然有对志愿者的一些激励措施,但其长期性、稳定性仍是一个难题。

(6)非正规照顾的服务质量难以保证。由于社区情况差异性大,有些资源贫乏社区很难满足预期要求,非正规照顾体系的监管难度也大,使得服务质量难以保证。

三、社区照顾在中国的适用性探讨

讨论社区照顾作为一种新的服务理念和服务模式的优点与不足,其实是立足于这一服务模式对中国的借鉴意义来讨论的。

(一)适用性

社区照顾在理念和操作环节等方面在中国有很多可行之处。

(1)国家与社会资源结合提供福利的方向。英国的社区照顾模式是对福利国家的反思,实质是社会服务市场化改革的产物,通过动员非营利民间组织、市场营利民间组织、非正式团体、行政部门等共同分担福利供给任务,维持福利多元化局面。这种多元化局面既缓解政府所面临的财政危机,又因为不同类型资源提供者参与竞争,提高了社会服务的效率。中国近年来随着向市场体制的改革,原来由国家所承担的社会福利,正在向由国家、集体(单位)、个人共同负担的多元局面转型。为缓解政府财政压力及提高福利领域工作效率而引入的市场化改革,重视社区资源的方式,在一定程度上可以承担这些分流出来的压力。

(2)中国传统上就有以家庭自我照顾和邻里互助互济为基础的社区照顾网络。中国民间以守望相助、疾病相扶持的理念为生活准则,虽然近些年受到工业化所带来的个人主义的冲击,但社会的传统互助文化并没有受到毁灭性影响。这是社区照顾能够实行的文化基础。

(3)在中国城市中,街道办事处普遍设有下属的社会福利机构——社区服务中心,自1990年以来,已经形成相对规范的管理与服务模式。同时,作为遍布城市的基层群众自治组织——社区居民委员会,在多年的社区服务实践活动中积累了大量为弱能人士服务的经验。2001年民政部"星光计划"支持下、以社区居委会为基础建立的"星光老年之家",为老年人社区照顾提供了服务的基本平台。

与此同时,中国严峻的老龄化状况及残障人士整体生活状况对社区照顾有着紧迫性要求。一方面,中国老龄化问题日趋严重。据第六次全国人口普查数据,中国60岁及以上人口占13.26%,比2000年上升2.93个百分点,其中65岁及以上人口占8.87%,比2000年人口普查上升1.91个百分点。[①] 另一方面,计划生育等带

---

① 中华人民共和国国家统计局:《2010年第六次全国人口普查主要数据公报(第1号)》,中华人民共和国统计局网站。

来的家庭结构的变迁等因素,也推动着养老成为一个比较严峻的社会问题。传统的家庭养老方式正在遭受挑战:客观上家庭结构的变迁对子女的经济供养能力构成了挑战,城市化和人口流动的加快以及工作压力的增加给子女照料老人的日常生活也带来了很大的困难。作为另一种选择方式的机构照顾,资源严重不足,服务水平低下,一直难以成为有影响力的养老方式。所以,探索一条以居家为主,辅以社区及其他支援,进而提高照顾服务水平的养老路径,是目前中国急需完成的任务。

(二)借鉴

对社区照顾模式的借鉴,绝不是生搬硬套的拿来主义,在一些具体环节上尤其需要注意。

1. 政府的角色定位

英国社区照顾模式实际意味着政府在参与社会福利过程中的角色在弱化，但弱化并不仅仅是卸掉部分责任。在社区照顾中政府改以政策支持、资源调动及服务监督等方式继续参与。这样确实减少了政府的福利开支，但因为淡化了直接的服务提供者角色，也降低了因此产生的官僚化倾向及社会资源的浪费现象。实际上，社区照顾是一定程度上将原来由政府主导的机构式服务转为与社区共同承担。

结合社区照顾模式的经验和中国政治体制的改革目标,政府有些角色需要强化,有些角色需要弱化。需要强化的角色包括:政策制定角色,包括逐渐完善养老保障体系,制定社区照顾的操作性政策,进行宣传和推动工作等;规范及监督角色,对社区照顾的运作及质量进行评估和督导,提供政策进行更多的专业人员的培训等等。需要弱化的角色主要是对服务的直接参与,这样也可以减少目前城市社区照顾探索中的行政化、形式主义等现象。

2. 社区定位

中国的社区定位还存在相当程度的行政化色彩,这是在借鉴社区照顾模式时首先遇到的问题。社区就是一定地域的人的社会生活共同体。在社区照顾模式中,作为服务提供者的社区,就是受照顾者所熟悉的生活环境,既包括地域也包括人。在英国社区照顾模式中,社区参与者主要是一些社会中介组织、个人、志愿者及家庭等。以中国现有的带有很强行政化色彩的社区组织作为实施社区照顾的重要载体,还需解决体制不顺畅、居民参与度低等问题。

拓展阅读

香港为残障人士提供的日间照顾和社区支援

·展能中心，为15岁或以上、未能参与职业训练或庇护工作的严重智障人士提供日间照顾和训练；

·精神病康复者训练及活动中心，为改善精神病康复者的社会适应能力而设，每间中心均附设一所交谊中心，举行各类社交和有意义的休闲活动；

·为视障人士提供全面的复康及训练服务，以培养他们的独立生活技能，帮助他们重拾自信、重投社会；

·为视障人士而设的图书馆服务，提供阅读辅助器材，以及录音或点字书籍/杂志/激光唱碟，以满足他们在学习和康乐方面的需要；

·为听障人士而设的综合服务中心，提供个案工作和辅导服务、手语翻译服务、耳模配制和修理服务，以及听觉矫正和言语治疗服务；

·家居训练及支持服务提供家居、中心或小区为本的训练和活动，亦为各类残疾人士及其家人提供职业治疗服务和网络支持；

·专职家居训练及支持服务队，为严重残疾人士提供专业支持服务；

·由非政府机构提供的职业治疗服务，为展能中心、庇护工场和综合职业康复服务中心的残疾人士提供职业治疗、意见和协助；

·由个别机构提供的临床心理服务，为有发展障碍的人士提供心理辅助服务，亦会为家长/照顾者提供培训课程；

·中央心理辅助服务(成人服务)，为未设有以机构为本的临床心理学家服务的康复服务单位如展能中心、庇护工场及宿舍的职员，提供到访心理辅导服务和专业支持；

·中央辅助医疗服务，为展能中心、庇护工场/综合职业康复服务中心提供职业治疗、专业咨询和支持服务，直接为自闭症患者提供职业治疗，亦为展能中心提供物理治疗方面的咨询服务；

·小区支持计划，提供假期照顾、家居暂顾、严重残疾人士日间照顾、家居照顾、个人发展计划、自闭症人士及有挑战行为的智障人士特别支持计划、新失明人士支持计划、家居康复训练和儿童健乐会等服务，并加强残疾人士的照顾者的照顾能力；

·残疾人士社交及康乐中心，为残疾人士组织不同种类的活动；

·家长/亲属资源中心，为残疾人士的家人提供各类支持服务；

·设于各区的中途宿舍或训练及活动中心的小区精神健康联网服务，为精神病康复者及其家人/照顾者在小区内提供更多照顾和支持；

·小区精神健康照顾服务，协助刚离开医院的精神病康复者及刚离开中途宿舍的舍友能在小区得到持续支持，解决所遇到的适应问题。

A 本章小结

1. 社区照顾模式有特定的产生背景，建立在两个基本假设的基础上，包括两种主要类型，其对象可分为照顾对象和工作对象，在资源主体和服务主体上呈现出多元化的特点。

2. 社区照顾具有多重目标，工作流程可分为六大步骤，主要策略包括照顾管理模式、康复计划、社区支持网络以及为照顾者提供服务。

3. 在社区照顾中，社会工作者扮演着多重角色，需要掌握辅助、支持、保护、磋商、调解等常用的具体工作技巧。

4. 社区照顾的优点和缺点都很明显，作为一种社区服务发展的可能性思路，在中国多有可行之处，但需要在一些具体环节上加以注意。

B 主要术语

社区照顾（Community Care）：是指社会工作者整合社区非正规和正规服务资源，让有照顾需要的人士在家里或社区中类似家庭的环境下得到照顾，过正常生活的一种专业服务模式。

福利多元主义（Welfare Pluralism）：是指由非营利组织、市场营利组织、非正式团体、行政部门等共同分担福利供给任务的主张和政策。

正规照顾（Formal Care）：指由政府、非政府福利组织及营利机构等专业化机构和专业人员提供的照顾服务。

非正规照顾（Informal Care）：指亲戚、朋友、邻居、志愿者以及案主群的互助组织所提供的服务。

照顾管理（Care Management）：是一种经对需求评估和可用服务确认后，再为案主设计并组织包裹式照顾的工作方法和过程。

C 练习题

1. 某老城区社区中有一群智障儿童和他们的家人。这些儿童的智障程度虽然不同，但大多生活在孤独自卑中，或者被家人关在家里，或者成为打架骂人的“问题”孩子，没有基本的生活和社会交往技能，没有朋友。他们的家长也感到沮丧、难过、自卑。如果你是这个社区的社会工作者,请谈谈如何为这些儿童和他们的家人构建起社区照顾支持网络。

2. 在你所工作的社区内有许多独居高龄老人,他们或者体弱多病、伤残而足不出户或行动不便,或者人际关系疏离,或者对社区资源掌握不足。假如你是一名社区社会工作者,请根据他们的需要,拟定一份社区照顾服务方案。

D 思考题

1. 社区照顾兴起的背景主要有哪些?

2. 什么是正规照顾和非正规照顾? 它们各自有什么优缺点?

3. 社区照顾中工作员的主要角色和工作技巧有哪些?

4. 社区照顾模式对中国有哪些适用性?

5. 社区照顾模式和目前中国的居家养老模式有哪些异同点?

E 阅读文献

1. 徐永祥主编:《社区工作》,北京:高等教育出版社,2004 年,第七章,第 138 ~ 147 页。

2. 甘炳光等编:《社区工作:理论与实践》,香港:中文大学出版社,1998 年,第十一章,第 251 ~276 页。

3. 甘炳光等编:《社区工作技巧》,香港:中文大学出版社,1997 年,第二十五章,第 375 ~385 页。

4. 莫邦豪:《社区工作原理和实践》,香港:集贤社,1994 年。

5. 赖两阳:《社区工作与社会福利社区化》,台北:洪业文化事业有限公司,2002 年,第五章,第 89 ~124 页。

6. 丁建定、杨凤娟:《英国社会保障制度的发展》,北京:中国劳动社会保障出版社,2004 年。

7. 夏学銮:《社区照顾的理论、政策与实践》,北京:北京大学出版社,1997 年。

8. [美]戴维 · A. 哈德凯瑟等:《社区工作理论与实务(第二版)》,夏建中等译校,北京:中国人民大学出版社,2008 年,第十一章,第 417 ~429 页。

第八章　社区分析

本章属于社区工作的实务技巧部分，主要讲解社区分析的目标与功能、社区分析的内容与方法以及社区分析工具模式。其中，社区分析工具模式是需要重点掌握的方法和技巧。

第一节　社区分析概述

社区工作是指社区工作者为实现社区工作的目标而进行的有组织、有目的的活动。对社区工作者而言，面对的是整个社区，只有尽可能多地了解社区，才能更好地做好社区工作、促进社区的发展。因此，社区工作者进行社区介入前，首先要对社区进行科学细致的社区分析。

一、 社区分析的目标与功能

社区分析就是社区研究，有着特殊的目标与功能。

(一)社区分析的定义

社区分析可以是一项任务、一种导向性研究方法，也可以是撰写报告的一种特定类型。社区分析被视为社区干预前的最重要一步，并视之为一种“包括社区自我设想及目标、社区历史及当前居民变化和现有社区资源、社区现状及社区活动能力等在内的社区概貌”①。

美国学者哈德凯瑟(David Hardcastle)认为社区分析是作为一种基于事实文件、与官员和天然领袖的访谈、观察和调查方法的宽泛性解释研究，一种对某特定

---

① Haglund, Weisbrod and Brach, Assessing the Community: Its Services, Needs, Leadership, and Readiness, In Bracht (ed.), *Health Promotion at the Ccommunity Level*, Newbury Park, CA: Sage, 1990, p. 91.

区域或组织的许多方面进行的有点草率的考察,一种对初始印象进行提炼的过程。①

香港学者莫邦豪认为:开展社区工作的一般过程或步骤主要包括四部分,即探索与准备、动员与组织、推展与巩固、检讨与反思。在社区工作实务的探索与准备阶段,社区工作者的主要任务是运用科学的社区调查方法,获取社区的基本资料,分析社区中存在的主要问题、社区现有资源与社区发展动力,以及对社区需求进行评估。这一阶段常被称为社区研究或社区分析。②

因此,可以认为:社区分析就是对社区进行社区调查,分析社区需要、动力与资源,并在这个过程中,实现社区居民增权,激发居民潜能。

(二)社区分析的目标

社区分析的目标可分为任务目标和过程目标两类。

1. 任务目标

社区分析的基本目标就是要了解社区、分析社区、发现社区问题,从而提出社区行动方案以及制定社区工作计划。通过社区分析,可以解决一些特定的社会问题,包括完成一项具体的工作、满足社区需要、达到一定的社会福利目标等。

2. 过程目标

社区分析除了以上任务目标外,还要在工作过程中,训练居民从另外一种角度来看待他们所在的社区。让每一个居民都参与到社区分析中,让居民清楚了解自身的实际需求,并由社区居民共同决定社区内的事务。在这个过程中,加强社区居民对公民权利和义务的了解,促进社区居民的一般能力的提高,增强居民解决社区问题的能力、信心和技巧,激发居民潜在的能力,发现和培育社区居民骨干参与社区事务,以及建立社区内不同群体的合作关系等。

当然,上述两类目标中,任务目标是社区分析的基础和基本内容,过程目标是社区分析的潜在内容。

(三)社区分析的功能

社区分析是一项基本的社会工作程序,是社区策划和社区介入之前的一个认知过程。社区分析具有以下功能:

---

① [美]哈德凯瑟等:《社区工作理论与实务(第二版)》,夏建中等译校,北京:中国人民大学出版社,2008 年,第 220 页。

② 莫邦豪等:《社区工作原理与实践》,香港:集贤社,1994 年,第 33 页。

1. 社区分析注重解决社区问题

传统的社区分析模式中，通过社区工作专家的介入，可以对社区存在或可能发生的问题进行专业诊断，结合专业分析指出社区目前的需求，进而提出专业的社区问题预防或解决方案。通过执行这些解决方案，基本上能够满足社区整体需求，促进社区建设与发展。在基于社区资产的"优势视角"社区分析模式下①，社区工作者不再以专家的身份自居，而是扮演一个协助者的角色。社区工作者相信社区居民完全有能力调动起各种社会资源来解决社区面临的问题。通过给居民增权，帮助社区居民自己解决共同面对的社区问题。

2. 社区分析实现社区居民增权

社区分析让每一个居民都参与进来，比如在界定社区需求、社区建设与发展的目标方面，应该由社区居民共同决定，因为居民更清楚自身的实际需求。另外，在社区分析的"优势视角"模式下，社区工作者训练社区居民从另外一种角度来看待他们所在的社区，社区工作者和居民一起参与，在参与过程中，帮助居民建立自信心，激发居民的潜能。

3. 社区分析注重挖掘社区资源

社区分析注重挖掘社区当前拥有的各种可利用的资源，既包括能够直接观察到的各种实体资源，还包括社区居民能力、社区文化、社区非正式关系网络等各种无形资源。社区工作者和居民一起收集社区相关资料，并让居民认识到，这些资源都是可以用来解决社区问题的宝贵资产。

二、社区分析的特征

社区分析有传统社区分析和基于社区资产的"优势视角"下的社区分析两种模式。综合这两种模式，社区分析具有以下特征：

（一）专业性

在传统社区分析模式中，社区分析以外来专家的评估为主，依靠社区专家的专业知识与经验，对社区问题及社区需求进行诊断与界定，并直接采用专家意见，能够在短时间内发现社区问题，一些重大社区问题便能在第一时间得到解决或及早采取预防措施。

---

① 基于社区资产的"优势视角"模式是一种以社区资产为本的模式，认为每个社区都拥有未被发现和未被充分利用的资产，这些社区资产既包括学校、医院、政府部门等正规机构，还包括社区居民个人能力和社区各种非正式关系网络。

(二)重视过程目标

"优势视角"模式的社区分析是基于社区资产的社区分析模式。从原来关注社区的缺乏不足之处、社区居民面临的问题上,转换到关注社区目前拥有的资本和潜在能力。转换认知方式不仅局限于社区实务工作者单方面,工作者还应协助居民转换认知方式,训练居民采用优势视角来看待他们所在的社区工作者和居民一起工作,分析社区当前拥有的各种可利用的资源,同时帮助居民建立自信心,激发居民潜在的能力①。

(三)社区工作者扮演协助者、使能者的角色

在基于社区资产的社区分析模式下,工作员不再以专家的身份自居,而是扮演一个协助者、使能者的角色。工作员认为社区居民对自己所在的社区环境更加熟悉和了解,工作者只是在帮助居民加深对社区丰富资源的认识。同时,工作者相信每一个居民应该参与社区分析中,居民完全有能力调动起各种社会资源来解决社区面临的问题,实现增权。工作者还认为,在界定需求方面,居民更清楚自身的实际需求,社区建设与发展的目标应该由社区居民共同决定。在这个过程中,工作员扮演一个协助者、使能者的角色。

第二节　社区分析的内容与方法

社区分析是制定社区计划的基础,也是制定社区计划的方向和依据。通过社区分析,工作员可以准确地知道社区存在的问题、动力、资源、需要、解决方案以及行动计划。

一、社区分析的内容

社区分析的内容包括对社区的基本情况、社区需求和社区资源三个方面的分析。

(一)社区基本情况分析

对工作员而言,面对的是整个社区,只有尽可能多地了解社区,才能更好地搞

① 邵志强:《优势视角下的社区分析》,《社会工作》2012 年第 8 期。

好社区工作、促进社区的发展。因此,工作员进入社区后,首先要对社区进行科学细致的分析,分析重点是社区的基本情况和社区需求。

社区的基本情况包括社区的地理环境、人口状况、组织结构、权力结构和文化特色等等。

1.社区地理环境

社区地理环境包括社区的面积、位置、行政区划、交通设施及道路状况。

2.社区人口状况

了解社区人口状况,不但要了解社区内的人口总数、性别比例、年龄结构等人口资料,还要了解社区内就业的人数和职业类别、失业人数、双薪家庭、单薪家庭、双下岗家庭的数量等。掌握这些资料,既可用于社区介绍,又可协助工作员对社区居民可能的需求以及可利用的资源等有更全面的了解,便于进行社区分析。

3.社区的组织结构

社区组织是社会组织中的一种。此处探讨的社区组织是指社区中对社区居民生活有影响的组织。从这个角度来看,中国的社区组织主要有社区党委(原党支部)、居民委员会、居民代表大会、业主委员会、业主代表大会、物业管理公司、常设的和临时性的公众参与性组织(如社区协商议事委员会,这通常由社区各单位、社区管理组织的代表和社区内的社会名流代表组成;有的城市在旧城改造中应运而生的"居民监理团"),以及其他非营利组织和商业性机构等。

4.社区内的权力结构

了解社区内的权力结构,对工作员未来的组织和动员策略有重要的指引作用。对社区内的权力结构的了解,包括了解社区内一些组织或团体在社区的影响力、社区居民之间的关系状况等。通常组织或社团中的领导人都是各行业中的领袖及精英,对社区有着重要作用。另外,在社区里谁能够决定某个活动要不要举办、如何举办,谁有能力找到需要的资源,谁说话比较有说服力,谁的动员能力比较强?谁总是泼冷水、制造麻烦,了解这些影响社区居民的权利动态,有助于推动各项工作的开展。

5.社区的文化特色

社区的文化特色包括社区的历史、曾经有过的重要事件及其影响、社会舆论和风俗习惯、社区中居民的态度、遵守的规范、参与社区的意愿和行为等。

了解社区文化的特色,可以通过与社区居民共同参与,重塑属于社区的文化特色过程,对引发社区居民的参与动机非常有帮助,更是深入了解社区的最佳途径。

表 8－1　　社区分析时的代表性问题

·这个地区的边界在哪儿？你怎样称呼它？过去它是不是有别的名称？
·人们一般在什么地方交谈、散步或者休息？
·你看到过有人写的关于该地区的东西吗？是否值得一读？
·在这儿生活好的方面有哪些，不好的方面有哪些？
·你觉得在你的社交网络、区域、邻里和社区方面有什么特殊难题或者中心议题？
·你所在的社区，谁是重要的民众领导人？为什么？

资料来源：[美]哈德凯瑟等：《社区工作理论与实务（第二版）》，夏建中等译校，北京：中国人民大学出版社，2008 年，第 223 页。

表 8－2　　社区分析应当包括的主题举例

·地理位置、社团、合法管辖边界
·人口特征、统计、亚群体
·历史、当前社区的能力
·政治结构、治理
·经济结构、主要的或关键的雇主们
·社会服务结构
·互助、社区行动组织
·潜在的或现实的社会和服务问题
·权力关系

资料来源：[美]哈德凯瑟等：《社区工作理论与实务（第二版）》，夏建中等译校，北京：中国人民大学出版社，2008 年，第 227 页。

（二）社区问题和社区需要分析

社区问题是指存在于社区中，对社区居民生活有不良影响的事件或问题。目前，社区中存在的突出问题主要是独居老人问题、残疾人问题、青少年问题、单亲家庭问题等等。这些问题的解决实际上是社区工作的重点和难点。

社区需要是指社区中还存在哪些不足够的地方。社区需要是不断产生又不断解决的，认识和发现社区需要是全面认识社区的最重要环节。这就需要用到社区需求评估（NA）。

需求评估是一种主要的评估方式，它不评估项目的结果和成效，而是集中于判断人们对考虑中的项目存在多大程度的需求。在为案主提供新项目之前，社会机构和其他机构通常要进行需求评估。有时这种评估由机构员工进行，有时则根据合同规定由专家来进行①。

需求评估的四大用途：传授人们关于社会需求的知识，证明项目需求的合理性，但它们还能提供信息，帮助实现其他用途，如帮助公众、资助者和董事会成员更好地了解社会需求及其范围，制定预算和进行其他规划活动，以及提供那些可用来推广某一特定服务的信息②。

一个好的需求评估设计应该能够解决以下问题：谁的需求接受评估？谁会投入需求评估的设计？需求评估在什么时候进行？需要了解哪种类型的需求？何种层面的阐述比较实用？

通过需求评估收集到需求信息后，还需要对这些需求信息进行分类。在社区工作实践中，运用较多的是布拉德肖（Bradshaw）的需求分类方法，他将需求分为四类，分别是感觉性需求（perceived need）、表达性需求（expressed need）、规范性需求（normative need）和比较性需求（relative need）。

（1）感觉性需求是那些被有需求的人感觉到的需求。大部分居民感觉到某种需求不能被满足，这种需求就是感觉性需求。

（2）表达性需求通过有需要的人真正寻求得到服务来界定，是传达给别人的感觉到的需求。

（3）规范性需求是以现存的某些标准或规范来界定的需求，主要指相关部门或专家认为的在既定情形中服务项目需要达到的质和量的标准。当某项服务不符合规定要求时，规范性需求就出现了。

（4）比较性需求是以相似的社区或人口群作为比较，评估两者间所得到的服务的差距，进而确定的社区需求。

（三）社区资源分析

社区的资源可以包括社区内资源和社区外资源两大类。社区内资源主要包括教育、医疗、娱乐、社会福利等固定资产和流动资产等物质资源，文化、习俗、价值观、居民的智力水平、劳动技能及社区归属感等精神资源。社区外资源包括社区可以从政府和社会获得的政策、人力、设施、财政、技术和信息等。工作员可以运用社区资源表（表8－3）和社区资源检查表（表8－4）对社区资源状况进行分析。

---

① ［美］Leon H. Ginsberg：《社会工作评估——原理与方法》，黄晨熹译，上海：华东理工大学出版社，2005年，第38页。

② ［美］Leon H. Ginsberg：《社会工作评估——原理与方法》，黄晨熹译，上海：华东理工大学出版社，2005年，第147～150页。

表 8－3　社区资源表

	社区内部资源		社区外部资源	
	正式资源	非正式资源	正式资源	非正式资源
人力资源				
物力资源				
财力资源				

资料来源：全国社会工作者职业水平考试教材编写组：《社会工作综合能力（中级）》，北京：中国社会出版社，2008 年，第 250 页。

表 8－4　社区资源检查表

	本社区必须运用的资源	已存在的资源			现不存在的资源		
		已使用的资源	尚未使用的资源	无法使用的资源	可开发的资源	无法开发的资源	备注
人力资源							
物力资源							
财力资源							

资料来源：全国社会工作者职业水平考试教材编写组：《社会工作综合能力（中级）》，北京：中国社会出版社，2008 年，第 250 页。

二、 社区资料收集与分析方法

社区资料收集与分析方法包括社区资料收集方法与社区资料整理分析方法。

（一）社区资料的收集方法

社区资料收集方法主要有文献法、观察法、访谈法和问卷法这四种方法。

1. 文献法

文献法也称历史文献法，是根据一定的目的和范围来收集和摘取文献，以获得所需资料的方法。它具有超时空性、间接性、方便与节省等特点。文献有多种类型。如果按出版形式分类，有图书、期刊、报纸、会议文献、档案、统计资料、未刊稿；如果按载体形式分类，有印刷型、缩放型（胶卷、胶片等）、机读型（磁带、磁盘等）、声像型（又称视听型文献）等等；如果按文献是否经过加工整理来分类，有原始文献和次级文献。运用文献法应该注意紧紧围绕调研课题收集文献，不能漫无边际，要有选择、有分析地收集文献。

2. 观察法

观察法是根据一定的调查目的，凭借感官和辅助工具直接考察研究对象来收集资料的方法。与日常观察相比，它有以下特点：具有明确的目的；具有严密的计划；具有系统的设计，一般是按观察提纲或观察表进行的；具有详细记录。

根据不同标准，观察法可分为以下不同类型：结构式观察和非结构式观察，实地观察和实验室观察，参与观察和非参与观察等等。

使用观察法要注意观察的客观性，观察到什么情况就记载什么情况；要注意观察和思考相结合；要注意观察必须遵守法律和道德准则。

3. 访谈法

访谈法也称访问法、访问调查法，是通过调查者向调查对象口头询问有关问题来收集资料的方法。它具有互动性与灵活性的特点。访谈法适用于多种调查对象，但主要应用于小范围的调查。

依据不同标准，访谈法可以划分为不同类型：结构式访谈和非结构式访谈，直接访谈和间接访谈，个人访谈和集体（团体）访谈等等。

个人访谈适宜了解公众场合不宜询问的情况。可以使访谈对象畅所欲言，收集到真实、丰富的资料；可以选择访谈对象方便的时间和地点进行访谈，容易取得他们的配合，访谈成功率较高。集体访谈也就是开座谈会，其长处在于调查对象之间可以相互启发、相互补充、相互修正，但也容易造成被调查者互相牵制，不说真心话的情况，所以对于那些敏感性的问题就不宜采用这种方法。进行集体访谈，要事先制定好调查提纲，要精心挑选参加座谈会的人员，一般控制在10人以内为宜，还要注意做好记录。

4. 问卷法

问卷法也称问卷调查法，是调查者请被调查者填写统一设计的问卷来收集资料的方法。它有书面性、间接性、标准化等主要特点。使用问卷法可以在较短的时间内作大范围的调查，并且便于量化分析，但往往缺乏深度。

按其问题的类型，可将问卷划分为三类：一是开放型问卷，也就是由开放性问题组成的问卷；二是封闭型问卷，也就是由封闭性的问题组成的问卷；三是混合型问卷，也就是开放型问卷和封闭型问卷的结合，这类问卷的使用率最高。

设计问卷是进行问卷调查的基本工作。设计问卷时，一是要注意问卷的结构。问卷一般由介绍词、答问指南、问题、答案和编码组成。二是要注意问题与答案的设计。比如，对不甚清楚的问题宜采用开放式；设计封闭式问题要列出可供选择的多种答案，要符合穷尽性和互斥性原则；问句要简洁，词义要明确，问题要中立，答案要简单，尽量不用专业术语。三是要注意问题数目与次序。一般而言，一份问卷的填答时间最好不超过30分钟。问卷中的问题要按一定的顺序排列在一起:一般来说,先问易于回答的问题,后问难于回答的问题;先问非敏感性问题,后问敏感性问题。

(二)社区调查资料的整理和分析

1. 调查资料的审核

调査资料的审核是审查与核实原始调查资料是否真实、准确、完整、标准的过程,目的在于保证资料的客观性、准确性和完整性。一般而言,凡是调查提纲中要求收集的资料都不应缺失和遗漏。常用的审核方法有经验判断、比较判断、来源判断和逻辑判断等。

2. 调查资料的整理

所谓调查资料的整理是按照一定的目的,运用一定的程序和方法,将经过审核的资料进行科学的分类、分组和汇总,使之条理化、系统化的过程。

3. 调查资料的理论分析和统计分析

从广义上说,理论分析包含定性分析。所谓定性分析,是运用抽象概念对同类事物做出概括,其目的和任务在于区别事物的性质,划分事物的类型。它是理论分析的必要准备和基础。常用的理论分析方法有比较法、因果分析法、归纳和演绎方法、结构—功能分析方法等等。统计分析也叫定量分析或数量分析,是关于事物存在和发展的规模、数量、事物之间的数量关系等方面的分析,它有一套固定的方法和技术。当前,社区调查资料的统计分析大都是借助于计算机技术来完成的。

4. 社区分析报告的撰写

调查报告是调研成果的集中体现,撰写调研报告是整个调研工作的重要组成部分。由于调研报告的类型多种多样,撰写调研报告的目的不同,调研报告并无固定不变的格式。但是,一般来说是由标题、前言、主体、结尾几个部分组成的,有的调研报告还有附录。

第三节　社区分析工具模式

社区分析的工具模式主要有SWOT社区分析法、社区制图、社区内部索引模式等。SWOT社区分析法是运用SWOT分析法对影响社区发展的各种环境因素进行分析的一种方法;社区制图是一种系统整理当地知识,形成一份记录着社区居民对社区独一无二的生活记忆、特殊风貌、历史背景的地图;社区内部索引模式源于20

世纪末国际社区发展协会提出的一项新的社区发展模式——以资产为本的社区发展模式(简称 ABCD 模式),是一种新兴的社区发展实践。

一、SWOT 社区分析法

SWOT 社区分析法来源于 SWOT 分析方法。SWOT 分析法又称为态势分析法,也称波士顿矩阵。在 SWOT 中,S 代表 Strength(优势),W 代表 Weakness(劣势),O 代表 Opportunity(机会),T 代表 Threat(威胁)。其中,S、W 是内部因素,O、T 是外部因素。SWOT 社区分析法是指根据社区自身的既定内在条件进行分析,找出社区的优势、劣势及核心竞争力之所在。

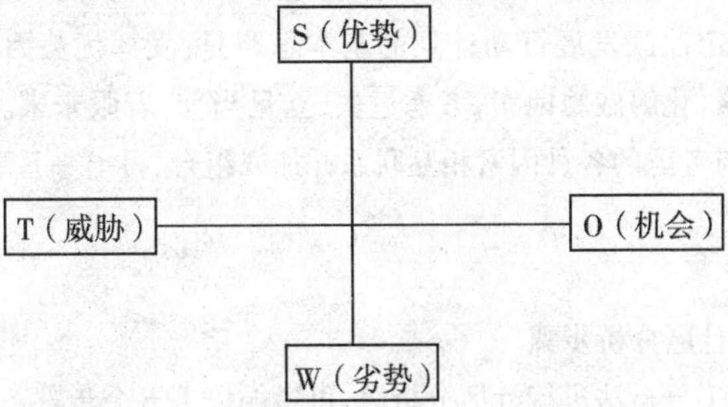

图 8-1　SWOT 矩阵

(一)SWOT 社区分析法的主要内容

在社区研究中,SWOT 社区分析法主要包括以下三个方面的内容:

1. 分析影响社区发展的环境因素

SWOT 社区分析法主要研究影响社区发展的各种环境因素,即外部环境因素和内部能力因素。外部环境因素包括机会因素和威胁因素,它们是外部环境中直接影响社区发展的有利和不利因素,属于客观因素。内部环境因素包括优势因素和弱点因素,它们是社区在其发展中自身存在的积极和消极因素,属主动因素。在调查分析这些因素时,不仅要考虑社区的历史与现状,而且更要考虑社区未来的发展。

2. 构造 SWOT 矩阵

构造 SWOT 矩阵是将各种影响社区发展的因素根据轻重缓急或影响程度等排序,并进行 SWOT 矩阵分析,这是 SWOT 社区分析法中最重要的一步。构造 SWOT 矩阵是采用集思广益方式收集、分析与社区(如改善社区娱乐设施)相关的优势条件。在这个过程中,要将那些对社区发展有直接的、重要的、大量的、迫切的、久远的影响因素优先排列出来,而将那些间接的、次要的、少许的、不急的、短暂的影响因素排在后面。通过优势劣势的对比确定社区发展与变革的机会。

表8-5 SWOT矩阵分析

分析内容	优势	劣势	机会	风险

3.制订行动计划

在完成环境因素分析和SWOT矩阵的构造之后,下一步是制定相应的社区发展行动计划。制定社区发展行动计划的基本思路是:发挥优势因素,克服劣势因素,利用机会因素,化解威胁因素;考虑过去,立足当前,着眼未来。运用系统分析的方法,将排列与考虑的各种因素相互联系并加以组合,得出一系列社区未来发展的可选择对策。

(二)SWOT社区分析步骤

在运用SWOT分析法进行社区分析时,可遵循以下五个步骤:

(1)评估社区的优势和劣势。

每个社区都有自己独特的优势和劣势。作个列表,列出你所在社区有哪些可使社区发展策略成功的优势。采用对比分析,寻找与优势条件相对应的劣势。找出社区内哪些劣势会阻碍社区发展策略的成功。列出你认为社区所具备的比较重要的优势,再标出那些你认为重要的弱势。

(2)找出社区发展的机会和威胁。

除了了解你所在社区优势和劣势之外,还要了解社区面临的机会和威胁。机会是指社区的外在环境是否提供机会协助社区发展策略的成功。威胁是指社区外在环境有什么因素不利于社区发展策略的执行。列出你认为社区当前所面临的机会和威胁,再标出那些你认为比较重要的机会和威胁。

(3)提纲式地列出今后3~5年内社区发展的目标。

仔细地对社区做一个SWOT分析评估,列出5年内社区最想实现的4~5个发展目标。这些目标既包括任务目标,也包括过程目标。

社区发展目标可以包括:各种社会网络的重新建立;居民互助和交往的增加;邻里关系的改善;居民和居民组织之间重建紧密的联系;居民意识到参与的重要性,并愿意承担责任;居民对社区有更多的认同和投入。

(4)提纲式地列出一份今后3~5年的社区发展行动计划。

这一步主要涉及一些具体的内容。拟出一份实现上述每一目标的社区发展行动计划,并且详细地说明为了实现每一目标,社区要做的每一件事,何时完成这些事。如果你觉得社区还需要一些外界帮助,请说明需要何种帮助和如何获取这种帮助。一份详尽的社区行动计划就是一个行动指南,将帮助社区做好未来的决策。

(5)寻求专业帮助。

制定出社区发展行动计划后,下一步就需要借助社区专家提供专业帮助。

(三)SWOT社区分析的作用

1. S:优势。了解与社区有关的外在环境因素。

(1)擅长什么?

(2)社工组织有什么新技能?

(3)能做什么别人做不到的?

(4)和别的社工组织有什么不同?

(5)社区居民为什么来求助?

(6)最近因何成功?

2. W:劣势。了解社区本身的内在环境因素。

(1)社工组织什么做不来?

(2)缺乏什么社工技能?

(3)别的社工组织有什么比我们好?

(4)不能够满足何种社区居民?

(5)最近因何失败?

3. O:机会。指出社区应该走向何处。

(1)社区中有什么适合我们的机会?

(2)可以学什么社工技能?

(3)可以提供什么新的社工技能/服务?

(4)可以吸引什么新的社区志愿者?

(5)怎样可以与众不同?

(6)组织在5~10年内怎样发展?

4. T:威胁。指出社区能向何处发展。

(1)社区最近有什么改变?

(2)其他社区组织最近在做什么?

(3)是否赶不上社区居民需求的改变?

(4)政经环境改变是否会伤害社区?

(5)有什么事可能会威胁到社区的生存?

表 8-6　　南华社区 SWOT 社区分析

S(优势)	社区 1. 社区拥有一条通往外界的主要道路吉安路,交通便利,为前往观光景点鲤鱼潭的必经之路。 2. 农村生活保留完整,可提供良好的观光素材。 3. 南华村地标明显。 4. 拥有属于此处特色产业,如烟楼、砌石、文化资源。 5. 初英山社区协会对于社区工作的服务热衷。 6. 农业发展兴盛,专业技术性高。 协会 1. 具有写企划案的能力,可为社区争取资源。 2. 成员皆有过环保联盟的背景经历,针对社区中的环境问题特别重视。 3. 和其他外界的协会组织互动良好。
W(劣势)	社区 1. 社区中的大众运输对外交通不便利。 2. 南华村未接受都市规划介入社区发展。 3. 社区中的活动信息、政令等传递无法普及。 4. 公共设施缺乏,如公园、老人馆、活动中心租借使用不便。 5. 土地所有权的问题(国有地)影响建筑商前往建筑的意愿。 6. 工作机会缺乏。 7. 农业为主要经济产业,收入不稳定且低。 协会 1. 协会中人力不足。 2. 对南华村的基本资料掌握不完全。 3. 工作内容及服务对象仍在规划中。
O(机会)	社区 1. 有慈济大学传播系的长期合作关系。 2. 有永龄基金会与家扶中心进入社区从事课辅。 3. 双子星计划提供了社区的营造机会,带动了当地经济。 4. 有意愿转型成为休闲观光产业。 协会 1. 成立初英山文化产业交流协会,可独立运作。 2. 暑假办理儿童夏令营,可增加认识社区中儿童与家长的机会,建立关系。 3. 由慈济大学社工系协助社区基础资料的调查。

（续表）

T(威胁)	社区 1. 传统文化传承流失。 2. 人口老化、少子化。 3. 青壮年人口流失,到外地求学、就职。 4. 医疗资源缺乏。 协会 1. 与南华社区发展协会理念不和。 2. 和社区居民的互动不足。 3. 社区中易流传许多负面舆论,阻碍协会的活动推动。

资料来源:台湾南华大学网站,www.nhu.edu.tw。

二、社区制图

(一)社区制图的定义

社区制图(Community Mapping)在英语中有不同名称,比如参与式制图(Participatory Mapping)、本地制图(Aboriginal or Indigenous Mapping)等。社区制图是将社区的空间信息、自然资源利用以及不同的社会经济状况与问题,通过社区居民集体的参与而得以绘制成图的过程。

社区制图不仅可以让工作员了解和掌握社区拥有的资源,让居民重新认识到资源的丰富性,形成一份记录着社区居民对社区独一无二的生活记忆、特殊风貌、历史背景的地图,帮助社区居民建立解决社区问题、改变社区的自信心。

(二)社区制图的特点

1. 内容多元化

社区制图包含的内容丰富多彩。在“优势视角”下的社区分析模式中,社区资产图要比传统生态图的内容更加丰富多样。一幅完整的社区资产图应包含四个方面的内容:一是社区中的现有各种物质资源,包括人口、动植物、土地、房屋、公共设施等;二是社区中的正式机构,包括国家相关的政府部门、民间志愿组织和私有机构等;三是社区中的非正式社会关系网络,包括家庭、家族、亲戚、邻里、朋友等人际关系网络;四是社区居民个人能力,包括个人的天赋条件、经验、知识与技能等。

2. 注重地方特色

社区制图侧重社区的地方特色,是一个强调社区居民通过制图生动表达他们对社区的认同与了解的社会过程。通过社区制图可以追踪与收集社区居民对当地环境的了解，启发他们对其环境、资源、历史等的认知与认同，形成与现有权力结构不同的语言和图像，所包含的内容与由公共机构观点主导的“主流”地图非常不同，而具有浓浓的地方特色。

3. 社区居民为主体

社区制图的制作以社区居民为主体，由工作员与全体居民经过充分沟通讨论后，将社区居民共同的记忆、想法汇集成图，是集体创作的成果。制作地图的过程，也是一项调动居民共同参与社区建设、培养社区归属感的活动。

4. 注重记录功能

社区制图记录社区居民最熟悉的环境，其主要用途不在于引导人们熟悉陌生的环境，主要的目的是用来呈现社区独具意义的人文历史、生活经验等，因此社区制图有别于一般的地图。另外，绘制者并非是专业地图制作者，在社区制图的呈现上，尽量要求数据的正确但也不刻意讲求完全的精准，因此社区制图的记录功能大于其写实功能。

（三）社区制图的步骤

社区制图有以下五个步骤：

1. 先选定基地范围

准备要制作一份社区制图时，首先进行的第一项工作就是要先决定调查记录的基地范围，以行政社区为界，或以街道、居民社区或自己的公寓大厦为界都可以。待确定好基地范围后，便可通过网络、市售的地图或是城市规划局找到选定区域的基本图，作为后续田野调查时的记录底图。记录底图上不需过多的详细信息，仅需要有大致的地形方向与主要地标或街道即可。

2. 讨论地图的呈现主题

社区制图的呈现主题丰富多彩：社区中的现有各种物质资源，包括人口、动植物、土地、房屋、公共设施等；也包括社区中的正式机构，包括国家相关的政府部门、民间志愿组织和私有机构等等。

在讨论社区制图的呈现主题时，工作员应该尽可能多地邀请不同年龄结构和性别结构的居民参与进来，与全体居民共同完成，这样才能得到一幅内容全面和丰富的社区制图。

3. 进行田野调查与记录

准备进行田野调查，要带上记录用的笔、基础地图，以及相机、录音机和记录表（格式请参考附件）。如果调查的基地范围较大，则可采分组分区域的方式来进行；如果范围不大，可以让所有的成员采取全区调查的方式。但无论哪种方式，如果过程中有要针对其他居民进行访谈，那务必妥善处理访谈的分工安排，不要发生重复采访的情形而让受访者不堪其扰。

4. 图面内容编辑与绘制

将所有的调查成果汇总后，便可依据社区制图的主题，从中挑选出值得记录的特色，并逐一标示到社区制图上。为了让图面的内容更显丰富有趣，各标示点除了以文字表示外，也可设计特定的图示来代表（如以书本来表示书店），或是请社区里擅长绘画的居民补充一些有趣的插图以吸引阅读。不过，为了方便辨识，图面上的标示点不宜过于密集，如果需标示的内容较多，则可以编号的方式来记录，并于空白处补充说明各编号的代表意义。另外，也务必记得在图面角落处标记上方向，方便看图者实际对照时使用。

此外，引用一些参考资料或老照片要特别注意版权问题。

5. 分享地图

将制作完成的社区制图印制出来，通过学校、社区中心、社区商店等公开地点来与社区居民分享制作的成果，增加更多社区居民深入认识自己社区的机会。

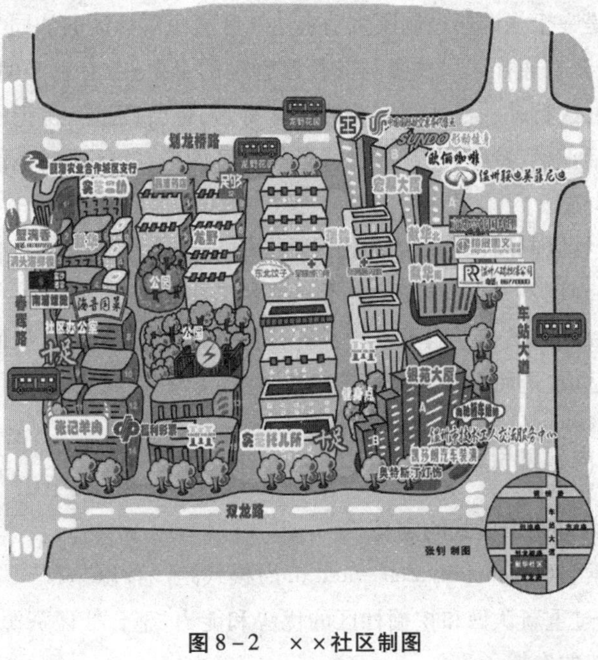

图 8－2　××社区制图

资料来源：××社区制图，网址：http://www.wzrb.com.cn/article234519_256show.html。

表 8－7　社区制图访查记录表

记录日期	年　月　日　时　分
记录者	
记录类别（可复选）	□人物（对象名称：　　）□商店（类别：　　） □老树　□老建筑　□自然景观　□特色景观 □史迹　□其他（　　）
所在位置	
存在年份	
记录摘要	
照片	
照片概述	来源： 概述：

资料来源：崔妈妈基金会，http://www.tmm.org.tw。

（四）社区制图的评价

社区制图是一个强调通过制图生动表达社区居民对社区的认同与了解的一个社会过程，它强调普通社区居民参与其社区管理的重要性，有别于偏重由上而下、技术精英式的社区行动。社区制图若能设计得当，将会产生一份记录着社区居民独一无二的生活记忆、特殊风貌、历史背景的社区图像，社区居民也能获得对社区的归属感和认同感。

当然，尽管社区制图也可以成为正式地图的一部分，但它并不符合正式地图的惯例，还存在地理比例失真、内部信息不一致和文化误解等局限性。另外，没有参与社区制图的社区居民有可能不容易了解其他社区居民的观点，从而影响社区居民之间共识的达成，进而影响到社区参与和增权目标的实现。

三、社区内部索引模式

（一）社区内部索引模式的定义

社区内部索引（Community Self－indexing）模式是一种以“资产”取向为本的社区发展模式，通过重新认识和挖掘社区的优势和能力，整合社区资源，促进社区潜能的增长和优势的发挥。

社区内部索引模式不同于传统的以“社区需要或社区缺失”为取向的社区发展模式，提出应以社区资产或社区强项/能力为发展的切入点，强调不要用一个“需要镜片”去了解社区，而应该用一个“资产镜片”或“能力镜片”去了解社区，整合社区资源。因此，资产为本的社区发展模式主张从传统的“需求”取向转向“能力”或“资产”取向，倡导我们重视社区的潜力或机会，而非所面临的问题。[①]

(二)社区内部索引模式的特点

作为一种以资产为本的社区发展模式，社区内部索引模式与传统“需求”模式不同，其主要特点表现在三个方面：

1. 资产为本

社区内部索引模式关注的不是社区的不足或问题，而是社区资产。它认为社区资产是使社区发展得以有效运转的动力。可以说，社区是社区资产存在的基础，社区发展依赖于社区资产的供给，而社区资产促进和制约着社区发展。社区资产存量的多寡和分布，决定着社区活力和凝聚力的强弱以及社区发展的效率与绩效。作为一种以资产为本的社区发展模式，社区内部索引模式希望通过鼓励、动员社区资产，寻求社区发展与公民意识培养的机会。

2. 内在取向

社区内部索引模式以内在取向(Internally - focused)作为社区发展实践优先考虑的工作策略。内在取向强调的是社区居民、小组及团体去界定社区问题及参与推动社区事务的能力[②]。社区居民生活在社区内，只有他们最了解社区的基本情况，知晓社区的优势与强项，只有他们才是解决社区问题及发展自身社区的专家。社区内的小组及团体熟悉社区内各项活动的开展，最清楚活动展开过程中取得的一系列积极成果，以及还存在的问题，懂得如何利用社区的资产，发动社区内在力量及资源，推动社区发展。

3. 关系构建

社区内部索引模式重视社区关系的建立(Relationship - driven)是社区发展的有效途径[③]。它通过强调居民和社团之间的接触，社区居民之间、团体之间建立紧密的及守望相助的关系。通过将社区居民组织起来开展各种活动，减少居民之间原来存在的陌生感和疏离感，增进沟通和联系，形成和谐的人际关系网络，进一步

---

① 吴继侠：《社区资产视角的社区社会资本体系培育》，《理论界》2010 年第 1 期。

② Kretzmann, John P. and McKnight, John L. Building Communities from the Inside Out: A Path Toward Finding and Mobilizing a Community's Assets, The Asset - Based Community Development Institute, Institute for Policy Research, Northwestern University, Evanston, Illinois, 1993, p. 55.

③ Kretzmann, John P. and McKnight, John L. Building Communities from the Inside Out: A Path Toward Finding and Mobilizing a Community's Assets, The Asset - Based Community Development Institute, Institute for Policy Research, Northwestern University, Evanston, Illinois, 1993, p. 69.

促进居民之间信任的产生。

（三）社区内部索引模式中的社区资产

什么是“社区资产”，目前学术界的观点有分歧。美国学者约翰·克雷茨曼（John Kretzmann）和约翰·麦克奈特（John L. McKnight）通过对各种“社区资产”概念和涵义的梳理与分析，把社区资产划分为个人资产（Individuals）、社区组织资产（Associations）、社区团体及部门资产（Local Institutions）和自然资源及物质资产（Natural Resources and Physical Assets）四大类①。

个人资产是指包括社区内居民的天赋、才能、知识、技能、资源、价值观及投入感（Values and Commitments）等等。在社区层面，个人资产是社区组织资产、社区团体及部门资产的基础，提高个人资产必须使社区居民成为社区发展中的参与主体。

社区组织资产是指包括社区内的不同宗教、文化、娱乐、社交、公民组织或小组等。在社区层面，社区组织既是社区资产的一种表现形式，又是社区资产的形成机制。首先，社区组织活动是社区资产存在的重要载体。其次，社区组织是培育社区资产的土壤。社区组织的成员可以逐步学会妥协和宽容，培养组织和交流技巧，从而最终提高人们参与社区事务的积极性和能力，培养成员的公民意识和民主精神。再次，社区民间组织活动可以提高社区社会资本的存量，通过信息交流、建立互惠规范、培育相互信任，有助于推动自发合作。

社区团体及部门资产是社区居民参与社区事务的重要途径，是社区资产“流通”的有效渠道，包括地区政府部门、非政府机构等。随着单位制的解体，社区人际关系冷漠，关系网络匮乏，尤其是新移民进入城市以后，既缺乏老城市传统的邻里关系，又有不同地域的隔阂，加上人员流动性大，邻里之间缺乏沟通，邻里关系日益淡化。交流不畅又使得社区居民间、居民和社区组织间缺乏信任，缺乏社区归属和认同感。社区团体及部门的介入就会使社区居民增强其社区共同感和归属感，强化彼此之间的联系纽带。

自然资源及物质资产可称为社区资产中的“硬件”，包括社区设施，例如公园、图书馆及自然环境等等必要的物资设备、组织与管理的形式。

需要指出的是，社区内部索引模式以资产为本，并不是不留意社区问题的存在，并不是不去回应及解决社区问题，而是通过由资产及优势入手，将过分关注社区问题的精力用于先去寻找社区资产，更有信心及能力去解决社区面对的问题。

---

① 文军、黄锐：《论资产为本的社区发展模式及其对中国的启示》，《湖南师范大学社会科学学报》2008年第6期。

(四)社区内部索引模式的应用步骤

如何有效地组织及协调这些资源去发展社区,具体包括三个步骤:

1. 厘定两份资产清单

资产清单包括两种:"社区能力清单"和"问题清单"。

"社区能力清单"(Capacity Inventory)或"资产图示"(Assets Map),包括三部分。第一部分是主要资产,包括两类:个人层面的资产,包括社区内个别居民的天赋条件、才能、知识、技能等,这些资产属于居民可控范围,也即通过发动与整合可以有效促进社区发展;社区可以控制的组织层面资产,包括公民组织或小组如妇女协会、艺术团体、健身俱乐部等,商会、金融组织、文化组织、宗教组织,还有一些交流信息形式如社区论坛、报栏、社区广播、电视等,这一类可以称为社区内部资产。第二部分是次要资产,虽属外部资产但大多数是社区可以利用和控制的资产,主要包括三类:一是非营利组织,比如社会服务机构、医疗机构、教育部门等;二是公共服务机构,比如公立学校、警察局、图书馆等等;三是自然资源及物质资产,比如公园等自然环境。第三部分是有利于社区发展的潜在资产,比如公共消费支出的增加会给社区发展经济带来机会等。

"问题清单"主要包括家庭暴力、虐童、失业、住房、无家可归人士的安置、酗酒等这些危害社区和谐发展的问题。

在厘定社区资产清单过程中,"社区能力清单"是社区发展的关键资产和社会资源,可以用其建立、加强和维持社区强势,有助于社区居民间互利的伙伴关系的发展,进而驱动本地社区开发。

2. 培育开发社区资产的社区组织

如何鼓励、动员社区资产,促进社区发展与培养公民意识,需要寻找有能力对社区资源进行整合并带领社区居民进行社区发展和建设的可靠组织。从我国目前的情况来看,目前首先应该理顺政府和社区关系,形成政府(及其派出机构)、社区组织(自治组织及其他社会组织)和社区居民(驻区企事业单位和个人)三者治理与发展体系。维护社区居委会自治权,实现居委会对社区事务的自主性和独立性管理。其次才是健全社区自组织体系,建立以居委会为主,社区自治组织共同组成的开发社区资产的多元化合作管理模式。社区自治组织主要是一些公民组织或小组,如妇女协会、艺术团体、健身俱乐部和志愿者组织等等。

3. 制定、实施社区资产开发计划

培育开发社区资产的社区组织后,下一步是制定社区资产发展计划并实施计划。在这一阶段,以居委会为主,社区自治组织制定各自的社区资产发展计划,社区居民通过加入社区内的各种公民组织或小组，积极参与社区事务。社区居民通过社区内的各种活动，增加交往、沟通，积极培育社区规范、社区意识、信任、居民网络、社区文化等社区社会资本，从而提高社区居民参与度和社区凝聚力。

总之，社区内部索引模式为我们提供了一种崭新的社区发展模式，让社区居民不再是一味地去寻找社区需求和需要解决的问题，而是通过实施社区资产发展计划，在社区内扩大和加深个人网络，重新认识和挖掘社区的优势和能力，整合社区资源，增加社区社会资本，促进社区潜能的增长和优势的发挥。

A 本章小结

1. 工作员进入社区后，首先要对社区进行科学细致的社区研究——社区分析，社区分析被视为社区干预前的最重要一步。

2. 社区分析的目标包括任务目标和过程目标。社区分析的任务目标就是要了解社区、分析社区、发现社区问题，从而提出社区行动方案以及制定社区工作计划。过程目标是增强居民解决社区问题的能力、信心和技巧，激发居民潜在的能力，发现和培育社区居民骨干参与社区事务，以及建立社区内不同群体的合作关系等。

3. 社区分析的功能是解决社区问题、实现居民增权、挖掘社区资源。社区分析的特征是专业性，注重过程目标，工作员扮演协助者和使能者的角色等。社区分析的内容包括社区的基本情况、社区需求和社区资源三个方面。

4. 社区资料的收集与分析方法主要有文献法、观察法、访谈法和问卷法四种。社区调查资料的整理和分析过程涉及调查资料的审核、整理、理论分析和统计分析，以及调查分析报告的撰写。

5. 社区分析工具模式主要有 SWOT 社区分析法、社区制图、社区内部索引模式三类。SWOT 社区分析法重在根据社区自身的既定内在条件进行分析。社区制图是通过社区居民集体的参与而将社区状况或资源绘制成图。社区内部索引模式是一种以“资产”取向为本的社区发展模式。

B 主要术语

社区分析(Community Analysis)：就是对社区进行社区调查，分析社区需要、动力与资源，并在这个过程中实现社区居民增权，激发居民潜能。

文献法(Literature Survey)：也称历史文献法，是根据一定的目的和范围来收集和摘取文献，以获得所需资料的方法。

观察法(Field Observation):是根据一定的调查目的,凭借感官和辅助工具直接考察研究对象来收集资料的方法。

访谈法(Interview):也称访问法、访问调查法,是通过调查者向调查对象口头询问有关问题来收集资料的方法。

问卷法(Questionnaire Survey):也称问卷调查法,是调查者请被调查者填写统一设计的问卷来收集资料的方法。

SWOT社区分析法(SWOT Community Analysis):是指根据社区自身的既定内在条件进行分析,找出社区的优势、劣势及核心竞争力之所在。

社区制图(Community Mapping):是将社区的空间信息、自然资源利用以及不同的社会经济状况与问题,通过社区居民集体的参与而得以绘制成图的过程。

社区内部索引模式(Community Self-indexing):以"资产"取向为本,通过重新认识和挖掘社区的优势和能力,整合社区资源,促进社区潜能的增长和优势的发挥。

C 练习题

1. 找一个你熟悉的社区,做一次社区分析,写一份社区实地探访报告,包括社区地理、文化、社会环境、社区需要和社区问题等内容。

2. 根据SWOT分析、社区制图或社区内部索引模式等方法,在你附近的一个社区进行一次社区分析模式的实践活动。

3. [活动名称]进行社区制图

[活动内容]根据个人对自己居住社区的了解,将社区的地理环境、主要建筑物、区域界限等内容绘制下来,并对所绘制社区图进行说明。

[活动目的]通过社区制图,更加直观地了解社区,掌握了解、认识社区的方法。

[活动步骤]

(1)回忆自己居住的社区环境。

(2)将参观社区的地理环境绘制下来。

(3)将绘制的社区图进行展示,由绘制者进行讲解。

[活动时间]20分钟。

D 思考题

1. 社区分析的定义、特征及其功能是什么?

2. 什么是问卷调查法? 并根据你熟悉的社区情况设计一份社区调查问卷。

3. 请运用 SWOT 分析法对你周围的一个社区进行社区分析。

4. 社区制图、社区内部索引模式有哪些介入步骤? 请运用这两种方法对一个社区进行社区分析,并写出社区分析报告。

E 阅读文献

1. 甘炳光、胡文龙等编:《社区工作技巧》,香港:中文大学出版社,2000 年,第二章,第 13 ~ 34 页。

2. [美]哈德凯瑟等:《社区工作理论与实务(第二版)》,夏建中等译校,北京:中国人民大学出版社,2008 年,第五、六、七章,第 168 ~ 295 页。

3. 李沂靖主编:《社区工作》,北京:中国社会出版社,2010 年,第六章,第 146 ~ 177 页。

第九章　社区教育

教育是塑造社会意识形态及行为模式的社会化过程。教育的理念是相信每一个人都有能力不断学习，并改变自己的生活，这包括：能够自我接纳；能建立和谐的人际关系；有能力认识社区问题，且积极参与社区的各种活动。从某种意义上讲，社区工作既是一种工作手法，也是一种教育活动。社区教育是社区工作的一项重要工作方法，其目的是全面提升社区成员素质和生活质量，促进居民积极参与社区事务，合力解决社区问题。

第一节　社区教育概述

社区教育作为社区工作的一种工作方法，从其本质来讲是一种教育与社区生活相结合的形态，是教育发展及适应社会需求的必然结果。

一、社区教育的涵义

现代意义上的社区教育，是伴随着社会化大工业生产的发展和都市化运动的进程而陆续出现和不断发展的。在世界范围内，社区教育的起源最早可追溯到1848年创办于北欧的"民众中学"，至今已有一个半世纪的历史。[①] 在欧美发达的工业化国家，社区教育已成为与常规教育并存的现代文明的主要传播渠道，并已构成现代社区发展的重要组成部分。

社区教育这一概念是在二战后才正式被各国确认和广泛应用的，体现的是一种全新的教育思想，它的内涵具有前所未有的复杂性和前瞻性；不同国家和地区经济、政治和文化背景不同，对社区教育也有不同的认识，并赋予社区教育以不同的内涵。北欧各国把社区教育视为"民众教育"，以成人为对象，以提高人文素质为目标，通过教育，使社区民众自觉参与社区的政治、经济和文化生活。美国和英国把

---

① 张培忠等：《社区教育与社区发展论》，《中国成人教育》2005年第10期。

社区教育界定为向社区提供服务的非正规教育,如美国的斯蒂芬(Stephen Brookfield)所描述的:"社区教育是一个哲学概念,它服务于整个社区。为社区所有成员的教育需求提供服务。它将社区学校作为一个服务设施,促进社区开发、利用社区资源去解决社区面临的各种问题,如培养人们的社区意识,改善社区生活,使社区朝着自我完善的目标发展。"[①]在日本则把社区教育看为"社会教育",强调学校教育在社区教育中的地位和作用,围绕学校教育来谈社区教育。

国际上对社区教育的理解可以归纳为三个基本点:社区教育是学校教育与社会教育的结合;社区教育是社会所有教育机构、教育力量的协同教育活动;社区教育是适应社会发展需要,为社区所有成员提供的教育服务。[②]

中国学术界对社区教育的界定也是多种多样的,其中影响较大的主要有:北京大学教授袁方在《社会学百科辞典》中提出,社区教育是一种教育工作形式,跨出学院或学校的范围,请社区其他人参加,既可作为学生也可作为教师,或兼任两者。教育意图完全是为整个社区的利益服务。厉以贤在其主编的《社区教育的理论与实践》中认为"社区教育,是提高社区全体成员素质和生活质量以及实现社区发展的一种社区性的教育活动过程"。2001年中国社会出版社出版的《社区工作指南》,则认为社区教育是"以社区为依托,以全体社区成员为教育对象,以社会主义教育、政治思想教育和科学文化教育为主要内容的一种教育形式,是社区文化建设的基础工程"。

综合各家观点,概括地说,社区教育是社区组织或社会工作者运用专业的理论、方法、技能,以社区为范围,以社区全体成员为主要对象,充分利用各类教育资源的一项重要的社区工作方法。它是旨在建设和发展社区,消除社区社会问题,全面提升社区成员素质和生活质量为目的的教育综合体。它包括社区高级教育、社区中级教育、社区初级教育等不同的层面,开展有关家庭、国防、环境、科技、艺术、健康、法律等不同内容的教育。其特点是正规教育机构与社区组织紧密结合,充分利用社区内的一切教育资源,突出教育最大限度促进社区发展的功能。

作为专业社区工作一种介入方法的社区教育,与政府推动的社区教育有共通的地方,亦有区别。社区工作员所关注的社区教育,是以建立社区居民的互助关系为基础,鼓励居民参与社区公共事务,提高社区居民的觉悟,使其在知识、技巧、分析能力和价值观念方面都有所进步,进而改善生活质量,建设一个互相尊重和团结

---

① [美]斯蒂芬:《成人学生、成人教育及社区》,哥伦比亚出版社,1988年。转引自方成智:《社区教育初探》,《长沙民政职业技术学院学报》2003年第4期。

② 杨应崧等:《各国社区教育概论》,上海:上海大学出版社,2000年,第4页。

的社区;是社区工作员运用教育的方法达成社区工作的目标,让居民认识社区问题,培养与提升居民个人与集体解决问题的能力,发动居民合力解决社区问题。社区教育工作方法相信每个人都有能力不断学习并改善自己的生活。

拓展阅读

中国社区教育发展的进程

20 世纪 20 至 30 年代,我国一些学者受到美国早期的社区教育思想和教育实验风气的影响和启发,他们从改良中国农村乃至改良中国社会的政治理想出发,倡导乡村教育运动。当时影响较大的有:陶行知的乡村教育实验,包括创办晓庄师范、上海工学团等;晏阳初在河北定县开展的“平民教育”实验;梁漱溟在山东邹平开展的“乡村建设”试验。当时在中国各地还有许多类似的实验。

20 世纪 80 年代,中国的社区教育重新崛起,它的出现是与社会经济、政治、文化的发展,科技的进步,人民生活水平的提高以及教育的总体发展是紧密相连的,反映了这个时代的特征和未来发展的趋势。90 年代,国内的一些大城市发展了多种多样的社区教育机构。如 1994 年上海创办了第一所社区学院———上海市金山社区学院,其他城市的社区还创办了“外来人口学校”、“街道社区教育中心”等社区教育机构。这些机构面向社区全体成员,培养社区发展需要的应用性人才;在教学内容上兼有普教、成教、职业教育的性质;在资金来源上主要依靠创办经济实体和社会赞助;充分利用社区内已有资源和教学设施开展教育工作。1998 年,教育部《面向 21 世纪教育振兴行动计划》提出:“开展社区教育实验工作,逐步建立和完善终身教育体系,努力提高全民素质。”2000 年,教育部确定了北京、上海等地的 8 个“社区教育实验区”。2001 年 11 月,“全国社区教育实验工作经验交流会”在京召开,会议总结交流了我国开展社区教育工作的经验,同时公布了扩大的 28 个全国社区教育实验区名单。2002 年 7 月,教育部成立“社区教育专家组”研究构建社区教育评价指标体系,为创建国家社区教育示范区乃至在全国范围全面推进社区教育进行前期准备工作。

资料来源:王俊翔:《浅析社区教育及其发展》,《成人教育》2005 年第 4 期。

二、社区教育的特征

社区教育的特征主要体现在以下几个方面:社区性、灵活性、“三全”性、目的性、时空性和特色性。①

1. 社区教育的社区性

社区教育是在社区范围内实施的,其教育的组织者是社区组织或社会工作服务机构,共同为社区及其成员发展服务。

2. 社区教育的灵活性

社区教育是把教育纳入社会大系统,使教育与社会融合的非正规的教育。社区教育没有什么严格的规定、界限,社区的各种教育机构、设施都可依据实际的需要举办各种教育,社区居民想学什么就办什么,想怎么学就怎么学,想在哪儿学、学什么都可以,学习内容、形式没有固定的模式。

3. 社区教育的"三全"性

"三全"性是指面向社区全体成员的全员教育,指向社区成员的终身发展的全程教育,满足社区成员各方面的教育需求的全方位教育。社区教育着眼于提高社区内全体成员的全面素质,着眼于建立终身教育体系,为个人完成终身教育提供条件。

4. 社区教育的目的性

社区教育不同于学校教育,它是为解决社区面临的许多社会问题而组织、实施的,是为社区的建设、发展服务的。发展社区教育本身并不是目的,真正的目的是使教育更好地为建设和发展社区服务,满足社区居民不同的教育需求,为提高社区成员的生活质量服务。

5. 社区教育的时空性

社区教育是将家庭、学校及社区融为一体,成为一个生活、学习的社会环境。社区教育为每个社区成员提供了按照自己的意愿,随时随地选择学习内容、学习方式的自由时空。社区教育是实现教育化社区、实现终身教育的途径。

6. 社区教育的特色性

社区教育是根据本社区特定的人文、地理和社会的特点,开展多形式、多层次、多类型的教育活动。这是相对现代其他教育而言的,是社区教育的主要特点,社区教育的发展目标、重点、模式、内容等均应有社区的特色。

三、社区教育的对象

社区教育作为社区工作的一种方法,在其工作对象方面存在两大取向:

---

① 刘尧:《社区教育的内涵、特点与功能探讨》,《西北农林科技大学学报(社会科学版)》2010年第5期。

1. 以某一特定社区居民为对象,社区内所有居民,无论男女老少,无论身份、地位、职业,都有受教育的需求,都有受教育的义务,都是受教育的对象。在中国,具体主要包括这样几部分人员:一是改革使大量的单位人成为社区人,大量流动人口进入社区,成为社区居民。这些社区居民都是社区教育的对象。二是一些个体经济、私营、民营、三资及国有企事业单位的员工,他们住在社区,也必须接受教育和管理。三是随着老龄化社会的到来,社区教育的对象除青少年、上班族外,还包括更多的老年人。

2. 以社工机构和服务为本,以广大公众为对象,通过公众教育活动,提高机构的声誉和形象,促进公众对机构所提供的服务的认识和了解,争取公众对机构和服务的认可与支持。例如智障人士服务机构针对社会大众对智障人士的歧视、偏见而开展的公众倡导活动。

社区工作中所开展的社区教育主要是第一种取向,即是以社区全体居民为主要工作对象的。

四、 社区教育的社会需求

(一)社区教育是改革及社会发展的需要

伴随着改革开放及社会的发展,“单位人”向“社区人”转移,这就要求社区的功能不断丰富、强化,要求社区替代由过去单位所承担的教育功能、后勤服务功能、文化娱乐功能、医疗保健功能、社会交往功能等等。社会的功能将集中在社区,社区教育的功能也日趋多样化,作用也将日益突显。

(二)社区教育有利于促进社区居民就业率的提升

社区教育通过各种形式的职业课程和职业培训,使劳动适龄居民学到某一方面的实实在在的谋生技能,提高他们的社会适应能力,走上理想的工作岗位。同时,社区教育还可引导、激励人们为创造新世界和开拓新的工作领域而学,为共同生存而学,有意识地培养获得自身发展的能力,走上自主创业之路。

(三)发展社区教育有利于提升公民素质

现代社会要求社会成员首先应当具备基本的公民素质,包括自觉履行公民义务、遵守社会公德与人际关系准则、具有积极的精神风貌和民族自尊感等。社区是公民教育的基本载体,通过各种形式的社区教育,可以提高社区内居民的政治、道德与法律等素养。

(四)建设学习型社区需要进行社区教育

学习型社区以社区居民为对象,相信居民需要自我实现,有能力通过学习不断完善自己。该模式通过激励各类机构参与,推动教育网络的建设,通过全员教育、全程教育、全方位教育,协助社区居民学习生活知识、内化行为规范、掌握职业技能和确立时代观念,帮助居民自觉学习、自主学习和终身学习。

(五)推动社区教育有利于促进社区发展及提升居民的生活质量

社区教育的持续深入发展,要求并拉动社区领导者、管理者重视建设优美舒适的人居环境,建设绿色社区、文明社区、网络社区,营造有利于人的全面发展、社区全面发展的良好氛围和人文环境,从而发挥促进社区发展和居民生活质量提高的功能。社区教育的发展促进社区居民素质的提高,进而也促进了生产力发展,丰富了居民的精神文化生活,提高了生活质量。

第二节　社区教育的内容与类型

社区教育是充分利用社区资源,对社区居民进行全方位、全过程的一种再教育形式,有其丰富的教育内容及不同的教育类型。

一、社区教育的内容

社区教育的内容和主题有多种,根据目前中国的实际情况,有以下主要内容:

(一)成人教育

社区成人教育是以社区为单位,以社区的发展为目标,以因各种原因失学或未能接受正规教育的成人为教育对象,针对社区发展的特定需要而开展的教育活动。这种教育活动,使社区中的成年人增长能力、丰富知识、提高技术和专业资格。具体来说就是:为不曾接受基础教育的社区居民提供必要的补课或扫盲,为已接受过基础教育的劳动者提供继续教育,为已接受高等教育的劳动者提供进一步提高的教育,为离退休人员提供晚年的社会文化生活教育。社区成人教育体现了教育平等和民主观念,体现教育终身化和社会化的精神,兼具经济和文化两种功能。

（二）家庭生活教育

家庭生活教育工作员或社区工作人员利用讲座、展览及宣传活动，向社区居民传授包括烹饪、插花、茶艺、居室布置、家庭关系及家庭沟通、生活理财及时间管理、家庭安全设施设置及使用等与家庭生活有关的内容及技巧。

（三）生命健康教育

主要面向社区居民提供保健及预防疾病的知识；教育社区居民树立正确的人生观；珍爱生命，尊重生命，成全生命；禁止吸毒，预防自杀、暴力等危害生命的行为；自我相处，与他人相处，与社会相处，与自然相处；培养健康的人格，增进身体健康和心理健康等。

（四）公民教育

公民教育的目标是为了让公民能够有效地参与社会、经济、政治的生活而做好准备，尤其是为青少年去了解、接纳及解决社会问题做好准备。公民教育多由政府部门推动，一是通过一定的教育机构向社工人员、教师等提供教育资料，由他们在全社区范围内宣讲；二是通过政府的新闻部门主动推动公民教育的宣讲，形式多为广告宣传或大型活动。

（五）大众教育

大众教育是以保罗·弗莱雷（Paulo Freire）的被压迫者教育学理论为基础的，被认为是一种处于比教育更广阔的框架之中的社会行为。大众教育旨在促进批判性思维，使人成为“人”，改变自己。大众教育是对于理解自己的提问，它被用于提出问题，做出一个综合性的回答，按照回答去做；然后，批判地思考作为过程一部分的回答，达成促进个人能力的发展，挑战压迫，改变现实。简单地说，大众教育的结果就是能够读懂个人世界，增强人们的能力，使其能够：有意识地了解自身现实；影响和控制他们的生命过程，包括财物和服务分配的平等；保障自己的利益得到发展，让社会为他们服务得更好；使社会对他们少一些霸权、多一些关心。

（六）培养社区领袖

工作员通过个别教育的方式，向社区领袖传授知识和价值观念，培养他们的批判性思维，培养他们领导和驾驭开展社区工作所需要的各方面的能力和技巧。

二、 社区教育的类型

社区教育可以根据教育的基本目标分成三类：补偿式教育、控制式教育、解放式教育。①

(一)补偿式教育

社区为居民提供未受到的正规知识教育及正规知识教育不及的知识空间。其目的是为那些因各种原因失去受教育机会或未完成正规的基础教育的社区居民提供第二次教育机会：为没有读过书的居民提供文化课程的扫盲学习，训练居民的沟通技巧，为居民提供权益维护的渠道和方法等。这类教育带有明显的补偿性质。

(二)控制式教育

这是为居民提供的行为规范教育，要求居民遵守法律、法规：教育社区居民应遵守交通规则，不乱扔垃圾，不随地吐痰，不在公共场合抽烟等。不遵守规则要受到一定的惩罚，如雇佣童工要处以高额罚金甚至被捕入狱等。这种教育多由政府推动，其目的在于控制不守公德和秩序的行为，其手法多以阻吓性为主。

(三)解放式教育

解放式教育针对诸如逆来顺受、听天由命、民不与官斗、穷不与富斗等封建思想进行批判，把居民群众从这些思想的束缚和控制中解脱出来。使他们在知识、态度、行为、价值观等方面发挥个人的潜能和积极性，协助居民体会制度上的不公平，并学习汇集个人及集体的力量，创造公平的社会秩序。解放式教育主要有三大功能：一是意识提升，即通过教育使居民认识到社会对个人的责任；二是思维具有批判性，即通过教育使居民在日常生活及思考方法上培养出批判性的思维；三是集体行为，即通过教育使居民意识到团结的重要性，以众人的力量才可以达到所追求的理想目标。

第三节　专业社会工作介入方法

社区教育是社区工作的一种特殊的工作方法，其工作对象包括全体社区居民。

---

① 甘炳光、梁祖彬等编：《社区工作理论与实践》，香港：香港中文大学出版社，1994 年，第 234 页。

针对社区居民的不同层次及不同需要，应采取不同的工作方法。社区教育内容、类型的多样性也决定了社区教育介入方法的多样性。

一、介入策略

（一）理论视角

1. 问题视角

问题视角也称为缺陷视角，它是以问题为核心。问题视角建立于对人的被动理解上，认为服务对象是“无能者”和“无用者”，强调服务对象的脆弱性。

问题视角把人看做是被动的、无能的，因而开展社区教育工作时把问题作为切入点，立足于工作对象的脆弱性，强调社区工作员的力量，无论是工作目标的确定、社区教育工作的开展还是教育效果的评估，都是围绕问题展开的。

基于问题视角，社区教育工作理念、工作方法过多聚焦参与者的不足，弱化了社区教育参与者的自信心，忽略了参与者的主体地位和能力以及主观能动性与学习潜能，忽略了自主学习在社区教育中的主导地位，易于形成居民的依赖性而忽略了居民潜能的挖掘与培养。

问题视角下的社区教育发展模式强调政府的职责，政府是管理与组织的主体，社区成员是被动的参与者。①

2. 优势视角

“优势视角”是一种关注人的内在力量和优势资源的视角，它是以优势为核心的。增权、抗逆力、整合是优势视角的三大核心理念。优势视角基于这样一种信念，即个人所具备的能力及其内部资源允许他们能够有效地应对生活中的挑战。

优势视角下的社区教育，以社区居民的自觉性为主，从居民的优势出发，以社区优势教育资源为基础，形成学习共同体，从而在优势生态学习环境中由居民自主形成积极的价值观和道德规范、积极的人生态度。这就要求工作员需要去扩大个人和社区的优势，协助社区成员运用资源和社会关系，根据自己的需求和才能去挖掘、开创各种机会。

优势视角下的社区教育是基于“人本社区教育”的理念开展社区教育工作的，关注居民学习需求和自身优势，注重社区教育优势资源的整合与利用，给予社区教育更高的境界和要求、更新的内容和形式。优势视角下的社区教育发展模式强调社区成员的学习优势，参与学习是政府赋予公民的权能，社区成员是学习的主体和

---

① 张连民、张跃豪：《基于优势视角的社区教育发展探析》，《社科纵横（新理论版）》2012 年第 2 期。

资源整合的参与者。[1]

3. 解放教育学

解放教育学是巴西著名教育家，也是20世纪国际教育界杰出的教育家保罗·弗莱雷(Paulo Freire)在其《被压迫者教育学》一书中所提出的重要教育理论，是被压迫者的教育学理论，该理论以培养批判意识为目的，从文化人类学的角度阐明了教育与解放的关系。解放教育是被压迫者的教育，希望被压迫者能够从压迫者的压迫下解放出来，意识到自己被压迫的现实，反省自己对压迫者"依附"的态度，并通过自己的努力挣脱套在自己身上的枷锁。弗莱雷考察了压迫者与被压迫者的具体情况以及他们之间产生的社会矛盾，提出了"只有被压迫者通过解放自身，才能解放压迫他们的人"[2]这一重要思想。弗莱雷认为，要获得解放，就要通过教育。

社区教育之解放式教育类型及大众教育内容就是以保罗·弗莱雷的解放教育学理论为基础的，其首要特征就是教育的民主性，包括学习机会的平等、管理的民主、教育评价的民主和师生关系的平等。通过解放教育，人们不断觉悟，主人翁意识不断增强，能批判性地看待社会存在以及自身作为独立个体的存在，学会了思考，并勇于追求自由，从而获得解放。解放教育就是让每个人都成为他自己。

弗莱雷的解放教育理论和实践在世界上产生了很大的影响，指导了发展中国家的成人扫盲教育。

(二)专业工作原则与目标

1. 专业工作原则

社区教育是社会工作者运用专业的理论、方法、技能进行的一项重要的社区工作方法。在运用社区教育工作方法时，社会工作者不仅会秉承"案主自决"原则，由居民自己决定是否开展、如何开展社区教育工作，社会工作者还要坚守一系列的原则。开展社区教育工作的专业原则主要包括以下几点：

(1)资源共享原则：加强社区各类教育文化资源的统筹与共享，推动各类教育资源面向社区居民开展教育培训活动，以满足社区居民的各种教育需求，提高社区成员的素质和生活质量，促进社区发展。

(2)以人为本原则：社区教育着重人的发展，其目标是提升人的素质和生活

---

① 张连民、张跃豪：《基于优势视角的社区教育发展探析》，《社科纵横(新理论版)》2012年第2期。

② [巴西]保罗·弗莱雷：《被压迫者教育学(30周年纪念版)》，顾建新等译，上海：华东师范大学出版社，2001年，第12页。

质量。社区教育工作应本着以人为本的原则，面向全体社区居民开展内容丰富、灵活多样的教育活动，提供全员、全程、全面的教育服务，满足居民各种教育需求。

(3)公平公正原则:社区教育追求的是建立平等、公义的社会。采用社区教育工作手法,应坚持公平、公正的原则,让每个社区居民享有基本相同的教育权利、机会以及教育服务等;还应协助居民在知识、行为、态度和价值观等方面发挥个人的潜能和积极性,创造公平的社会秩序。

2. 专业工作目标

罗斯曼将社区工作的目标分为两大类,一类是任务目标,一类是过程目标。作为社区工作一种工作手法的社区教育,既重视任务目标,亦强调过程目标。

(1)总体目标:提升居民的参与能力,培养和塑造有知识、有能力、以社区发展为己任的优秀公民。

(2)任务目标:运用社区教育的方法与技巧,充分挖掘各类教育资源,形成全员、全方位、全过程的社区教育格局,满足社区居民的各种教育需求;提升居民的社会意识及集体参与的积极性;通过居民的集体参与,建立互相关怀、合理分配资源的公平社会。

(3)过程目标:

①着重全人的发展,在知识、行为、态度和价值观念等方面发挥社区居民的潜能和积极性。

②通过系统的培训,增强居民的自信、自尊、自主、自立、自决的信心和能力,促进居民掌握自己的命运,积极投入社区事务,争取权益。

③促进居民通过集体行动改善生活质量,培育居民的民主意识,提升居民的社会责任感。

二、介入过程与手段

(一)社区教育的层次与方法

社区教育是一种工作方法,有其自己的一套技巧。在开展社区教育时,首先要了解的一点是社区教育的层次、方法及与对象之间的关系。

社区教育必须针对不同的教育对象,采用不同的教育方案及进度评估。图9-1所展示的社区教育的层次、方法及服务对象,说明工作员应该按照个人或群体的不同需要,开展不同的教育活动。

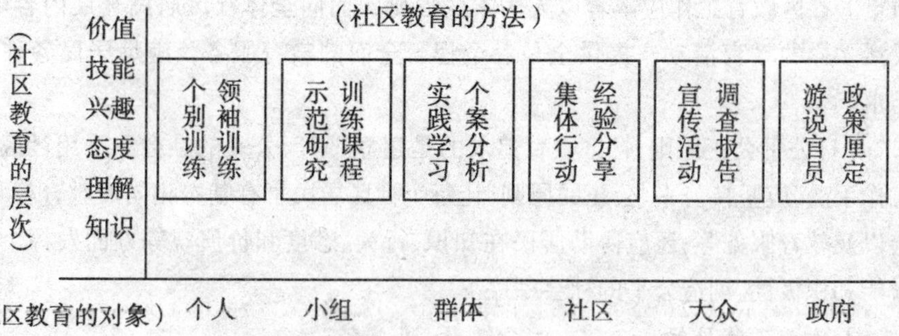

图9-1　社区教育的层次、方法及对象

资料来源：甘炳光、梁祖彬等编：《社区工作：理论与实践》，香港：香港中文大学出版社，1994 年，第 245 页。

社区教育的目标是提升居民的参与能力，所以在设计社区教育方案时，必须对居民的参与水平、能力和需要作个别评估，然后根据不同的情况设计不同的教育方案。

（二）教育重点与工作手法

开展社区教育工作时，工作员必须按照居民的不同参与层次，因材施教。目标是将大部分表现冷漠又不愿意参与的居民，提升成为旁观者，进而将旁观者吸引成为工作小组成员，使他们积极参与社区改善工作，最后有系统地建立长期的社区改善机制。社区居民的参与层次、其相应的教育重点及工作手法参见表9-1。

表9-1　　居民参与层次、教育重点及工作方法

参与层次	教育重点及目标	心态	工作手法
领袖（居民委员会委员）	态度：以公众利益、社会公义为己任 行为：组织集体行动、基层动员及领导的能力 知识：政策分析、权利资源分布、政府架构	◆成就取向（可实现一些目标） ◆权利取向（有影响力、受人重视） ◆关系取向（有人认同） ◆意识提升（社会公义、为社区服务）	◆培养领袖技巧及才能 ◆提供策划/决策的机会 ◆提供社区内外代表机会，进行社区联系 ◆增强领袖行为的满足感 ◆增加社区居民对领袖的认同和支持

（续表）

参与层次	教育重点及目标	心态	工作手法
组员（积极参与者）	态度：认同“不平则鸣”、“抱打不平”、“见义勇为”的精神 行为：主动发表意见及参与具体的实务工作 知识：分析问题，并能建议解决问题的方法	◆成长取向（希望继续学习，发展自己） ◆调剂生活（有时间便实现一些理想或目标） ◆服务取向（帮助他人） ◆关系取向（有志同道合的朋友）	◆以较长线的课程/小组维系 ◆较长线及结构性活动/服务 ◆提供参与机会，增强参与的成就及满足感 ◆建立小组/社群的归属感 ◆提供更多拓宽生活领域的机会
旁观者（响应参加者）	态度：认同集体参与的重要性，愿意参与 行为：在许可的情况下参与集体行动，询问事件发展 知识：了解集体争取的目标和途径	◆资料掌握（想了解多一些） ◆活动取向（有娱乐活动） ◆利益取向（得到利益） ◆关系取向（想结识他人）	◆加强彼此的认识/关系 ◆加强活动的满足感 ◆吸纳为短期/事件式的志愿者 ◆吸纳为联络人/咨询对象 ◆提供直接参与途径 ◆针对需要提供服务
冷漠居民（不响应、不参加）	态度：以“共同利益”引起兴趣，以“利益”为出发点去关心社区事物 行为：留意宣传活动的内容，发表个人意见 知识：明白社区集体行动事件的轻重影响	◆尝试/观望（究竟可以实现什么） ◆好奇心（有引起兴趣的事件） ◆利益取向（不要吃亏）	◆提供开放式的参与方式 ◆吸引注意力，提供详细的参加资料 ◆以推销方式邀请参与 ◆明白他们的兴趣/需要 ◆留下联络方法

资料来源：甘炳光、梁祖彬等编：《社区工作理论与实践》，香港：香港中文大学出版社，1994年，第247页。

三、 社会工作者的角色与专业技能

（一）社会工作者的角色

在社区教育工作中，工作员要继续扮演社会工作者通常要扮演的使能者角色外，还要承担多种角色。

1. 研究者

从某种意义上说，每一个社会工作者都是研究人员。社会工作者要研究相关的文献资料，研究不同层次社区居民的不同需求，评估社区教育工作的成效，判断某具体教育项目的优点与不足。社会工作者作为研究者的目的和功能有两个:第一,提高专业服务水准,达到专业服务的目标,发展社会工作专业知识与理论;第二,作为决策影响者,为社会政策的制定提供研究依据。

2. 教育者

教育者的角色是指工作员通过提供机会,让社区居民学习特定的社会技能;通过提供信息,使居民更有效地扮演与发挥社区主人的角色功能,并预防社区问题的发生。工作员通过开展培训,训练社区领袖及社区居民掌握社区教育工作方法与技巧,帮助他们解决实际的问题,培养积极参与和自助互助的精神。

3. 联络者

联络者的角色是指工作员要在社区居民、社区组织和外界教育机构之间、不同社区之间进行联络沟通,提供必要的信息,就特定的社区教育任务进行交流合作等。

4. 资源提供者

提供社区教育组织过程中所需要的资源,如经费、人力、教育场地、宣传品、社区刊物及其他社区媒介等。

(二)社会工作者专业技能

社会工作者开展社区教育应掌握的专业技能主要包括以下几个方面:

1. 提问式教育方法

社区工作中的社区教育是工作员运用教育的方法去达致社区工作的目标的,所以在开展社区教育工作时,工作员首先应掌握一些行之有效的教育方法与教育手段。在指导成人扫盲教育、大众教育方面产生很大影响的保罗·弗莱雷在其《被压迫者教育学》中提出的提问式教育方法,就是工作员应该掌握的一种教育方法。

为了解放人的思想,培养人的批判性意识,弗莱雷提出了提问式教育:“在提问式教育中,人形成了批判性地认识他们在这个世界中的存在方式的能力,他们发现自己存在于这个世界之中,并与之共存。他们逐步明白,世界并不是静态的现实,而是在发展、在改造中的现实。”①在这种教育下,教育者与教育对象之间建立起了平等对话的平台。

弗莱雷提倡用提问式教育替代传统的灌输式教育,并精辟地点出其中的要害,

---

① [巴西]保罗·弗莱雷:《被压迫者教育学(30周年纪念版)》,顾建新等译,上海:华东师范大学出版社,2001年,第34页。

认为灌输式教育强化了人对其所处境况的宿命论式的认识,而提问式教育则把人们目前的处境作为问题提出来,使他们在认识现实时也能认识自身,并能对现实做出客观评价。

“提问式”教育又称“对话式”教育。它是指一种认识途径,其根本目的在于建立一种学习和认识的过程。对话式教育通过克服权威主义和令人避而远之的理智主义,使教育者与教育对象互为教育过程的主体;它也使人们克服对现实世界不正确的认识。

弗莱雷认为对话式教学要具备一定条件:对话双方应具有平等的地位,使每个人都有表达自己独立见解的权利;对话要充满爱,要爱这个世界,爱生活,爱教育对象;对话双方都要有谦虚的态度,对话双方(或一方)缺乏谦逊,对话就会破裂;对话还要对人信任,离开了对人的信任,对话就无可避免地退化成家长式操纵的闹剧;对话需要充满希望,作为追求具有更完善人性的人之间的接触,对话在毫无希望的氛围中是不可能进行的;对话也需要批判性思维,这种批判性思维有别于一般性思维,它不满足于遵循规范而“循规蹈矩”地行事,它注重对现实进行不断改造,以实现人的不断人性化。①

弗莱雷的提问式教育充分显示了民主教育的价值取向。在工作员运用提问式教育方法开展社区教育时,工作员改变了其原有的角色,从知识的给予者变为学习的促进者、合作者,社区居民也从知识的接受者变为学习的探究者和合作者。

2. 知识和资料的传播

工作员经常需要向居民解释有关的法律、政策,确保居民获得必要的知识和资料来保障自己的权益。如对社区内的失业人员和贫困者,介绍中国的失业保险制度和最低生活保障制度;为社区内的老人和残疾人提供有关养老机构及康复机构的资料等。工作员可以通过宣传单、座谈会、研讨会以及通讯等方式,向居民传递有关的信息。

3. 社区领袖的训练

训练居民代表或领袖是社区教育工作的一项重要任务。在训练社区领袖时,首先要了解哪些人可以成为社区领袖,社区领袖应该具备哪些素质。

社区领袖是指能够抓住社区居民的希望和要求的实质,表达社区居民意愿,为社区居民行动提供意见和方向的核心人物。一个好的社区领袖应该具备以下特质:

---

① [巴西]保罗·弗莱雷:《被压迫者教育学(30 周年纪念版)》,顾建新等译,上海:华东师范大学出版社,2001 年,第 38 ~ 41 页。

热爱人群；易交朋友；善于聆听；易与别人建立良好的关系；勤奋工作；乐于助人；表达能力佳；思想开放，不故步自封；勇敢面对困难；律己以严；自我认同感强；协助别人建立自信；有广阔视野，具有历史感和前瞻性；善于处理压力。

社区工作所进行的社区领袖训练，大多是以个别教授的方式进行的，根据社区领袖的情况和水平确定训练内容。培训领袖多通过隐蔽和渗透方式向其灌输知识和理念。在培训社区领袖时，可以采用以下几种方法与技巧。①

(1)鼓励参与。参与是居民通向社区领袖的重要一环，所以工作员应主动邀请有潜质的领袖参与组织工作。

(2)给予鼓励和肯定。针对居民缺乏自信、自我形象不高的特点，工作员应在社区领袖实践的过程中对其表现较好的地方给予鼓励和肯定。

(3)宣传当家作主的精神。工作员应不断向社区领袖灌输当家作主的精神，以建立自主和自立的意识。

(4)建立民主的领导氛围和精神。社区领袖也应该受到监察和按居民的意愿和利益而为，因此工作员应积极向社区领袖培训民主意识。

(5)不断提供社区领袖学习的机会。要居民独当一面，工作员应按照社区领袖的能力水平给予适当的学习机会。

(6)建立从检讨中学习改进的习惯。社区领袖的成长，不单是从实践中学习、吸收知识与经验，也是来自于从实践中检讨成败得失，借以发挥所长，改进不足。工作员应协助社区领袖培养检讨和自省的习惯。

(7)建立社区领袖权责分工的意识。不少社区领袖由于不懂权责分工，往往弄得其各种工作都集于一身，甚至分工不明，权责不清，令社区领袖间出现摩擦和工作效率低下等。因此，工作员应加强社区领袖的权责分工意识和观念。

(8)培养理性讨论，充分沟通和尊重少数的领导作风。许多社区领袖把民主精神等同于大多数人的决定，而看不到民主原则也包括充分沟通、理性讨论和尊重少数等条件在内。因此，工作员应注重培养社区领袖对民主原则的理解和认同。

4. 动员群众参与社区事务

社区工作的教育目标并不只限于社区领袖的培训，居民群众的教育和动员也是目标之一。在动员居民群众参与之前，可以首先通过以图9-2、表9-2来对居民的参与问题有个大致了解。

---

① 甘炳光、胡文龙等编：《社区工作技巧》，香港：香港中文大学出版社，1997年，第322~323页。

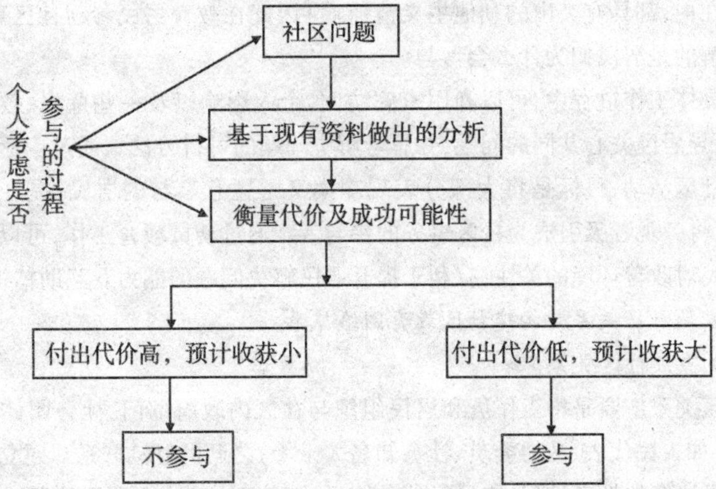

图 9-2　社区居民个人参与考虑的过程

资料来源：陈丽云：《基层社区发展工作：阶段性接入模式》，载《社区工作——社区照顾实践》，香港：香港社会工作人员协会出版，1994 年，第 46 页。

表 9-2　妨碍居民投身社区参与的因素

个人因素	社区环境	社会政治文化
(1)工作及生活压力 (2)缺乏有关的知识和技能 (3)负面的生活经历和社会印象 (4)缺乏自信心	(1)处于过渡性社区，难以建立长久的归属感和人际关系 (2)环境较差，资源缺乏，居民难以认同社区为所属社群 (3)属于边缘性的少数社群，不受政治决策者重视或关注	(1)强烈的无助感和疏离感 (2)传统中国的顺民性格 (3)功利主义及个人化倾向 (4)政治决策仍然是官僚化及由上而下

资料来源：甘炳光、梁祖彬等编：《社区工作：理论与实践》，香港：香港中文大学出版社，1994 年，第 238 页。

了解了居民在社区参与时的考虑过程及妨碍他们参与的因素后，就可以有针对性地开展居民群众动员工作了。“参与社区活动的第一条准则就是，人们参与是为了从中有所获益。如果一名工作员想避免挫折，那么他就不应该指望人们，哪怕连同事在内，都具有突出的利他主义精神。”①因此在教育居民参与社区事务时，首先要了解的是居民们为什么会参与。

在具体工作过程中，可以利用家庭访问、个人影响以及一些壁报、教育讲座等形式，引导居民关心共同的问题，并思考解决问题的可行方法。通过广泛地动员群众参与社区活动，目标是将大部分表现冷漠又不愿意参与的居民，提升成为旁观者，进而将旁观者吸引成为社区事务的参与者。通过动员教育工作，可以加强社区整体居民对改善环境的关注，有利于提升居民解决问题的能力及互助精神。

5. 发展社区关系与构建社区教育网络体系

(1) 发展社区关系。

社区关系主要是指工作员和居民组织与社区内政府部门、社会团体及有影响的人士(如人民代表、政协委员、社会知名人士等)之间的互动联系。建立良好的社区关系是持续的教育过程，应尽可能使有关决策者能够体会居民的困难。个案故事和统计数字都是打动局外人士、激发同情心的常用工具。此外，工作员也必须认识到新闻媒体的作用，应掌握与新闻工作者合作和沟通的技巧。

(2)构建社区教育网络体系。

构建社区教育网络体系，是将社区教育活动推展延伸到各个社区，以保障各区域、所有居民能公平地享受社区教育资源。社区教育网络体系是社区教育统筹管理、联合办学、分工合作、整体推进的一种形式。

社区教育网络体系主要包括组织管理体系、教育服务体系、资源共享体系。

组织管理体系的建立是构建社区教育网络体系的前提。社区教育组织管理体系由政府行政管理和教育机构业务管理两类系统组成，业务管理系统接受同级政府行政机构的领导管理。

教育服务体系是社区教育网络体系的核心内容。社区教育服务体系由优质教学供给服务体系、社区教育理论引领服务体系、社区教育业务指导服务体系、社区教育资源建设服务体系、社区教育发展政策咨询服务体系、社区教育信息服务体系和教师管理人员培训提升服务体系等多个子体系构成。

资源共享体系是社区教育网络体系的基础内容。一般而言，社区教育资源主要包括项目资源、教师资源、管理人才资源、网络信息资源、设施设备资源等。建立资源共享机制最重要的是要理顺并处理好当地各级社区教育机构之间以及与相关高校、企业、公共服务体系之间的关系。

---

① [英]艾伦·特韦尔威特里：《社区工作》，陈树强译，北京：中国社会出版社，2004年，第104页。

拓展阅读

常州市社区教育四级网络体系的构建

就常州市来说，在四级网络体系构建之前，常州市所属县市、城区已建立了社区培训学院，在乡（镇、街道）也建立了社区教育中心等相应的社区教育机构，这些部门承担了大量有关社区教育工作的任务。但面对日益发展的社区教育形势以及居民多样化的学习需求，社区教育的管理与业务运作系统显示了诸多弊端，社区教育工作推进也出现一些困难。一方面，社区教育工作缺乏理论上的引领、实践策划上的指导以及优质资源的供给，社区教育的发展遇到瓶颈障碍。另一方面，社区教育工作不易推进落实到基层，力度上显得薄弱，尤其缺乏延伸到基层的梯度机构组织和相应人员的配置，社区教育的发展陷入困境。

为了推进全市社区教育工作，常州市建立了终身教育工作推进机制——市推进终身教育工作联席会议制度。市教育局成立终身教育处，作为领导全市社区教育、终身教育工作的常设机构。各城区行政运作系统由社区教育委员会、各街道社区教育领导小组、社区居委会（村民委员会）社区教育工作站构成。成立了常州社区大学。社区大学协助教育局指导各区和县电大或相应的教育单位组建社区学院，在乡（镇、街道）组建社区教育中心，在社区（村）组建社区居民学校，形成"社区大学—区社区培训学院—街道社区教育中心—居民（村民）学校"的业务运作系统。初步形成了常州市社区教育网络体系构架。

资料来源：梅向东、罗健：《社区教育网络体系构建的探讨》，《江苏广播电视大学学报》2011 年第 1 期。

6. 开展互助活动

在推动社区服务和社区建设的过程中，社区意识的培养教育、良好社会风气的营造、家庭照顾技巧的传授、志愿工作者的动员等工作，都需要运用社区教育的技巧和方法。如利用调查研究、家庭访问了解贫困家庭的生活状况，通过开展社区活动、展览、演讲、记者招待会、讲座等方式，提升这些家庭对自己权益的认识，建立表达自己困难的自信心，并使他们能够团结起来，彼此信任，互相帮助。此外，也可以通过新闻媒介报道其生活的贫困状态，唤起社会公众的同情心，以获得一些物质方面的支持或志愿者的协助。为了鼓励社区居民参与互助行动,工作员应该掌握一些成功互助的典型,以便向有服务意向的居民说明互助的目标、可行性、方式和成效。

7. 社区宣传教育

社区宣传教育是工作员必须掌握的一种工作方法,这是因为社区互助、领袖培养、社会行动、政策倡议和推广都离不开宣传教育,工作员通过对居民进行教育及传播有效的方法,可以提升居民的意识和能力,去争取自身环境的改善。

大致说来,开展社区教育的过程可参照图 9-3,按以下步骤进行。

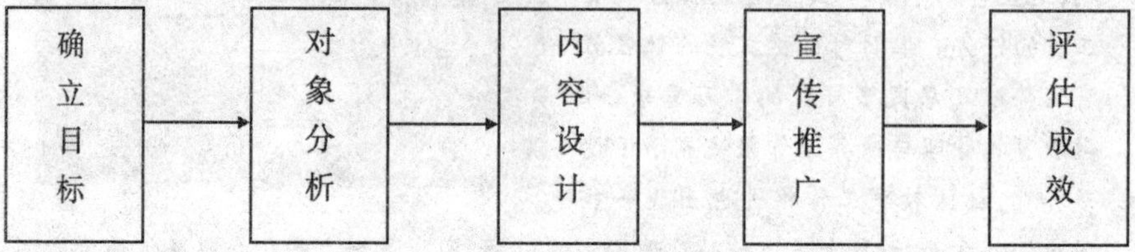

图 9-3　社区宣传教育的过程

(1)确立目标。社区宣传教育的目标是促进学校教育与社会教育双向开放,统筹社区各类教育资源,促进社区内各类教育资源协调发展,最大限度满足社区发展和社区成员对教育的多样化需求,最终实现教育社会化和社会教育化,构建终身教育体系,形成学习型社区。

(2)对象分析。社区宣传教育的对象是社区全体居民,不过重点是社区内的成年人,尤其要重视社区内的弱势群体,如无业人员、残疾人、老年人等。

(3)内容设计。社区宣传教育主要是针对社区内不同群体工作、学习的特点和需求,为公众提供多样化教育服务的。社区宣传教育的内容主要包括成人文化教育、成人职业培训、社区文化生活教育、社区文明教育等,以满足社区成员不同的教育文化需求和素质提高的需要。

(4)宣传推广。社区宣传教育的方法很多:印刷宣传资料,张贴或发到居民手中;发动社区党员、社区领袖或居民代表、居民小组长等进行宣传;利用黑板报、宣传栏、标语、横幅等方式进行宣传;利用小区的广播、有线电视或网站,将各项资料公布出来;组织专题宣传月、宣传周及邀请活动,扩大社区的影响。

(5)评估成效。运用各种社区宣传教育方法,针对社区居民开展宣传教育一个阶段或结束时,对宣传教育的方案进行评估,以评估教育成效、开展宣传教育的社会影响等,对积极分子进行适当的表彰,对工作人员进行激励。

8. 公共媒体的运用

在今天这样一个信息时代,善于运用公共媒体也是社区教育的一项重要工作内容。利用公共媒体的影响,社区可以让公众更加了解自己,支持和响应组织的号召,促成事件的改变,使组织的形象得以确立。另一方面,良好的社区媒体形象又会激励和鼓舞社区成员热爱社区、建设社区的热情,凝聚大家的智慧和力量,推动社区工作的开展。公共媒体的运用可以有多种途径:在开展社区活动中采访报道、召开记者招待会、人物专访、事件的特写等,都可以达到宣传及扩大影响的目的。常用的公共媒体的途径与技巧主要有:①

(1)邀请记者撰写新闻稿。

为了突出事件的重要性,扩大影响,在举办一些活动时应邀请记者出席采访并撰写新闻稿。通常邀请记者时应告知如下事项:

① 单位或机构名称、简况介绍(自身的历史、影响等);

② 组织活动的名称、背景和主要内容、预期效果、独特性、重要性;

③ 活动的主要议程、时间、地点;

④ 注明联络人、联系电话、传真、电子邮件地址等。

(2)召开新闻发布会。

新闻发布会即记者招待会,是组织为公布重大新闻或解释重要方针政策,邀请新闻记者参加的一种特殊会议,它是组织广泛传播各类信息,吸引新闻界客观报道,搞好媒介关系的重要手段。

开好新闻发布会要做的准备工作包括:

① 会议的必要性研究;

② 确定会议的主题;

③ 确定邀请记者的范围;

④ 选定时间和地点;

⑤ 选定主持人和发言人;

⑥ 根据主题准备各种材料;

⑦ 做好会务工作:发请柬、布置会场、检查设备配置、确定会议程序;

⑧ 必要时安排参观或会后举行茶会、酒会、便餐等招待活动;

⑨ 做好经费预算;

⑩ 做好会议效果的检核工作。

(3)充分运用社区媒体的宣传作用。

社区媒体是一种小范围内传播和沟通信息的媒介,主要是针对某一特定区域及对象发行,社区媒体的内容及焦点也着重在特定区域内发生的事情。

---

① 徐永祥主编:《社区工作》,北京:高等教育出版社,2004年,第193~196页。

社区媒体没有固定的形式，要视社区的形态及资源而定。常用的社区媒体形式有社区报、社区电台、社区电视台、社区网站等。

社区媒体的内容主要是表达社区特色、传达社区信息、提供居民对话的阵地等，如社区通讯、社区活动剪影、我爱我家、关怀社区、社区环保、社区保健、社区商情报道、专题报道等，都是可以挖掘和利用的很好的社区媒体资源及内容。

四、 优势与局限

专业社会工作介入社区教育，工作员通过承担多种角色，运用专业的方法与技巧，在发挥社区教育的功能与效果方面有其一定的优势，但同时也存在着某些局限性。

1. 优势

(1)社会工作者运用专业的理论、方法、技能，为社区居民提供教育服务，可以保证专业化的服务质量。

(2)专业社区教育的开展，可以挖掘、整合社区各类教育资源，充分发挥教育资源优势，为社区居民提供全程、全面的教育服务，提升居民的整体素质。

(3)专业社会工作者介入社区教育，有利于鼓励、推动社会各界积极参与教育事业，并可在一定限度内发挥主导作用。

(4)专业社区教育更有利于社区时时处处为社区居民提供学习的机会，满足居民的教育需求。社区教育是构建终身教育体系的理想途径。

2. 局限

(1)专业社区教育队伍的建设缺乏规范要求、管理制度和建设规划，现有的社区教育队伍人员素质参差不齐，缺乏必要的培训。

(2)社区教育对象是全体社区居民，内容繁杂多样，学习和教育在时间和空间上极具弹性，这样就使得社区教育的评估指标体系难以确定。

(3)专业社区教育肩负的历史使命与教育投入不足之间存在冲突。

(4)社区教育的多样性与社会上轻视非正规教育亦存在冲突。

A 本章小结

1. 现代意义上的社区教育，是伴随着社会化大工业生产的发展和都市化运动的进程而陆续出现和不断发展的。

2. 社区教育的特征表现为社区性、灵活性、“三全”性、目的性、时空性、特色性等。

3. 社区教育的对象是全体社区成员，具体可以分为三种类型的成员：一是单位人成为社区居民，二是企事业单位员工，三是儿童、青少年、老年人。

4. 发展社区教育可以满足改革及社会发展、维持社会的稳定、提升公民素质、建设学习化社区、提升居民生活质量等各方面的需求。

5. 社区教育的内容涵盖成人教育、家庭生活教育、生命健康教育、公民教育、大众教育、培养社区领袖等多个方面。

6. 根据教育的基本目标分类，社区教育的类型主要有补偿式教育、控制式教育、解放式教育。

7. 开展社区教育基于多种理论视角，主要有问题视角、优势视角、解放教育学。

8. 社区教育的目标就是提升居民的参与能力，培养和塑造有知识、有能力、以社区发展为己任的优秀公民。

9. 社区教育常用的技巧主要有提问式教育方法、知识和资料的传播、社区领袖的训练、动员群众参与社区事务、发展社区关系与建立社会网络体系、开展互助活动、社区宣传教育与公共媒体的运用等。

10. 在社区教育工作中，工作员扮演的角色主要有研究者、教育者、联络者、资源提供者等。

B 主要术语

社区教育(Community Education)：社区教育是社区组织或社会工作者运用专业的理论、方法、技能，以社区为范围，以社区全体成员为主要对象，充分利用各类教育资源的一项重要的社区工作方法。

成人教育(Adult Education)：是以社区为单位，以社区的发展为目标，以因各种原因失学或未能接受正规教育的成人为教育对象，针对社区发展的特定需要而开展的教育活动。

补偿式教育(Compensatory Type Education)：社区为居民提供未受到的正规知识教育及正规知识教育不及的知识空间。其目的是为那些因各种原因失去受教育机会或未完成正规的基础教育的社区居民提供第二次教育机会。

控制式教育(Controuing Education)：是为居民提供的行为规范教育，要求居民遵守法律、法规。

解放式教育(Liberating Education)：针对诸如逆来顺受、听天由命、民不与官斗、穷不与富斗等封建思想进行批判，把居民群众从这些思想的束缚和控制中解脱出来。

优势视角(Strength Perspective)：是一种关注人的内在力量和优势资源的视角，它是以优势为核心的。增权、抗逆力、整合是优势视角的三大核心理念。

解放教育学(Liberation Pedagogy)：是被压迫者的教育学理论，该理论以培养批判意识为目的，从文化人类学的角度阐明了教育与解放的关系。

提问式教育(Dialogue Education)：又称"对话式"教育，是指一种认识途径，其根本目的在于建立一种学习和认识的过程。

社区教育网络体系(Community Education Network System)：是社区教育统筹管理、联合办学、分工合作、整体推进的一种形式。

C 练习题

背景材料：

C社区属于城市中旧房改造的社区，居民主要由城市中低收入者和外来务工人员组成。由于该社区的建筑年代比较早，各方面设施比较简陋，所以房租价格比较低，是外来人口选择租住的主要原因。该社区经常发生歧视外来务工人员的事件。前不久，社区有位姓李的中年妇女找到居委会，要求其邻居不要把房屋出租给外来工，理由是外来工素质差、不讲卫生，还有偷盗现象。居委会主任对她经过长时间耐心开导，也没有什么作用。据这位主任说，歧视外来工的事件在他们社区经常发生，做了很多本地人的工作，也没有什么效果，他自己也没有办法了。

根据本案例，请思考：

1. 该社区有哪几种类型的居民？

2. 针对不同类型的社区居民开展社区教育时，教育的内容与类型可以包括哪几种？

3. 对该社区开展社区教育时，你会运用哪些方法与技巧？

D 思考题

1. 什么是社区教育？

2. 简述社区教育的内容与类型。

3. 简要分析社区教育的层次、对象与方法之间的关系。

4. 社区领袖应具备哪些特质？如何培养社区领袖？

5. 如何通过社区教育，帮助居民提升社区参与的能力？

6. 工作员开展社区教育时应掌握哪些专业技能？

E 阅读文献

1. 甘炳光、梁祖彬等编：《社区工作：理论与实践》，香港：香港中文大学出版社，1994 年，第十章，第 233 ~ 249 页。

2. [英]艾伦·特韦尔威特里：《社区工作》，陈树强译，北京：中国社会出版社，2004 年，第四章，第 102 ~ 124 页。

3. 甘炳光、胡文龙等编：《社区工作技巧》，香港：香港中文大学出版社，1997 年，第三部分第九章、第十九章、第二十一章。

4. 刘尧：《社区教育的内涵、特点与功能探讨》，《西北农林科技大学学报（社会科学版）》2010 年第 5 期。

5. 史柏年主编：《社会工作实务（中级）》，北京：中国社会出版社，2007 年，第十三章，第 401 ~ 403 页。

6. 吴遵民等：《当代社区教育新视野》，上海：上海教育出版社，2003 年。

7. [巴西]保罗·弗莱雷：《被压迫者教育学》，顾建新等译，上海：华东师范大学出版社，2001 年，第一、二、三章。

第十章　社区志愿服务

随着经济发展和社会改革逐步深入,社区志愿服务逐渐发展壮大并在社会服务与社会发展中发挥着不可替代的作用。对社区志愿服务的社会功能、工作形式,社区志愿服务与专业社会工作的互动和交流,专业社会工作如何介入社区志愿服务以及服务的过程,本章将一一介绍。

第一节　社区志愿服务概述

社区志愿服务是社区服务和社区建设的重要内容,深入开展社区志愿服务,建立与政府服务、市场服务相衔接的社区志愿服务体系是当代社区工作的必然要求。

一、社区志愿服务的涵义和特征

(一)涵义

关于社区志愿服务,不同国家、不同学者有不同界定。根据现阶段中国社会实际情况,社区志愿服务是指那些为解决社区问题、促进社区进步,自愿贡献时间、才智或钱物,且不图报酬的行为。它是当代志愿服务的一种重要类型。

(二)主要特征

1. 自愿性的服务行为

社区志愿服务是人们自愿地为社区提供服务,而非强制性、被迫性的社区工作任务。只有那些自愿为社区或社区成员提供的服务才可能属于社区志愿服务。当然,社区志愿服务中的“自愿性”并不意味着毫无社会动员。通过说服、鼓励、号召乃至通过法律规章促使人们参加的社区无偿、低偿服务都应属于社区志愿服务。

2. 不图报酬的服务行为

在广义社区服务中,那些为了获取报酬和利润而为社区提供的服务,例如社区商业服务、家政服务、物业服务等都不属于社区志愿服务。只有那些不图报酬而为社区提供的服务才是真正意义上的社区志愿服务。依此标准,那些热心社区服务和公益事业的人们无偿提供的服务属于社区志愿服务。同时,那些获得了部分报酬,或以低偿方式为社区提供的服务也应当属于社区志愿服务。不图报酬,是指服务主体不以获取报酬和利润为目的,自愿地为社区提供服务,而并非意味着不能接受任何志愿补助,社区志愿者可接受交通补贴、午餐补贴或低于市场标准的志愿服务补助等,但其目的并非在于营利。

3. 社区成员直接参与或社区成员直接受益的行为

社区成员是否直接参与志愿服务,志愿服务能否使一定的社区成员直接受益,是区分社区志愿服务与其他志愿服务的重要标准之一。在当今志愿服务日渐普及的情况下,志愿服务范围已经扩展到了环境保护、扶贫开发、金融贸易、公共卫生、文体教育、政治法律诸多领域。社区志愿服务的承担者并不仅仅是本社区的志愿者,社区以外的青年志愿者或其他志愿者深入社区,直接为社区成员提供的服务,也属于社区志愿服务。不仅如此,那些由社区组织发起,并主要由社区志愿者直接参与的志愿服务活动,即使其直接受益者并非本社区成员,也应视其为社区志愿服务。例如,非地震灾区的社区组织发起、有许多社区成员参与的为地震灾区募捐的活动,就应该属于社区志愿服务活动。

4. 一种民间性的服务活动

尽管各个国家的政府都积极鼓励和支持社区志愿服务,但是,就其本质特征而言,社区志愿服务是一种民间性的服务活动,而非真正意义上的政府行为。政府行为是政府组织作为国家行政机关,依法在国家的政治、经济以及其他社会事务的管理中所履行的职责。而社区志愿服务则不同,社区志愿服务的直接提供者或服务主体是公民个人和非政府组织。当政府官员参加社区志愿服务时,其身份理应为公民个人或非政府组织的成员,而不是作为政府官员履行政府职责。

5. 服务的主客体之间不具有法律或习俗规定的赡养、抚养或扶养义务

中国婚姻法规定夫妻、父母子女、祖孙、兄弟姐妹之间对缺乏劳动能力和生活来源的一方有着赡养、抚养或扶养的义务和责任。这些法律规定的赡养、抚养或扶养关系的社会成员间的无偿、低偿服务,不应视为社区志愿服务。

总之,衡量一种服务行为是否属于社区志愿服务行为,要看其是否同时具备以上几个基本特征①。

---

①　侯玉兰、唐忠新主编:《社区志愿服务理论与实务》,北京:中国社会出版社,2009 年,第 8 ~ 11 页。

二、社区志愿组织的类型

志愿组织类型繁多,可包括教育、环保、倡导及福利等范畴,因此难以统一划分。本书从法律角度对社区志愿组织进行研究分类。

(一)法人组织

社区志愿者组织属于中国公民自愿组成的,为实现会员共同意愿,按照其章程开展活动的非营利性社会组织。按照现行法规规定,成立这样的具有法人资格的社会组织,应该具备下列基本条件:

(1)应当经其业务主管单位审查同意。而有资格充当业务主管单位的是县级以上地方各级人民政府有关部门或者县级以上地方各级人民政府授权的组织。

(2)具有50个以上的个人会员或者30个以上的单位会员(国家机关以外的组织可以作为单位会员加入社区志愿服务组织);个人会员、单位会员混合组成的,会员总数不得少于50个。

(3)具有规范的名称和相应的组织机构。其名称符合法律、法规的规定,不违背社会道德风尚,并且与其业务范围、成员分布、活动地域相一致,准确反映其特征。

(4)具有固定的住所,具有与其业务活动相适应的专职工作人员。

(5)具有合法的资产和经费来源。其注册资金3万元以上。

(6)具有独立承担民事责任的能力。

在具备了上述条件的基础上,经业务主管单位审查同意,社区志愿者组织的发起人向登记管理机关(民政部门)申请筹备。申请筹备成立具有法人资格的社区志愿者组织,其发起人应当向登记管理机关提交下列文件:筹备申请书,业务主管单位的批准文件,验资报告、场所使用权证明,发起人和拟任负责人的基本情况、身份证明,章程草案。

登记管理机关应当自收到这些有效文件之日起60日内,作出批准或者不批准筹备的决定。不批准的,应当向发起人说明理由。

一旦登记管理机关批准筹备成立社区志愿者组织,该组织筹备机构应当自批准之日起6个月内召开会员大会或者会员代表大会,通过章程,产生执行机构、负责人和法定代表人,并向登记管理机关申请成立登记。登记管理机关应当自收到登记申请书及有关文件之日起30日内完成审查工作。对符合要求、章程内容完备的社区志愿服务组织,准予登记,发给《社会团体法人登记证书》。登记事项包括:

名称，住所，宗旨、业务范围和活动地域，法定代表人，活动资金，业务主管单位。

对不予登记的，应当将不予登记的决定通知申请人。依照法律规定，具有法人资格的社区志愿者组织，可以凭《社会团体法人登记证书》申请刻制印章，开立银行账户，并将印章式样和银行账号报登记管理机关备案。

按照现行法规规定，具有法人资格的社区志愿者组织的登记事项、备案事项需要变更的，应当自业务主管单位审查同意之日起 30 日内，向登记管理机关申请变更登记、变更备案。若修改章程，应当自业务主管单位审查同意之日起 30 日内，报登记管理机关核准。

如果具有下列情形之一，社区志愿者组织应当在业务主管单位审查同意后，向登记管理机关申请注销登记、注销备案：完成其章程规定的宗旨的，自行解散的，分立、合并的，由于其他原因终止的。

社区志愿者组织在办理注销登记前，应当在业务主管单位及其他有关机构的指导下，成立清算组织，完成清算工作（清算期间不得开展清算以外的活动）。自清算结束之日起 15 日内向登记管理机关办理注销登记。办理注销登记，应当提交法定代表人签署的注销登记申请书、业务主管单位的审查文件和清算报告书。登记管理机关准予注销登记的，发给其注销证明文件，收缴其登记证书、印章和财务凭证。如果志愿组织撤销其所属分支机构、代表机构，需经业务主管单位审查同意后办理注销手续。注销后的剩余财产，按照国家有关规定办理。①

（二）非法人资格团队

鉴于成立具有法人资格的社区志愿者组织的基本条件较高，登记程序较为复杂，有些地区和部门为了鼓励发展社区志愿服务，创造性地制定了成立不具备法人资格的社区志愿者团队的基本条件和登记程序。其中，共青团中央有关部门针对青年志愿者制定的《社区志愿服务团队管理办法》具有一定的代表性和借鉴意义。

按照《社区志愿服务团队管理办法》规定，社区志愿服务团队是指拥有 3 名以上志愿者、履行申请登记手续、经街道团（工）委考察、审核同意的开展社区志愿服务活动的群众组织。成立这样的群众组织应该具备以下条件：

（1）遵守宪法、法律、法规和国家政策，坚持宪法确定的基本原则，维护国家的统一、安全和民族团结，维护国家利益、社会公共利益及其他组织和公民的合法权

① 侯玉兰、唐忠新主编：《社区志愿服务理论与实务》，北京：中国社会出版社，2009 年，第 220 ~ 223 页。

益,维护社会道德风尚;

(2)一般要求有3人以上的志愿者;

(3)有规范的名称和相应的组织机构,名称应当与其服务范围、志愿者规模、活动地域等相一致,准确反映其特征;

(4)有相对固定或已形成规模的社区志愿服务项目;

(5)具备与所参加的志愿服务项目及活动相适应的基本活动场所;

(6)有与其开展志愿服务活动相适应的志愿者等。

在具备上述条件的基础上,申请者如实填写《社区志愿服务团队申请登记表》,上报街道团(工)委。街道团(工)委对申请单位进行考察,考察内容为:提供志愿服务必需的场所、人员、技能等基本条件,听取申请单位的服务内容和服务工作计划。街道团(工)委收到社区志愿服务团队提交的材料之日起7日内,作出批准或者不批准的决定;不批准的,应当向申请人说明理由。如果有根据证明申请备案的社区志愿服务团队的宗旨、志愿者规模、服务项目、服务范围不符合相关规定,或者在同一区域内已有服务项目相同的社区志愿服务团队,没有必要成立,或者有法律、法规禁止的其他情形的,街道团(工)委可不予批准。一经批准,则由备案登记组织对申请者备案登记。然后由街道团(工)委通过一定途径向社会进行公告,宣告社区志愿服务团队的成立、地址及联系方式,其他形式的宣传活动可以由社区志愿服务团体自办。

三、 社区志愿服务的社会功能

(一)弥补政府公共服务不足

社区志愿服务来自民间，具有灵活、弹性、快速、亲切的特点。志愿活动直接为社区有需要的群体提供服务，比如社区志愿救助活动面向贫困线以下的居民群众提供民间性生活救济，帮助解决他们的温饱问题；面向部分困难群众提供民间性医疗救助，缓解他们的医疗困难；面向特殊困难未成年人提供民间性教育救助，解决他们的就学难问题，这对于防止贫困代际传递具有十分重要的意义。社区志愿者通过为各类优抚对象、残疾人群和老年人口提供福利性、公益性服务，通过开展面向下岗失业人员的社区就业再就业志愿服务，有助于实现社会公平正义。

(二)开拓新的服务领域促进社会团结

社区志愿服务人力的加入,使得社会服务可获得免费的充沛人力,在支持、咨询、执行等各方面都有适当的人力可供运用。社区志愿者本身所具有的一些特长可辅助社区工作人员开拓新的服务领域，深化服务品质。社区志愿提供多元的社会服务，可满足不同的服务对象的多样化需求，其奉献、付出、关怀、助人、无偿的风格，对社会风气有正面的作用，可促进社会团结，产生善意的循环，增进人与人之间的信任，使整个社会能够建立一个互相信任的人际关系网络，增强社会资本，对增进社会成熟度有积极的意义。

（三）具有重要经济价值

在市场经济社会发展阶段，特别是在以经济建设为中心的历史时期，仅从思想道德、精神文明建设和社会建设角度评估社区志愿服务活动的价值，而忽视其内在的经济意义、经济价值是不全面的，很容易低估志愿服务的地位、作用。因此，还应该同时从经济的角度评估社区志愿服务活动的价值。

评估社区志愿服务的经济价值是相当复杂的问题，到目前为止还没有成熟的计量方法。美国霍布斯金大学公共政策研究中心提出，国民产值计算方法，已被许多志愿服务研究机构和研究者所采用。其主要做法是：计算志愿者的人数、贡献时间数量，折合成全日制劳动力数量，再折合成国民产值。他们运用这种方法对包括美国、加拿大在内的22个发达国家的志愿活动的产出进行估算后发现，这些发达国家志愿服务活动的产出平均占国民产值的1.1%。其中，美国志愿服务的产出价值从1987年的1490亿美元上升到了1998年的2250亿美元。①

（四）具有社区教育功能

社区志愿服务不仅是社区福利性、公益性服务的重要方式，而且对于优化人际关系、形成良好的社会风尚具有十分重要的功能。社区志愿服务中的邻里互助是社会互帮互助的一种实际行动，表现着广大居民群众平等友爱、融洽相处；社区志愿服务中的不图报酬、助人为乐的高尚精神，可以激励全社会成员诚信友爱，促进社会和谐。

同时，社区志愿者在参与服务过程中也可以得到学习成长。在服务过程中，社区志愿者可以扩大社会交往，认识新朋友，获得团体的鼓励、分享和支持，产生社区归属感。为了更好地达到服务的目标，提高社区志愿服务品质，志愿服务者要参与训练或是在工作中自我学习，从而达到终身学习的目标。

---

① 丁元竹、江汛清：《志愿活动研究：类型、评价与管理》，天津：天津人民出版社，2001年，第56页。

第二节　社区志愿服务的内容、过程与方法

社区志愿服务涉及社区生活的各个领域,内容丰富。现阶段,中国社区志愿服务则主要集中在就业、治安、文化、教育、环保、老年人服务等领域。专业的社区志愿服务过程与方法是确保志愿服务品质的关键所在。

一、服务内容

社区志愿服务对象主要为不同志愿服务需求的社区居民,包括特殊服务需求对象和普通社区居民。特殊志愿服务需求对象主要为下岗失业人员、老年人、残疾人、儿童等,而社区治安、文化、教育、环保等服务则适用于所有社区居民。社区志愿服务的内容主要有以下几个方面:

(一)社区就业服务

社区就业服务领域中的志愿者主要致力于利用志愿者的时间、劳动力、财物等对下岗失业人员进行就业、再就业培训,使其掌握职业规范和职业技能;着力于提供职业介绍业务,包括收集、发布职业供求信息,为用人单位招聘员工,为下岗失业人员求职提供中介服务等;本服务领域的志愿者还可以帮忙下岗失业人员熟悉有关再就业的各项优惠政策,帮助自谋职业或创业的下岗失业人员解决享受优惠政策过程中遇到的困难,并根据实践的发展向政府提出修改、完善再就业政策的建议和意见。

(二)社区治安服务

开展邻里守望和义务巡逻活动是社区治安志愿者的一项重要服务内容。其具体形式是多种多样的。例如,以社区志愿者为骨干组建社区治安联防队伍,协助公安机关向社区群众宣传治安管理法规,提高群众遵纪守法的自觉性;在社区内进行治安巡逻,维护治安秩序,预防、发现、制止违法犯罪活动以及其他不稳定因素,保护国家、集体和人民群众的生命财产安全;以楼、院为基础,以志愿者为骨干,建立社区治安联防网络和邻里守望制度,邻里之间彼处互相照应,发现可疑对象进行盘问查看,形成社区群防群治网络。

(三)社区文化服务

社区文化领域中的志愿者主要积极开展丰富多彩的社区文娱活动。充分利用

各级各类文化设施,特别是充分利用街道、居委会的社区文化中心和该居民区的文化广场等现有设施,志愿者发动针对社区居民的文娱生活需求,组织开展丰富多彩、健康有益的社区文化活动,营造良好的社区文化氛围。本类型社区志愿者还致力于培育和发展社区民间文化社会组织,参与文化公共服务建设。

(四)社区教育服务

社区教育服务中的志愿者主要来自于社区内的教师、专家、各行各业的工作人员、在校大中专学生等。社区教育服务志愿者通过与街道、社区居委会、教育部门合作开发社区教育工作者的培训课程,建立社区教育工作者培训中心,通过不同形式的教育活动促进社区居民终身学习、主动学习,进而全面提高社区公民素质。

(五)社区环保服务

社区环保志愿服务中的志愿者致力于通过不同的形式积极提供服务,对于治理环境污染、提高社区居民生活质量具有重要意义。比如通过呼吁、倡导、实践等方式,以实际行动减少机动车尾气排放,减少扬尘污染,发展城市绿地,保护水面和湿地资源等。面对城市垃圾问题,社区环保志愿者可带头呼吁和实施生活垃圾分类存放与收集,这项活动不仅可大幅度减少垃圾处理费用,降低污染环境的可能性,而且可以回收大量资源,创造可观的经济效益。

(六)社区老年人服务

社区老年人服务中的志愿者主要致力于为老年人提供心理慰藉、陪伴、陪同看病、重体力家务劳动、基本生活照料、做饭、送餐等服务。让老年人留在自己熟悉的社区环境和人际关系网络中,在继续得到家庭照顾的同时,由社区志愿者提供家庭和子女力所不能及的照顾、帮助,从而实现家庭养老和社区养老的有机结合。老年人既是弱势群体,又是重要的人力资源。目前,我国台湾、香港以及大陆的社区也开始发展低龄老年人服务高龄老年人服务、健康的老年人服务生病的老年人等社区养老模式,这些有利于使老年人本身成为社区志愿者,通过助人进而提高老年人的能力感和自身价值。

二、 服务过程

在社会工作专业知识指导下的社区志愿服务过程包括问题的认识和分析阶段、志愿服务预估阶段、志愿服务方案设计阶段、志愿服务介入阶段、志愿服务评估阶段。

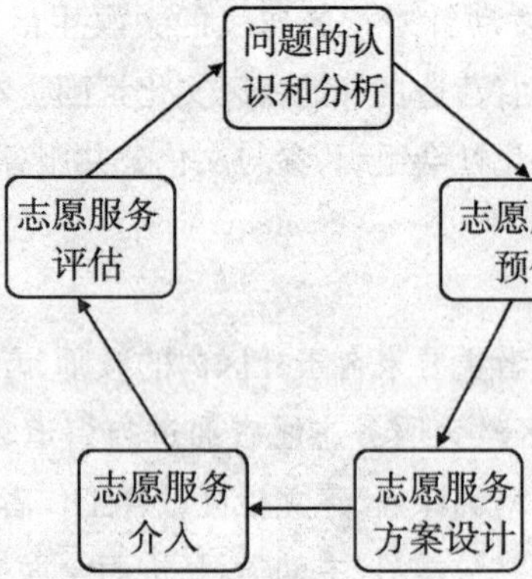

图 10－1　社区志愿服务的过程

(一)问题的认识和分析阶段

这个阶段主要是指认识和分析那些需要去解决的各种社区服务问题。认识和分析问题的方法可以分为两种:

1."问题认识工作表法"

志愿服务方案策划者应该认真考虑以下几个问题:社区成员关注的问题是什么?问题在何处、何时发生?问题产生了哪些影响?为什么会出现这样的问题?人们是否觉察到此问题的出现?如果人们已经觉察到了这个问题的话,那么人们对这个问题的感受程度如何?

2."分支法"

它要求首先确定需要解决什么问题,进而明确需要解决这一问题的哪些问题,也就是"明确问题",然后逐一列明造成这些问题的主要原因。例如,根据社区的实际情况,首先确定要解决空巢家庭高龄独居老人的生活问题。进而明确:一是解决这些老人的买菜、做饭问题,二是解决这些老人的精神孤独问题,三是解决这些老人的就医问题。然后,经过调查研究列出造成这些问题的主要原因:子女单过或子女在外地工作生活,老人不愿住养老院,社区为老服务工作滞后等。这样,为服务方案的策划奠定基础。①

(二)志愿服务预估阶段

预估指的是收集和认定问题的过程,是把所有有关服务对象的资料组织起来

① 侯玉兰、唐忠新主编:《社区志愿服务理论与实务》,北京:中国社会出版社,2009 年,第 152 页。

并使其具有意义的志愿实践活动。

1. 收集资料

能否对服务对象的问题有正确的认识和判断，在一定意义上取决于志愿服务提供者所能得到的资料，以及资料所提供的信息。因此，收集资料是预估的第一步工作，包括服务对象群体资料的收集、环境资料的收集、环境与服务对象的关系和交互作用的资料收集。其方法有询问、咨询、观察、家访、利用已有资料等。

2. 分析和解释服务对象的资料与问题

要使收集到的资料具有意义就要对它们进行整理，找出它们之间的逻辑关系，进而进行分析和解释。所谓分析就是把整体分解为部分，以发现整体的性质、目的和作用；而解释则是阐明事件的含义使之能够被理解。其方法有排列次序、发现、识别、对服务对象的问题与需要作出解释等。

3. 认定问题

在掌握了丰富的资料后，社区志愿服务管理和提供者下一步的任务便是要探究服务对象的情况、问题与需要，形成问题阐述。

4. 撰写社区志愿服务预估报告

认定问题后就可以准备撰写预估报告了。预估报告要清楚表达对问题的认识，为社区志愿服务管理和提供者以及与服务对象有关的系统提供关于服务对象的需要与问题的准确和详细的信息，为社区志愿服务方案设计提供依据。

（三）志愿服务方案设计阶段

1. 制定服务目的和目标

志愿服务方案设计的第一步就是在认定问题的基础上与服务对象共同设定工作的目的和目标。“目的”指的是社区志愿服务总体上要达到的结果，是工作的大方向。“目标”则更为具体是可以测量的，在确定目标的过程中要考虑可拥有和动员的各种资源状况。

2. 构建行动计划

当工作目标设定后，接下来社区志愿服务管理和提供者需要与服务对象讨论如何实现既定的工作目标，即制订一套行动计划来实现目标。构建行动计划的过程实际上就是选择介入方法和介入系统的过程，是发展有效行动方案、明确任务和责任的过程，也是决策行动的过程。

3. 签订志愿服务协议

当行动计划完成后，社区志愿服务管理和提供者要与服务对象签订服务协议，以保障计划的执行。其内容包括计划的目的和内容，双方各自的角色与任务，为达目的与目标所采取的步骤、方法,期望达到的结果,以及进行总结、测量和评估的方法。

(四)志愿服务介入阶段

社区志愿服务介入阶段是实际执行社区志愿服务计划、满足服务对象需要和实际解决问题的行动阶段。志愿服务介入阶段是社区志愿者活动的阶段,这种活动是对服务对象一种实质性的帮助,为服务对象提供经济援助、物质支持,安排活动,协助服务对象完成各种需求,有一些情况下也有精神性的帮助。例如,与服务对象沟通聊天,表示理解和支持、调解问题、进行技巧训练、建立支持网络、处理问题行为等。

(五)志愿服务评估阶段

评估是指运用科学的研究方法和技术,系统地评价社区志愿服务的介入结果,总结整个介入过程,考查社区志愿服务的介入是否有效,是否达到预期目的和目标的过程。其方法与技巧包括:

1. 基线测量

基线测量方法是在介入开始时对服务对象的状况进行测量,建立一个基线作为对社区志愿服务介入行动效果进行衡量的标准基线,以评估社区志愿服务介入前后的变化,并以此判断介入目标达到的程度。其操作程序包括建立基线、进行介入期测量、分析和比较。

2. 任务完成情况测量

在社区志愿服务过程中,服务对象的目标是被分解成许多具体的行动和任务的,因此通过探究服务对象和志愿服务完成了哪些既定的介入任务也能确定介入的影响。一般来说,可以运用5个等级尺度来测量任务的完成情况:没有进展,极少实现,部分实现,大体上实现,全部实现。

3. 目标实现程度测量

这种评估方法是对介入目标的评估,包括目标核对表和个人目标尺度测量。目标核对表指的是在社区志愿服务介入过程中和介入结束时都用一些等级尺度来衡量介入后的行为,并记录它们,将介入后的情况与介入前的情况进行核对,从而发现介入后有哪些新情况是介入前所没有、介入后才出现的,并讨论这些行为对服务对象的意义是什么,这样就可以发现介入前后服务对象的行为变化。个人目标尺度测量是按照服务对象的具体情况,分别轻重缓急,制订出几个目标,然后使用一个大家认可的等级尺度,例如5级制,来测量和计算出服务对象实现个人化目标的情况。

4. 介入影响测量

这种评估方法包括服务对象满意度测量和差别影响评分。服务对象满意度测量是由服务对象用口头或书面形式,包括填写问卷来表达对介入的看法。差别影响评分是一种更为结构性的评估方法。首先由服务对象对志愿服务介入影响进行自我陈述,报告自己有哪些变化,然后分析区分出哪些是介入本身带来的变化,哪些是其他因素带来的变化。①

三、 服务方式

(一)邻里互助

邻里互助是指以地缘关系为基础形成的志愿互助行为。中国自古就有邻里互助的良好传统,“出入相友,守望相助,贫病相扶”是中华民族的优秀美德。许多地区的社区志愿服务活动是在邻里互助的基础上发展起来的。目前,随着经济社会发展,城市居民的居住条件得到了明显改善,许多高楼拔地而起,楼房代替了平房,单元房取代了“大杂院”,城市居民的居住环境发生了变化,使传统的邻里关系面临着前所未有的挑战。针对这种情况,发展新型邻里互助可从以下几个方面着手:

1. 培育社区和谐邻里文化

和谐社区文化是和谐社区的灵魂。倡导睦邻和谐理念,培育和谐邻里精神,形成邻里之间相互关爱、相互体谅、包容差异的社区氛围。营造一个与邻为德、与邻为善、与邻为亲、与邻为乐的邻里氛围,让社区真正成为传递邻里友谊的平台。

2. 做好邻里互助的调查研究

要想使邻里互助符合社区居民的需要,就必须首先进行社区调查研究。可以通过问卷、访谈、观察等方法弄清楚社区居民最需要哪些方面的服务,他们可以提供哪些服务,做到心中有数,并尽可能充分利用各种社区资源,使邻里互助更具实效性。在许多地区,社区志愿者组织深入了解、掌握每个居民家庭对社区志愿服务的基本需求和参与愿望,在此基础上,为邻里互助牵线搭桥,使他们建立起长期稳定的互助关系,彼此提供力所能及的服务和帮助,取得了明显成效。

3. 搭建邻里互助平台

要坚持贴近社区、贴近群众、贴近生活的原则,开展形式多样的睦邻活动。通过和谐邻里活动,为社区居民创造沟通的机会和平台,引导社区居民相识相知、互

---

① 全国社会工作职业水平考试教材编写组:《社会工作实务(中级)》,北京:中国社会出版社,2012年,第80页。

敬互爱。

(二)单向服务及协同包户服务

单向服务以及协同包户社区志愿服务是目前中国社区志愿服务比较经常采取的服务形式。

1. 单向服务

单向服务是指一方提供服务,另一方接受服务,不要求服务对象为对方提供服务,因而不同于双方互助。单向服务是社区志愿服务的一种普遍形式,其服务对象主要是社区弱势群体,特别是老弱病残人士等。在实际操作过程中,有的表现为一个志愿者为一个困难居民或困难家庭提供无偿或低偿服务,有的表现为若干志愿者分工协作为一个受助者提供无偿或低偿帮助,实行综合服务。后者被称为"协同包户服务"。

2. 协同包户服务

协同包户服务是动员社区各方面力量共同参与志愿服务的一种有效方式,是单向服务的一种表现形式。其服务对象往往是社区内的特殊困难家庭和重点优抚对象。对于这些特殊服务对象,许多街道、居民委员会等社区组织动员具有医务专长的志愿者为其提供医疗保健服务,动员邻居们为其提供日常生活帮助,动员社区内的粮油副食品商店为其提供送货上门服务,动员具有理发技能的志愿者为其提供理发美发服务,社区居民委员会干部则帮助他们领取最低生活保障款物或优待抚恤金等,还将每个服务主体的服务任务以协议形式固定下来,从而保证这些特殊服务对象可以享受到多方面的社区志愿服务。协同包户服务是社区志愿服务社会化的表现,是中国城市社区志愿服务的成功形式。

(三)设点服务

设点服务主要是指在社区里设置固定场所(地)为社区成员提供志愿服务。它有两种主要形式:

1. 兴建或开辟专门性社区服务设施为社区成员提供志愿服务

这是设点服务的最主要形式。许多城市街道先后兴建了社区服务中心(站)、社区文体活动中心(站)、社区"星光老年之家"、社区健身房、残疾人康复中心、烈军属之家和社区邻里活动中心等,志愿者可以利用这些服务设施开展志愿服务活动。这种服务可以扩大服务规模,拓展服务内容,提升服务水平。

2. 设置临时性或一次性服务摊位为社区成员集中提供志愿服务

例如,有些单位、社会团体和志愿者组织利用星期日、节假日、纪念日等,组织志愿者在社区内广场或街道两旁临时设置服务摊位，为社区居民量血压、修理家用电器、科普宣传、法律咨询、心理咨询等，都属于这种服务形式。这种服务一般都把地点设在社区中心，并悬挂横幅，非常引人注目。往往兼具提供服务和扩大影响两方面的功能。

（四）电子信息化服务

电子信息化志愿服务形式是指运用现代化的通信手段，包括计算机网络及电子通信手段等，将志愿服务系统的各个要素，包括服务对象、志愿者以及志愿服务机构等要素紧密连接起来，高效、快捷地传递和受理志愿服务供需信息和业务。典型的网络志愿服务形式有“首都社区志愿服务网”，电子通信志愿服务有“96156”、“12349”热线等。做好社区志愿服务的电子信息化服务应该从以下方面进行努力：

1. 呼吁政府大力推进社区信息化建设

近年来，中国社区信息化建设取得了积极进展，但与建设和谐社区的总体要求仍不相适应：缺乏社区信息化的整体规划和标准体系；信息共享困难，重复建设、资源浪费现象严重；紧贴居民需求的应用较少；资金投入不足，基础设施薄弱等。有鉴于此，要坚持惠及居民、服务基层、政府主导、合力建设、统筹规划、资源共享、因地制宜、梯度推进的原则，探索适合国情、实效好、成本低、覆盖广的社区信息化发展道路。

（1）重点推进社区基础工作的信息化，建设社区数据库，开发好辖区人口、房屋、社区组织等基础信息，以及民政、劳动、计生、卫生等专题信息。

（2）重点推进社区民间组织工作的信息化。发挥社区民间组织和志愿者组织的作用，引导社区成员开发具有地域特色的社区网站或网站栏目。利用社区网站等渠道，加强社区居民之间的交流，加强社区民间组织和志愿者组织的培育和管理。

（3）重点推进基层政府组织与社区组织信息系统的联网，促进彼此间的有效衔接和良性互动。

（4）加强社区信息平台建设，逐步将部署在不同层级、不同部门的分散孤立、用途单一的各类社区信息系统，进行优化整合和集约建设，发展成覆盖社区各类业务、以综合数据库为支撑、渠道界面统一、集中部署的社区信息平台。同时加强社区信息资源的开发利用，减少重复采集，加大共享力度，加强个人数据保护工作。

2. 不断完善志愿服务网站

随着计算机和互联网技术的普及，志愿服务网站越来越多。为了把志愿者的网上家园建设得更好，有必要在设计时注意这样几个问题：主题思想明确，栏目结构合理,操作方法简单,有利于互动,努力吸纳网络志愿者。[①]

第三节　专业社会工作介入方法

"介入"是实际执行服务计划,满足服务对象需要和实际解决问题的行动阶段。在这个阶段中,社会工作员和社区志愿者合作发掘和运用服务对象的内在动机、潜能,并与他们一道寻找资源,解决问题。

一、社会工作介入志愿服务的策略

(一)运用和发掘社区人力资源

社会工作者和社区志愿者为了帮助服务对象争取资源,常用的方法是让社区内有影响力的人物参与。运用社区志愿服务资源的主要技巧包括:

(1)识别谁是有影响、有时间参与志愿服务的人,这要求社会工作者走出办公室,深入社区,了解民情;

(2)具有与有影响力的人建立关系,与服务对象一道工作的技巧;

(3)具有说服和游说、令人信服的陈述和表述技巧;

(4)把握工作目标和技巧,将有影响力、有时间、有专业能力、有服务意愿的人团结起来为服务对象的利益工作。

(二)协调和连接各种服务资源与系统

在一个地区内能够为服务对象提供服务的常常不止一个机构或组织,但它们都各有自己的助人计划。因此,社会工作者需要将这些服务资源进行协调。协调的功能在于使参与助人的各方了解彼此的计划和进度,减少工作的重复和服务的空缺。

(三)制订计划创新资源

当发现社会有新的需要却缺乏有效服务资源时,社会工作者就要考虑筹划发展新资源。创新资源是发展资源的一个重要和有效满足需要的方法,却不一定需要很高的成本。只要有创造性,就能发展出一些成本不高,却富有创新精神且有用

---

① 侯玉兰、唐忠新主编:《社区志愿服务理论与实务》,北京:中国社会出版社,2009 年,第 170 ~ 179 页。

的资源，如发展互助小组、发展社区志愿服务等。

（四）改变环境

改变环境的工作也称环境介入，其目的在于改变服务对象周围的环境，以促成服务对象的改变，达到服务目标的实现。环境包括知觉环境、社会环境、社会体制和组织环境、文化和政治环境等。通过社会工作和社区志愿者的有意识努力，可以适当改变环境为服务对象的改善提供外部支持。①

二、社会工作介入志愿服务的过程与手段

在社区志愿服务过程中，专业社会工作者往往可以社区志愿服务的管理者、培训师和督导等身份出现，主要会在社区志愿者的招募、培训、使用、支持与激励方面提供专业帮助。

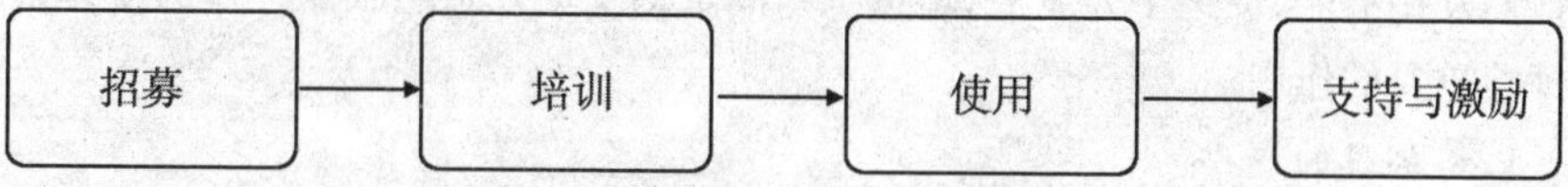

图 10－2　社会工作介入志愿服务过程与手段

（一）招募

招募是寻找社区志愿者的过程。这看似简单，其实有效的招募是一种精巧而复杂的工作，因为要招募到能胜任空缺职位的足量志愿者，只有在做了大量准备工作之后才能做到。规划招募工作具有三种基本方法：

1. 热身招募法

这种方法适合于社区志愿者工作岗位具有以下两特点之一的情况：短期内需要大批社区志愿者（如一个特殊事件）；社区志愿者工作无需任何特殊资格，或者一般人只要稍稍培训一下就能胜任。热身招募的基本方法，都是简单宣传项目的招募信息。这些方法包括分发小册子、粘贴海报、喇叭宣传、期刊公告、口头宣传等。

2. 标靶招募法

标靶招募是进行有意识的规划，将招募信息限定在很小范围的接收者上。当工作岗位需要一些特殊技能或具有某些特异的特性时，标靶招募就是一种很好的

---

① 全国社会工作职业水平考试教材编写组：《社会工作实务（中级）》，北京：中国社会出版社，2012 年，第 73～74 页。

办法。规划标靶招募,涉及四个问题:要做什么?谁能提供?如何沟通?怎样激励?

3. 同心圆招募法

这种方法是确定那些已经有过接触的人,并试图对他们进行招募。目标人群样本可能包括服务对象以及他们的家人和亲友、志愿者及工作人员的朋友、社区志愿服务开展地附近的人、被所要解决的问题影响到的人。同心圆招募的优势是,目标人群已经十分熟悉机构的情况或要解决的问题,并且通过目标人群的朋友与之联系就能聘请他们。这些因素使得他们更容易招募为社区志愿者。

(二)培训

社区志愿者是宝贵的人力资源,而培训工作则是社会工作介入志愿服务管理的重要环节。社区志愿者培训对促进社区志愿者的工作表现,对工作更具信心,帮助他们发掘潜能,促进个人发展,增进工作满足感及提升志愿服务工作的整体素质发挥着重要的作用。

1. 培训目的

培训是知识、技能及态度三方面的灌输与交流。其主要目的是:了解社区志愿服务工作,使社区志愿者明白志愿工作的意义,并了解社区志愿服务机构和社区志愿者小组的政策、目标、理想、使命;促进社区志愿者的个人目标与社区志愿服务机构和社区志愿者小组的目标达成一致。

2. 培训内容

社区志愿者培训内容可归纳为两个范畴:基础理论、技巧训练。

每项培训活动须平衡两者的比重,避免训练活动流于表面化。基础理论内容应当包括:社区志愿服务工作概念及服务需知,了解机构及小组对志愿服务工作的期望及目标,掌握小区的需要及资源,了解服务对象的特征与需要。技巧训练则包括:人际沟通,自我认识,活动程序设计,特别技能训练,探访技巧,与其他服务提供者的合作技巧,急救训练,带领游戏技巧,小组工作技巧,管理技巧训练,服务策划课程,领袖才能训练,资源管理等。①

(三)使用

社会工作介入社区志愿服务也是目前学界所谓的“社会工作者+志愿者”(即“社工+义工”)模式。社会工作者与志愿者各有优势。

---

① 香港社会福利署:《义务工作管理训练手册》,2000年,第10~15页。

1. 社会工作者的优势

社会工作者拥有专业知识、专业价值观与职业伦理规范，其服务的效果和质量有较好的保障，在社区服务过程中可以较好地克服志愿者社区志愿服务的非职业性、其服务效果和质量得不到有效保障等问题。

2. 志愿者的优势

志愿者在中国已经形成了较为庞大的队伍，社会认同度高、群众参与度高，在社区工作中志愿者的使用可以克服社会工作发展初期社会工作职业化人才较少、社会工作者还不为广大群众所熟知等问题。

拓展阅读

社区工作员 + 志愿者

2007 年，通过申请福彩公益金，深圳团市委在市、区义工联设置了 22 个社工岗位，整合社会工作者、社区志愿服务，逐步建立一社区一社会工作者的全覆盖工作体系，全方位预防青少年违法犯罪。社会工作者运用社会工作方法，带领社区志愿者进行摸底、情况记录和定期跟踪，按问题严重程度设立“蓝、红、黄、绿”颜色制度，实行分类服务：蓝、红属“高危”人群，采取个案专业方法“点对点”服务，黄、绿属普通人群，采取团体专业方法“一对多”服务。针对困弱青少年群体，社会工作者、社区志愿者联合组建社工、社区志愿者工作团队，一名社会工作者固定联系多名社区志愿者，社区志愿者负责广泛收集资料，掌握第一手情况，再由社会工作者运用专业知识进行筛选，为有需要的青少年建立档案，提供服务，带领社区志愿者一同为其提供长期跟踪服务。

中山博睿社会工作者中心开展的“老年人服务 + 青少年服务 + 低收入家庭服务 + X”服务模式，对于社会稳定和发展、居民生活改善，发挥着积极作用。专业社会工作者通过招募“项目志愿服务（即针对老年人服务、青少年服务等项目）”，招募志愿者，经过培训后开展活动。例如，针对老年人口越来越多的现状，社会工作者一方面吸引大学生志愿者、社会志愿者前来为老年人提供探望、帮扶的服务，另一方面鼓励老年人参加“银色力量志愿”，发挥自身经验优势、时间优势，为社区提供服务。此外，社会工作机构通过不断拓展“X”服务内容，鼓励志愿者发掘、设计新的服务项目，让新进志愿者获得锻炼、能力得到发挥，也为社区生活增添新的魅力。

资料来源：广东省综治委预防青少年违法犯罪工作领导小组办公室：《广东省预防青少年违法犯罪工作简报》2008 年第 6 期；谭建光等：《社工 + 义工“两工”联动现状调查（下）》，《中国社会工作》2012 年第 10 期上。

3. 社会工作者与志愿者的合作

社会工作者与志愿者应当良性互动，即在社会服务中采用"社会工作者指导志愿者开展专业服务，志愿者协助社会工作者提供大量服务"的运行机制，发挥两者各自的优势，共同为构建和谐社会作贡献。①

（四）支持与激励

社区志愿者的支持和激励有利于吸引和保持社区志愿服务人才，提高社区志愿者的工作绩效，激发社区志愿者的工作热情。社区志愿者的激励主要方式包括：

1. 赞许和表扬

赞许是一种常用的、易行的激励方式。当面称赞，当众夸奖，通报，乃至奖赏，都属于赞许。它是对受赞许者的服务行为的肯定和认可。采用这种方式应当注意：赞许的时机和场合，应尊重社区志愿者本人的意愿，为其所接受、群众所理解，才能产生积极效果；赞许的内容应该实事求是，才可以使人信服；赞许的程度要恰如其分，不可过分夸张渲染以影响社区志愿服务的公信力。

2. 参与管理

让社区志愿者参与服务的决策和管理是一种重要的激励方式。特别是能够让普通社区志愿者参与社区志愿事务的管理、决策、运作、实施与评估。这有利于增进社区志愿者、管理者、社会工作者以及服务对象相互之间的理解和信任，有利于增强志愿服务各方的参与和合作意识，可以发挥社区志愿者的能动性、尊重志愿者的自主性，从而调动社区志愿服务的积极性，提高社区志愿者的团队认可感和归属感。

3. 行政激励

本书行政激励主要指志愿者组织为了激励其成员的工作积极性、创造性，增强其责任心和荣誉感，提高工作效率和质量，依据有关规章制度，运用组织的行政手段，对表现突出贡献者给予物质和精神奖励。在实施行政激励之前，必须对组织成员进行绩效考核，包括对工作态度、工作能力、工作成绩进行考察、审核和评价。绩效考核要求严格、全面、公平、公正。

4. 社会回报激励

尽管社区志愿者不以获取回报为参与志愿服务的主要动机，但是，为了充分调动广大社会成员参与社区志愿服务的积极性，各类社会组织都应该探索和建立志

① 民政部社会工作司：《社会工作与志愿服务关系研究》，北京：中国社会出版社，2011 年，第 26 页。

愿服务的回报机制，让志愿者的服务行为能够获取一定的社会回报。社会回报激励的方式是多种多样的，如有"时间银行"、"公益ATM"等。

拓展阅读

时间银行

时间银行的倡导者是美国人埃德加·卡恩。1980年，卡恩46岁，却经历了一次大面积心肌梗塞，这次经历让他对生活有了重新的理解，他的生活方向也由此改变。所谓时间银行，是指志愿者将参与公益服务的时间存进时间银行，当自己遭遇困难时就可以从中支取"被服务时间"。

"公益ATM"项目分为网络和实体两部分。在网络平台上，居民可以通过登录公益ATM版块，自助实现资源的存入、查询、预约和取出等服务；在实体平台上，居民可以将自己闲置的物品放入"公益ATM实体店"中，完成公益ATM的存入，也可以在参观"公益ATM实体店"后申请自己有资格申领的物资，完成公益ATM的取出。

资料来源：刘显仁等：《试点公益ATM　自助"存取"爱心》，《广州日报》2012年12月11日。

三、社会工作者的角色和技能

(一)角色

社会工作者在与社区志愿者合作的过程中主要扮演以下角色：

(1)协调者。介绍社区志愿者参与社区的社区志愿服务活动和训练，让社区志愿者能从不同的渠道学习，以改善服务质量并促进个人成长。

(2)辅导者。提供辅导帮助社区志愿者处理机构内的人际关系、冲突及其他成长上遇到的问题，并提供情感上的支持。

(3)管理者。主导或协助社区志愿服务组织的各项行政管理工作。

(4)顾问。在社区志愿服务准备阶段，参与指导社区志愿服务的问题评估和方案设计；在社区志愿服务推行期间，给予社区志愿者专业意见作为参考；在社区志愿服务后，给予中肯的建议及评价。

(5)指导者。教导社区志愿者带领小组、游戏及小组会议等，以培养社区志愿者的领袖才能，处理人际关系及工作问题等的知识及技巧。

(6)信息提供者。为参与志愿服务的社区志愿者提供社区资源及机构工作方针等数据，以确定社区志愿服务的工作计划和方向。

(二)技能

2006年中国民政部颁布了《社会工作者职业水平评价暂行规定》,明确规定了助理社会工作师和社会工作师所应具备的职业技能。助理社会工作师应具备以下职业技能:熟悉与社会工作业务相关的法律、法规、政策和行业管理规定,掌握基本的社会工作专业知识;能够与各类服务对象建立专业服务关系,对服务对象的问题做出预估,制定服务计划和服务协议,独立接案、结案并提供跟进服务;能够根据服务计划,运用专业方法和技术协助服务对象解决问题。社会工作师应具备以下职业技能:能够熟练运用社会工作业务相关的法律、法规、政策和行业管理规定,具备较丰富的社会工作专业经验;能够综合运用各种社会工作方法,为服务对象提供专业服务,处理各类复杂问题,并对所提供的专业服务质量与效果进行评估;能够指导助理社会工作师开展专业工作,帮助其提高专业工作水平和能力;能够制定科学合理的工作方案和发展规划,整合、运用相关社会服务资源,拓展服务领域,保证服务质量。社会工作者在参与社区志愿管理和服务中的角色通常是社会工作行政的角色,所以以上技能要求适用于社会工作者参与社区志愿管理和服务。

在微观技能上,可把社会工作者的职业技能划分为核心职业技能和特殊职业技能。核心职业技能又分为方法技能(自我学习、信息处理、数字应用、独立思考等能力)和社会技能(与人交流、与人合作、解决问题、创新革新等能力),职业特殊技能则包括专业价值观与伦理的坚守力、社会调查能力、感悟力、组织管理能力、角色适应能力、反思能力以及公关能力等①,这些技能适合于社会工作者在社区志愿管理和服务中的具体应用。

在社会工作者引领社区志愿者参与社区志愿服务过程中,社会工作者除了拥有社会工作通用技能,还应该将社会工作通用技能与社区志愿服务实际情况相结合,社会工作者要应用专业的社会工作方法进入社区,了解掌握社区社会、经济、政治、文化、人文背景,带领社区志愿者和社区其他利益相关者一同参与社区志愿服务的需求调查、规划、执行、评估等工作。在担任社区志愿服务的辅导、管理、顾问、指导角色过程中,社会工作通用技能可以较好回应社区志愿服务需求。而在协调、和促进者角色中社会工作者则需要认同和践行社会工作伦理,能够做到尊重、关怀他人和社区志愿服务,要具备善于与志愿者沟通、交流的能力,能够平衡各方利益关系,可以营造良好的志愿者人际关系氛围,遇到志愿服务中的危机事件可以独立或带领社区志愿者进行处理。

---

① 苏敏等:《高职院校社会工作专业学生职业能力培养浅谈》,《当代职业教育》2012年第1期。

四、专业社会工作参与社区志愿服务的优势与局限

(一)优势

1. 扩大服务领域

志愿服务发展初期,由于参与的大多是年轻人,有热情但缺乏经验,出现过围绕少数领域集中服务、忽视民众广泛多样需求的现象。老百姓批评这些服务停留在“扫大街、看老人、做表演”的浅层次上。近年来,随着专业社会工作的发展,越来越多的社会工作机构深入社区,与志愿者合作探索新的服务领域。

2. 整合服务资源

社会工作者与志愿者合作,通过发挥专业社会工作者优势提升社会服务的公信力,发挥社团网络优势提升社会服务的影响力,从而为社会服务聚集更多的资金资源,获得更好的发展空间。在这方面,香港青年协会的青年志愿者网络创造了非常成功的经验。他们聘请专业社会工作者担任志愿组织的协调工作,邀请志愿者领袖策划和实施服务内容,面向学校、社区、企业推出富有魅力的项目。社会工作者指导、发动、凝聚社区志愿者开展社区服务,社区志愿者参与、协助、分享社区服务经验,实现两者的联动是缓解社会资源紧张、满足市民多样化需求的必然选择。

3. 满足社会服务的需求

社会工作者队伍是有限的,社区志愿者队伍是无限的,社工和社区志愿者联动有利于实现人力资源的整合,有利于降低社会服务的运行成本;社会工作者具有专业性,社区志愿者具有群众性,社工和社区志愿者联动有利于提高社会服务质量;社区志愿者参与社会服务,提供了丰富的人力资源,可以在一定程度上改变人力不足的社会服务现状,分担社会工作者繁重的工作负担。据统计,在一些国家,社区志愿者服务每年创造的价值可达国民生产总值的8% ~14%。以美国为例,社区志愿者每年的服务相当于900万名工作者的全时工作量,相当于2250亿美元的经济价值。

4. 促进共同成长

社会工作者、社区志愿者在联动的过程中,各自的需求得到满足,各自的潜能得到发挥,有利于两者的共同成长。一方面,社会工作为社区志愿者的管理和发展提供了新方式。由社会工作者及其机构,组织社区志愿者开展服务,可以形成社区志愿者管理的长效机制。社会工作者帮助社区志愿者获得参与解决社会问题的机会,使社区志愿者丰富了生活经验,学习了新知识,获得了成长。另一方面,发展社区志愿者也是完善社会工作制度、促进社会工作发展的重要手段。从宏观层面来

看，培养一批社区志愿者围绕社会工作者开展服务，是对社会工作的一种重要支持和补充。从微观层面来看，在与社区志愿者的互动之中，社会工作者组织、协调社会资源的能力得到了提升，与人交往的实务技能得到了增强；通过社区志愿者的服务建议或批评，还可以促使社会工作者反思自己的工作，改进工作方法，提高业务水平。社区志愿者的加入可以改善社会工作者的服务，促成社会工作者的自决及成长。①

拓展阅读

社区工作专业人才队伍建设

中组部、民政部等 18 部门《关于加强社会工作专业人才队伍建设的意见》提出，"建立健全社会工作专业人才和志愿者相互协作、共同开展服务的机制，通过社会工作专业人才的引领，规范志愿者招募注册与管理，提升志愿者服务水平，丰富社会工作专业人才资源，拓展社会工作专业服务范围，增强社会工作专业服务效果"。

（二）局限

社会工作者参与志愿服务与管理过程中应该注重平等的合作关系，然而随着社会工作在正式社会福利系统中专业地位的提升，社会工作者与志愿者的关系发生了根本的逆转，两者之间的平等合作关系已经打破。② 在社会工作寻求科学主义范式作为专业实践基础加强专业地位时期，亚当斯（Addams）就告诫社会工作者，社会工作的基本价值理念要求社会工作者与社区志愿者建立平等合作关系，因为他们是最接近贫困人群的，他们也最希望改善现实的生活处境。③ 西方国家已经开始普遍意识到仅仅靠政府或者市场机制无法有效应对社会福利服务面临的挑战，于是开始强调志愿服务的作用，把非政府组织的力量也纳入到社会福利服务系统中，建立一种包括公众、私人、志愿服务组织等多方力量参与的多元福利服务。④这样，作为政府社会福利服务的主要执行者的社会工作者，就需要调整自己和社区

---

① 谭建光：《中国城市社工志愿者合作模式探析》，《城市观察》2011 年第 5 期。

② Sherr, Michael E. ,*Social Work with Volunteers*, Chicago, Illinois: LYCEUM BOOKS, INC. 2008, p. 63.

③ Addams, J. , How Much Social Work Can a Community Afford? From the Ethical Point of View. Jane Addams Papers (reel48, 719 –729), Central Washington University, Ellensburg, WA. 1926, p. 727.

④ Salamon, L. , Anheier, H. , and List, R. , *Global Civil Society: Dimensions of the Nonprofit Sector* (Inaugural Edition). Baltimore, MD: Johns Hopkins Center for Civil Society Studies, 1999, p. 18.

志愿者的关系，其首要任务是在社区的日常生活场景中与志愿者建立平等合作的关系，整合社区的各种资源实现最优化的组合，为社区的弱势群体提供符合本地需要的专业服务。

A 本章小结

1. 社区志愿服务旨在解决社区问题、促进社区进步，是社区服务和社区建设的重要内容。

2. 自愿性、不图报酬、社区成员直接参与或直接受益，民间性主客体之间不具有法律或习俗规定的赡养、抚养或扶养义务等行为特征，使社区志愿服务有别于其他社区服务和营利性服务。

3. 社区志愿组织包括法人组织、非法人资格团队。

4. 社区志愿服务具有弥补政府公共服务不足、开拓新的服务领域，促进社会团结、重要经济价值、教育等功能。

5. 社区志愿服务包括社区就业、治安、文化、教育、环保、老年人服务等。

6. 在社会工作专业知识指导下的社区志愿服务过程包括问题的认识和分析、预估、目标制定、方案设计、介入、评估等阶段。

7. 社区志愿服务方法有邻里互助、单向服务及协同包户服务、设点服务、电子信息化服务等。

8. 社会工作介入志愿服务策略包括运用和发掘社区人力资源、协调和连接各种服务资源与系统、制订计划创新资源、改变环境等。

9. 社会工作介入志愿服务过程中，主要会在社区志愿者的招募、培训、使用、支持与激励方面提供专业帮助。

10. 社会工作者在和社区志愿者合作的过程中主要扮演信息提供者、促进者、协调者、辅导者、管理者等角色。

11. 专业社会工作参与管理社区志愿服务有扩大服务领域、整合服务资源、满足社会服务的需求、促进共同成长等优势，但是也要注意产生不平等的局限。

B 主要术语

社区志愿服务(Community Voluntary Service)：是指那些为解决社区问题、促进社区进步，自愿贡献时间、才智或钱物，且不图报酬的行为。

社区志愿者组织(Community Volunteer Organization):中国公民自愿组成的,为实现会员共同意愿,按照其章程开展活动的非营利性社会组织。

邻里互助(Neighborhood Mutual Aid):是指以地缘关系为基础形成的志愿互助行为。

单向服务(One - way Voluntary Service):是指一方提供服务,另一方接受服务,不要求服务对象为对方提供服务。

设点服务(Designated Voluntary Scrvice):主要是指在社区里设置固定场所(地)为社区成员提供志愿服务。

C 练习题

1. 观察你身边的社区志愿组织,并根据所学内容写一篇观后感。

要求:从社会工作专业的视角来看待社区志愿组织。

2. 亲自参与社区志愿服务,并与不同的利益相关者交谈,深度了解社区志愿组织的运转情况。

要求:从社会工作和社区志愿服务合作的角度进行了解。

D 思考题

1. 什么样的岗位需要社区志愿者?
2. 什么样的人愿意承担不同的社区志愿服务任务?
3. 在什么地方可以招募到符合任务目标的社区志愿者?
4. 社会工作者如何招募、培训和使用社区志愿者?
5. 社区志愿者需要什么样的激励机制? 具体方法有哪些?
6. 对不同的社区志愿者应该如何用不同的形式进行管理?

E 阅读文献

1. 王名编:《非营利组织管理概论》,北京:中国人民大学出版社,2010 年,第八章,第 160 ~ 174 页。

2. 丁元竹、江讯清、谭建光:《中国志愿服务研究》,北京:北京大学出版社,2007

年,第四至七章,第99～333页。

3. 邹翔:《志愿服务:取经美利坚》,《人民日报·海外版》2006年8月25日第10版。

4. 梁绿琦、余逸群:《志愿社区:中国社区志愿服务研究》,北京:中国青年出版社,2009年,第三至六章,第87～302页。

第十一章　社区工作项目运作

项目是社会工作开展社区服务活动的重要载体，社区工作以项目为依托既保证了服务效果，又易于获得资源支持及社会认可，社区工作项目化运作是适于本土社会工作发展的新模式。本章将从社区工作项目的概念出发，阐述社区工作项目的产生背景与发展趋势、类型与功能，对社区工作项目的基本要素及运作过程进行系统梳理，并结合项目案例阐明专业社会工作介入的过程与方法，同时对社区工作项目运作的发展方式进行反思与分析。

第一节　社区工作项目概述

社区是开展社会工作服务的一个重要领域，社区工作项目是社会工作以"项目"形式开展服务的运作方式，在社区工作项目产生和发展的现实背景下，不难看出社区工作项目运作将成为一种重要的社会工作模式。

一、社区工作项目的概念

（一）项目

项目一词最早产生于工程学，后引入管理学，在多学科研究的基础上，形成了对项目的多种定义。美国项目管理协会（Project Management Institute, PMI）认为项目是一种被承办的旨在创造某种独特产品或服务的临时性努力。曹秀玲等认为，项目是指在一定的约束条件下（如限定资源、时间和规定质量标准等），具有特定的明确目标和完善的组织结构的一次性事业。[①] 基于以上定义，可以发现所谓项目包含四个要素。首先，项目是目标明确的。项目是要完成特定目标，目标必须是明确的，项目工作必须是以未来实现这个既定的明确目标而开展的。并且项目是

---

① 曹秀玲、于香梅等：《工程建设项目管理中有关索赔问题的探讨》，《石家庄经济学院学报》2004年第8期。

一次性可交付的成果，一旦目标完成项目就终止。其次，项目是以客户为中心的，任何项目的根本目标都是为了满足客户的需求。再次，项目由专门的组织完成，项目是规范性活动，由特定的项目团队完成。最后，项目受到时间、经费、资源的限制。这就要求项目成员在有限的时间内以有限的财务和人力资源来开展工作。

综上所述，项目通常是指具有目标、期限、预算、资源约束与资源消耗以及专门组织的一次性独特任务。社区项目是与社区相关的以“项目”形式呈现的各类活动的总称，既包括社会工作专业服务活动，也包括各类商业机构的盈利性活动以及政府以行政手段开展的各类社区服务活动。

（二）社区工作项目

所谓社区工作项目是指以社区为平台，以项目为依托，以专业社会工作的介入为契机，分类逐项开展社区服务的专业实践活动。社区工作项目具有一般项目的共性，它的任务涉及多方成员，目标明确，独特性大于重复性，项目具有明确的起止时间。社区工作项目又区别于其他项目，它是一种社会服务，而非一种产品，它的成果不仅是对服务对象的问题有形可见的改善，而且对服务机构、社区发展甚至社会环境都有着深远影响。

从社区工作的实践经验中不难看出，通常社区工作包括两个组成部分：日常工作和服务项目。社区事务纷繁复杂，社区工作员每天都会面对大量事务性工作，仅靠日常工作不能满足服务对象的个性化服务需求，也不能提升社区服务机构的专业能力，因而针对各类社区服务需求的社区工作项目应运而生，通过项目化运作方式传递社会服务，就是将工作任务和目标变成一个个项目，而后通过项目管理的思路来进行运作，这种工作模式更能充分利用外部资源，集中专业力量，提升专业服务效果。因此，项目运作是社区工作发展的推动力，是充分利用外部资源的有效平台，也是激励工作员的有效手段，并有助于社会工作专业形象的创立和维护。

二、社区工作项目产生背景与发展趋势

（一）社区工作项目产生背景

改革开放以来，中国社会一直以经济建设为中心，社会服务相对滞后。社区作为普通居民日常生活的重要平台，承担着越来越多的服务功能，而随着经济发展和社会变迁，社区居民的需求也越来越个性化、多样化。基于职能管理基础上的传统社区服务模式已经不能满足新形势下服务对象的需求，社区发展亟须找到有效的服务传递方式及专业化的服务团队来化解日益严重的社区矛盾。“项目”的运作

方式具有服务与效果并重的特点，恰好满足了社区的服务需求。

拓展阅读

以政府购买服务的形式开展服务项目的实例

上海市阳光社区青少年事务中心（以下简称“中心”），是一家于2004年2月18日正式挂牌成立的民办非企业机构。该中心通过与政府签订《政府（青少年）服务购买合同》的形式，按照市政府“政府主导推动，社团自主运作，社会广泛参与”的工作思路，承担政府委托的全市社区青少年教育、管理和服务事务。

1. 受益群体：全市社区青少年。

2. 经费来源：上海市社区青少年事务办公室。

3. 实施时间：2004年2月至今。

4. 内容和成果：中心基本使命是服务青年、发展社会工作事业。中心承担政府委托的社区青少年教育、管理和服务事务，负责对全市青少年社会工作事务进行业务指导、管理和调配等。

专业社工通过运用个案辅导、小组活动、团体康复活动以及社区工作等社会工作专业手法和技巧，为社区青少年提供专业服务，帮助社区青少年解决他们所面临的心理、家庭、求学和就业等方面问题。

通过全体社工的努力，青少年社工已经在社区青少年中形成了一定的知名度和认同度，相当一部分社区青少年在青少年社工的帮助下，解决了所面临的就学、就业以及生活等方面的实际困难，树立积极的生活态度，调整人生发展的轨迹。

资料来源：刘庆元：《社会工作机构项目化运作的探索与思考》，《社会工作》2009年第8期上。

除此以外，政府管理模式转型和专业社会工作机构发展也是社区工作项目产生的有利条件。转变政府职能是中国行政管理体制改革的基本目标，发挥社会组织作用是实现政府职能转变的重要条件。政府正在逐步将可由社会组织承担的事项，归还、转移或委托给有相应能力的社会组织承担。近几年来，中国政府自上而下推动社会工作发展，已出台大量社会政策鼓励机构提供专业服务。2011年中组部发文《关于加强社会工作专业人才队伍建设的意见》，2012年民政部和财政部联合发文《关于政府购买社会工作服务的指导意见》。政府意识到“社会工作服务是现代社会服务体系的重要组成部分。政府购买社会工作服务是政府利用财政资金，采取市场化、契约化方式，面对具有专业资质的社会组织和企事业单位购买社会工作服务的一项重要制度安排”[①]。政府以购买服务项目的形式为民间社工机构提供服务资金来源，有助于促进社区居民服务需求的满足和社区问题的解决，可以说，这种“政府购买服务—社工机构提供服务”的模式，比较符合中国国情，在很大程度上维持了社工机构运行。

（二）社区工作项目化运作的发展趋势

当前，中国专业社会工作处于起步阶段，正亟须发展出一套适合国情并行之有效的实务模式。社区工作项目化运作的思路，为还处在初步阶段的社会工作在社区服务中发挥专业价值提供了现实的路径，探索出一条“项目化—品牌化—常态化”的发展模式。[②]

文军指出：“社会工作模式是在社会工作实务中形成的，在相对固定的理论框架指导下的具有普适性指导价值的社会工作服务方式。”[③]众所周知，中国的社会工作源于西方，并在其发展过程中受到经济发展和社会环境的制约，导致本土社会工作的发展与国际上有着明显的差距，因此，模式的探索显得十分重要。在多年实践中，针对社会工作的项目化运作模式，一线社工、政府部门以及实务机构都做出了大量积极有效的实务工作，整个模式已经呼之欲出。利用项目的理念、方法和工具开展社会工作实务已经是一种成熟的路径，其优势是能够全面地预测整个社会服务过程中可能存在的问题和风险，对社会工作的介入活动和资源进行计划、组织和控制，从而实现社会服务成效的最大化。项目化运作对于还处在起步阶段的中国社会工作，无疑是一种具有发展潜力的社会工作新模式。

项目化运作的根本目的在于服务水平的提升，而不是走项目形式主义，项目化是手段而不是目的，要从项目中看到服务的实效。项目的良好运作对社区工作自身形象的树立有着重要作用，潜在服务人群的开发和维持在很大程度上取决于服务机构树立的服务形象。社区工作项目化运作的目标不仅仅是项目化，也是为后续的品牌化做准备。品牌化的第一步在于将项目进行科学分类，以实现项目系统化运作，提高项目管理效率，从而较快地提升项目知名度，推动项目品牌化。项目化到品牌化的转变过程意味着先进服务方式和手段从地域化和特殊化向全面化和常态化发展，当项目成为社区工作的主要形式，项目工作成为日常工作中的一部分，这就意味着成熟的社区工作模式的诞生。

---

① 民政部和财政部：《关于政府购买社会工作服务的指导意见》，民发〔2012〕196 号。

② 罗峰：《社会工作项目化管理过程研究》，华东师范大学，硕士学位论文，2011 年，第 57 页。

③ 文军：《社会工作模式及其本土化反思》，《社会科学研究》2010 年 3 期。

三、社区工作项目的类型与功能

(一)社区工作项目的类型

对项目进行科学的分类,便于扩大项目的知名度,促进对社区工作专业的理解和认同。

1. 活动项目和实体项目

从性质上可以把社区工作项目分为活动项目和实体项目。活动项目是以某项服务活动为主体,任务目标具体明确,活动形式灵活多样,活动周期一般为1~2个月的短期项目。如山东某高校社会工作专业在为期三周的社区实习中,以社区老年人为服务对象,开展了"最美夕阳红"成长小组、"我们还年轻"户外活动、"社区资源大发现"等实务活动。

实体项目是以某机构为载体,通过机构发挥专业服务的功能开展服务活动,因为机构作为实体是长期存在的,所以既会开展短期项目,也会开展长期项目。例如上海市阳光社区青少年事务中心以社区青少年为服务对象,开展了"青苹果"禁毒计划、"同在阳光下"校外青少年防艾系列行动、"阳光乐园"小学生晚托班项目、"我要爱阳光"灾后重建项目等服务活动。

另外,活动项目与实体项目也不是截然分开的,随着社会工作在社区的影响力的提升,有特色的效果明显的活动项目也能实现向实体项目的转化。具体而言,从某个社区产生,以直接的社区服务为首要目标制定相应的活动项目,通过长期的项目化运作,项目成熟后发展成为专业社工机构,开创了一条以社会服务活动项目孵化社会工作机构的发展之路。

2. 短期项目、中期项目和长期项目

从时间上可以把社区工作项目分为短期项目、中期项目和长期项目。短期项目一般是指几个月时间内完成的项目,中期项目一般需要几年时间可见项目效果,而长期项目所需时间更长,会伴随社区发展的需要而存在。其中短期项目和活动项目一样有较为详细的目标,并为长期项目提供经验。而长期项目更容易形成品牌,使项目更具影响力,为日后形成实体项目奠定基础。①

3. 社区工作项目的四类主体

从实施主体来看,可以将社区工作项目主体划分为四类:一是社区居委会领导下的社工站,二是具有社会福利性质的行政部门,三是各类社会工作专业机构,四

---

① 刘庆元:《社会工作机构项目化运作的探索与思考》,《社会工作》2009年第8期上。

是各类公益性社会组织。其中,社工机构作为社区工作的实施主体之一,也是最具专业性的主体,理所应当地成为社区工作项目的天然载体。

(二)社区工作项目的功能

王瑞鸿在《社会工作项目精选》一书中,明确提出,项目既是社会工作服务的一种专业方法,又是社会工作机构进行自我管理的核心手段,还是政府创新服务的重要桥梁。就此而言,项目可以视为案主、社工、机构、企业以及政府相互连接、交互作用的有力平台。① 与带有一定行政色彩的传统社区工作模式不同,社区工作项目运作具备更优的服务功能。

1. 有利于资金获得

在资源有限的条件下,无论是出资方、服务机构还是服务对象都希望以最小的资金投入产生最大的社会效益,社区工作项目无疑具备了这样的功能,实现了资源的有效利用。

目前,政府购买服务是社区工作项目资金的重要来源,项目化运作消除了政府购买服务这一模式中,如何对费随人走、费随事转以及花钱买岗诸多问题进行制度安排的难题。与此同时,由于按照国际惯例,基金会和其他公益性组织的活动都是以项目的形式开展,社区项目运作就有利于拓宽资金来源,争取到非政府组织的资金支持。

2. 有利于服务提供

针对不同的服务对象采用不同的活动形式,提供独特的服务,每个项目都可以根据服务对象需求特点制定相应的服务内容,也可根据服务对象需求变化改变工作计划,有效避免了服务活动开展的单一化和僵硬化。因为项目有明确的服务对象和目标,职责分工清晰,工作流程规范,这就确保了服务目标的实现。

3. 有利于专业发展

好的项目不仅可以孵化机构也可以推动专业发展。首先,每个项目都有明确的服务范围和服务目标,这有助于承担项目的机构凝练专业发展方向,形成机构特色和服务品牌。其次,项目的来源是多样的,政府、企业、非营利性机构或基金会都会出于不同的考虑设立社区项目,项目的多样化拓宽了社工机构的服务地域和领域,拓展了服务内容。再次,推动项目发展,常常不是一己之力,需要机构与多方合作完成。以项目的形式构建合作,增强了机构的公信力和号召力,使得需要多方合作的大型项目成为可能,实现了机构与政府、基金会以及NGO之间的相互联系。

---

① 王瑞鸿主编:《社会工作项目精选》,上海:华东理工大学出版社,2010年。

第二节　社区工作项目要素和运作过程

从静态角度来看,社区工作项目作为一个整体,包含着项目资源、项目团队、项目对象、项目规范等四个基本要素,缺一不可,要素保证了项目的完整性和有效性。从动态角度来看,项目运作就是一个有始有终的任务过程,对项目过程的系统了解,有助于规范地开展实务活动,取得事半功倍的效果。

一、社区工作项目的基本要素

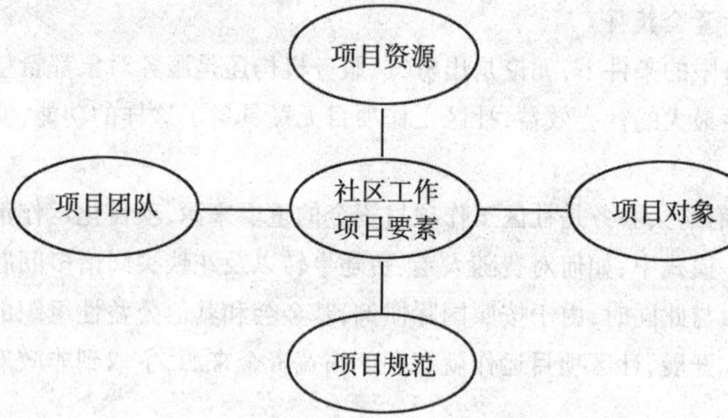

图 11-1　社区工作项目要素

(一)项目资源

社区工作的快速发展,丰富的人力、财力等资源支撑是必不可少的,资源是项目存在的必要条件,项目是资源利用的有效手段,如果没有项目这个良好的平台,就会造成资源的浪费,也不能使资源产生效益。在社区工作中,项目资源不仅包括物质资源、人力资源,也包括支持项目运作的社会环境。

资金是项目运作不可或缺的资源之一。目前社区工作项目的资金来源主要有三种途径。一是政府出资购买服务。政府拨款能够为项目提供稳健的资金支持和物质保障,是帮助服务机构深化服务项目的重要途径。二是服务机构自主筹资。主要是通过争取基金会或者企业的赞助,也有部分资金来自于社会捐赠。机构自主筹资是对现有项目经费的良好补充,不仅可以帮助自身实现服务内容的拓展,同时也通过与诸多 NGO 及基金会的紧密合作,形成全社会共同参与社区服务的格局,为长期合作开展更多的服务项目奠定基础。而由此产生的良好社会效应,也促进了社会对机构本身的认同。三是项目收费。为保障项目的顺利实施,对项目的服务对象收取不高于运行成本的费用。对于收费的服务项目,则要充分考虑到服务性质、服务质量和服务对象的接纳程度。对于服务机构而言,目前社区工作项目主要靠政府购买服务的方式获得资源,但随着形势的变化,政府对社会工作服务方面的跟进也可能会出现迟缓。从国外社会工作的发展经验可以看出,实际上项目的来源可以相当广泛,不但有政府购买的项目,也有基金会资助的项目,不但有企业赞助的项目,也有社会捐助的项目。

除了资金以外,多方参与的支持系统也是项目存续的有力保障。在项目运作过程中,“充分发挥专家、志愿者、机构、媒体等多方的优势和作用,形成项目运作的支持系统”①,为项目运作提供良好的社会氛围,保障项目目标的实现。

因此,如何让政府、企业、基金会和 NGO 等了解社会工作的服务内容和专长,如何协调并整合社区层面的多种资源,合力打造项目的资源支持体系,对社区工作项目运作至关重要。

(二)项目团队

团队是为了实现某一个共同目标而遵循同一规范、相互协作的若干个体所组成的正式或非正式组织。一支团结、和谐、士气高昂、工作高效的项目团队有着至关重要的意义:它能够促进多领域项目成员的整合,促进信息和知识的共享,激发团队成员的创造力和凝聚力。社区工作项目团队包括的主要人员有项目负责人、团队成员以及项目干系人。

1. 项目负责人

项目负责人是项目组织内指定的负责项目运行和管理的人员,项目负责人对问题的处理从根本上决定了项目的成本、完成时间和对人力资源利用的效率。因此,社区工作项目负责人对项目的完成十分重要。项目负责人的工作内容包括:按照时间、预算、规范的要求配置资源完成项目目标,处理矛盾和冲突,开发新的工作方法,激励员工等等。因此,只有具备领导能力、沟通能力、组织能力、激励能力、决策能力和综合能力的社会工作者,才能胜任项目负责人的角色。

特别需要强调的是,项目负责人应善于以全局的眼光看待社区工作服务项目,分析项目活动对相关各方的影响。项目负责人必须善于和各种不同的盟友建立良好的合作关系。首先,必须确定对项目的主要影响人是谁,分析和这些人的关系的性质以及向对方施加影响力的基础是什么。一个成功的项目负责人应善于向别人施加广泛的影响力,并运用这些影响力和高度互动性的管理风格来监控项目的进

① 刘庆元:《社会工作机构项目化运作的探索与思考》,《社会工作》2009 年第 8 期上。

行,在项目的计划和方向中进行适当的变动。再次,项目负责人应当基于共信的基础来完成这些工作。信任是通过经常、面对面的接触建立起来的,项目负责人应该和项目的主要干系人保持频繁的联系,使他们了解项目的最新进展,消除他们的顾虑,协助他们进行监督检查和持续关注项目。

2. 项目成员

对于一个具体的项目而言,项目的实施总是依托机构组织的人力资源来实现的。成员的构成应当多元化,应当考量他们在技术、组织和人际关系等方面的互相影响。社区工作项目中的人力资源管理主要涉及人力资源规划、招募、考核三个方面。

规划的第一步就是通过需求分析和供给分析，得出一份关于项目人力资源需求的清单。所谓需求分析，就是对项目在未来的某个时间点上需要多少数量和何种类型的社会工作人员进行预测，而供给分析则是估计管理人员在该时间点能够支配多少社会工作者来补充这些工作岗位。[①] 第二步在于进行工作分析。工作分析是指通过一系列程序方法，找出项目所涉及的某个职位的工作性质、任务、责任及完成工作所需的技能和知识的过程。[②] 尤其要注意平衡项目负责人与一线社工人员的比例。项目人力资源规划有着临时性的特点，因而显得较为灵活。[③]

社区工作项目成员的招募一般涉及两种:一是社工机构通过人力资源规划之后,发现已有人员不足以完成实际项目而临时招募人员;二是通过机构内部的结构重组和通过工作设计提升人力资源来满足项目需求[④],或者称之为“机构内招聘”。项目组织的临时性意味着不需要专门为了项目而长期设立相应岗位,因此这种临时性就决定“机构内招聘”的主要任务在于对已有人员的培训和充分利用,以及组织架构的重新组合。

3. 项目干系人

项目干系人是指那些与项目有利害关系的个人或者群体,他们能够对项目的发展造成各种正面或者负面影响。[⑤] 社区工作项目所处的系统可以看做是项目与项目干系人之间的互动系统,依据系统理论,通过生态系统图这一社会工作专业分析工具,可以明显看出两者的关系。

---

①④ 曾群:《社会工作行政》,上海:上海人民出版社,2007年,第97页。

② 张曙编:《社会工作行政》,北京:社会科学文献出版社,2002年,第255页。

③ 宋伟主编:《项目管理学》,北京:人民邮电出版社,2008年,第278页。

⑤ 冯俊文、高明、王华亭编:《现代项目管理学》,北京:经济管理出版社,2009年,第8页。

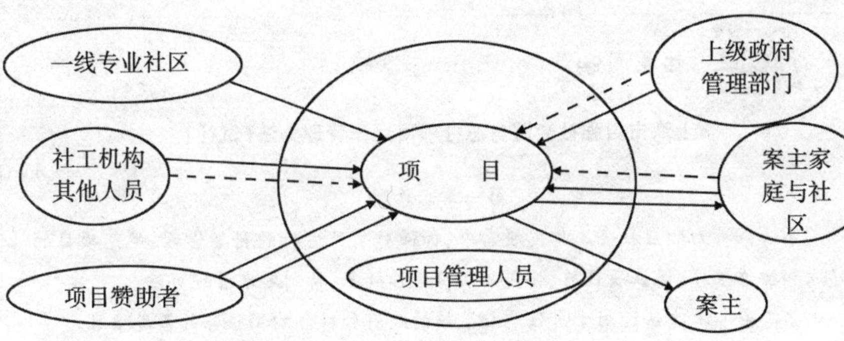

图 11－2　项目干系人生态系统图①

由于项目干系人需求的差异性，项目不可能使得所有干系人的需求得到相同程度的满足，因此准确识别项目干系人的期望和要求，找到有效的方法，达到平衡干系人需求的目的，以保证项目的顺利进行。

（三）项目对象

社会工作服务始于服务对象而又终于服务对象，以服务对象的需求为中心，提升服务的满意度是社会工作服务活动的核心。项目在确定之初就明确地将哪些人的哪些需要界定为项目对象。面对服务对象我们需要问自己能为他们做什么。我们面对的是动态的世界，经济、文化等条件在不断变化，个体或群体的需要也在不断变化。如何在众多的潜在服务对象中进行选择，如何选择才能既能符合工作者自身兴趣、能力，又能照顾到资源、时间等关键因素，这需要社会工作者能够去分析和识别社区的需求。通常社区需求包括社区居民的服务需求和社区整体发展的需求两个方面。

（四）项目规范

所谓项目规范，就是从规章制度出发，构建一整套与服务组织相融合的项目管理制度，为项目实施提供制度保障。其包含的具体内容为：项目负责人与相关部门的责权划分、项目管理流程、项目实施中资源利用、项目人员工作考核、项目活动效果评估等。项目要想让赞助者满意和服务对象认同，就需要将服务过程标准化、可控化，服务结果具有可报告性和可评估性。

---

① 罗峰：《社会工作项目化管理过程研究》，华东师范大学，硕士学位论文，2011 年，第 34 页。

拓展阅读

上海市自强社会服务总社项目运作管理办法(试行)

第一章　总则

第一条　为顺应社会工作发展需求,加强对项目运行的科学管理,规范项目的建立和操作程序,保证项目质量,提高项目运作效率,特制定本管理办法。

第二条　本办法适用于自强总社承接的政府和社会购买服务的各类项目。

第二章　组织管理

第三条　各类项目均实行统一计划、集中管理、分工负责、分级实施的管理体制。

第四条　自强总社为项目的承接单位和项目的实施主体。其主要职责是:

(一)负责与项目合作方签署合作协议,明确合作双方职责、权利及义务;

(二)按项目总体要求,制定项目策划书及实施细则;

(三)设立专项账簿对项目各项资金进行专项管理;

(四)将项目的实施与日常工作进行衔接;

(五)协调并处理项目实施过程中出现的相关问题;

(六)对项目进行质量监控;

(七)组织协调项目各阶段的评估工作,汇总项目实施结果,并形成项目总体评估报告。

第五条　总社作为项目实施主体承接项目后,采用内部公开招标的形式进行项目运作。总社将项目相关信息公布,各工作站可根据各自需求及实际情况申请项目。总社对项目申请书进行审批,确定项目的具体实施部门(机构),并将最终确定结果进行公告。

第三章　项目实施

第六条　由总社相关干事或与相关工作站站长或项目实施部门(机构)工作人员共同组成项目管理小组,负责处理日常工作。其主要职责是:

(一)负责项目在实施评估过程中应由项目小组主持的各项活动(启动仪式、培训、相关会议等)的安排与管理;

(二)负责按照总社档案管理的有关规定,对项目文档进行建立、整理、归档与保管,确保档案的完整、准确、系统;

(三)负责项目实施各阶段的工作计划总结与项目数据的收集与汇总;

(四)负责建立专项子账簿,对所得的项目经费进行发放与管理;

(五)负责编写项目进展报告及向有关领导部门汇报材料、编发项目简讯等;

(六)按项目书承担总社及项目发放单位交办的其他相关事项。

第七条　项目的实施实行定期小结汇报制度。项目相关单位应按项目要求定期汇总本单位项目开展情况,并向总社上报项目进展遇到的问题及相关解决措施等情况。

第八条　为了确保项目总体目标的按时完成,项目实施单位负责按项目时间节点,对项目开展的各个阶段进行安排、管理。同时,负责对项目过程各细节进行质量监控。总社及项目管理小组可根据实际情况开展质量抽查,若发现项目运作时间严重拖延,过程管理中出现严重违规或内容严重缺失等现象,总社有权取消相关经费支持,并在一定范围内通报。

第九条　对于积极申请(投标)项目的相关单位(机构),可根据其履行项目的情况进行评估,并依据评估优劣,决定全部兑现或部分兑现或不兑现项目经费。

第十条　项目实施过程中,有下列情况的,应及时调整:

(一)匹配的项目资金或其他条件不能落实,影响项目正常运作;

(二)项目或课题的技术骨干发生重大变化,致使项目无法正常进行;

(三)其他不可抗拒的因素,致使研究工作不能正常进行。

第四章　附则

第十一条　本办法由上海市自强社会服务总社负责解释。

第十二条　本办法自2009年4月1日起施行。

上海市自强社会服务总社

2009年3月18日

资料来源:上海自强服务总社编:《禁毒社会工作项目化运作实践与探索(特刊)》,2009年9月15日。

二、社区工作项目的运作过程

(一)立项阶段

立项即项目确立,它是项目产生的源头,是协调多方利益达成合作的过程。社会工作机构作为项目实施主体,其项目来源一般包括自主开发和外部委托两个渠道。自主开发的社区服务项目的确立,是建立在社工机构独立思考和专业判断的基础之上,社会工作者需要在项目选择时筛选掉那些不太有希望或者不会产生效益的项目构思,以免浪费宝贵的资源。在这一过程中,以下因素是进行社区工作项目选择时需要着重考虑的:项目的投入和回报,服务对象和主要干系人的态度和建议,可能存在的风险,政府及主要社会组织所能提供的支持等。

由于自主开发项目没有政府或者企业利益的干扰,相对而言也缺乏政府背景和社会支持,因此在项目确立之初就要充分考虑到现实困难,充分整合资源,合理搭便车,以实现自主开发式项目对现实诉求的有力回应。①

外部委托式项目的确立过程,其实就是对已有项目的竞标和调整过程。就目前而言,政府委托的服务项目是社工机构项目的重要来源之一,政府购买服务有效地解决了项目资金的来源问题。

(二)实施阶段

项目实施阶段的主要任务就是项目的具体实务,是对服务内容的实践,也是社区工作项目运行的核心环节。实施阶段又可细化为四个阶段:启动工作阶段、规划工作阶段、执行工作阶段和控制工作阶段。对实施服务活动的一般流程的详细掌握,有利于社会工作者专业服务能力的提升。

1. 启动工作阶段

该阶段要定义一个社会服务项目的工作内容与活动,对是否实施项目进行决策。本阶段的特点是决策活动,具体而言,明确项目边界的过程可以描述为:制度项目范围说明书,包括在多长时间段内、为哪些人提供专业服务、达到怎么样的服务效果、如何使效果可显等。

项目的可行性研究是项目启动阶段的又一关键环节。可行性研究,即提出实施方案,并进行全面的技术和经济的论证,看能否实现目标,它是项目决策的依据。一般项目的可行性研究需要解决以下四个问题:一是项目运作的必要性,社会工作者需要从社会环境、文化、政策、自身背景等方面对将要实施的项目进行可能性、必要性分析;二是研究项目实施运作的具体条件,如服务对象所处的地域的生活方式、社会价值观念、与服务内容有关的习惯等;三是研究项目的技术方案及其可行性,即社会工作机构的自身环境和实务技术状况;四是对项目进行财务评估,解决项目运作的经济合理性。要明确:项目对个体、群体或社会的益处是什么;所需的成本核算,包括项目需要多少资金,是否能够筹到所需资金,项目所需的人力物力资源是什么。这一分析应在详细调查、周密研究和反复比较后,提供是否可行的科学结论。

2. 规划工作阶段

该阶段是对项目目标的实现及其所需要的资源在时间和空间上作出的统筹安排。规划过程包括工作分解、进度计划、经费预算与控制三个方面。本阶段的特点是计划活动。项目计划围绕着项目目标,系统地确定工作任务,安排项目进度和资

---

① 罗峰:《社会工作项目化管理过程研究》,华东师范大学,硕士学位论文,2011 年 4 月,第 15 页。

金预算,从而保证项目能够在合理的期限内,用尽可能少的成本,尽可能高质量地完成。

项目计划的编制遵循以下步骤:第一步,定义项目目标并进行目标分解;第二步,进行任务分解和排序;第三步,完成各项任务所需时间的估算;第四步,确定任务之间的次序和相互依赖关系;第五步,进行项目各项活动的成本估算;第六步,编制项目进度计划;第七步,确定完成各项任务所需的人员、资金、设备、技术等资源计划;第八步,汇总以上成果编织成项目计划文档。尽管编制项目计划是一项程序性的工作,但在社区工作实务中有些问题也值得社会工作者注意。例如,项目计划要具有一定的动态性,计划过程中要留出适合情况变化和项目团队各个成员的可调整的空间。再如,计划的制订也并非项目负责人的独断,项目计划还要充分地依赖社工团队的共同参与,特别是一线实施计划社工的参与,这也同时要求项目计划必须具有可操作性和可理解性。

(1)项目计划工具:项目计划编制的工具和方法很多,“工作结构分解”(Work Breakdown Structure,简称 WBS)是最常用到的基本工具之一。工作分解结构是将项目整体按照一定的原则层层分解,划分成一些较小的、更易于管理和计划时间及费用的多个工作任务的方法。它是项目管理中经常使用到的标准技术方法。对于一个宏观的项目而言,要实现实务层面的具体操作,就必须对项目进行分解。它也是制定项目进度计划和项目成本计划的基础。简而言之,社区工作项目的工作分解结构就是将项目的总体任务分解成为一组同步并且越来越明确的任务。

(2)项目进度计划:对项目的总体目标进行细化(即应用工作分解结构对子项目进行设置)之后,下一步是项目进度计划。所谓项目进度计划是说明项目中各项工作的开展顺序、开始时间、完成时间及相互依赖衔接关系的计划。进度计划的编制是为使项目实施成为一个有机整体。进度计划是项目进度控制和管理的依据,在项目进度计划中,要确定应该监督哪些工作,何时进行监督,监督负责人是谁,用什么样的方法收集和处理项目进度信息,怎样按时检查工作进展,采取什么样的调整措施等。

(3)项目成本控制:在项目运作过程中,经费的规范使用是项目各方关注的焦点,项目经费使用过程要透明化,所有经费开支一律实行预算管理,即事前预算、事后决算,这样可以充分调动起项目中所涉及各方的主动性和积极性。

图 11-3 以社区居家养老服务项目为例,对工作分解结构进行了演示。

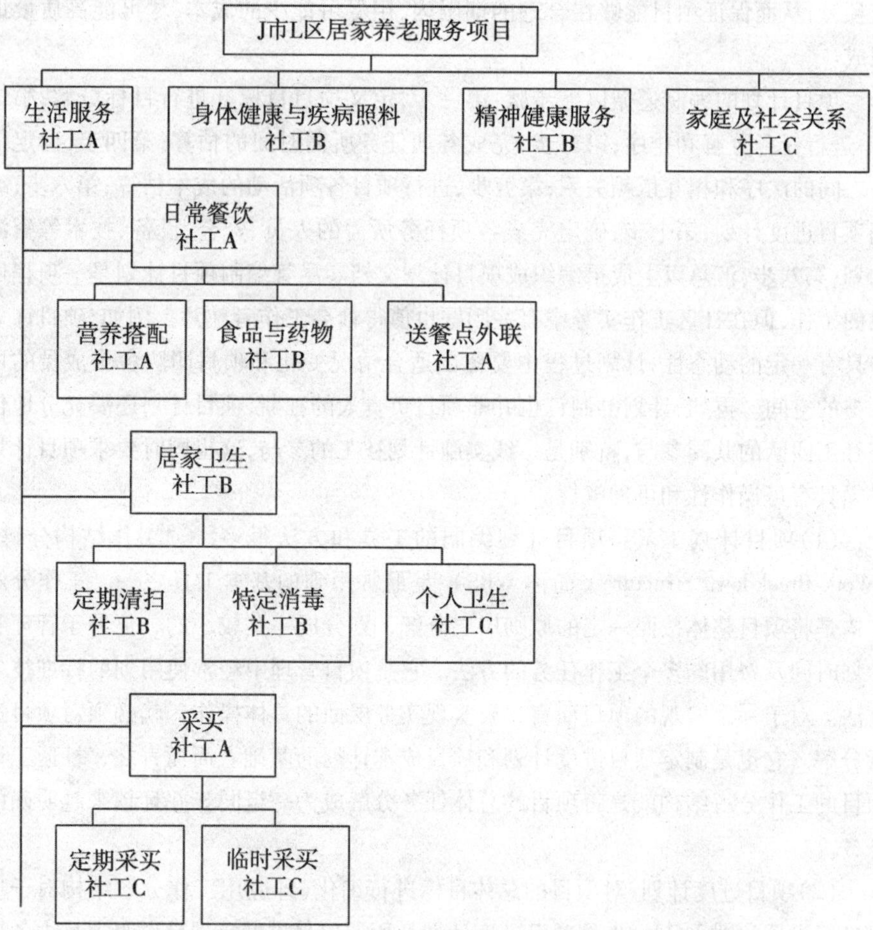

图 11-3　社区居家养老服务项目的工作分解结构

3. 执行工作阶段

该阶段要组织和协调各项任务与工作、人员和其他资源，激励项目团队完成既定的工作计划，形成服务项目的可交付成果。本阶段的特点是组织活动。项目执行即为完成项目而进行的活动或努力过程。由于项目最终可交付成果是在这一过程中产生的，因此这是项目管理的重要环节。项目执行的基本步骤如下：

(1)对将要进行的活动进行安排。这是项目执行中最重要的过程，即对活动将要产生的一种可测量结果进行定义，以及选择要参与活动的人员，并定义这些人员的角色和职责。

(2)对工作进行授权。赋予项目团队成员一定的权力，用来确保他们在自己的职责范围内，按照恰当的时间、合适的顺序，完成项目的预定目标。

(3)安排活动日程。根据活动所属层次和服务对象,对处于工作分解结构最底层的活动进行时间安排。

(4)估算活动所消耗的成本费用。通过 WBS 所描述的活动,确定各个活动所要消耗资源的类型、数量以及其他相关信息,从而确定成本费用。

(5)项目负责人组织项目团队按照项目的计划完成预定工作。

(6)工作成果统计。哪些活动已经完成,哪些活动没有完成,满足质量标准的程度怎么样,已经发生的成本或将要发生的成本是多少,活动的进度状况等等,这些成果资料应当作为项目实施的一部分被收集和统计。

4. 控制工作阶段

所谓项目控制就是以事先制定的计划和标准为依据,定期或不定期地对项目实施的所有环节进行调查、分析、建议和咨询,发现项目活动与标准之间的偏差,提出切实可行的实施方案,供项目管理层决策的过程。实际上,在社区工作项目中,控制是无处不在的,它不仅表现为对执行活动的事后控制,也包括计划阶段的事前控制,它贯穿于项目的整个周期,以确保项目各阶段能按预订计划进行。

要想对社区工作项目实现有效的控制,一套规范的程序是十分必要的,它包括以下一些步骤:

(1)建立项目的基准计划。基准计划是项目控制的基础,它包括:项目中必须完成什么工作,每项任务必须在何时完成,每项任务由谁负责,项目的预期可交付成果是什么。

(2)收集有关项目进展情况的信息。信息收集可以通过以下几个方式:一是项目负责人面谈。通过与项目团队各任务负责人面谈,项目负责人可以获得各任务活动的最新进展情况。二是项目进展情况会议。项目团队全体成员向项目负责人通报各自开始的任务、完成的任务、进度落后的任务及一切潜在问题。三是各种记录资料,如简报、日志、周志等。

(3)寻找偏差。收集好信息后,要将实际结果与计划结果相比较,以便找出偏差。偏差是指实际成本、进度和质量指标等方面与项目计划的偏离,即项目实际进度比预定的进度是超前了还是落后了,项目花费是超出了预算还是低于预算,按现有状况项目是否已经取得了预期成果等等。

(4)偏差的原因和趋势分析。当发现偏差的确存在时,要仔细查找分析原因。一般而言,比较典型的原因有目标制定不明确、计划不周全、执行效果差、估计失误、范围变化等。接着,项目负责人需要根据实际情况与基准计划的比较,来判断未来偏差程度走向。如果不对偏差采取任何措施仍可以达到预期目标,那就证明偏差在可承受范围内,否则就需要采取纠正偏差的措施。

(5)采取管理行动纠正偏差。可采取的行动主要包括:修改计划,在人员、预算、进度等方面作出适当调整。

(6)通知项目相关部门。纠正偏差时,必然会对项目的其他部分产生影响,所以要通知有关部门使其了解项目计划的变化。

(三)收尾阶段

该阶段要制定一个社会服务项目移交的文件,促使项目顺利终结,其特点是项目文档化。一个项目的结束也需要特定的程序来保证项目的"善始善终"。这一阶段的项目管理工作包括项目收尾、项目评估和项目总结三方面。收尾阶段意味着对项目活动进行考核评估和总结反思,对资料进行梳理并归档,建立项目专项档案库,使项目管理持续有效开展。

1. 项目收尾

项目收尾是项目运行过程的最后阶段。当项目的阶段性目标或最终目标已经实现,或者项目目标不可能也不需要实现时,项目就进入了收尾工作阶段。项目收尾因其繁琐零碎而易被人忽略,社区工作项目必须重视收尾工作。收尾工作包括:

(1)完成计划内任务。结束一个项目,首先要做到完成所有列入目标计划的工作并获得所有必需的认可和批准,对工作成果符合预期要求的程度作出评价。

(2)为项目收尾做详细的计划。社会工作者可以制定一份已完成的和应当完成的工作项目结束备忘录,以便对照检查结束项目需要的一切事项是否准备就绪。备忘录应当把具体的检查工作落实到个人。

(3)保持团队的稳定。事实上,较早拟定结束计划对于社会工作实务而言也非常必要,它可以帮助项目成员接受项目即将结束的客观事实,以便处理离别相关的事物,同时也可以帮助他们准备转向新的工作项目。组织一些活动来帮助社会工作者正确处理自己的离别情绪,这些活动的形式可以是非正式的庆祝集会、颁发员工绩效评估书、演讲、颁发奖励证书等等。

(4)处理行政问题。这包括调节矛盾冲突、整理好有关的档案资料等。

(5)做好项目成员的人力资源管理。项目的结束也意味着项目团队成员要重新考虑自己的未来,项目负责人需要确保他们顺利完成项目内的责任,也需要帮助他们安排下一步工作。

(6)宣布结束。

(7)项目验收。项目验收的目的是核查项目计划规定范围内的各项工作或活动是否已经全部完成,可交付成果是否令人满意。验收标准必须科学、权威,主要依据项目合同书。项目验收的内容主要包括项目质量验收和项目文件验收两部分。

2. 项目评估

从社会工作项目化管理的整体过程而言，项目评估并非只是收尾阶段才存在的，而是贯穿始终存在于项目发展的各个阶段。收尾阶段的项目评估，具体而言就是对项目结果的评估。对社会工作项目而言，结果评估是关键内容。项目评估可以把握服务对象的问题和需求，判断所开发项目的质量，发现项目执行的状态，并评价其是否最终成功。①

顾东辉在研究中指出：对于社会工作项目而言，项目评估的主体包括实务主体和其他主体。实务主体就是社会工作者或服务机构，这两类实务主体对服务项目结果的评估都属于内部评估，目的在于判断和总结服务结果，从而结束工作和总结经验，并对社会进行交代。其他主体则包括相关上级或者独立第三方和服务对象。第三方评估是与服务机构及所评项目无利益相关的独立一方所进行的评估，一般由专门评估机构或专家组实施，因而具有相对独立和科学客观性。由于社会工作强调的是以服务对象为本，因此评估必须有他们参加，而对于服务对象一般采用的是参与式评估。②

3. 项目总结

除了社会工作项目评估之外，项目收尾阶段，具备鲜明社会工作特色的活动就是社会工作的项目总结。对于社会工作而言，经过长期的理论发展和一线社会工作者的实践，已经探索出了一整套社会工作项目总结的模式，主要包括以下内容：项目背景、项目目标、项目理论、项目组织、项目资源、项目计划、项目实施、项目评估与专业反思。③

反思不同于评估的地方在于，评估只是通过一系列的评价体系对项目的各个层面进行评价，反思则是在评估的基础上，对项目存在的不足和成功之处进行总结和提炼，能够为后续的工作和项目作出指导，因而其积极意义要大于单纯的评估。

第三节　专业社会工作介入方法

社区工作既是社会工作的直接方法，也是社会工作的重要领域。目前在社区

① 顾东辉：《社会工作项目的结果评估》，《中国社会工作》2008 年第 36 期。

② ［美］Leon H. Ginsberg：《社会工作评估——原理与方法》，黄晨熹译，上海：华东理工大学出版社，2005 年，第 30 页。

③ 王瑞鸿主编：《社会工作项目精选》，上海：华东理工大学出版社，2010 年，第 246 页。

工作项目的实践平台上，专业社会工作凭借自身优势已经摸索出一些成型的项目运作的理论和方法，也有不少成功的项目案例。

一、 社会工作项目化运作的发展策略

王瑞鸿总结了项目化运作的四大策略，即“四化”建设：一是理念活动化，从专业社会工作运作角度来说，最有效的方法就是指导甚至强迫社会工作将科学的理念转化为合理的活动，即实现理论到实践的第一步转化；二是活动项目化，要实现项目的持久化和规模化效应，较好的手段便是将孤立的活动转换成系统的项目，目前社会工作服务往往要牵涉大量的人力、物力、财力，因此通过项目将政府、机构、社区、企业等多方资源进行整合便显得尤为必要；三是项目品牌化，加大项目投入，努力将项目打造成专业品牌，从而将项目的影响力进一步提升，并通过进一步的品牌化经营，使特定的优秀项目彰显出来，而品牌的形成会进一步带来更强大的资源凝聚，从而带来项目自身的良性循环；四是品牌社会化，社会工作的目标就是致力于社会服务，品牌化的项目最终应该超越个别的效果，进一步拓展到社会的宏观效应，社会化效应的出现，一方面可以扩大社会工作自身的专业影响力，另一方面也可以借此整合到更多的社会资源。①

二、 专业介入过程与方法的案例分析

在以往社区工作的实践中，涌现出很多成功的项目案例，上海自强服务总社“心桥工程”就是其中之一。上海市自强社会服务总社作为一家非营利社会组织，按照“政府主导推动、社团自主运作、社会多方参与”总体思路，于2003年12月注册成立，通过政府购买服务的方式为上海社区药物滥用人员提供综合社会服务。“心桥工程”是由自强总社具体组织实施，通过发挥专业社工的积极作用，整合所内、社区各种资源，以有形的教育和帮助，促进服务对象增强戒毒信心，从而避免和减少帮教服务真空期，有效预防服务对象出所后的复吸及脱失问题。

(一) 启动阶段社会工作的介入

2009年2月10日，自强总社与上海市女强制隔离戒毒所公共举行“场所——社区联动戒毒支持系统”成立签约仪式，并在仪式上签订了《场所——社区联动戒毒支持系统合作协议书》，通过协议的形式明确了提前介入工作中双方的职责及义

---

① 王瑞鸿主编：《社会工作项目精选》，上海：华东理工大学出版社，2010年，第14页。

务，健全了信息沟通和反馈机制，并增加了入所开展专业性访谈小组活动等内容，标志着所内外互动——持续联动机制的正式确立，并对项目成果进行了初步的协定。

（二）规划阶段社会工作的介入

自强总社在市禁毒办、市监狱管理局、市戒毒管理局、各戒毒场所及各区县禁毒办的支持下，注重将"心桥工程"与社区戒毒（康复）相结合，尝试所内外共同努力，力争完善三大系统，即：社工与所内干警、服务对象及其家属的信息沟通系统，父母、配偶等亲属与服务对象之间的家庭支持系统，社会保障、就业辅导、医疗等社区资源部门以及志愿者、社区居民等社区戒毒（康复）支持系统。

在"心桥工程"中，子项目的设置保证了专业介入效果，内容如图 11－4 所示。

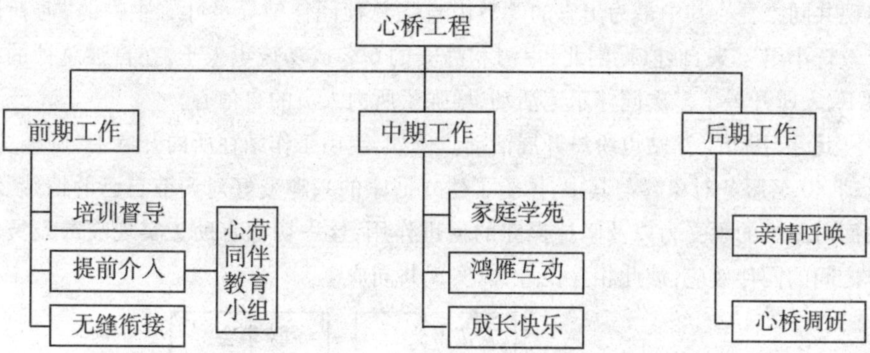

图 11－4　"心桥工程"WBS 分解图

这些活动都是建立在充分整合机构组织结构的基础之上的，每一项活动都被分配到下属的各个工作站，都由专门的工作人员进行负责和协调，从"无缝衔接开始"，每一位戒毒人员及其家庭都会有专门的社工进行专业服务。

（三）执行阶段社会工作的介入

1. 专业介入的内容

在"心桥工程"中，由于项目本身是服务于戒毒人员的特殊性质，有很多的子项目是专门针对重要项目干系人而展开的。

"成长快乐"活动主要面向服务对象的未成年子女，通过开展"成长快乐"、"夏令营"、"爱心支教"等活动，提升服务对象子女的个人自信心，促进其人际沟通，提供团队协作、抗逆等能力；通过家庭互动，改善子女与对象的关系，最终感化服务对象，不断增强其戒断毒瘾的信心。

针对服务对象家属对戒毒康复过程中家庭支持相关知识普遍缺乏的问题，总社专门设置了“家庭学苑”，通过讲座、分享、讨论等活动，与服务对象的家庭成员共同探讨、关注“后续照管”的问题，明确家庭本身就是社区康复的重要资源，充分挖掘家庭本身的潜力，通过专家授课、同伴辅导员的案例演示及有经验的家属分享和康复人员的体会，协助服务对象家属学习“如何正确面对服务对象”，为服务对象康复注入更多的家庭支持，双向改善家庭互动关系，促进服务对象康复。

为了加强所内服务对象与家属、亲友的沟通，修补服务对象与家庭的破损关系，建立家庭支持系统，促进服务对象树立并增强阶段毒瘾的自信心，自强总社从2008年12月25日起组织开展了“写一封家信、寄一张贺卡、道一声平安”的“鸿雁互动”活动。

针对吸毒人员群体，“心桥工程”更是举行了一系列的活动来强化服务效果，实现共同康复。其中最为出彩的要数由自强总社同伴辅导员叶雄主带的“心荷同伴教育小组”，来自虹口、闸北、卢湾和静安的6名成功戒毒人士，在自强总社的组织下，入所开展了多次同伴示范活动，增强了所内人员的自信心。

此外，各个工作站也纷纷开展活动。例如，宝山工作站在所内开展了“画趣坊”活动，40名服务对象参与其中，体验了建立健康的兴趣爱好对调节自己的情绪、增加面对困难的承受力以及坚持操守的促进作用，这一切都有助于实现吸毒人员群体之间的同伴效应，彼此相互促进，以实现共同戒毒。

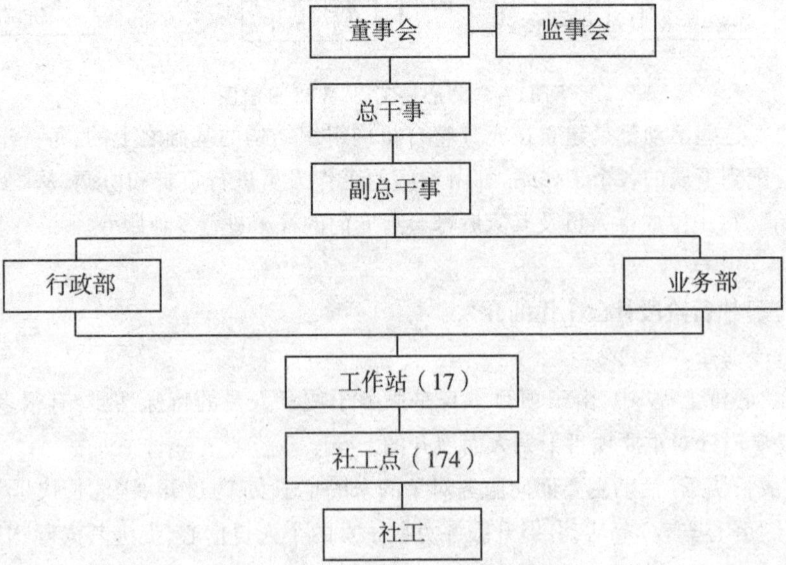

图11－5　自强服务总社组织架构图

2. 专业团队的组建

自强服务总社的组织架构具体如图 11 - 5 所示，从中可以看出该社采取的主要是平衡矩阵式结构，也就是说，在日常的工作活动中，各个社工站以及下属的社工各自为政，在总社的指导下具体负责自己管辖范围内的工作，当面临一个由总社设立的范围较大的项目时，则往往会在原有组织架构的基础之上，成立一支临时的项目小组，这个项目小组的成员往往来自各个不同的部门和社工站，由总社进行指导和协调，以保证项目在较大范围内实现跨站的合作。在社会工作的具体项目实施过程中，项目组一般会打破原有的机构组织结构，对原有结构进行重组。较为常见的组织结构如下：实施项目的机构最高管理者从机构外的学校或者其他科研机构邀请一名资深专家担任项目顾问，负责策划并全面指导各个子项目的实施；机构内设立项目主管一名，统筹安排集体子项目的正常运作；每个子项目均安排若干专业社工负责项目工作实务，并聘请资深专家担任项目专业督导，定期指导并研讨工作的重点难点。

在"心桥工程"项目开展过程中，自强总社经常性打破总社与分社间的组织架构，通过总社、不同的社工站以及总社外的专家，组织社工、同伴辅导员、同伴示范员组成了一个新的项目小组来实施一系列专业小组活动（即子项目）。例如由自强同伴辅导员叶雄主带领并指导的"心荷同伴教育小组"，就从不同的社工站抽调了实务能力较强的社工，共开展小组活动 12 次，20 名女学员得到了教育和成长。

（四）收尾阶段社会工作的介入

1. 项目评估

在"心桥工程"中，所运用到的评估类型可以称为内评估与第三方评估的结合，即通过所内人员的自我评估强调了社会工作的经验总结，又在相关上级的指导下恰当地引入了专家评估组对评估进行指导和监督，广泛的评估主体保证了评估的客观性和科学性，这也是未来社会工作评估管理工作的发展趋势和要求。"心桥工程"通过前后对比得出了项目实施的有效成果，包括：人均获得提前接入量提高了近一倍；无缝衔接措施平均实施率提升了一倍以上；五日内见面衔接率提升到了 70% 以上；帮教服务真空期平均缩短为 7 天；工程期内出所戒毒人员中半年内复吸率下降到了 6% 左右；上次出所后半年内复吸的戒毒人员，在本次出所后的康复时间平均延长了 131.5 天；参与"心桥工程"子项目的戒毒人员社区康复情况良好。

2. 项目总结

"心桥工程"负责人曹霞对项目进行了总结："'心桥工程'是由很多不同的子项目组成的，而这些子项目本身，都不是凭空想象出来的，而是广大一线社工在长期的实务过程中积累出来的好经验、好办法。比如说,有些子项目在这个街道进行了好多年,效果很好,但是其他街道没有,也就不能达到这些好的效果。我们通过'心桥工程'这个项目,把各个街道社区最好的做法集中起来,组成一个整体的项目,要求各个街道都按照整体项目的要求进行推进,这样就推广了先进经验,使得原本单一的子项目变成了一个整体,好的项目经验也得到了全面的推进,变成了日常工作的一部分了。"①

三、社会工作者的角色与技能

(一)社会工作者的专业角色

社会工作者作为一种复合型的人才,在社区工作项目中不仅要向服务对象提供直接帮助,还要为服务对象的利益奔走呼吁,争取社会资源,沟通服务资源与服务对象之间的联系,满足服务对象的社会需求。同时还承担改进和创新服务,协调和管理项目团队的行政责任。因此,社会工作者既是直接服务提供者,也是管理者和资源链接者。

1. 服务提供者

服务效果是项目各方关注的焦点,是项目存废的重要依据。社会工作者作为专业服务提供者,用专业理念、专业方法和专业技巧开展实务活动,保障了项目目标的实现和服务效果的达成。服务提供者角色主要体现在项目成员直接面对服务对象的服务活动中,即使项目内容不同,服务者的这一角色始终是社会工作者最重要的角色。

2. 管理者

社会工作者以行政者的身份出现,对专业活动过程进行有效控制,对助人的相关社会资源及信息进行安排、协调和管理,以高效率地实现社会工作的过程。管理者的角色主要体现在社会工作的间接服务中。在社区工作项目中,项目负责人很大程度上扮演着管理者的角色。可以说,项目负责人能否较好地履行管理者角色是项目化运作的重要因素。

3. 资源链接者

社会工作者为解决服务对象的多重问题,协调相关机构,争取社会资源,用项目的形式把有服务需要又不知道去何处寻找社会资源的服务对象与其所需的资源联结起来。可以说,项目是链接并整合资源的有效手段,这就要求社会工作者具备

① 项目案例的资料来源于上海自强服务总社内部资料。

广泛联系社会各界,积极争取项目资源的链接能力。

(二)社会工作者的专业技能

社会工作者扮演多种角色的特性决定了要顺利高效地完成他们的工作,高水平的专业能力是必不可少的。

1. 社会交往能力

社会交往简单地说是在社会中人与人的往来与接触,是人们为了实现自己的目标而进行的相互影响的社会活动方式。社会工作是以人和社会为主要内容的专业,社会交往对社会工作者来说尤为重要,高效的社会交往是完成日益艰巨复杂的社会工作项目的保障。在社区工作项目中工作人员面对的服务对象来自于社会的各个阶层,与不同服务对象交往中,社会工作者如何从其讲述的内容、言谈的方式、口头语言和肢体语言所传达的信息来准确地把握服务对象的问题与困惑,如何与服务对象之间进行态度与情感的互动,建立更有利于工作开展的合作关系等,都对社会工作者的社会交往能力提出较高要求。

社会工作者不仅要面对需要帮助的人和群体,还需与提供资源与帮助的人和机构进行交往。这些人或者机构是社会资源的占有者,可能是具有相当物质财富的捐赠人,或者是提供服务的各种社会机构,也可能是制定和执行社会政策的政府工作人员。因此,一名优秀的社会工作者在社会交往方面应是多面手,合理、得体、娴熟地在社会资源的供需两端进行协调与联络,达到促进专业目标实现的目的。

2. 组织能力

社会工作的服务对象往往不是个人,在社区工作中服务对象是以群体出现的,而项目团队更是一个影响到项目成败的重要群体,因此社会工作者需具备很强的组织能力,在社区工作项目中,社会工作者充分发挥组织才能,调动社区居民的积极性,参与到社区活动项目中来,最终才能实现项目目标,达到发展社区的目的。

另外,项目团队如何设置调整人力资源,如何对项目资源做出合理的安排和有效的利用,如何具体落实和实现决策和计划,确保其有效地运行,如何提高社会工作机构的服务质量和工作效率,这一系列的项目团队管理中,社会工作者的组织能力同样起着关键的作用。在统筹安排各项活动和协调关系避免冲突的过程中,社会工作者应有意识地从全局出发,保证组织发挥其最大化收益,在实践中逐渐培养、提高自己的组织能力。尽己所能,营造和谐向上的团队氛围,使社会工作者认同组织目标,更加积极主动地开展工作。

3. 公关能力

社会工作是一个年轻的专业,并不为社会所熟知。向社会公众、社会团体、有关政府部门及服务对象介绍和提供宣传社会工作专业,成为社会工作者的基本任务之一。同时,社会工作者要顺利地开展社区工作,也需获得社会各界对项目的支持。以上任务的实现都要求社会工作者具备良好的公关能力,善于搞好社会工作的公关关系,树立社会工作的专业形象,获取项目出资方对社会服务项目的支持与帮助。社会工作作为一种行业,只有与社会保持良好的公关关系,才能实现项目目标和专业的发展。

四、专业介入的优势与项目化发展的问题

(一)专业社会工作介入的优势分析

一般而言,社会服务项目的实施主体包括政府组织、非营利性机构和商业部门,其中社会工作机构大都属于非营利性机构。社会工作机构作为社区服务项目的实施主体之一,具备以下其他主体所不具备的、有助于项目运作的优势:第一,社会工作机构的存在,能够有效保证服务项目的长期性和易得性;第二,机构在一定程度上意味着专业性,这就在一定程度上保证了服务的质量;第三,在机构中,案主能够得到来自机构内部的服务质量监督体制的保护;第四,社会工作机构的服务有利于拓宽服务范围;第五,社会工作机构对项目的支持体系更为完善,对案主的环境的改善更为彻底。①。

(二)社区工作项目化发展中的问题

1.项目的选择性使得有些弱势群体的需要被忽视,欠缺公平性

目前,政府委托的服务项目是社区工作项目的主体,而政府购买服务成为解决社区工作项目资金来源问题的主要渠道。一方面,政府的财政支持极大地促进了社会工作的快速发展;另一方面,在一定程度上也决定了社区工作提供的服务会受到政府指令的影响。一般而言,政府购买的项目具有较强的针对性和紧迫性,主要是按照社会需求的强弱排序的,而社区工作提供服务更具普遍性和公平性。现阶段社区服务机构在提供服务的过程中选择性较弱,活动开展和服务提供受到一定限制,而有些服务对象作为弱势群体很难发出声音,他们的需要可能会被忽视,这样就违背了社会服务的公平性原则。

2.项目缺乏连续性和互补性,影响社区整体发展

从宏观的服务战略规划到微观的服务策略执行是一个不断推进的完整过程,

---

① [美]莫拉莱斯·谢费主编:《社会工作:一体多面的专业》,顾东辉等译,上海:上海社会科学学院出版社,2009年,第102~103页。

但就目前社区工作服务活动的实际情况而言，仅仅是把许多服务简单相加，缺乏在时间上和空间上的系统性和完整性，呈现碎片化的发展态势。社区工作不能仅局限于个别服务活动的成功，或者服务效果的短期呈现，要对整个专业的成长和服务效果的提升有着宏观的把握。

要保证项目的长期性和连续性，社区工作项目群的建设起到举足轻重的作用。在社区范围内，评估对象的各种需求，然后设计出一种包含各项社会服务的综合方案，并协调管理这些服务，构建功能互补的项目群体系，提升社区服务的综合水平，实现社区的整体发展。

3. 项目系统性不强，不能全面满足服务对象的需求

项目强调服务结果而不是服务对象，这与社会工作专业的人本主义观念相冲突。随着社会工作服务理念的传播，服务对象的服务需求也从短暂的局部改变到持续的系统转变，社区工作员是以服务对象的需求为导向，所提供的服务是以全面改善服务对象的处境为目标的系统性服务活动。

除了项目过于分散、不够系统导致服务对象的需求被分解外，另一方面的原因在于，各个项目的工作人员长期固定在某一领域中，通常只提供所在领域的专项服务，领域间缺乏必要的联系，导致对服务对象的问题不能全面看待和解决，也限制了工作人员自身成长。

本章小结

1. 项目是社会工作开展社区服务活动的重要载体，社区工作以项目为依托，既保证了服务效果，又促进了专业发展。

2. 社区工作项目的产生和发展为还处在起步阶段的社会工作在社区服务中发挥专业价值提供了现实的路径，探索出一条“项目化—品牌化—常态化”的发展模式。

3. 任何一个社区工作项目都包括四个要素：项目以服务对象的需求为中心，依托项目资源而存在，由项目团队组织实施服务，并有项目规范的制度保障。

4. 一般项目过程包括立项、实施和收尾三个阶段。其中，项目实施阶段的主要任务就是项目的具体实务，是社区工作项目运行的核心环节。实施阶段又可细化为四个阶段：启动工作阶段、规划工作阶段、执行工作阶段、控制工作阶段。

5. 规划阶段是对项目目标的实现及其所需要的资源在时间和空间上作出统筹安排。规划过程包括工作分解、进度计划、经费预算与控制等活动。

6. 执行工作阶段要组织和协调各项任务与工作、人员和其他资源,激励项目团队完成既定的工作计划,形成服务项目的可交付成果。

7. 在社区工作项目中,控制是无处不在的,它不仅表现为对执行活动的事后控制,也包括计划阶段的事前控制,它贯穿于项目的整个周期,以确保项目各阶段能按预订计划进行。

8. 收尾阶段是项目运行过程的最后阶段。除了项目收尾工作,还包括项目评估和项目总结两方面。收尾阶段的项目评估就是对项目结果的评估。项目收尾阶段的项目总结具有鲜明社会工作特色。

9. 专业社会工作在介入社区工作项目时有自身优势,但项目化过程中也存在与专业理念相违背的问题。

B 主要术语

社区项目(Community Project):是与社区相关的以“项目”形式呈现的各类活动的总称。

社区工作项目(Community Work Project):是指以社区为平台,以项目为依托,以专业社会工作的介入为契机,分类逐项开展社区服务的专业实践活动。

工作分解结构(Work Breakdown Structure,简称 WBS):是将项目整体按照一定的原则层层分解,划分成一些较小、更易于管理和计划时间及费用的多个工作任务的方法。

C 练习题

1. 假设你被社会工作服务机构派驻某社区开展社区工作,你最终选定以单亲家庭儿童为服务对象,开展单亲家庭关怀服务项目。请以此为切入点,构思可能的服务内容,并按照工作分解结构的方法,进行工作内容的分解细化。

2. 如果你被任命为一个社区服务项目的项目负责人,请思考你将如何建立一个高效的项目团队,并提出具体的方案。

D 思考题

1. 社区工作项目的定义及主要功能是什么?
2. 社区工作项目的主要类型有哪些?
3. 项目团队应当包含哪些成员？它的基本特征是什么?
4. 如何理解项目各要素的作用?
5. 如何理解项目收尾?
6. 专业社会工作介入项目的优势是什么?
7. 请谈谈你对社区工作项目化模式的反思。

E 阅读文献

1. 文军:《社会工作模式及其本土化反思》,《社会科学研究》2010 年第 3 期。

2. 刘庆元:《社会工作机构项目化运作的探索与思考》,《社会工作》2009 年第 8 期上。

3. 罗峰:《社会工作项目化管理过程研究》,华东师范大学,硕士学位论文,2011 年 4 月。

4. 张曙编:《社会工作行政》,北京:社会科学文献出版社,2002 年,第五章。

5. 冯俊文、高明、王华亭编制:《现代项目管理学》,北京:经济管理出版社,2009 年。

6. 上海自强服务总社:《戒毒人员心桥工程项目》,内部资料。

7. 顾东辉:《社会工作项目的结果评估》,《中国社会工作》2008 年第 36 期。

8. 美国项目管理协会编:《项目管理知识体系指南(第三版)》,北京:电子工业出版社,2005 年。

第十二章 社区管理

社区需要科学和高效的管理。从一定意义上来看，社区建设的过程，实际上是一个社区管理的过程。作为一名社区社会工作者，在开展社区服务时，最基本的要求是充分了解中国目前城乡社区管理的基本情况，熟悉相关的法律法规与政策，还要明确目前中国社区管理存在的一些问题。本章将对中国社区管理的有关知识进行介绍。

第一节 社区管理概述

社区管理是人们所赖以居住和生活的地域共同体的管理行为，强调全方位的自我服务和自我管理。[①] 社区管理将计划、组织、人事、领导和控制这五项职能应用到社区工作中，是对社区事务的协调组织，更注重效率和效益。

一、社区管理的概念和特征

（一）社区管理的概念

所谓的社区管理，主要是指在社区内部的各种组织，为维持社区的正常秩序，促进社区的发展和繁荣，满足社区居民物质和文化活动等特定需要而进行的自我管理或行政管理活动。在中国，社区管理的概念是在由计划经济体制向市场经济转轨时期，伴随着改革的不断深化，社会结构、人们的生活方式、思想文化以及行为方式等各方面的变化而提出来的。为适应新时期经济发展的需要，中国社区管理的内容主要包括六个方面，即社区人口的管理、社区环境的管理、社区治安的管理、社区服务的管理、社区文化的管理和社区保障的管理等。

（二）社区管理的特征

从社区管理的概念可以看出，社区管理具有下列特点：

---

① 徐永祥：《社区发展论》，上海：华东理工大学出版社，2000年，第135页。

(1)社区管理的地域和人群相对固定。在中国社区主要指的是在政府相关行政部门根据位置规划设定的地理区域,管理的对象是此地地理环境以及生活在其中的人群。

(2)社区管理的组织形式多样化。目前来看,主要以街道(乡、镇)党委和办事处(人民政府)为主,其他政府职能机构的派出机构为辅,通过指导的方式,对居(村)委会进行管理。

(3)社区管理的性质侧重于群众性的自我管理和自我服务,强调社区群众的参与。

二、社区管理的原则

社区管理的目的归根结底是为了居民生活质量的提升与居民个人的全面发展,因此社区管理的原则主要包括以下几个方面:

(1)整体利益原则。社区管理要依据系统论的观点,各项工作应该从社区发展和全体居民的需求考量,站在居民维护和发展利益的角度实施管理。

(2)自治原则。这是以人为本原则的体现,社区管理过程中要注重发挥居民的主观能动性,提升居民的参与意识和参与能力,发挥居民自治、自主决策快捷高效的优势,形成自助互助的良好氛围。

(3)组织和教育原则。社区管理注重居民的参与,而居民的参与热情是需要通过合理组织和适当的教育来实现的。

(4)协调性原则。良好有序的社区管理不是政府一家的行为,而是政府、社会组织和社区三方协作的结果,既需要政府的投入与指导,也需要社会组织的介入,还需要社区内组织和居民的参与。

(5)前瞻性原则。社区管理要有长远的眼光,不能局限于眼前的利益,也就是要在社区管理过程中体现出可持续发展的思想。

三、中国社区管理状况

社会建设和管理的重心在基层,在社区。社区建设与管理是社会建设与管理的重要组成部分,是维护好、实现好、发展好人民群众根本利益的重要途径。

(一)中国社区建设与管理历程

“社区”一词在20世纪30年代被引进中国,而作为一个广泛使用的名词始于1986年。当时,民政部提出“社会福利社会办”的理念之后,以传统民政对象为目标，依靠街道、居委会开展社区服务的活动在全国推广开来。20世纪90年代，民政部为了开拓民政工作又提出“社区建设”的概念，并选择26个城区作为社区建设的实验区，探索社区居民自治的思路和对策。① 2000年11月，国务院办公厅转发了民政部《关于在全国推进城市社区建设的意见》，由此，中国城市社区建设开始进入政府主导下全面推进的新阶段。之后，社区建设的主题开始由社区服务转向社区选举、民主自治、组织建设、政府放权还权及各种体制创新。2002年，民政部确认了27个“社区建设示范市”、148个“社区建设示范区”，启动了中国城市社区民主自治的进程。随着社区建设的逐步深入，社区议事会、决策听证制度和政务评议制度等社区自治的制度性建设逐渐显现出来。社区居民开始追求自治和政治参与。以社区为背景的公民维权活动、自荐参选人大代表的行为等，不同程度地撼动着原有的法律、体制机制、组织结构、利益关系和政治参与方式，推动着执政党、政府职能部门采取各种方式进入社区调研服务，倾听民意，述职并接受居民评议，各种组织开始在社区这个治理大平台下重新寻找着自己的位置。同时，在农村社区，依据《中华人民共和国村民委员会组织法》的相关规定，积极落实农村地区基层民主，主要的工作是在村党支部和村委会的领导下，通过建立各类社区组织，开展社区公益事业服务，繁荣社区文体活动；发展社区卫生，美化社区环境；调解社区民间纠纷，树立社区良好的社会风气；倡导社区互助精神，建立良好的人际关系，以此逐渐改善和提升农村居民的生活质量和水平。

（二）当前中国社区管理过程中存在的问题

经过了20多年的发展，社区建设与管理取得了令人瞩目的成就。但是当前管理中还存在着一些必须予以重视并加以解决的问题：

1. 居民社区意识不强、参与度不够

居民社区参与是社区发展的动力之所在，但是在全国城市社区建设中普遍存在居民参与程度低的状况。相当一部分居民还没有摆脱单位体制的影响，只把社区当成居所，没有很强的归属感和认同感。社区意识不强，导致社区管理的动力支持不够。

2. 经费不足

从中央政府到地方政府都强调社区管理的重要性，但国家和省级财政未安排专项经费。目前，社区居委会工作人员的补贴和工作经费主要依靠区、街两级财政

---

① 中共中央办公厅、国务院办公厅：《转发民政部〈关于在全国推进城市社区建设的意见〉》，中办发〔2000〕23号，2000年11月。

解决,绝大多数市级以上财政没有专项的资金投入,仅有较少的项目引导资金。缺乏政府资助和社会赞助的良性机制,社区办公经费严重不足。另外,有些政府部门把工作任务布置给社区居委会后,往往并不增加经费,不能做到"费随事转",加重了社区的负担,直接影响了社区服务和管理工作的开展。

3. 社会化、市场化程度低

当前社区建设的兴办主体单一,服务层次不高,服务质量缺乏保障,信息咨询、物流配送等社区新型服务产业还没有形成一定的规模,社区自身单位的后勤服务进程缓慢,社区资源整合欠缺,一些服务和活动设施尚未得到有效利用。

4. 政府对社区的管理方面存在缺陷

(1)政府对社区的管理存在缺位、越位和错位。①缺位主要表现在:一是治理要求政府培育社区多元化主体,但政府在行政实践中却未能扮演好管理者的角色,未能行使好自己应尽的职责。不少地方的基层政府直接包办、代办许多社会事务,而不去履行培育相应组织要素的职责。二是基层政府及官员不习惯或不善于对社区居民的自治性组织提供政策上的指导和帮助,从而忽略了在培育社区多元化主体上所必需的工作以及推进社区多元化进程的一种政治责任。②越位主要表现在:一是政府将社区作为政府的附属单位或下属单位,并且直接干预这些组织的自主权利。社区在实践中逐步成为政府的派出机构街道办事处的延伸机构。二是政府依然陷于微观管理事务当中。③错位主要表现在:政府在社区建设管理过程中没有分清角色的主次和轻重,突出表现是有些城区政府认为搞社区建设首先得搞好社区的经济建设。如果城区政府把主要精力放在社区经济建设上,而忽视了社区的文化、教育等社会事业方面的建设,将会打破政府、市场和社会三大领域的合理分工格局。

(2)政策制定较为滞后。近几年来,中国社区管理环境发生了巨大变化,社区结构和职能也与以往不同,居民自治愿望越来越强烈。目前,中国在社区管理方面的法律法规已经不适应当前社区发展的需要。如关于社区工作者管理队伍,由于缺乏明确的法律、法规做依据,各地只能自行摸索,在队伍的发展壮大方面也很难迈出更大步伐。

第二节　城乡社区管理

城市社区是指大多数人从事工商业及其他非农业劳动的社区,它是人类居住的基本形式之一。相对于现代城市社区,农村社区是指聚居在一定地域范围内(主要是以行政村为单位）的农村居民在农业生产方式基础上所组成的社会生活共同体。

中国的社会转型发端于20世纪70年代末的改革开放。社会转型的基本内容和目标在于，实现计划经济体制向市场经济体制的转型，传统农业社会向现代工业社会和后工业社会的转型，传统封闭的单一行政化社会向现代开放的功能分化的多样化社会转型。如果说在计划经济年代，整个国家高度行政化，不可能形成现代意义上的社区结构、社区发展和社区管理，那么，在改革开放和社会转型的今天，改革行政全能主义的旧体制，推动现代社区的生成和发展，就是一项紧迫的必然性任务了。在建设有中国特色的社会主义市场经济体制的过程中，中国的城市、农村社区管理也在不断地探索和实践，形成自己的特色。

一、城市社区管理

在中国，城市社区管理是指在市及市辖区人民政府的领导下，以街道为主导，居委会协同，以社区组织和社区成员为依托，采用行政与法律、经济与教育、道德与情感等手段，合理调配和利用社区资源，发展社区事业，提高社区成员的生存质量，促进社区经济和社会协调发展的过程。

（一）政策法律制度

1.《中华人民共和国城市居民委员会组织法》

为了加强城市居民委员会的建设，由城市居民依法办理自己的事情，促进城市基层社会主义民主和城市社会主义物质文明、精神文明建设的发展，根据宪法有关城市管理和居民自治的相关条文，中国在1954年制定了《城市居民委员会组织条例》，并在此基础上于1989年制定了《中华人民共和国城市居民委员会组织法》，在1989年12月26日第七届全国人民代表大会常务委员会第十一次会议通过，并于自1990年1月1日起施行。

在这部法律中，明确了居民委员会的选举办法、组成、任务、经费保障等内容，确定了社区居委会的社区管理职责。

2.《物业管理条例》

随着中国城镇住房制度改革的力度不断深化，房屋的所有权结构发生了重大变化，公有住房逐渐转变成个人所有。与此同时，原来的公房管理者与住户之间管理与被管理的关系，也逐渐演变为物业管理企业与房屋所有权人之间服务与被服务关系。在住房制度改革和城市建设发展过程中，物业管理这一新兴行业应运而生。为了规范物业管理活动,维护业主和物业服务企业的合法权益,改善人民群众的生活和工作环境,根据《中华人民共和国物权法》的有关规定,国务院2003年出台了《物业管理条例》,并于2007年对该条例进行了修订。新的《物业管理条例》于2007年10月1日实施。

《物业管理条例》明确了业主、物业管理企业和物业开发建设单位的权利、义务,规范了物业管理企业的行为,明确了业主大会、业主委员会的职责、运作机制,同时为了保护业主的共同利益,提出物业管理公司和业主委员会对于改善社区居民的生活和工作环境负有创造良好的条件的责任。

3.《业主大会和业主委员会指导规则》

为了规范业主大会和业主委员会的活动,维护业主的合法权益,根据《中华人民共和国物权法》和《物业管理条例》等法律法规的规定,中华人民共和国住房和城乡建设部于2009年12月制定了《业主大会和业主委员会指导规则》。该部门规章进一步细化了业主大会和业主委员会的职责范围和权利义务。

4.《关于加强和改进城市社区居民委员会建设的意见》

为深入贯彻落实党的十七大和十七届三中、四中全会精神,适应新形势新任务需要,进一步完善基层群众自治制度,健全城市基层管理和服务体制,2010年11月,中共中央办公厅、国务院办公厅印发了《关于加强和改进城市社区居民委员会建设工作的意见》(以下简称《意见》)。

《意见》就加强和改进城市社区居民委员会建设工作,在目标任务、组织体系、工作队伍等方面提出了一些新的工作策略。在加强和改进城市社区居民委员会建设的目标任务方面,提出到2020年,努力使全国城市社区居民委员会的组织体系更加健全,社区居民的组织化程度明显提高;社区居民群众享有更多更切实的民主权利,社区居民自治范围进一步扩大,社区民主管理制度日趋完善;干部队伍结构进一步优化,社区管理和服务能力显著增强;工作用房和居民公益性服务设施能够满足社区居民群众的基层服务需求;政府投入与社会投入相结合的经费保障机制基本建立;内外关系更加协调,全社会尊重、关心和支持社区居民委员会工作的良好氛围进一步形成。在健全城市社区居民委员会组织体系方面,提出要加快社区居民委员会组织全覆盖,健全社区居民委员会下属的委员会,规范社区居民委员会专业服务机构。在壮大城市社区居民委员会工作队伍方面,提出积极完善城市社区党组织领导下的社区居民自治制度,切实改善城市社区居民委员会服务设施,逐步理顺城市社区居民委员会与相关组织的工作关系等。

(二)管理主体

在计划经济体制下,政府作为全社会利益的合法代表,自然可以对全社会实施单一行政化的全能主义管理。但在市场经济条件下,随着"单位人"向"社会人"的转变,逐渐形成了具有不同利益需求的个人主体以及组织化的新的利益主体。这些个人和组织,已经不再是具有人身依附关系的个体以及政府的附属单位。这些个人和组织,由于身在社区,利益上与社区的关系愈益紧密,因而自然地有着表达自己的利益诉求和参与社区管理的内在需要、内在冲动,有着营造社区自治管理新体制的强烈愿望。当前中国城市社区管理主体包括:

1.街道党工委、办事处

街道是中国大陆地区不设市辖区的城市(不设市辖区的地级市和地级市所代管的县级市、县)、较大城市(直辖市、副省级市、地级市)市辖区或功能区(如经济技术开发区)的行政分区,中国共产党在此层级上的组织成为街道党工委,行政性的组织管理机构为街道办事处,是市辖区政府、不设市辖区的市政府或功能区管委会(如经济技术开发区管委会)的派出机关。

2.社区党总支(委)和居民委员会

社区党总支(委)是中国共产党基层的党组织,主要负责社区管理工作中的党务、组织、群众等工作,上级组织是街道党工委。

居民委员会是依据国家宪法和法律设立的城市基层群众性自治组织，是城市社区居民自我管理、自我教育、自我服务的基层群众性自治组织。其基本原则有两条：一是群众自治原则，由社区居民自己组织起来，依法办理自己的事情；二是直接民主原则，由社区居民直接选举正副主任和委员，并直接参与民主议事。主要职责是宣传宪法、法律、法规和国家政策，维护居民的合法权益，教育居民依法履行应尽的义务，爱护公共财产，开展多种形式的社会主义精神文明建设活动，办理本居住地区的公共事务，调解民间纠纷，协助维护社会治安，协助管委会或者其他派出机构做好与居民利益有关的公共卫生、计划生育、优抚救济、青少年教育等各项工作，向管委会或者其他派出机关反映居民的意见、要求和提出建议。

近年来在市场经济环境的影响下,许多居委会自治功能减弱、业务萎缩,有的实际上只在办理政府交办的计划生育等工作,没有能力开展社会工作和社区服务,因而在居民中影响力下降,在社区管理中只有充当配角。

拓展阅读

居民委员会代办事项

居委会受街道办事处委托,办理以下与群众日常生活密切相关的事项,主要包括:(1)为失业人员、个体户购买解困房等出具意见证明;(2)代办领取临时流动人口计生证;(3)为居民上大学等有关事项出具意见证明;(4)负责辖地的流动人口登记和管理;(5)初审申请生育指标和领取生育证;(6)办理相关人员的独生子女父母光荣证申请手续;(7)优待金、救济金、助养金及遗属补助由居委会专职人员送至领取人家中;(8)代办社会保障救济申请;(9)办理残疾证、老年人优待证申请;(10)代办失业证的申领及换发;(11)为失业人员和个体户出具证明;(12)办理辖区内单位因装修、维修需开挖路面、临时占用道路的有关申请手续等。

资料来源:《社区管理体制改革总体方案》穗开管办〔2003〕57号。

3. 业主委员会

业主委员会主要是依据《物业管理条例》和《业主大会和业主委员会指导规则》,按照一定的工作程序成立的小区业主自治组织。其职能作用是维护业主利益、监督物业管理。该组织目前在中国尚未普遍设立和规范运作,在不少住宅区影响力不大。

4. 物业管理公司

物业管理近年来逐步走上市场化、专业化、规范化的轨道,根据《物业管理条例》,物业管理公司承担了一定的社区管理职能,通过一手抓物业管理,一手抓精神文明建设,在创建文明社区中担当重要角色,社区管理职能在一定程度上得到提升。

(三)管理模式

城市社区管理模式是指为了达到社区管理的目的而采取的各种管理体制、机制、手段、方法的有机结合体。根据中国社区管理的现状,从社区管理活动的主体差异出发,可将社区管理模式分为政府导向型、市场导向型、社会导向型三种类型。

1. 政府导向型管理模式

这种管理模式是以政府为核心,以城市区人民政府下派的街道办事处为主体,在居委会、中介组织、社会团体等各种社区主体的共同参与配合下对社区的公共事务、社会事务等进行管理的模式。其实质是强化基层政府的行政职能,通过对政治、社会资源的控制实现自上而下的社会整合，其社区管理范围一般为原街道行政区域。这种模式的优点在于凭借坚实的政治、经济资源，条块结合、以块为主的行政管理网络在社区建设中发挥主导作用，现阶段为北京、上海、石家庄等城市所采纳的。其缺点在于这种政府办社会的方式，有“全能政府”、社区“单位化”之嫌，抑制了民间的活力，从而降低了政府的工作效率，增加了政府的财政负担，政府机构有再度膨胀的趋势（社区基层机构吃皇粮的人越来越多），从长期来看，对一些经济基础较弱的城市而言，即使心有余也力不足。

2. 市场导向型管理模式

这种模式是一种经营性的社区管理模式，也就是通常所说的“物业管理模式”，是以物业公司管理为主、社区委员会相配合的社区管理模式。自 1981 年 3 月全国第一家物业管理公司——深圳物业公司成立至今，物业管理行业在中国从无到有，并迅速成长壮大起来。虽然这一管理模式还不够成熟，其结构体制和运行机制还存在许多不完善的地方，但从目前的发展态势来看，它已经成为城市社区居民日常生活中一种重要依托。市场导向型管理模式的优点是社区的建设和管理由于引入了市场竞争机制而表现出了一定的生命力，缺点是由于当前物业管理的不规范，存在一些损害社区居民利益的情况和问题，亟待加强管理。此外，这种市场化运作的管理模式毕竟不能覆盖小区中的社会管理和行政管理，还不能说是一种完全意义上的社区管理，其地域的范围一般只为封闭性的小区。

3. 社会导向型管理模式

这一管理模式可称为社区居民自治模式，主要是指以社区居民为核心，联合社区内各种主体组织、机构，共同参与社区事务的管理，实行真正的民主自治管理的一种模式。这种模式以沈阳市社区体制创新——自治性模式为代表。其优点是能够调动社区内居民广泛参与社区事务的积极性，使社区居民真正成为社区的主人，管理自己的事务，有利于社区居民对社区的认同感、归属感的形成，有利于形成良好的社会风尚，避免了“全能政府”的难以为继和市场的间或“失效”。此外，从经济的角度来看，社区居民自治还是一种管理成本较低的管理模式；从政治的角度看，社区居民自治有利于推进基层的民主建设，有利于公民的政治参与，有利于造就新一代的公民。不足之处在于，从现阶段社区管理实践看，离开政府的引导，离开法律的规范，社区自治有流于形式、纸上谈兵之嫌。

现实中的社区管理往往遵循的是上述三种理论模式的有机整合，以政府为统一领导，根据“政企分开、政社分开、政事分开”的基本原则，发挥各种社区主体分工合作、协调共建的作用。这种综合社区管理理论包罗万象，原则性强，大一统的色彩较浓，而社区管理实务特别要求可操作性，这必然要求更加贴近社区管理实务，更有效地指导社区管理实践的社区管理中介理论的产生。

二、农村社区管理

农村社区是一个比自然村落、社队村组体制更具有弹性的制度平台。它围绕如何形成新型社会生活共同体而构建,注重通过整合资源、完善服务来提升人们的生活质量和凝聚力、认同感。根据发展的时间顺序和居民点分布的状况,农村社区可分为散村、集村、集镇等类型。

(一)政策法律制度

1.《中华人民共和国村民委员会组织法》

为保障农村村民实行自治,由村民群众依法办理自己的事情,发展农村基层民主,促进农村社会主义物质文明和精神文明建设,维护村民的合法权益,促进社会主义新农村建设,根据宪法而制定的法规。1998 年 11 月 4 日,第九届全国人民代表大会常务委员会第五次会议通过《中华人民共和国村民委员会组织法》。该法于 2010 年 10 月 28 日经第十一届全国人民代表大会常务委员会第十七次会议修订。该法着眼于规范程序、完善制度,主要从村民委员会成员的选举和罢免程序、民主议事制度、民主管理和民主监督制度等方面进行了细化完善,明确了农村村民委员会在农村社区管理工作中的主体地位。

2. 新农村建设政策

2006 年 3 月 14 日,十届全国人大四次会议表决通过了《中华人民共和国国民经济和社会发展第十一个五年规划纲要》,提出要按照"生产发展、生活宽裕、乡风文明、村容整洁、管理民主"的要求,扎实推进社会主义新农村建设。"建设社会主义新农村"并不是最近提出来的,20 世纪 50 年代就曾用过这一提法。改革开放以来,至少在 1984 年中央 1 号文件、1987 年中央 5 号文件和 1991 年中央 21 号文件即十三届八中全会《决定》中出现过这一提法。但十六届五中全会提出建设社会主义新农村,其背景和涵义与以前有很大不同。当前中国的社会主义新农村建设是指在社会主义制度下,按照新时代的要求,对农村进行经济、政治、文化和社会等方面的建设,最终实现把农村建设成为经济繁荣、设施完善、环境优美、文明和谐的社会主义新农村的目标。"新农村建设"的关键是要树立统筹城乡发展的新观念。要跳出"就三农抓三农"的传统定势,打破城乡分割的体制障碍,把农业发展放到整个国民经济的大格局中,把农村进步放到整个社会的进步中,把农民增收放到国民收入分配和再分配中,进而统筹规划政策、公共资源、基础设施及产业布局。

拓展阅读

新农村建设的目标要求

生产发展，是新农村建设的中心环节，是实现其他目标的物质基础。建设社会主义新农村好比修建一幢大厦，经济就是这幢大厦的基础。如果基础不牢固，大厦就无从建起。如果经济不发展，再美好的蓝图也无法变成现实。

生活宽裕，是新农村建设的目的，也是衡量我们工作的基本尺度。只有农民收入上去了，衣食住行改善了，生活水平提高了，新农村建设才能取得实实在在的成果。

乡风文明，是农民素质的反映，体现农村精神文明建设的要求。只有农民群众的思想、文化、道德水平不断提高，崇尚文明、崇尚科学，形成家庭和睦、民风淳朴、互助合作、稳定和谐的良好社会氛围，教育、文化、卫生、体育事业蓬勃发展，新农村建设才是全面的、完整的。

村容整洁，是展现农村新貌的窗口，是实现人与环境和谐发展的必然要求。社会主义新农村呈现在人们眼前的，应该是脏乱差状况从根本上得到治理、人居环境明显改善、农民安居乐业的景象。这是新农村建设最直观的体现。

管理民主，是新农村建设的政治保证，显示了对农民群众政治权利的尊重和维护。只有进一步扩大农村基层民主，完善村民自治制度，真正让农民群众当家做主，才能调动农民群众的积极性，真正建设好社会主义新农村。

资料来源：中国共产党十六届五中全会：《十一五规划纲要建议》，2005 年 10 月。

3.《农业法》

为巩固和加强农业在国民经济中的基础地位，统筹考虑农业、农村和农民问题，深化农村改革，促进农业和农村经济的持续、稳定、健康发展，为实现全面建设小康社会的目标，1993 年 7 月 2 日第八届全国人民代表大会常务委员会第二次会议通过《中华人民共和国农业法》，该法于 2002 年 12 月 28 日经第九届全国人民代表大会常务委员会第三十一次会议修订，自 2003 年 3 月 1 日起施行。

(二)管理主体

1. 乡镇党委、政府

乡镇，指的是乡和镇，泛指较小的市镇，是中国最基层的行政机构，在农村乃至整个国家经济社会发展中发挥着基础性作用。中国的乡镇和街道不是一个概念，乡镇是一级政府组织，而街道属于政府派出机关，街道更多的是在城市社区管理层面，乡镇更多的是在农村社区管理层面。乡镇党委作为中国共产党的基层组织，职能与街道党工委类似。乡镇政府机关的工作与街道办事处的工作职能类似。

2. 村党支部、村民委员会

农村社区村党支部是中国共产党在农村的基层组织，按照党章进行工作，发挥领导核心作用，领导和支持村民委员会行使职权；依照宪法和法律，支持和保障村民开展自治活动、直接行使民主权利。

村民委员会是依据国家宪法和法律设立的农村群众性自治组织，是村民自我管理、自我教育、自我服务的基层群众性自治组织，实行民主选举、民主决策、民主管理、民主监督。村民委员会办理本村的公共事务和公益事业，调解民间纠纷，协助维护社会治安，向人民政府反映村民的意见、要求和提出建议。

3. 农业生产经营组织

《中华人民共和国农业法》提出了农业生产经营组织的概念，主要是指农村集体经济组织、农民专业合作经济组织、农业企业和其他从事农业生产经营的组织。在此基础上，该法规定农业生产经营组织可以按照法律、行政法规成立各种农产品行业协会，为成员提供生产、营销、信息、技术、培训等服务，发挥协调和自律作用，提出农产品贸易救济措施的申请，维护成员和行业的利益，明确了农业生产经营组织在农村社区管理中的地位。

（三）管理模式

根据《中华人民共和国村民委员会组织法》，广大的农村社区实行的管理模式是社会导向型管理模式，也就是村民自治的模式，主要是以农村社区居民为核心，联合社区内各种主体组织、机构，共同参与社区事务的管理，实行民主自治管理的一种模式。经过30多年的实践，中国的村民自治实践取得了一定的成果①。一是农村基层民主政治建设的法律制度体系基本确立。目前，全国有29个省（区、市）制定了村委会组织法实施办法，31个省（区、市）制定了村委会选举的地方性法规。河北、广东、湖北、陕西等省还制定了村务公开工作条例。二是农村基层民主政治的组织建设得到加强。目前，85%以上的村建立了村民会议或者村民代表会议制度，92%以上的村建立了村民理财小组、村务公开监督小组等组织。三是农村基层民主政治建设的内容随着社会生活和公共需求的发展而逐渐充实，基本实现了村

---

① 《有效遏制贿选，保障村民自治——民政部副部长姜力就深入贯彻村委会组织法答记者问》，中国政府网。

民群众普遍关心的问题在哪里,农村基层民主政治建设的内容就延伸到哪里。四是农村基层民主政治建设的形式不断丰富。近年来,一些地方创造了"村务大事村民公决"、农村"民主日"等办法,有效保障村民群众的决策权。为加强对村干部的监督,各地不断创新村务公开形式。一些地方设立了村务监督委员会,有效保障了村民的监督权。

近年来,随着农村管理体制改革的进一步深化,产生了一些农村社区建设与管理理论和实践上的成果,比较典型的是治理理论及其实践。治理是指政府的公共管理行为,该理念与中国农村管理现代化较为契合,推动了在传统的"三农"工作中进行农村社区公共管理的实践。"治理"理念的提出,使学者和政府开始从一种新的角度来审视基层的公共管理行为。贺雪峰认为:"治理"这个词,对农村政治社会研究与实践特别有用,比如农村的村民自治作为一种社会民主形式,就是一种治理。该理念推动下的农村社区公共管理实践表现为中国的某些地方政府和农村基层的管理者,开始在传统的"三农"工作中进行农村公共管理的治理,从某种角度上说,它就是一种新型的农村管理的"社区化"。在这里,"社区化"的意义不仅表现在社会学意义上,首先表现在政治学和管理学意义上,即它是一种新型的农村管理模式。它注重的是建立"政府、民间组织与公民"(这里就是农民)对农村公共事务及农村经济发展的"合作管理",建立一种"政治国家与公民社会的新颖关系"。① 其次在实践上,新一轮农村综合改革中,有一个令人瞩目的现象,就是农村社区建设与管理的提出,或者说,农村建设与管理的社区化。据了解,目前已有江西、浙江、湖北、山东、江苏、天津、广东、福建、安徽、青海、上海等省(区、市)对开展农村社区建设进行了研究部署,开展了试点工作,并且取得了一定的经验。② 而被称为农村社区建设"第一块试验田"的江西,甚至早于"农村新政",在2001年就进行了农村社区建设的试点。可以看出,将传统的农村建设与管理变为农村社区建设与管理,并不仅仅是一个简单的名词改变,也不仅仅是一种理论上的探讨,而已经是中国农村地区的一个相当广泛的实践。它表明了中国农村建设与管理正在从理念、体制、模式、途径和目标上,向着现代化与中国国情的结合迈进。中国农村的这样一种实践,也受到了已经有20多年历史的中国城市社区管理实践的启发,特别是中国共产党和中国政府提出统筹中国城乡发展的指导思想的提出,以及中国城市化进程的影响,都促进了农村管理社区化。它虽然还在起步期,但无疑具有光明的前景。

---

① 俞可平:《治理与善治》,北京:社会科学文献出版社,2000年,第8~9页。

② 引自民政部姜力副部长在全国农村社区建设工作座谈会上的讲话,中国选举与治理网。

第三节　专业社会工作介入方法

当前中国的社区管理体制还存在着一些问题,这些问题既有政府主管部门的工作职责划分问题,也有社区居民参与性较低的问题,还有社区组织进行社区管理的能力有欠缺的问题。其主要原因,一是职责和权力还不清晰,二是缺乏相应的社区工作人才,三是缺资金支持的问题。这些都为社会工作者的介入提供了契机。

一、社会工作介入社区管理的策略

(一)基本理论

社会工作介入社区管理是一个新的领域和空白点,需要在原有的社区管理工作理念的基础上引入社会工作的思想,形成新的工作理念。

1.服务对象需求为本

社区管理的目的是帮助社区成员解决生存和发展中遇到的困难和问题,给他们提供更好的生活,因此必须坚持以服务对象需求为本的理念。改革完善社区管理体制的出发点和落脚点应当是为每个社区成员自由而全面的发展创造条件,提供机会,消除障碍。贯彻服务对象需求为本理念的重点应当放在保障社区弱势群体(如老年人、妇女、儿童、农民工、城乡低收入家庭)的基本生活、维护他们的基本权益、改善他们的处境上。

2.增权

增权,也叫增能,是一个增加个人或集体、组织的政治权利和社会资源的过程,其目的在于激发其权能,增强他们的自尊、效能感和控制感。这是社会工作基本的工作思路。改革完善社区管理体制应当以增强社区居民权力和能力为目标,还权于社区、赋权于公民,推行参与式治理。为社区居民参与社区管理创造便利条件,提供平等的机会。

3.合作共赢

和谐社会是一个合作共赢的社会。改革完善社区管理体制应当有利于促进政府与民间的合作,有利于促进各个社区管理主体对社区生活、社区事务的合作管理,有利于它们之间形成平等的伙伴关系,力求减少乃至避免人为的对立、对抗与冲突。合作管理的前提是合作各方能够实现共赢互利。

(二)工作理念

从国内外社区管理模式比较中看出,外国的社区管理模式有很多优点,社区社工在探索、创建社区管理模式时,可以大胆地借鉴西方发达国家在社区管理方面取得的经验,做到洋为中用,提高中国的社区管理水平。

1. 以自治为核心,加强社区各类制度建设

居民自治是确立社区各主体关系的最基本的法律规范。社区社工应该积极建议、推动居委会直接选举,召开居民代表议事会等工作,逐步培养居民的自组织能力,强化社区自治,使居民真正实现自我教育、自我服务和自我管理。

2. 促进社区居民利益的社区化

利益是关系网络建立的核心要素。只有居民感到社区与其利益息息相关、社区能够解决其现实问题、参与能够有效维护其利益时,才能积极参与到社区事务中来。社工需要促进社区居民利益的社区化,在获得管理主体的支持与配合下,充分调动社区资源,改善社区居民生活环境,提升社区居民的归属感和凝聚力。

3. 大力发展社区非政府组织

非政府组织是居民参与社区事务的重要途径。当前中国的非政府组织力量弱小,社区动员能力和组织能力都很有限。从长远看,非政府组织参与社区建设可以满足市场经济条件下愈来愈多元化的社区需求,使更多的专业工作者通过民间管道进入社区,提升社区工作的专业化程度,有效培育、更新社区各层次的社会资本。社区非政府组织的发展壮大还可以扭转以社区服务为核心的社区建设现状。社工需要积极引导非政府组织进入社区,参与社区建设。同时要积极建言献策,推动政府加强法规制度建设,制定和完善相关法律法规和政策,使非政府组织在社区建设中始终坚守公益性、非营利性的基本原则,逐步发育成沟通社区内外关系的重要渠道。

4. 逐步理顺社区各类主体的权利义务关系

社区管理机构、居民、非政府组织、驻社区单位等,由于在社区建设中的地位不同,其权利和义务也不尽相同。为了促进社区参与,需要对彼此的权利义务关系作出规范,这既是社区管理主体的责任,也需要社工积极调查研究,提出合理的建议措施,通过划分不同参与主体的权利和义务边界,比如哪些事项能参与,哪些事项不能参与,避免不同参与主体之间因参与权利不一致而引发矛盾。另外,还要特别注意社区事务的公开透明,将社区事务的处理放在阳光下操作,决策情况、实施情况、存在问题等都要及时向社区成员公布,既便于社区成员的民主监督,又有利于不同参与主体之间的相互沟通与了解。

二、 建立新型社区管理体制模式的方法

目前中国正处于社会转型加速期,在这一时期社会生活的各个方面,包括人们

的劳动方式、生活方式、价值观念等都发生了深刻变化，带来了一系列问题，这在城市社区和农村社区都比较明显。推进中国社区管理将有助于解决社会转型过程中出现的许多问题，社工需要积极参与到这一工作进程中来，这也是适应中国社会发展的新要求，是对基层社会管理体制和基层民主建设进行的一次改革和创新。

（一）增强社区成员的参与意识和民主意识

政府、社区组织、居民、物业管理企业等是社区管理的参与者，还应当培育居民自发性的小社团，通过将这些组织、自组织、个人之间的实质性关系建立起来，构建社区参与网络。政府可以通过各种手段宣传社区建设的重要性和基本知识，同时，扩大居民参与的范围和程度，增加居民参政议政的渠道。重视社区功能的开发，发展社区服务，塑造社区文化，培养和提高社区居民、企事业单位、社会团体和机关对社区建设与管理的责任意识和参与意识。

（二）完善社区财政投入体制

一方面，各级政府要把社区建设管理纳入发展规划，把社区建设经费和居委会办公经费纳入财政预算，建立专项基金；另一方面，多渠道筹措社区建设管理资金，大力推动社会捐助，探索个人和企业捐助社区服务的良性互动机制，从而形成政府拨款、街道配套、驻区单位支持、服务创收、社会赞助的多渠道社区投入机制。

（三）壮大社区民间组织

把政府改革与社会发育结合起来，大力培育社区民间组织，建立社区管理多元主体合作治理模式，是解决当前民主自治过程中存在的社区居委会行政化倾向的重要途径和有效方法。积极培育扶持真正独立于政府和社区居委会组织之外、具有法人资格的各类公益性、服务性、中介性组织，如社区福利组织、志愿者组织及行业组织等，以更好地承接政府转移下放的职能。重点培育能够提供公益性服务、发展慈善事业、协助政府承担事务性工作和引导居民参加健康文体活动的服务类、政治参与性民间组织。

（四）加快政府职能转变，建立政府与社区的横向互动网络

当前乃至今后需要进一步强化政府职能转变，把社区民主自治能力的培育与政府职能的转变同步推进，最终实现政府与社区的分离共治，按照“政事分离、政社分离，责、权、利相配套”的原则，建立政府与社区的横向互动网络。在这个网络中，政府主要是对全局性的社区公共事务和公益事业进行组织和管理，主要发挥制定政策、规划社区建设、监督社区建设等职能，而局部性的社区公共事务和公益事业交由社区组织和管理，这两个组织之间不是垂直式的控制关系，而是水平式的互动关系。

（五）完善立法

目前中国社区管理法制很不健全，特别是社区管理实务操作层面急需的法规和地方性规定不配套，使相应的执法及执法体系建设和管理存在死角和盲点。为适应社区管理新模式的需要，保障社区自治，必须尽快制定和完善有关社区管理的法律、法规，以法律形式确定各社区组织的职能关系，使社区管理步入法治化、规范化的管理轨道。

三、 社会工作者的角色

社会工作者是社会工作的实践者，没有社会工作者也就无所谓社会工作。专业社会工作者在社区发展中的角色扮演直接决定着社会工作的功能发挥，直接影响到社区管理的成效。关于社会工作者的角色，罗斯（Murray G. Ross）认为，社会工作者可以是引导者的角色，帮助居民选择发展目标和决定需要，主动发掘问题并采取合理的行动；可以是促成者的角色，鼓励社区讨论问题，加强组织，寻求共同目标和改善人际关系等；也可以是专家的角色，分析社区问题，提供研究技术等；还可以是治疗的角色，缓和社区冲突，消除社区紧张以及调和社区权力结构等①。马瑞斯（Robert Morris）认为，他们可以是实地工作者、机构顾问者和工作鼓吹者②。总的看来，社会工作者在社区发展的不同阶段以及面对不同问题的时候，扮演了多元的角色。

（一）社区管理的参与者和推动者

社区管理离不开政府的支持和领导、居民的力量和社会工作者的参与，社区管理体现了社区民主自治的过程，必须使居民乐于参与并且习惯参与。实践中，社会工作者可以采取公众听证会、咨询委员会、社区调查、社区会议等形式，组织居民参与社区决策，注重培养居民的参与兴趣和决策能力，起到一定的推动作用。中国的

---

① Ross, M. G., *Community Organization: Theory & Principle*(2nd ed.), New York: Halper and Kow, 1967, pp. 23 - 28.

② Morris, R., The role of the Agent on Community Development, in Lee G. Cary (ed), *Community Development as a Process*, Columbia: University of Missouri Press, 1970, pp. 39 - 46.

社区建设是一个政府发动的自上而下的运动,但社区参与仍然是最重要的理念之一。社会工作者应该动员广大居民通过居委会直接选举、社区议事会、居民代表会议等形式广泛参与社区事务,成为社区建设和管理的重要推动力量。

(二)社区居民权益的维护者

社区社会工作者应该在参与社区管理过程中,承担起社区居民权益维护者的角色,尤其是社区弱势群体利益保护者的角色,应该以扶贫助残为己任,积极开展社会福利和社会救助工作,为贫困居民提供最低生活保障、医疗救助、托孤养老等服务,成力弱势群体的代言人。

(三)社会保障政策的基层实践者和监督者

社会保障政策无疑都需要通过社区工作过程落实到居民个人。在中国,社区社会工作者应该积极介入低保金的申请与发放,就业再就业的培训与登记,老年人的养老与照顾,残疾人的救助与支援等社会保障领域,认真学习掌握社会保障政策法规及各种规章制度,掌握社区居民情况,为确有需要的居民提供及时的社会保障和福利救助。在此基础上,社区社会工作者通过直接面对受助者,可以很直接地观察到政策实施的效果与缺陷,包括政策内容和申请细节对受助者的影响以及受助者生活改善程度和心理变化等。这些都有助于社会工作者在社会政策制定过程中,提出相应的对策和建议,更好地为社区居民提供有针对性的、个性化的服务。

四、当前社区管理发展的新趋势

目前中国社区管理面临许多新情况、新问题。创新社区管理,构建和谐社区,就要从解决这些矛盾和问题入手,建立起与社会主义市场经济相适应的社区管理体制、运行机制和服务体系,为推进和谐社会建设创造良好条件。作为社区社工,需要明确社区发展的五大趋势,以便更好更有效地开展社区实务服务。

(一)民主管理型社区

伴随着公民社会的推进,越来越多的社区居民开始关注自己的民主权利并试图在社区管理中发挥自己的作用,但是这一需要却与传统的社区管理方式产生冲突,因此构建民主管理型社区成为第一个发展的趋势。要构建民主管理型社区,需要充分发挥社区组织的作用,落实社区居民的知情权、参与权、选择权、监督权,真正实现社区居民自己的事情自己议、自己办、自己管,推进社区基层民主建设,逐渐完善社区事务公开制度,通过各种形式将社区的财务和事务以及其他与居民密切相关的事项在社区公开,加强社区成员对社区事务、居委会工作人员和基层政府工作的有效监督。

(二)诚信文明型社区

目前中国面临着比较严重的信任危机,这一危机渗透进了社会生活的各个方面,影响了人与人之间的交流互动,也对精神文明建设产生了负面的影响。构建诚信文明型社区正因应了这一社会现实需求。从长远来看,构建诚信文明型社区是一项长期而艰巨的工作,首先需要加强思想文化阵地建设,依托街道文化站、社区活动室、社区广场等文化体育设施,开展丰富多彩、健康有益的文化、科普、教育、娱乐等活动。其次是大力宣传和实践爱国守法、明礼诚信、团结友爱、勤俭自强、敬业奉献的公民基本道德规范,通过开展"讲文明、树新风"、"创建五好家庭"、"倡导文明新风、共建美好家园"等各种精神文明创建活动,加强对社区成员的思想政治教育和科学文化教育,形成健康向上、文明和谐的社区文化氛围。同时积极倡导文明、健康的生活习惯和行为方式,引导居民自觉保护自然环境、节约能源、维护社区公共卫生,共同创造舒适、健康的生活环境,实现人与社会、人与自然的和谐。

(三)服务保障型社区

社会福利社会化背景下,大量的弱势群体服务落到了基层社区。近年来我国一些地方社区中发生的恶性案件说明各类弱势人群的社会福利服务需求需要在社区层面得到充分解决,否则会影响社会的安全与稳定。构建服务保障型社区需要完善社区服务保障机制,积极开展面向老年人、儿童、残疾人、社区贫困户、优抚对象等困难群体和特殊对象的社会救助和社会福利服务,强化社区服务保障功能,不断加强社区就业服务中心建设,做好对社区服务工作人员的岗位技能培训工作,同时充分利用互联网等现代科技信息技术,实现民有所呼我有所应、民有所需我有所帮,不断提高社区居民的生活质量。

(四)平安温馨型社区

根据马斯洛的需求层次理论,安全需求是人类最基本的需求之一。作为社区居民,社区的安全是他们关注的重点之一。因此,构建平安温馨型社区成为社区管理的一个趋势,这需要通过创建"安全文明小区"等活动,逐渐建立社区群防群治体系,推进社区社会治安综合治理工作。在此基础上,广泛开展经常性、群众性的法制教育,加强对刑满释放、解除劳教人员的安置帮教工作和流动人口的管理,充分发挥社区调解委员会、居民小组的作用，做好人民调解工作，及时消除各种不稳定因素；同时需要充分发挥社区内单位组织尤其是单位保卫组织和公共场所、特种行业、物业管理部门的保安人员的作用，把综治工作延伸到社区内各个单位、各个角落，实现社区秩序良好、居民安居乐业，不断增强社区居民的认同感、归属感、安全感、温馨感。

（五）学习型社区

社区管理服务过程中，社区教育是不可或缺的重要一环，这一工作也与社区居民的学习愿望和国家提倡的终身学习的氛围相呼应。与社区教育相适应的社区管理发展趋势是构建学习型社区，这就需要积极发展社区文化事业，以社区内各级各类学校为阵地，以社区教育中心为依托，充分利用社区内的社会教育资源，大力推进社区教育工作，探索建立终身教育体系，努力提高居民的整体素质。

A 本章小结

1. 社区管理具有地域和人群相对固定、组织形式多样化、性质侧重于群众性的自我管理和自我服务，强调社区群众的参与等特点。

2. 社区管理的原则主要包括整体利益原则、自治原则、组织和教育原则、协调性原则、前瞻性原则。

3. 当前中国社区管理过程中存在居民社区意识不强、参与度不够，经费不足，社会化、市场化程度低，政府对社区的管理方面存在缺陷等问题。

4. 城市社区管理主体包括街道党工委、办事处，社区党总支（委）和居民委员会，业主委员会，物业管理公司。

5. 城市社区管理模式分为政府导向型、市场导向型、社会导向型三种类型。

6. 农村社区管理主体包括乡镇党委、政府，村党支部、村民委员会，农业生产经营组织等。

7. 社会工作介入社区管理的理念包括服务对象需求为本、增权、合作共赢。

8. 社区管理中的社会工作者角色，一是社区管理的参与者和推动者，二是社区居民权益维护者，三是社会保障政策的基层实践者和监督者。

9. 建立新型社区管理体制模式需要增强社区成员的参与意识和民主意识，完善社区财政投入体制，壮大社区民间组织，加快政府职能转变，建立政府与社区的横向互动网络，完善立法。

10. 社区发展的六大趋势：民主管理型社区、诚信文明型社区、服务保障型社区、平安温馨型社区、环境优美型社区和学习创新型社区。

B 主要术语

社区管理（Community Management）：在社区内部各种组织，为维持社区的正常秩序，促进社区的发展和繁荣，满足居民物质和文化活动等特定需要而进行的自我管理或行政管理活动。

居民委员会（Residents Committee）：是城市社区居民自我管理、自我教育、自我服务的基层群众性自治组织。

街道办事处（Sub－district Offices）：是市辖区政府、不设市辖区的市政府或功能区管委会（如经济技术开发区管委会）的派出机关。

乡镇（Towns）：指的是乡和镇，泛指较小的市镇，是中国最基层的行政机构，在农村乃至整个国家经济社会发展中发挥着基础性作用。

业主委员会（Owners' Committee）：是依据《物业管理条例》和《业主大会和业主委员会指导规则》，按照一定的工作程序成立的小区业主自治组织。

村民委员会（Village Committee）：依据国家宪法和法律设立的农村群众性自治组织，是村民自我管理、自我教育、自我服务的基层群众性自治组织。

农业生产经营组织（Agricultural Production and Operation Organizations）：是指农村集体经济组织、农民专业合作经济组织、农业企业和其他从事农业生产经营的组织。

增权（Empowerment）：也叫增能，是一个增加个人或集体、组织的政治权利和社会资源的过程，其目的在于激发其权能，增强他们的自尊、效能感和控制感。

治理（Governance）：指政府的公共管理行为，该理念与中国农村管理现代化有相当的契合，推动了在传统的"三农"工作中进行农村社区公共管理的实践。

C 练习题

1. 以一个社区社工的视角，在你所在的一个城市社区进行调研，根据社区管理的内容，研究一下现在社区的主要管理主体及其运作模式。

2. 调查了解一个农村社区的村民委员会运作情况，研究该村委会与村民、村党支部和乡镇党委、政府的关系。

D　思考题

1. 社区管理的定义是什么?

2. 简述社区管理的特点。

3. 社区管理的原则有哪些?

4. 城市社区社区管理模式有哪些?

5. 农村社区管理主体有哪些?

6. 简述社会工作介入社区管理的工作理念。

7. 建立新型的社区管理体制需要做哪些工作?

8. 专业工作者在参与社区管理中应当具备哪些知识和技能?

E　阅读文献

1. [美]戴维·A. 哈德凯瑟等:《社区工作理论与实务(第二版)》,夏建中等译校,北京:中国人民大学出版社,2008 年。

2. 李沂靖主编:《社区工作》(社会工作精选课程系列教材),北京:中国社会出版社,2010 年。

3. 万亚伟编:《浙江社区社会工作案例选》,北京:中国社会出版社,2012 年。

4. 卢湾区社工联合会编:《社区社会工作:实务技能 80 问》,上海:上海人民出版社,2011 年。

5. 徐勇、陈伟东主编:《社区工作实务》,北京:高等教育出版社,2003 年。

6. 许义平、何晓玲:《现代社区制度实证研究》,北京:中国社会出版社,2008 年。

第十三章　社区服务

中国的社区服务自20世纪80年代才正式出现，由于它适应社会发展和社区居民的迫切需要，又受到政府部门重视，因而获得了令人瞩目的发展。

第一节　社区服务概述

社区服务是社区社会工作的一项重要内容，也是社区的一项最根本、最基础、最重要的社会功能。要推进社区服务，就必须对社区服务的概念与特征、功能以及社区服务的实施主体有一个全面的把握。

一、社区服务的概念与特征

(一)社区服务的概念

西方早期的社区服务以社会福利服务的形式出现，是一种"以社区为基础的服务"①，主要为城乡无收入或低收入的贫困群体、老年人等提供社会救济服务，具有济贫的性质，服务内容和形式比较单一。第二次世界大战以后，西方国家纷纷建立起强调国家和政府责任、广覆盖、高标准的"福利国家"保障体系，为经济的高速发展和国民生活提高提供了制度保证。20世纪70年代以后，伴随着国家福利政策自身局限的显现，福利国家政策受到了非议和批判。西方一些国家感到单纯依靠政府不可能解决所有的社会福利和社会服务问题，因而开始尝试将由政府负担的社会福利和社会服务转向社区和其他社会组织，社区服务因之出现了大发展。

关于"社区服务"概念的界定，国内学者有诸多阐述。一般而言，社区服务是指在政府的福利政策和公共财政扶持下，在社会资源支持帮助下，依靠社区居民的组织参与，动员社区内在资源力量，向社区居民提供各种服务的活动。

---

① 殷妙仲、高鉴国主编：《社区社会工作：中外视野中的交流》，北京：中国社会科学出版社，2006年，第166页。

（二）社区服务的特征

1. 福利性

福利性是社区服务最根本、最本质的特征。社区服务首先以维护、确保社会弱势群体如老年人、残疾人及其他特殊群体的最基本生活为出发点，这是它的福利特性的最明显体现。同时，随着国家和社会支持力度的不断加大，社区服务也包括面向全体社区居民的文化娱乐服务、卫生保健服务、环境保洁服务等。这些服务是以提高全体居民的生活质量、增强社区凝聚力和整合度为目标，本质上是一种公益事业。

2. 地域性

社区服务是一种属地化服务。这是社区服务与一般性社会福利服务和专门性社会福利服务（如老年人服务、残疾人服务、失依儿童服务）的不同之处。就服务对象而言，社区服务以本社区居民为主，有相对稳定的服务关系；就服务内容而言，社区服务主要是根据本社区居民的需要，解决本社区的问题，为本社区居民提供多样化的服务；就服务范围而言，社区服务主要覆盖本社区范围。不同的社区由于地理环境、文化条件、人口状况、经济发展水平等的差异，所提供的社区服务在形式和内容上都有各自的特点。

3. 互助性

互助性强调通过社区居民之间的自助互助服务，以及社区组织、福利机构等与居民之间的互助服务，以满足全体居民特别是弱势人群的服务需求。社区居民之间的互助服务，如邻里之间的关照、帮困、解难、救急，是社区服务的原始形态，不仅有助于解决居民相互的实际困难，也能增进相互之间的情感交流，提升社区居民的认同感、归属感和凝聚力。

4. 群众性

群众性主要体现在两个方面：一是服务对象的普遍性，即社区的所有居民都有权享受社区服务；二是社区服务的广泛参与性，即社区服务需要社区居民积极参与，社区居民既是社区服务的受益者，也是社区服务的参与者。

5. 综合性

社区服务是一项系统工程，具有综合性的特征，主要体现在三方面。一是服务对象的综合性，即服务对象不仅包括各类弱势群体，还包括普通的社区居民。二是服务内容的综合性，这是由服务对象的综合性决定的。不同类别的社区居民有不同的服务需求，相同类别的社区居民也有不同的服务需求，而且这些服务需求涉及物质生活和精神生活两大领域的多个方面。为了满足社区居民的不同需求,社区服务的内容必然多样化。三是服务手段的综合性。社区服务对象的综合性及社区服务内容的综合性决定了在社区服务中必须综合运用经济手段、行政手段和社会手段。

二、 社区服务的实施主体

社区服务是一项系统工程,有效的社区服务需要社区服务实施主体的共同努力。目前中国社区服务的实施主体主要有基层政府部门、社区居委会、各种社会组织以及社区居民等。

(一)政府在社区服务中居于主导地位

中国社区服务的启动是自上而下推动的结果,因此政府部门在社区服务中居于主导地位。正是在政府部门的推动下,自20世纪90年代以来,中国"城镇社区服务设施建设迅猛发展,各地都相继建立了按照行政级别划分的市、区、街道社区服务中心和居委会社区服务站,从而形成了由各级社区服务中心组成的政府化的社区服务体系"。[①] 作为有计划有目的的社区服务,是社会、经济、政治、文化、环境各要素协调运行的过程。如何有效地运用行政、经济和法律手段,协调社区内外各种力量,决策、控制和把握社区服务的发展方向,保证社区服务健康发展,往往取决于政府的组织、导向、决策与指导。

(二)民政部门是社区服务的主管部门

2000年11月,中办发《民政部关于在全国推进城市社区建设的意见》中明确指出,社区建设由党委和政府统一领导,由民政部门牵头。具体来说,民政部门应做好以下四项工作:

一是指导社区居委会和社区民间服务组织的建设。民政部门主管基层政权中的社区建设工作和居委会,拥有推动社区服务组织建设的行政支持网络,特别是资金和政策。二是指导社区服务工作。在社区服务开展过程中,针对实际情况,进行适时指导,确保社区服务的健康发展。三是协调相关部门之间的关系。四是对社区服务进行监督,促进社区服务质量和水准不断提高。

---

① 殷妙仲、高鉴国主编:《社区社会工作:中外视野中的交流》,北京:中国社会科学出版社,2006年,第160页。

(三)街道、居委会是社区服务的主体依托

街道办事处是市或市辖区人民政府的派出机构,是城市管理的基层组织,开展社区服务是街道办事处的重要职责。同时,街道办事处所处的位置具有开展社区服务的有利因素与条件。居委会之所以也成为社区服务的主体依托,这是由《中华人民共和国居民委员会组织法》对居委会的职能和性质的规定所决定的。居委会对社区服务的管理职责,首先是组织和落实社区居民开展社区服务活动,并对社区服务负有直接指导责任;其次是充当社区服务组织系统与居民群众之间的桥梁,离开了居委会社区服务就失去了依托。

(四)社区服务中心是社区服务的重要基地和载体之一

各类社区服务中心是为本社区居民和单位提供公益性服务的非营利性社会服务机构及设施。社区服务中心通过对外联系对口单位和辖区内机关和企事业单位,并协调各单位的资源,共同开展社区服务,并对下属各分中心及微型社区服务点进行连接、辐射和指导,组织学习与培训,制定规划和解决困难,建立健全规章制度,检查工作落实,总结推广经验,形成一个覆盖整个辖区的综合服务与管理体系,成为社区服务的基地。同时,社区服务中心为居民群众提供多样化、系列化、经常化的服务,成为基层社区服务的载体。

(五)各种社会组织、企事业组织是社区服务的重要中介组织

社会组织的非营利性、公益性使其成为社区服务业上联政府、下系居民的中介。相关企事业单位既是社区服务的资源,又是社区服务的对象,成为联系政府和居民之间的桥梁与纽带。

(六)社区居民是社区服务发展的动力

社区居民既是社区服务的受益者,又是社区服务发展中不可缺少的人力资源。社区居民对社区服务的需求直接促使他们关心和维护本社区的生存、发展、权益、环境。社区居民自觉地参与社区服务意味着其社区意识和社区责任感的提升。

三、 社区服务的功能

社区服务的功能是多方面的。一般而言,社区服务主要有社会保障、社会整合、社会控制、人的发展等方面的功能。

(一)社会保障功能

自20世纪80年代实行社会保障制度的社会化改革以来,原来由单位承担的大部分社会保障功能逐渐向社区转移,社区对企业退休、下岗或失业人员提供社会福利服务成为社会保障制度发展的方向。此外,自新中国成立以来,对孤寡老人、残疾人、贫困家庭等社会弱势人群的救助服务、康复服务、日常照顾,对军烈属的优抚工作等,一般都通过社区来实施。这些都是中国社会保障制度的重要组成部分。显然,社区服务的实施和加强对于健全与完善中国的社会保障制度,发挥着其他社会组织不可替代的作用。①

(二)社会整合功能

社区服务使社会资源的分布结构及利用更加合理化。社区服务的整合功能包括以下三个方面:

一是对现实资源的整合。现实资源包括存在于社会中的人力资源、财产资源或者公益资源、市场资源,通过社区服务使它们的配置更趋合理,利用更加充分,作用发挥更为高效。二是对管理资源的整合。通过社区服务可以理顺社区管理体制,调整管理结构,使管理资源的作用得以充分发挥。三是对人气意愿的整合。人们在社区服务的氛围中逐步形成关心社区、热爱社区、参与社区事业的共同志向,而这些共同志向转化为人们参与社区服务的自觉行动,形成对社区的认同感和归属感。②

(三)社会控制功能

通过社区服务的实施,可以维护社会弱势群体的基本生活的权利,使弱势群体可以分享社会发展的成果,获得最基本的社会公平。这有助于缓解社会不公及其引起的矛盾,有助于控制潜在的和现实的非稳定因素,实现社区的稳定,进而促进整个社会的稳定。

(四)人的发展功能

通过开办社区学校、老年大学、再就业培训中心,组织教育、卫生、法律等

---

① 于显洋:《社区概论》,北京:中国人民大学出版社,2006年,第256页。

② 张志浩:《关于社区建设若干问题的认识和研究》,《上海社会科学院学术季刊》2000年第4期。

咨询服务活动，有助于提高各类社区居民的精神文化素质，提高他们的生存技能。社区服务的开展，使大量双职工家庭减轻了家务劳动和赡老抚幼的负担，使他们能有更多的闲暇时间自由支配，去追求自我完善、自我发展、自我实现。社区服务通过互帮互助，可以培育和增进居民的亲情、友情和邻里之情，提高居民的思想道德素质。

第二节　社区服务的基本内容和方式

随着社会的不断发展，社区服务的基本内容正在日益扩大，这决定了社区服务的方式也必然是多样化的。

一、社区服务的基本内容

(一)面向社区特殊群体的社会福利服务

1. 老年人服务

中国已于2000年进入老龄化社会，因此对老年人的服务便成为社区服务的重要内容。该服务主要有五个方面：

一是养老服务，包括传统家庭养老、机构养老和居家养老三种方式。传统家庭养老就是老年人基本上同子孙后辈们一起生活，由子女们赡养、照料。机构养老是指老年人集中在敬老院、福利院、托老所、干休所等养老机构居住养老。居家养老即社区养老，就是老人居住在自己家中，由社区上门提供服务。二是健康服务，包括疾病医疗方面的就医、用药、护理等服务，病体康复方面的理疗、按摩、疗养、食疗等服务，日常保健方面的身体检查、医疗保健知识讲授、健身活动组织指导、就医用药咨询等服务，关注老年人心理健康的服务。三是生活服务，主要有洗衣洗被、洗澡理发、送米送奶、打扫卫生、代购物品、介绍保姆、代请医生、代煎汤药等服务。四是娱乐服务，包括创设老年大学，举办各种知识讲座，组织文体等活动。五是法律服务，如举办法律讲座，使全社会尊重老年人的合法权益；向老年人提供法律帮助，维护其合法权益等。通过老年人服务，实现“老有所养，老有所医，老有所学，老有所乐，老有所为”的目标。

拓展阅读

“星光计划”

2001 年,民政部决定,今后 2 ~ 3 年,从中央到地方,通过发行福利彩票筹集的福利金,绝大部分(40 亿 ~ 50 亿元)用于资助城市社区的老年人福利服务设施、活动场所和农村乡镇敬老院的建设。这项工作命名为“社区老年福利服务星光计划”(简称“星光计划”)。

实施“星光计划”的总体要求:立足我国社会主义初级阶段的基本国情,以“三个代表”的重要思想为指导,以满足社区老年人的需求为出发点,以福利金的资助为手段,充分依靠区、县政府的组织领导,广泛动员社会参与,大力挖掘社区资源,建立和完善社区老年福利服务网络,为居家养老提供支持,为社区照料提供载体,为老年人活动提供场所。

在城市,以社区居委会为重点,新建和改扩建一大批社区老年人福利服务设施和活动场所,逐步形成社区居委会有站点、街道有服务中心的社区老年人福利服务设施网络。社区居委会的老年人福利服务站点要突出实用性特点,以活动场所为主,因地制宜,力求方便实用,灵活多样,不搞小而全。新建和改扩建的街道级社区老年人福利服务设施要突出综合性特点,从当地老年人急需的服务项目入手,逐步具备多种功能。

资料来源:高桂贤主编:《社区服务》,北京:电子工业出版社,2011 年,第 69 ~ 70 页。

2. 残疾人服务

残疾人服务的目的是帮助残疾人最大限度地融入健全人的生活之中,保证其平等地享受人类的物质文明和精神文明成果。该服务主要有四个方面:

一是康复服务,包括专业康复和社区康复两类。专业康复是在专业人士指导下对残疾人实施的康复工作,效果虽好,但费用昂贵。社区康复是受过相关培训的社区工作人员和家人对残疾人实施的医疗康复和精神康复工作,其费用低廉,一般的残疾人均有条件参加。二是生活服务,包括上门服务,修建无障碍通道、厕所特殊蹲位,设置盲文标识,婚姻介绍等。三是就业服务,主要是给残疾人提供技能培训、就业咨询、提供就业机会等。四是教育服务,包括伤残儿童寄托、弱智儿童启智以及致力于提高残疾人文化素质的培训。

拓展阅读

国际通用无障碍设计标准

1. 在一切公共建筑的入口处设置取代台阶的坡道,其坡度应不大于1/12。

2. 在盲人经常出入处设置盲道,在十字路口设置利于盲人辨向的音响设施。

3. 门的净空廊宽度要在0.8米以上,采用旋转门的需另设残疾人入口。

4. 所有建筑物走廊的净空宽度应在1.3米以上。

5. 公厕应设有带扶手的座式便器,门隔断应做成外开式或推拉式,以保证内部空间便于轮椅进入。

6. 电梯的入口净宽均应在0.8米以上。

资料来源:高桂贤主编:《社区服务》,北京:电子工业出版社,2011年,第73页。

3. 优抚对象服务

对优抚对象的服务是国家和社会依照法律法规对优抚对象实行的褒扬性和保障性的物质帮助和精神鼓励。该服务主要有两方面:一是优抚政策服务,即社区组织提供优抚政策的咨询服务以及帮助落实优抚政策;二是退役安置服务,即社区组织协助政府的兵役、民政机关为做好复员退伍官兵及军队离退休干部的安置工作而提供的服务,包括落户安置和就业安置。

4. 贫困群体服务

面向贫困群体的社区服务主要包括三方面:一是最低生活保障服务,社区在城市居民最低生活保障金发放的调查、审核、批准与动态管理等基础性工作中承担着重要职责;二是再就业服务,社区组织可通过提供就业信息、开展劳动培训、提供就业岗位等,为因失业而陷于贫困的人员提供服务;三是合法权益保障服务,这主要是针对贫困群体的弱势地位往往致使其合法权益受到侵害而展开的服务。

拓展阅读

"低保"服务的工作流程

五年前,家住某市的曹先生的三胞胎儿子诞生,当时他们夫妻每月收入仅500多元,三个孩子的出世让这个本来就较贫困的家庭更是雪上加霜。靠亲朋的帮助,孩子勉强长到1岁。在得知像自己这样的困难家庭可以享受"低保"后,曹先生向当地居委会提出了申请,在居委会的帮助下填写了"城市居民最低生活保障待遇审批表",居委会签署了意见并将所有的申请材料报送街道办事处,街道办事处对材料进行了审核,并调查了曹先生家的情况,认为其符合条件,签署意见将“审批表”报送区民政局审批,区民政局提出了审批意见,发给曹先生“城市居民最低生活保障金领取证”,并且确定了保障金发放数额。此后,曹先生家每月获得低保金470元,这大大缓解了他家的生活困难。

讨论:

1. 本案例中曹先生一家获得最低生活保障的流程是怎样的?

2. 本案例给了我们哪些启示?

资料来源:王玉兰、唐忠新主编:《社区管理实务》,北京:北京大学出版社,2009年,第137~138页。

5. 其他特殊群体服务

社区中的双职工家庭、中小学生、弱智人员、精神病患者、酗酒者、吸毒者、不良行为妇女、失足青年、“两劳”释放人员等也属于特殊群体。对于他们正当的特殊需求,可以通过有针对性的社区服务,帮助其克服自身或外在的生活障碍,使其与社区生活共同体相融洽、相协调。

(二)面向社区一般居民的社会化服务

面向社区一般居民的社会化服务是针对社区一般居民生活中存在的普遍性问题和共同性需求,所开展的旨在提高其生活质量的社区服务,主要包括以下内容:

1. 便利生活服务

包括日常生活的购置与配送、家用电器维修、住所清洁、服装制作、拆洗与熨烫、代收公共事业费等。可以建立与之配套的服务设施,包括便民商店、早点铺、家电维修部、服装加工部、干洗店、理发室、家政公司等。

2. 环境综治服务

包括绿化面积的维护和扩大、“四害”治理、环境噪声控制、垃圾分类与清运、居民楼道及门前环境卫生的保护、违章搭建的控制、民事纠纷的调解、火灾隐患的消除、辖区内刑事案件的防范、外来人口的管理等。

3. 医疗保健服务

包括疾病预防、医疗诊断、病人护理、健康咨询、妇幼保健、计划生育指导、卫生宣传和防疫等。可以建立与之配套的设施,包括社区医疗诊所、便民医疗服务信箱、家庭病床、家庭医生全程服务、居民健康信息资料库等。

4. 劳动就业服务

包括为居民提供社区就业岗位、职业介绍、就业咨询、就业培训、劳务输出,以及为自谋职业、自主开业提供政策支持、资金支持、场地条件支持、开业指导等。

5. 文教体育服务

包括文化、教育、科普、咨询、培训、体育、娱乐、健身服务等。需要的相应组织和设施有社区文化活动中心、市民学校、科普实践基地、各类知识讲座班、各类兴趣小组、业余特长培训班、图书阅览室、法律咨询室、运动场、健身房等。

(三) 面向辖区单位的“后勤”服务

面向辖区单位的“后勤”服务通常是有偿的,是以“资源共享”、“共筑共建”为特点的互利互惠的双向服务。通过为辖区单位提供餐饮、娱乐、健身等方面的服务,既解决了社区部分居民的就业问题,又解决了辖区单位的后顾之忧。同时,社区内的单位也利用它们的资源为社区提供服务,解决社区资源有限的问题。

随着社区服务的发展,社区服务的内容将不断丰富,社区服务将逐渐涵盖人们生活的各个方面,形成新的社区服务体系。

二、 社区服务的主要方式

(一) 专设组织服务

根据不同的社区服务内容,需要有对应的各类社区服务组织来承办,才能做到长年不断,服务有效,所以组建专设组织是社区服务的重要方式。比如,组建居民消费合作社、社区服务中心,医疗保健服务需有各种医疗、保健的专设机构,劳动就业服务需有职业介绍所、各类就业培训机构,文教体育服务需有社区文化活动中心、市民学校等。专设组织服务职能的发挥主要依靠专职人员。专职人员要善于运用专业方法解决问题。

(二) 志愿服务

专设服务无论怎样面宽量大,都有遗漏之处。而志愿服务,不仅能够拾遗补缺,化解服务中人、财、物等资源短缺的困难,而且对营造“人人为我,我为人人”的浓郁社区气氛有着特殊的催化作用。志愿服务可以通过少先队、共青团、妇联等群众团体来组织,或通过工作、学习单位或街道、居委会来组织,也可以通过志愿者团体、自助团体来组织。

(三) 居民互助服务

这里所讲的居民互助,特指居民之间互惠互利而不是单方施惠的义务服务。

这既是“守望相助”古老传统的发扬,又带有“投桃报李”的交换性质。居民互助既可带动更多的社区成员投入互助服务,还能在参与互助的社区成员中发现能工巧匠、行家里手,挖掘更多的专业资源,利用他们的特长,调动他们的积极性,为更多的居民服务。

第三节 专业社会工作介入方法

专业社会工作介入社区服务有其理论、原则和目标。社区工作者在社区服务中承担着多重角色,需掌握多项技能。

一、社会工作介入社区服务的策略

(一)理论视角

1. 社会融合理论

社会融合是通过各种措施确保机会平等,从而让每一个人不受其背景影响均能发挥他们生活中的全部潜能的过程,这些措施包括促进获得公共服务的平等机会的政策和行动,以及动员公民参与影响他们生活的政策决策过程。

社会融合作为一个社会政策概念,起源于欧洲学者对社会排斥的研究。被社会排斥群体通常是脆弱群体,又往往处于社会的最底层。脆弱群体脆弱性的根本原因,在于他们自身的某种障碍,如果得不到必要的社会保护,很容易被主流社会所抛弃、疏离和排斥。因此,保护脆弱群体应该是一个社会的基本伦理。然而社会排斥常常表现为不同阶层之间的排斥与疏离,以及存在于人与人之间、群体与群体之间的社会距离,因此脆弱群体理论、社会分层理论、社会距离理论和社会排斥理论分别从不同角度为社会融合提供理论依据。社区融合是社会融合的一个层面,主要包括获取服务、自我管理、参与社区服务和管理三个子维度。显然,社区服务是推进社区融合、社会融合不可缺少的环节。①

2. 正常化理论

正常化理论是用来分析和如何看待诸如精神病患者及其他伤残人士等某些特殊的社会群体的理论。在社会工作领域中,正常化理论一般有两种含义:

(1)以服务对象为本的社会工作价值理念认为,由于贴标签的缘故,以往把残疾人等一些服务对象的行为视为异常,并采用主流社会通行的所谓“正常”的方法

---

① 黄匡时、嘎日达:《社会融合理论研究综述》,《新视野》2010 年第 6 期。

去治疗他们，实际上是有失偏颇的，因为在一些社会工作者和治疗者或助人者眼里被视为不正常的行为，其实在服务对象群体那里完全是再正常不过的事情，关键是助人者把自己看问题的眼光强加于受助者身上，换言之，问题实际上是出在助人者对服务对象的任意标定上。

(2)所谓正常化就是为受助者提供与平常人相似的生活环境，包括让他们回到自己熟悉的平常社会，过常人的生活。在社会工作实务中之所以强调这一点，盖源于社会工作承认所有人(包括残疾人等)都具有尊严和价值。

正常化理论对社区服务的启示，即面向特殊群体特别是残疾人的社区服务，尤其需要从服务对象的角度去看待事物而不可妄加臆断和随意标定。

社区工作的理论基础来自于广泛的社会福利理论，深入理解这些理论，可以使社区工作者对社区服务有更深刻的认识。

(二)社区服务的原则

1. 以人为本的原则

社区服务归根结底是为社区居民提供服务。其最终目的是促进人的全面发展和社会的全面进步。因此，必须尊重社区居民的需要，服务的内容和形式要充分尊重社区居民的实际情况，尽可能多样化，不搞华而不实的服务。

2. 社会化原则

中国根据国情，决定走社会福利社会化的路子。社区服务属于社会福利体系，因此社区服务也要遵循社会化方向。社区服务社会化是指服务对象全民化、服务项目系列化、服务形式多样化、服务队伍专业化。社区服务只有走这条路，才会有广阔的发展前景。

3. 特殊群体为重点的原则

就是指社区服务必须以特殊群体的服务为重点。在特殊人群服务需要得到基本满足的情况下兼顾广大社区居民的服务需要。

4. 社会效益为首的原则

社区服务属于社会福利性、公益性、互助性事业，必须实行道德调节机制，而不能实行市场调节机制。社区服务最终追求的是社会效益，而不是经济效益。在社会效益得到保证的前提下，可以适当考虑经济效益。

5. 因地制宜协调发展的原则

社区服务是以一定地域为范围开展的，每个地区的历史背景、人文条件、社会经济发展程度、人口结构等方面各不相同，这就要求在服务中必须根据各地的实际情况,开展有特色的服务。①

(三)社区服务的目标

(1)制订科学合理的社区服务发展规划,建立有效的社区服务管理体制和运行机制,为社区服务的发展营造一个良好的宏观环境。

(2)建立功能齐全、设备先进、符合居民需要的社区服务中心,鼓励非政府社区服务组织的发展,为社区服务的开展提供强有力的物质保证。

(3)建立健全市、区、街、居四级社区服务网络,为广大居民特别是广大弱势群体提供方便、快捷、优质的社区服务。

(4)不断开发适应社区居民需要的服务项目,增加服务内容,创新服务方式方法和技巧,开发和利用好社区各种资源,尽可能地满足社区居民的物质生活和精神生活需要。

(5)大力开展丰富多彩的社区志愿者服务活动,增加社区居民的互动机会,培养居民的社区归属感,提升居民综合素质,充实居民生活,倡导友爱、互助、奉献的良好社会道德风尚。②

二、 社会工作介入社区服务的过程与手段

(一)社区服务调查

1.社区服务需求的调查

社区服务需求指社区居民和社会组织在社区生活中,因正常生活的需要,遇到难以解决的困难和问题而对社区服务提出或未提出的要求。

社区服务需求的调查,应该从影响社区服务需求的因素着手,如社区人口数量及构成、社区居民的收入及构成、社区服务的价格及替代服务的价格、居民的生活偏好、流行时尚等。

上述对社区服务需求的影响因素的调查,可以使用资料查阅法、座谈会法、问卷法等,从社区人口现状调查、现有社区服务满意度调查和社区服务需求程度调查这三个方面加以把握。

(1)社区人口现状:一是调查人口的自然构成,即调查人口的年龄构成、性别构成、人均寿命;二是调查人口的社会构成,即调查职业构成如不同行业的从业人口数量及比例,下岗人口数量及比重;三是调查人口的素质构成,如受高等教育、中等

---

① 高桂贤:《社区服务》,北京:电子工业出版社,2011 年,第 6 页。
② 刘静林:《社区服务》,北京:中国轻工业出版社,2005 年,第 28 页。

教育、初等教育的人口数量及比例；四是调查人口的收入构成，如高收入、中等收入、低收入的人口数量及比例。这些人口现状的数据是把握社区服务需求的基础。

(2)现有社区服务满意度，可以从下列几个方面着手进行：日常消费方面，如对餐饮服务、社区物业管理服务、社区文娱服务的满意度等；设施服务方面，如对交通服务、集贸市场服务、邮政服务、电信服务、医疗服务的满意度等；综合环境方面，如对社区绿化服务、环卫服务、精神文明建设、网络信息服务、法律咨询服务、家政服务的满意度等。

在调查中，可以把满意度分成等次来进行，如分为很满意、较满意、一般、较不满意、很不满意等五个等次，这样对现有社区服务所达到的需求满意程度就有定量的较准确的把握。

(3)社区服务需求程度，可按强烈程度分等次来进行调查。比如，分为希望马上办、希望能办、等有条件再办三个等次。还可以加进社区居民的年龄构成、职业构成、收入构成等因素对同一需求按要求的强烈程度分类，这样就能对不同居民群体的不同的社区服务需求有更为准确的把握。要求的强烈程度是社区服务需求存在的真实反映。

以上调查所得到的数据可以归纳成一览表，以便进行社区服务项目设计或规划时查阅使用。①

拓展阅读

发现社区服务需求的游戏

步骤一：

1. 组织一次社区会议。

2. 把参加社区会议的参与者分成小组(7~8人为一组)，每个人准备一张白纸和一支笔。

步骤二：

1. 每个人把需要的社区服务写在纸上，可以尽最大可能想象需要，而不要受时间、资金、能否可行的限制。

2. 当小组里每个人写完需求后，将每个人画好的纸收集起来，传给下一个组。

3. 收到上一个小组写的服务需求后，小组的成员对这些所描述的社区服务进行讨论，挑出3个认为最需要的服务来。

4. 把这3个需求按照需要程度排出顺序来。

---

① 黄永红：《社区服务》，北京：中国人民大学出版社，2003年，第64~65页。

步骤三：

每一小组选出一个代表，把小组的想法和重要排序与全体参与者分享。主要从3个方面来讲：

1. 本小组选择了哪三项？

2. 这三项的顺序是什么？

3. 为什么选择它们？

步骤四：

会议主持人进行总结，把选出来的需求贴出来，大家再做一次选择，把最需要解决、最重要的优先。可能需求中还有些想法是非常好而且可以实现的，可先对优先能够实现的需求制订行动计划，以后有了资源就可以对其他的需求进行实施。工具使用的关键是大家通过游戏达成共识。

资料来源：《社区发展工具》，《社区参与行动简讯》2007年第1期。

2. 社区服务资源调查

社区服务是各种服务资源综合运用的产物。一个社区的资源拥有状况、社区对资源的开发利用情况，决定着社区需求的满足程度和社区服务质量的高低。因此，社区工作者要善于将可运用的服务资源调动起来。社区服务资源主要包括：

(1)人力资源，包括参与社区服务的专职人员、兼职人员、志愿者以及参与互助服务的社区居民。

(2)物力资源，包括能直接产生社区服务成果的各种物资和设备，如用于社区服务的场所、场地、设备等。

(3)财力资源，指可为社区服务提供货币援助的资金数量情况，如政府财政拨款，组织或个人的资助捐助款，社会福利企业的部分利润等。

(4)文化资源，指社区内为人们各种社会行为提供动力和规则的智力成果及精神财富，如社区内人们的信仰、价值观、行为规范、历史传统、风俗习惯、生产方式、地方语言和特定象征等。

对社区服务资源的调查，可采用问卷法、访谈法、文献资料法等。

(二)制定社区服务规划

一般说来，制定社区服务规划要经过以下程序：

1. 确立服务目标

对现实情况和存在问题做到心中有数之后，就进入规划社区服务的发展目标这一阶段。确定的目标，应当是一个体系，既包括总体目标，又包括各类服务的项目目标;既包括中长期的目标,又包括当前实际操作的目标。目标的确立,既不能脱离现实,过分拔高,又不能囿于现实,降低要求。

2. 草拟服务方案

规划草案一般由社区服务规划的主体文件、有关图示、表格等组成,也可附录一些草案形成的背景资料。草案应提供备选方案,以留有选择空间。

3. 确立服务方案

确立方案的实质是决策。决策的责任在领导者,但可以邀请相关专家和专门人员参与。确立方案,先是初步比较,选择草案。再是提供审议,征求意见。然后是修改完善,决策拍板。最后是公布方案,付诸实施。讲究社区服务规划程序的根本目的,在于保证规划内容的完善与合理。

(三)筹集社区服务资金

就中国目前而言,社区服务资金一般有以下来源:

(1)政府的投入。一般分为直接的财政投入和间接的投入,后者如基础设施、场地的无偿提供和税收减免等形式。与发达国家相比,中国政府对社区服务的投入还不多。随着经济的进一步发展,这方面的投入应逐步提高。

(2)社会捐助,包括社会各界对社区服务的资金援助,既可以是机关、企业,也可以是社会团体、个人,甚或是来自国外机构、个人的资金捐助。中国目前应大力提倡先富起来的个人热心公益事业,捐助公益事业。努力拓展国外机构、个人对中国社区服务事业的关注和捐助。

(3)有奖募捐基金的投入。20 世纪 90 年代以来,中国社会福利事业迅速发展,大量采取有奖募捐的形式筹集资金,其中一部分被用来发展社区服务事业。

(4)社区服务收费的再投入。近年中国的社区服务特别是其中的便民利民服务一般采取有偿(低偿)服务的形式,所收取的资金一般再用于社区服务事业,以弥补服务资金的短缺。

多方面筹集社区服务资金有利于社区服务的顺利进行,但也涉及究竟以何者为主的问题。以上四个方面的资金来源渠道中,除第一个渠道即政府投入外,其他皆可归属于民间渠道。在这二者中,政府的渠道显然是最重要的,是社区服务的福利性质的基本保证①,因为“中国社区服务的主要动力源自政府”②。

---

① 于显洋:《社区概论》,北京:中国人民大学出版社,2006 年,第 266 ~ 267 页。

② 殷妙仲、高鉴国主编:《社区社会工作:中外视野中的交流》,北京:中国社会科学出版社,2006 年,第 160 页。

发达国家社区服务资金的主要来源之一是各级政府的财政拨款。目前中国针对社会弱势群体、社会优抚对象服务方面的政府投入比重较大,但仍有很大缺口。政府在社区服务的设施建设等方面也有较大投入,而在针对全体居民的服务项目上投入严重不足。在这种情况下,对一定对象、一定项目实行有偿(低偿)服务有其合理性,但绝不能走过了头,否则就背离了社区服务的福利性、公益性。

(四)合理配置社区服务的人力资源

合理配置人力资源也是社区服务介入过程的关键环节之一。中国目前具体从事社区服务的人员一般包括三类人员:

一是专职人员,指以社区服务为职业的人。专职人员是社区服务的骨干,也是社区服务的领导者、组织者和实施者。因此,社区服务的发展很大程度上取决于他们素质的高低。一般而言,专职人员具有较高的业务素质,能够为社区居民提供良好的服务。

二是兼职人员,即在本职工作之外兼任社区服务工作的人。兼职人员参与社区服务可以有效缓解社区服务人力资源不足的问题。在中国,兼职人员主要来自于与社区建设有关的辖区单位。具体说来,一部分兼职人员在街道办事处负责社区建设事宜,一部分兼职人员在工会、共青团、妇联等社会团体工作,一部分兼职人员在其他企事业单位任职。由于兼职人员总体上文化素质较高,具有一定的组织协调能力,而且不少人本身就从事社区建设工作,从而具有比较丰富的社区服务经验和良好的社区服务技巧。加之兼职人员的数量也多于专职人员,因此兼职人员是社区服务的主体力量。

三是志愿者,又称义工,是指在没有任何报酬的情况下为改进社会而提供服务、贡献个人的时间及精力的人。社区志愿服务泛指志愿者利用自己的时间、技能、资源、善心,为邻居、社区提供非营利、无偿、非职业化援助的行为。[①] 志愿者的加入可以弥补职业社区服务工作人员的不足以及资金的短缺。

(五)鼓励居民参与

社区服务涉及全体社区居民,没有社区居民的积极响应和热心参与是难以取得预期的效果的。而要做到这一点,就必须深入居民之中进行广泛的宣传发动工作,以使全体居民都能了解和关心社区服务,从而取得他们对社区服务的积极支持和配合。而要使社区服务工作得以持久地开展下去,还必须通过精心设计、组织的

① 夏建中:《社区工作(第二版)》,北京:中国人民大学出版社,2009年,第182~184页。

活动，增强居民的社区意识、社区认同感和归属感，从而更加自觉地参与社区服务与成员互助活动。①

居民选举本社区的居民代表

图片来源：上海市徐汇区天平街道网。

（六）社区服务效果评估

社区服务效果评估是社区服务介入过程不可或缺的环节。及时进行有效的评估，能够使社区公众了解社区服务的效果及其影响，增强社区居民的参与感；可以修正运作过程中的偏差，增进服务的成效；可以准确把握资源投入的经济效益和社会效益，确定服务项目的存在价值；能够向服务资金和设施的提供者作出交代，接受监督，有利于以后吸引更多的投资。

社区服务成效常采用“服务参与率”、“居民受益率”、“服务需求满足率”、“服务满意率”等指标来衡量。

1. 社区服务参与率

社区服务参与率指在社区服务中，辖区单位与社区居民发动状况的测定指标。其计算公式为：

公式一：社区居民参与率 = 参与服务的居民数/社区有服务能力的居民总数

公式一中“参与服务的居民数”包括四种人：一是在一定设施、固定于一定岗位从事社区服务的专职服务者；二是参与社区服务的志愿服务者；三是既负责街

① 于显洋：《社区概论》，北京：中国人民大学出版社，2006 年，第 267～269 页。

道、居委会工作,又参与社区服务的兼职服务者;四是社区服务的基层组织者。公式中“社区有服务能力的居民总数”,不应是社区全体居民,而是有某项服务能力的那一部分居民。

公式二:辖区内单位参与率=参与服务的单位数/辖区单位总数

公式二中,衡量社区单位是否参与了社区服务,在下面五条中具备其一者,即可算是参与了社区服务:人员参与,物力支援,场地支援,单位设施对社区居民开放,财力支援。

上列两个公式是对社区居民和单位参与社区服务比例的测定。参与率越高,说明居民群众和社区单位发动得越充分,社区服务的社会化程度就越高,否则相反。

2. 社区服务受益率

社区服务受益率指社区居民和社区单位与从社区服务中得到帮助、照顾的数量比例。其计算公式为:

公式一:居民受益率=受益居民户数/社区居民户总数

居民受益分为经常性受益和非经常性受益两种。社区特殊群体、困难群体得到制度性的服务,属经常受益者。其他受益者为非经常性的受益者。

公式二:社区单位受益率=受益社区单位数/辖区单位总数

社区单位受益有直接受益与间接受益之分。直接受益是单位需要解决的困难与问题,直接得到了社区服务的帮助与照顾,如安全保卫、环境治理、劳力提供、辅导咨询等。间接受益是社区单位所属的成员个人或家庭,得到社区服务的帮助与照顾。

3. 服务需求满足率

服务需求满足率是居民提出的需求通过服务得到满足的数量比例,在一定时段,通过普遍调查和分散调查,了解本社区居民及社区单位有哪些服务需求,将其一件一件地汇总,就形成了需求总量。在此基础上,有针对性地开展社区服务,使这些需求的部分或者全部得到满足,就形成了需求满足率。其计算公式是:

需求满足率=需求满足数量/居民提出的需求总数

需求满足率与服务受益率有所不同。前者是对服务成果的具体测算,对服务成果的反映更准确些;后者着重反映服务辐射、渗透状况,是估量服务普及状况的指标。

4. 社区服务满意率

社区服务满意率指社区居民和社区单位,按自己的切身感受,对服务表示满意者在社区全体居民与社区单位中的数量比例。其计算公式为:

公式一:居民满意率=对服务表示满意的居民数/社区全体居民数

由于社区家庭多、人口杂,对满意、不满意的全面测验难度很大,因此这项检验一般采取抽样调查法。于是公式一就形成了以下公式：

居民满意率 = 表示满意的被调查居民数/被调查的总人数

公式二：社区单位满意率 = 对服务满意的社区单位数/社区单位总数

是否满意是居民对社区服务的主观评价。这一评价会直接转化为服务对象对社区的认同感与归属感。①

居民参与社区服务工作评比总结

图片来源：重庆沙坪坝政府门户网。

三、社会工作者的角色与技能

(一)社区服务中社会工作者的角色

1. 服务策划者、组织者和执行者

社会工作者要针对社区居民的需求，善于发现与分析社区中存在的问题，寻求解决问题的方法和资源，以专业知识和技能策划服务方案，并通过组织协调社区内外的各种资源，实施社区服务项目。

2. 服务提供者

"社会工作者通过直接的个案工作和小组工作为社区中需要帮助的群体提供服务"②。

---

① 黄永红：《社区服务》，北京：中国人民大学出版社，2001 年，第 101 ~ 102 页。

② 殷妙仲、高鉴国主编：《社区社会工作：中外视野中的交流》，北京：中国社会科学出版社，2006 年，第 166 页。

3. 辅导者和教育者

一方面，对接受服务者进行辅导、提供训练课程，教导有关的技巧，使服务对象获得生存技能。另一方面，对社区服务参与者进行动员宣传和技能训练，使其能够积极地参与，并以高质量的服务满足社区需求。

4. 协调者

社会工作者为服务对象寻找有关的服务：为智障儿童寻找特殊学校，协助其接受文化教育；为有严重行为偏差的儿童联系有关服务机构，进行更深入的个案辅导服务；为服务对象寻找社区资源，例如活动场地；向服务机构或组织提供财政或社区资源的资料和申请渠道；在社区小组之间、社区组织与外界机构之间、不同社区之间进行沟通与联络等。

5. 倡议者

社区社会工作者替服务对象向有关方面提出建议和争取改善政策措施，为服务对象倡议和争取合适的服务。

6. 顾问

为非专业的服务机构或组织提供活动及发展方向上的建议。

（二）社区服务中社会工作者应掌握的方法和技巧

1. 社区信息调查

社会工作者要深入调查社区的资源、需求、服务成效等，才能有效地开展社区服务。需掌握的调查方法包括实地考察法、访谈法、问卷调查法、评估法等。

2. 社区资源调动

社会工作者要在社区内通过多种形式拓展社区服务资源，为社区提供专业性及非专业性的服务。

3. 社区服务设计

社会工作者要根据社区需要，以专业知识和技能设计服务方案，使服务方案科学化、专业化。

4. 社区公关拓展

社会工作者要使社会各类组织及各界人士对社区服务保持长期持续的支持和资助，必须维护和发展社区整体良好的公众形象，做好社区公共关系的拓展工作，如召开新闻发布会、发放宣传品等方式充分传播社区组织形象。

5. 社区服务训练

社区工作者要对社区服务非专业人员进行有关服务的基本知识与技能的训练。训练内容和程度可以根据服务对象的需要而定，也可以根据服务者的水平而定,还可以根据新知识和新技术的发展与推广而定。

6. 社区服务组织推动

指运用社区工作方法,从社区整体着眼,针对居民的服务需求,动员、组织和搭配社区服务资源,推动社区服务。社区服务组织推动的基本方法和技巧包括两大类:

(1)直接组织推动。可细分为:需求拉动法,即以社区服务需求作为原动力,以满足需求作为工作思路,组织调动社区居民和社区资源,拉动社区服务的发展;宣传动员法,即运用各种手段广泛宣传,层层动员,营造全社区关心支持社区服务的浓厚氛围,推动社区服务;典型带动法,让服务先进的典型组织或个人交流经验,以此来推动社区服务;表彰激励法,通过表彰、奖励等措施激励社区服务人员,以推动社区服务的发展;总结评估法,通过对社区服务成效的量化评估,对社区服务起督促作用。

(2)间接组织推动,即借助社区外的资源力量来间接推动社区服务。具体细分为:政府督导,政府通过政策、经费、设施、舆论等方面,对社区服务发挥督导作用;社区服务引资,多方面开拓资金渠道,争取社会团体多投入一些、高收入人士多捐助一点、国外组织多投资一些,以弥补资金不足,推动社区服务更好更快地发展;社区服务研究,深入认识和探索社区服务的规律,用以指导社区服务。

四、 社区服务发展的可能性与艰巨性

(一)社区服务发展的可能性

1. 中国社区服务取得了很大成就

中国社区服务所取得的成就使之成为国民经济和社会发展规划的重要组成部分。30 多年来中国社区服务的成就主要表现在:

(1)创造了有利于社区服务生存和发展的外部环境。中国社区服务已被纳入国家和各级政府的发展规划,并在计划立项、税收减免、用房用地、资金支持、编制用工等方面出台了一系列的倾向政策和措施,这为社区服务的发展营造了良好的外部环境。

(2)初步形成了社区服务投资机制、发展机制和内部运行机制。中国已基本建立起了政府投入、社会捐助、有奖募捐基金的投入、社区服务收费的再投入等多种途径、多种方式共同兴办的社区服务投资机制和发展机制,使社区服务发展的资金有了一定的保障。同时,社区服务在保证其福利性和公益性的前提下,适当开展经营性服务,以弥补福利经费的不足,形成了社区服务自我积累、自我发展内部运行

机制。

(3)加强了社区服务队伍建设,构筑了社区服务网络。中国社区服务队伍的来源不断丰富,数量不断增多,专业化程度不断提高,形成了一支由专职、兼职服务人员和广大志愿者组成的社区服务大军。这支社区服务队伍活跃在社区服务的各个领域,把社区服务的对象由弱势群体扩展到了全体社区居民,把服务内容从单一分散的服务发展为系列化服务,建立起了市、区、街、居互为联系、相互贯通的社区服务网络。

2. 中国社区服务仍存在巨大的发展空间

(1)这是由经济发展的普遍规律所决定的。世界经济发展表明,随着一个国家或地区的经济技术不断进步,产业结构的重心必然转移,就业结构也将随之变化。早在20世纪90年代,发达国家第三产业从业人员的比重就普遍达到60%,美国达80%,发展中国家的平均水平也在40%左右。在发达国家的第三产业中,社区和个人服务业吸纳的劳动力一般占第三产业从业人员的40% ~50%。[①] 而中国第三产业从业人员仅占就业总人口的33.2%左右[②],相应地,社区和个人服务业从业人员的从业率也就更低。这说明作为第三产业重要组成部分的社区服务业还具有相当大的发展潜力。

(2)这是由社区服务自身的优势决定的。社区服务业作为社会保障体系和社会化服务体系中的一个重要行业,几乎遍及日常生活的各个领域。它具有劳动密集型的特点,投资少、见效快,在同样条件下可以吸纳较多的劳动力。据国家计委有关专家分析,第三产业每增加1%,可新增就业岗位130万个。社区服务业作为第三产业的重要组成部分,在吸纳劳动力方面的明显优势,也使其成了颇具潜力的发展领域。

(3)这是由居民对社区服务的需求决定的。早在1999年国家统计局对北京、上海、广州等7个城市的调查显示,需要家电维修、上门送报、家庭保洁等17个社区服务项目的家庭已占总数的70%。[③] 随着经济、社会的发展和生活水平的提高,人们对社区服务的需求还会进一步上升,从而为社区服务的发展提供了广阔的前景。

---

① 唐忠新:《中国城市社区建设概论》,天津:天津人民出版社,2000年,第178页。

② 经济体制改革动态跟踪与改革建议课题组:《2009年就业形势与政策跟踪分析报告》,国家发展和改革委员会经济体制与管理研究所网。

③ 唐忠新:《中国城市社区建设概论》,天津:天津人民出版社,2000年,第179页。

(二)社区服务发展的艰巨性

虽然中国的社区服务具有广阔的发展潜力,但必须看到,目前在中国还有诸多现实因素制约着社区服务的进一步发展。

1. 社区服务资金来源不足

这是当前制约社区服务发展的首要因素。到目前为止,社区服务支出既未纳入各级政府财政预算系列,也未归入其他事业经费预算中。不仅如此,社区服务的福利性决定了它是利润较低的一个领域,很难吸引商人或企业家积极投资。30多年来的社区服务实践表明,兴建社区服务设施和开展社区服务活动,大都依赖区、街、居委会千方百计筹集资金,而许多区、街、居委会的经济实力较弱,这势必影响社区服务的发展。此外,社区服务项目以低偿或无偿为主,自身积累能力较差,甚至难以维持现有设施正常功能的发挥。

2. 家庭缺乏购买服务的支付能力

尽管广大居民对社区服务的需求比较普遍,但多数居民家庭尚不具备满足这些需求的支付能力。调查表明,当前中国居民家庭的收入分布很不平衡:20%高收入者拥有全部收入的一半和储蓄存款总额的75%以上,而80%的人口占有的储蓄存款比例还不足25%。国家统计局的调查显示,几乎一半的城镇居民处于基本收支平衡状态,无力实现"花钱买服务"的生活理想。① 尽管相当一部分城镇居民有些储蓄,但在社会保障体系仍不完善的今天,也不敢花掉其大部分储蓄来购买服务。于是,大多数居民希望社区提供无偿或低偿服务,而在有偿服务项目面前则望而却步,这在某种程度上制约了社区服务业的发展规模和发展速度。

3. 社区服务队伍水平不高

30多年来,尽管中国社区服务队伍的水平有了很大提高,但仍与社区服务的发展要求不相适应。其一,社区服务的专业化程度尚很低。目前,中国直接从事社区服务的人员大多是没有受过系统、专业训练的家庭妇女、离退休人员、下岗失业人员和有劳动能力的残疾人等,这严重影响了社区服务项目的专业化开发和服务质量的提高。其二,社区服务的职业声望较低。从事社区服务的人员学历层次不高、职业素养不高,导致社区服务的职业声望较低,人们一般不愿从事社区服务事业。其三,从事社区服务的人员一般年龄偏大,不利于社区服务效率的提高。其四,志愿服务具有较大的随意性甚至盲目性,致使社区志愿服务往往流于形式。

---

① 汪大海、魏娜、郇建立主编:《社区管理》,北京:中国人民大学出版社,2005年,第108页。

4. 社区服务观念落后

社区服务在提高人民生活质量、促进社区精神文明建设、保持社会稳定等方面具有重要的现实意义，但许多地方政府的职能部门和领导干部还未充分认识到社区服务的积极作用和巨大优势，对社区服务重视不够，投入不多，力度不大，扶持和优惠政策得不到很好的落实，致使这些地方的社区服务仍处于初始状态，加剧了社区服务发展的不平衡性。

A 本章小结

1. 西方早期的社区服务以社会福利服务的形式出现，是一种“以社区为基础的服务”。社区服务具有福利性、互助性、地域性、群众性和综合性等五个特征。

2. 社区服务的实施主体主要有基层人民政府、民政部门、街道办事处、社区居委会、社区服务中心、各种社会组织以及社区居民。

3. 社区服务的功能是多方面的，主要有社会保障、社会整合、社会控制、促进人的发展等方面的功能。

4. 社区服务的基本内容主要有三方面：一是面向特殊群体的社会福利服务，二是面向社区一般居民的社会化服务，三是面向辖区单位的“后勤”服务。社区服务的主要方式有专设组织服务、志愿服务和居民互助服务。

5. 社区服务的理论基础来自于广泛的社会科学理论，如社会融合理论、正常化理论等。开展社区服务要遵循一定的原则，并在此基础上确立社区服务的目标。

6. 社区服务的介入过程和方法主要是社区服务调查、制定社区服务规划、筹集社区服务资金、合理配置社区服务的人力资源、鼓励居民参与、社区服务评估。社会工作者需要扮演多种角色，掌握各种相关的方法和技巧。

7. 中国社区服务所取得的成就使社区服务的进一步发展成为可能，但社区服务的发展仍受到许多因素的制约。

B 主要术语

社区服务(Community Service)：指在政府的福利政策和公共财政扶持下，在社会资源支持帮助下，依靠社区居民的组织参与，动员社区内在资源力量，向社区居民提供各种服务的活动。

社区服务中心(Community Service Center)：为本社区居民和单位提供公益性服

务的非营利性社会服务机构及设施。

社区志愿服务(Community Voluntary Services):泛指志愿者利用自己的时间、技能、资源、善心,为邻居、社区提供非营利、无偿、非职业化援助的行为。

社区服务需求(Community Service Demand):社区居民和社会组织在社区生活中,因正常生活的需要,遇到难以解决的困难和问题而对社区服务提出或未提出的要求。

社区服务参与率(Community Service Participation Rate):在社区服务中,辖区单位与社区居民发动状况的测定指标。

社区服务受益率(Community Service Benefit Rate):社区居民与社区单位,从社区服务中得到帮助、照顾的数量比例。

服务需求满足率(Service Demand Satisfaction Rate):居民提出的需求通过服务得到满足的数量比例。

社区服务满意率(Community Service Satisfaction Rate):社区居民和社区单位,按自己的切身感受,对服务表示满意者在社区全体居民与社区单位中的数量比例。

C 练习题

1. 课堂讨论。上海市罗山市民会馆充分挖掘社会资源,在会馆内办起了钢琴教练、声乐练习、书法培训、手工制作、青少年课余生活服务、课外阅读、棋类辅导、老人生活照顾、陪伴聊天、旧物交换、再就业培训等各种特色化的社区服务项目,为社区居民营造了一个良好的生活和工作环境,会馆成为居民闲暇散步、谈天、集会的好去处,成为孩子们的乐园。通过会馆的牵线搭桥,一些孩子不在身边的老年人与孩子接送有困难的年轻夫妇实现需求交换,互帮互助,并且在长期的互助活动中建立起不是亲人胜似亲人的良好关系……

讨论:

(1)罗山会馆的社区服务项目与你所了解的社区服务中心的社区服务项目相比较,有何不同?

(2)罗山会馆社区服务项目设计的基本理念是什么?应当如何认识和评价它?

2. 社区旅行。在你所在的社区中行走,观察社区服务机构,这些服务机构涉及哪些服务内容?这些社区服务在哪些方面有待于改进和创新?

3. 模拟或实地指导一名符合条件的社区居民完成“低保”申请工作。

D 思考题

1. 什么是社区服务？社区服务有哪些特性和功能？

2. 社区服务的内容体系是怎样的？

3. 目前中国社区服务资金一般有哪几个方面的来源？

4. 什么是社区服务需求？

5. 衡量社区服务效果的基本指标有哪些？请用公式表示。

6. 社区服务中社会工作者的角色和应掌握的技能是什么？

E 阅读文献

1. 夏建中:《社区工作(第二版)》,北京:中国人民大学出版社,2009 年,第九章,第 164 ~ 189 页。

2. 殷妙仲、高鉴国:《社区社会工作》,北京:中国社会科学出版社,2006 年,第五章、第七章,第 159 ~ 172 页、第 225 ~ 249 页。

3. 唐忠新:《社区服务思路与方法》,北京:机械工业出版社,2004 年。

4. [美]戴维 · A. 哈德凯瑟等:《社区工作理论与实务(第二版)》,夏建中等译校,北京:中国人民大学出版社,2008 年,第 45 ~ 56 页。

5. 徐永祥:《社区发展论》,上海:华东理工大学出版社,2000 年,第六章,第 166 ~ 200 页。

6. 张默:《社区老年服务工作》,北京:中国社会出版社,2011 年。

7. 杨团:《社区公共服务论析》,北京:华夏出版社,2002 年,第八章,第 192 ~ 195 页。

8. 万育维:《社会福利服务——理论与实践》,台北:三民书局,1996 年。

第十四章　社区矫正

社区矫正的具体执法主体主要是基层司法所，但在实际工作中社会工作机构和社区居(村)委会也越来越多地参与到其中，因此专业社会工作者有必要对这项工作进行较为深入的了解。本章将主要从社区工作的角度来阐释社区矫正的中外基本概况，以及专业社会工作的介入方法。

第一节　社区矫正概述

现代意义上的社区矫正在西方已有两百多年的历史，在中国始于21世纪初。社区矫正的界定各国不同，但其特征、目的与功能基本相同。各国社区矫正均拥有一定的法律体系，其组织体系也包含了政府机构和非政府组织等多方面的力量。

一、社区矫正的概念、特征、目的和功能

(一) 社区矫正的概念

"社区矫正"(Community Corrections) 概念起源于西方。由于对适用对象、适用阶段、措施和属性认识的不同，该概念在各国有广义、狭义之分。广义说有两种：其一，认为社区矫正的适用对象，除了被法院定罪的罪犯外，还包括有犯罪事实但未进入审判程序的犯罪嫌疑人，以及刑满释放人员；在适用阶段上，不仅可以在判后服刑阶段适用，也可以在判决之前和刑满释放之后的阶段适用；其二，将监狱增强罪犯同社区接触机会的监外教育、监外作业、返家探视等开放式措施都包括在社区矫正中。狭义说有三种：其一，将适用对象限定为符合一定条件的罪犯；其二，将缓刑和假释等监禁替代措施或监狱的开放式措施排除在社区矫正之外；其三，对社区矫正的惩罚性、矫正性属性只强调其中之一。

准确、科学的定义是当前行动的指南，但又应当具有一定的前瞻性。因此，本书认为可以从狭义和广义两个方面界定社区矫正。狭义定义主要应用于实务领域：社区矫正是指将符合一定条件的罪犯置于社区内，由专门的国家机关在相关社

会力量的协助下,在法定的期限内,矫正其犯罪心理和行为恶习,促进其顺利回归社会的非监禁刑罚执行制度和活动。广义定义主要应用于研究领域,应将“符合一定条件的违法者”包括在内。

(二)社区矫正的特征

1. 本质属性是刑罚执行活动

刑罚执行是社区矫正的本质属性。既不能将其视为单纯的行政管理措施,也不能把其看做是一般意义上的社会救助和福利措施。它的活动主体是特定的,由专门机关承担,由国家强制力保证实施,其适用对象是符合一定条件的罪犯。社区矫正对象必须履行一定的刑事义务,人身自由受到一定的限制。另外,社区矫正必须依法进行。

2. 执行方式具有非监禁性

从各国情况来看,无论是非监禁刑、刑罚替代措施还是监狱的开放式处遇制度,都有一个共同的特征——非监禁,即符合条件的罪犯是在社会上服刑,其人身自由从监禁、被剥夺状态变为限制、非监禁状态,“这是社区矫正与监狱矫正的最大不同”①。

3. 地点在社区,注重社区资源的参与

这包含三方面的内涵:

(1)在社区中进行矫正。罪犯可以在自己长期居住的社区环境中完成审判机关判决的事项,进行矫正。

(2)社区参与矫正。在社会力量介入的深度、广度和形式多样性上,是监狱矫正所无法达到的。

(3)为社区进行矫正。关注受害者和社区所受损害的修复,旨在重建犯罪人与社区的良性互动关系。

4. 矫正措施具有人道性

社区矫正使矫正对象的人身自由得到最大程度的保留,能够充分享受到家庭的温暖,保持与社会较为密切的联系,同时工作人员还要对其进行多层次的矫正和帮困扶助。适度监控与矫正、帮困扶助相结合的柔性矫正模式充分体现了刑罚的人道性。

(三)社区矫正的目的

一是克服监禁刑的弊病,帮助矫正对象顺利回归与融入社会,二是减少行刑成

---

① 姜祖桢:《社区矫正理论与实务》,北京:法律出版社,2010年,第7页。

本，三是保护公民安全。第一个目的突出刑罚执行的个别预防犯罪追求，第二个目的是刑罚追求经济效益的体现，第三个目的强调刑罚的一般预防犯罪追求。在个别预防与一般预防之间，社区矫正更侧重个别预防，以矫正为终极价值。

（四）社区矫正的功能

1. 惩罚功能

惩罚功能是指将确定的刑罚落实到犯罪人身上。矫正对象在社区的行动并不是完全自由的，必须遵守各项矫正制度并参加公益活动。如果违犯了这些行为规则和限制，必须承担相应的法律后果，可能会被送往监狱或其他监禁机构。

2. 控制功能

控制功能是指通过对各项监督管理制度的实施，预防社区矫正对象再犯罪，从而有效地保护公众免受其侵害。矫正对象的身份仍是犯罪人员，如果没有一定的监督管理制度作保障，将会增加矫正对象重新犯罪的可能性，也会让社区公众产生不安全感。

3. 矫正功能

矫正功能是指社区矫正工作者运用一定的理论、方法和技巧，使社区矫正对象得到心理、认知和行为上的矫正治疗，使其悔过自新、弃恶从善，成为守法公民，重新回归、融入社会，成为正常的社会成员。

4. 服务功能

服务功能是指由社区矫正工作者为社区矫正对象提供一系列具有福利性的服务，以帮助其顺利适应、融入社会生活。该功能贯穿于整个矫正过程，内容涵盖经济支持、生活照料、疾病医治、心理辅导、就业援助、家庭及其他社会关系调适、社会环境改善等。

二、社区矫正的法律体系与组织体系

（一）发达国家社区矫正的法律体系与组织体系

1. 法律体系

除刑法和刑事诉讼法外，许多国家和地区都制定了补充的社区矫正法律规范，表现为三种形式：专门的社区矫正法律，如美国明尼苏达州在 1973 年通过《社区矫正法》；专门的刑事执行法律，如德国的《刑罚执行法》、加拿大的《矫正与有条件释放法》、澳大利亚的《矫正服务令》等，社区矫正是其中一个重要的组成部分；单行的社区矫正法律规范，如新西兰的《假释法》，日本的《缓刑执行保护观察法》、《犯罪的预防更生法》等。[①]

2. 组织体系

英国在中央设内政部国家缓刑局负责社区矫正，在42个区设有地方缓刑服务局，工作人员称为矫正官，属公务员序列。在42个区设有假释委员会，受内政部缓刑局领导，对符合条件的罪犯适用假释，代表地方政府和民众监督地方缓刑服务局的工作，工作人员只有部分是公务员。成立了全国未成年人司法委员会，由负责缓刑的公务员、教师、警察和卫生部门的相关人员组成，主要工作是适用针对未成年人的社区矫正刑罚。志愿者机构、劳工组织和企业家联合会等各种社会力量积极参与社区矫正，为矫正对象提供帮助和服务。[②]

美国的社区矫正管理机构分为两级。联邦一级，司法部下设监狱局分管联邦的监狱和社区矫正工作，与各州的社区矫正机构不存在隶属关系。各州社区矫正机构又分为三个层次，即州设立的矫正局、地方法院主办的社区矫正机构以及由私人管理的社区矫正机构。负责社区矫正管理的人员主要由缓刑官和假释官组成，具有公务员身份。[③] 非政府组织包括专业性矫正服务组织也积极参与社区矫正。

(二)中国社区矫正的法律体系与组织体系

1. 法律体系

从广义上来讲可分为三个组成部分：

(1)法律。《中华人民共和国刑法》修正案(八)明确规定对判处管制、缓刑、假释的犯罪分子，依法实行社区矫正，详细规定了适用条件和程序、罪犯应遵循的规定、解除或撤销情形等。《中华人民共和国刑事诉讼法》修正案(二)明确地将社区矫正的执行主体由公安机关改为社区矫正机构，但被剥夺政治权利刑罚的执行主体仍为公安机关，并详细规定了暂予监外执行的适用条件、程序，重新收监的情形与程序等。《中华人民共和国监狱法》第三章第三节详细地规定了在刑罚执行过程中的监外执行，第四节规定了由狱内变更到狱外社区执行的假释的内容和程序。

(2)部门规章及其他规范性或指导性文件。2003年7月起两院两部陆续印发了《关于在全国试行社区矫正工作的意见》、《社区矫正实施办法》等关于社区矫正的部门规章及其他规范性或指导性文件。《关于在全国试行社区矫正工作的意见》规定社区矫正的实际监督、矫正和服务职权由司法行政部门执行，详细规定了

---

① 刘强：《国(境)外社区矫正法律规范的现状及思考》，《中国监狱学刊》2004年第1期。

② 司法部基层工作指导司：《英国社区矫正制度》，《中国司法》2004年第11期。

③ 种若静：《美国社区矫正制度》，《中国司法》2008年第10期。

社区矫正的概念、性质、适用范围、任务、工作分工。《社区矫正实施办法》是目前各地开展社区矫正最直接、最明确的部门规范依据。

(3)地方性规章及其他规范性或指导性文件。如山东省的《山东省社区矫正工作实施细则》、《山东省社区矫正工作制度》、《山东省社区矫正工作人员守则》、《山东省社区矫正对象行为规范》等。

2. 组织体系

(1)有关国家机关和部门。司法行政机关具体负责矫正实施,县级司法行政机关社区矫正机构对矫正对象进行监督管理和教育帮助,乡镇、街道司法所承担社区矫正日常工作;人民法院对符合社区矫正适用条件的被告人、罪犯依法作出判决、裁定或者决定;人民检察院对社区矫正各执法环节依法实行法律监督;公安机关对违反治安管理规定和重新犯罪的矫正对象及时依法处理。民政部门和劳动与社会保障部门也被赋予相应的责任。

(2)参与社区矫正的相关基层自治组织、非政府组织及企事业单位。在目前的实际工作中,社区居(村)委会在社区矫正工作的具体落实上承担了大量的任务,各地通常会在社区建立社区矫正工作站,由其完成一些具体的监管教育帮扶工作。[①] 非政府组织主要包括专业社会工作组织、心理咨询组织等专业服务性机构及志愿者机构等。企事业组织主要是指矫正对象所在的工作单位,以及那些在社区矫正过程中提供了支持资源的企事业组织。

拓展阅读

上海市新航社区服务总站职责

1. 接受市社区矫正工作办公室的指导,配合司法行政部门履行社区矫正工作职能;2. 负责社区矫正社会工作者的招聘、管理、考核等工作; 3. 改进内部治理结构,提高自主运作能力; 4. 组织社工开展相关工作理论与实务培训; 5. 领导区(县)工作站协助司法行政机关做好对社区矫正对象的日常管理及帮教服务工作; 6. 动员和利用社会资源对社区矫正对象开展矫正工作; 7. 开展社区矫正社会工作的理论和实务研究; 8. 根据政府购买服务要求完成社区矫正的其他工作。

资料来源:上海市社区矫正工作办公室:《上海市社区矫正工作指导手册》,上海:上海市社区矫正工作办公室编印,2007 年,内部资料。

---

① 许振奇:《在社区矫正中加强社区建设的思考》,《中国司法》2008 年第 7 期。

三、 国内外社区矫正的历史

(一)主要发达国家社区矫正的历史演变

1. 社区矫正的产生与发展

现代性质的社区矫正,其萌芽可以追溯到18世纪后期。18世纪70年代,英国监狱改革家约翰·霍华德(John Howard)提出了反对监狱非人道化刑罚的监狱改革理论,引发了世界监狱改革运动。19世纪初英国的爱德华·考克斯(Edward Cox)推行对初犯少年以誓约方式代替徒刑执行的措施。19世纪中期美国开始尝试社区矫正,1845年贵格派教徒创办了第一个罪犯寄宿所。

19世纪后期刑事近代学派盛行,推动了社区矫正的发展。从英国来看,1879年制定了《略式裁判法案》,对轻犯适用社区矫正。19世纪80年代开始对未成年犯实行大规模的监禁替代措施,此后逐渐扩大到成年犯。1907年颁布了《感化犯人法》,规定设置观护人机构。1925年制定了《刑事裁判法》,规定设置"感化委员会"负责矫正社会工作者的任命、报酬和其他行政事务工作。至20世纪初,社区矫正制度在英国刑事立法和司法中已经确立,各种非监禁刑进入司法实践领域。美国的社区矫正在这一时期也得到了较大发展。1878年马萨诸塞州批准将缓刑定为法律,设置了第一批全职缓刑官管理非监禁的罪犯。至1923年已有35个州通过了缓刑法。① 1876年纽约州埃尔米拉教养院规定允许囚犯通过挣分数来获得假释。1884年马萨诸塞州在监狱内设置了假释官员。到1944年假释制度普及美国所有的州。② 在英国和美国的影响下,19世纪后,欧洲各国大多都通过缓刑和社区监督等形式,由监禁刑向非监禁刑转变。

2. 社区矫正的壮大与繁荣

第二次世界大战后,社区矫正在主要发达国家得到了快速发展,特别是20世纪70年代恢复性司法理念兴起后,许多国家都建立起了社区矫正制度,并完善了相应的法律。

20世纪60年代末70年代初,社区矫正成为美国刑罚适用的主导模式。1973年明尼苏达州议会通过了《社区矫正法》,至1996年28个州相继通过了此类地方性法规。目前美国37个州已经使用了社区矫正制度的所有方式,包括司法转处、审前释放、缓刑、假释、中间制裁等。英国的社区矫正制度亦得到了快速发展。

---

① 王志亮:《外国刑罚执行制度概要》,北京:中央编译出版社,2006年,第318页。

② 姜祖桢:《社区矫正理论与实务》,北京:法律出版社,2010年,第42页。

1972 年《刑事司法法》规定在英格兰和威尔士实行社区服务。1973 年《刑事法庭权力法》中首创“社区服务”刑种。2000 年颁布了《刑事法院判决法(判决)》,对社区矫正的工作机构设置、矫正措施、体系、种类、适用作了完备的规定。在这一阶段德国、法国、意大利等国家也陆续制定了相应的法规。

经过两百多年的发展,世界发达国家和地区的社区矫正制度日臻完善,形成了以社区矫正为中心的刑罚适用和执行模式。2000 年对罪犯适用缓刑和假释的比例,加拿大为 79.76%,澳大利亚为 77.48%,法国为 72.63%,美国为 70.25%。[①]

(二)当代中国社区矫正的发展概况

在中国,具有现代社区矫正内涵,并且是从“社区矫正”的范畴来认识非监禁刑罚措施的实践,是从 2000 年开始的,至今经历了两个发展阶段。

第一阶段,各地改革探索与试点。

(1)各地先期改革探索。自 2000 年起,上海、河北、北京陆续进行了一些局部探索。2002 年上海率先启动社区矫正试点工作,适用对象包括缓刑、假释、管制、保外就医和剥夺政治权利人员。

(2)两院两部下发文件初步试点。2003 年 7 月两院两部下发了《关于开展社区矫正试点工作的通知》,确定北京、山东等 6 省市作为全国首批社区矫正试点。2004 年 7 月司法部又发布了《司法行政机关社区矫正工作暂行办法》,对社区矫正的管理制度作出了更为具体的规定。

(3)大范围试点。2005 年 1 月两院两部下发了《关于扩大社区矫正试点范围的通知》,将河北等 12 个省(区、市)列为第二批社区矫正试点,另有 9 个省(区)主动开展了试点。

第二阶段,全国普遍开展。2009 年 9 月两院两部联合下发了《关于在全国试行社区矫正工作的意见》,部署社区矫正在全国范围内的试行工作。2011 年 2 月《中华人民共和国刑法》修正案(八)颁布,首次在刑事立法中明确使用了“社区矫正”一词。2012 年 1 月两院两部下发了《社区矫正实施办法》,这是推进社区矫正制度化、规范化的重要举措。2012 年 3 月颁布的《中华人民共和国刑事诉讼法》修正案(二)又将“暂予监外执行的罪犯”列入社区矫正的范围内。

自试点以来,中国的社区矫正取得了显著的成绩,但仍存在着法律法规体系不完善、适用范围窄、适用率低、社区矫正主体责权不统一、人员配置与人员专业程度

---

① 刘强主编:《社区矫正制度研究》,北京:法律出版社,2007 年,第 16 页。

有待改善、社区公众参与度不足等问题,需要继续完善。

第二节 中国社区矫正的基本状况

中国社区矫正的对象和类型范围较窄,主要包括五种罪犯和五种类型。工作内容包括监督管理、教育矫正和帮困扶助三大部分。当前常用的方法主要有教育矫正方法、心理矫正方法和社会工作方法。

一、社区矫正的对象、类型与工作内容

(一)社区矫正的对象

(1)被判处管制的;(2)被宣告缓刑的;(3)被暂予监外执行的,具体包括严重疾病需要保外就医的,怀孕或者正在哺乳自己婴儿的妇女,生活不能自理、适用暂予监外执行不致危害社会的;(4)被裁定假释的;(5)被剥夺政治权利,并在社会上服刑的。在符合上述条件的情况下,对于罪行轻微、主观恶性不大的未成年犯、老病残犯,以及罪行较轻的初犯、过失犯等,应当作为重点对象,适用上述非监禁措施,实施社区矫正。

(二)社区矫正的类型

1. 管制

管制指由人民法院判决,对犯罪分子不予关押但限制其一定人身自由,交由公安机关、社区矫正机构管束和群众监督的一种刑罚方法。管制期限为3个月以上2年以下。

2. 缓刑

缓刑指被判处拘役、3年以下有期徒刑的犯罪分子,人民法院根据其犯罪情节和悔罪表现,认为暂缓执行原判刑罚,确实不致再危害社会的,规定一定的考验期,暂缓其刑罚的执行,若犯罪分子在考验期内没有发生法定撤销缓刑的情形,原判刑罚就不再执行的一种刑罚制度。

3. 暂予监外执行

暂予监外执行指对于被判处有期徒刑或者拘役的犯罪分子,由于其出现了具有严重疾病需要保外就医等法律规定的某种特殊情况,不适宜在监狱或其他监禁

场所执行刑罚，而暂时采取的一种不予关押而在监狱外执行的刑罚执行措施。

4. 假释

假释指被判处有期徒刑或者无期徒刑的犯罪分子，在执行一定刑期之后，因其认真遵守监视，接受教育改造，确有悔改表现，不致再危害社会，而附条件地将其提前释放的刑罚执行制度。未执行完毕的刑期，作为考验期。

5. 剥夺政治权利

剥夺政治权利指剥夺犯罪分子参加国家管理和政治活动权利的刑罚方法。主要包括：单处剥夺政治权利；主刑被判处管制并被判处附加剥夺政治权利；主刑被宣告缓刑并被附加剥夺政治权利；附加剥夺政治权利，主刑在监狱执行一段时间后被假释；附加剥夺政治权利，主刑被暂予监外执行；附加剥夺政治权利，但主刑已被执行完毕。①

（三）社区矫正的工作内容

1. 监督管理

按照中国刑法、刑事诉讼法等有关法律、法规和规章的规定，加强对社区矫正对象的管理和监督，确保刑罚的顺利实施。

2. 教育矫正

通过多种形式，加强对社区矫正对象的思想教育、法制教育、社会公德教育，矫正其不良心理和行为，使他们悔过自新，弃恶从善，成为守法公民。

3. 帮困扶助

帮助社区矫正对象解决在就业、生活、法律、心理等方面遇到的困难和问题，以利于他们顺利适应社会生活。

二、 社区矫正的工作程序

（一）社区矫正对象的接收

接收机关是其居住地的司法所。接收工作包括：物的接收，及时接收人民法院、公安机关、监狱、看守所、拘役所发出的有关矫正对象的法律文书和有关材料；人的接收，为矫正对象办理登记手续、进行谈话教育、发放“社区矫正对象行为规范”，与监督人签订监护帮教协议等。

---

① 杨征军、张景荪：《剥夺政治权利执行难问题探讨》，《北京政法职业学院学报》2005 年第 2 期。

广州市天河区冼村街道社区矫正对象移交接收仪式

图片来源:《和谐天河新起点——冼村街社区矫正对象移交接收仪式》,广州市天河区冼村街网站。

(二)社区矫正方案的制订

1. 方案制定前的准备

接收工作完成后,应及时指定专人负责社区矫正个案。个案责任人需要做好以下工作:查阅矫正对象的相关法律文书和材料;与矫正对象谈话,并做好谈话记录;对矫正对象进行心理测试、评估并提出矫正建议;走访矫正对象的邻居、同学、同事及其近亲属,了解其成长经历、社会交往及生活习惯等情况。

2. 起草矫正方案

个案责任人应针对矫正对象的情况和特点,提出矫正意见和矫正措施,填写"矫正个案书",内容包括:矫正对象的自然情况、简单经历、犯罪情况、社区矫正种类和期限、家庭主要成员情况、矫正对象的问题和需要、矫正目标、矫正措施等。

(三)社区矫正的执行

1. 社区矫正对象监督管理

由一系列监管制度组成,包括定期报告制度、监督考察制度、定期走访制度、劳动学习制度、迁居请假会客制度和档案管理制度。

2. 社区矫正对象的教育、心理与劳动矫正

社区矫正机构要采用有组织的集体教育和针对个人的教育等形式,对矫正对象进行公共道德、法律常识、时事政策等方面的教育学习;要对矫正对象采取个别

教育和心理辅导，以矫正其违法犯罪心理，提高其适应社会能力，有的省则直接规定对矫正对象进行“心理矫正”，将心理健康教育、心理测验、心理咨询和心理治疗全部涵盖其中；要组织有劳动能力的矫正对象参加社区服务。

3. 社区矫正对象的帮困扶助

社区矫正机构要依据有关政策、规定，尽可能帮助矫正对象解决在就业和生活中存在的问题或困难。帮扶内容主要有：生存性帮困扶助，如为符合条件的矫正对象提供最低生活保障；支持性帮困扶助，如法律援助、心理帮困；发展性帮困扶助，如协调有关部门和单位，为矫正对象提供职业培训和就业指导，以及帮助就学等。

4. 社区矫正对象的考核与奖惩

司法所每月召开一次会议，对矫正对象的表现进行评议，做出月考核鉴定。考核的内容包括态度和行为两个方面。根据考核结果，对于表现良好的给予表扬奖励；对符合法定条件的，依照法定程序提请有关部门予以减刑。对违反法律、法规和社区矫正的有关规定，但尚未构成重新犯罪的，视情节轻重给予警告或者提请有关部门给予不同程度的处罚。

(四)社区矫正的解除与终止

社区矫正的解除与终止分为四类情形：

1. 因矫正期满而解除

矫正对象写出自我总结，司法所会同派出所出具书面鉴定材料，组织召开矫正期满评议会后做出相应的鉴定，报上级社区矫正部门和公安机关审批、备案，由派出所会同司法所公开宣布社区矫正解除。

2. 因暂予监外执行期满而解除

由司法所会同派出所提出意见，报上级社区矫正部门和公安机关审查、审核、备案，由公安机关提请人民法院决定收监执行或通知原受押监狱、看守所执行。社区矫正终止。

3. 因收监执行或因再犯新罪被羁押而解除

司法所会同派出所出具意见，报上级社区矫正部门和公安机关审核、备案，由公安机关提请人民法院决定收监执行或通知原受押监狱、看守所执行。社区矫正终止。

4. 因死亡而自然解除

矫正对象在矫正期内死亡的，自然解除社区矫正。

三、社区矫正的方法

目前中国社区矫正的方法主要有教育矫正方法、心理矫正方法、社会工作方法。其中,社会工作方法是借用社会工作的价值观、知识与方法对社区矫正对象进行矫正和服务,由于社会工作在中国是新生事物,目前只有少量省市采用了这种方法,但取得了良好的效果。对于该方法,将在第三节进行详细介绍。

(一)教育矫正方法

教育矫正方法是指在社会力量的协助下,社区矫正机关对社区矫正对象以灵活多样的形式,结合法律强制规定的教育内容,努力转变其犯罪心理和行为的系统教育活动的总称。该方法有着深厚的本土历史和基础,是目前中国最具适用性的矫正方法,各地应用广泛,纷纷出台了《社区教育矫正工作规定》。还有的地区特别强调对矫正对象的个性化教育,如上海市制定了《社区矫正对象个性化教育暂行办法》和《关于开展社区矫正对象个性化教育矫正的实施意见》,对高风险矫正对象开展个性化教育矫正。

1. 教育矫正的三个阶段

司法所对新接收的矫正对象,应进行1~3个月的入矫教育,内容包括矫正对象的权利义务教育、认罪悔罪教育和在刑意识教育。常规教育是介于入矫教育和解矫教育中间时段的教育,内容包括思想文化及职业技术教育两大类。司法所应当对矫正期满的矫正对象进行解矫教育,内容包括总结教育、当前形势政策教育、回归社会指导教育、安置帮教工作介绍以及心理辅导等。

2. 教育矫正的三种方法

集体教育法是针对社区矫正对象群体进行的一种旨在于解决一些共性问题的教育活动和方法,在实践中被广泛应用,实现途径主要有集体授课、集体会议、现场教育。个别教育法是指社区矫正为解决社区矫正对象个体存在的特殊问题和需要,而采取的一种面对面的沟通、说服、劝导与感化的影响活动,实现途径主要有个别谈话法、个别感化法。社会帮教法是指社区矫正机构发动各种社会力量,对社区矫正对象开展有计划、有目的、有组织的教育活动,实现途径主要有亲属规劝法、帮教小组帮教法、集中规劝法。

(二)心理矫正方法

心理矫正方法是指将心理学的原理、方法和技术运用于社区矫正过程中,剖析社区矫正对象犯罪心理形成的过程、原因和规律,分析他们在服刑过程中所出现的各种心理问题,有针对性地采取心理学技术对其不良心理和行为进行矫正和治疗,帮助他们消除心理障碍,解除心理矛盾,促使其心理健康,重塑健全人格和提高适应社会的能力,并最终成为一个适应正常社会生活的人的一种活动。① 该方法科学、有效,各地在《社区教育矫正工作规定》中对此均有专门规定,有些地区如上海还出台了《社区矫正对象心理矫正工作暂行办法》,但在农村地区普遍使用有一定的困难。

1. 心理矫正的工作方式

(1)心理健康教育。社区矫正机构根据实际情况,通过心理学讲座、报告等活动,提高矫正对象的心理健康意识。

(2)心理测验。社区矫正工作者选用符合矫正对象特点的心理测试表,对矫正对象的心理进行测试,以便正确掌握矫正对象的心理状况。

(3)心理咨询。由专业人员有针对性地为矫正对象进行心理咨询,帮助心理上存在冲突的矫正对象解决心理问题。

(4)心理危机干预。当矫正对象突然遭受严重灾难、重大生活事件或精神压力,其个体资源和应付机制无法解决时,专业人员应采取心理干预措施,帮助矫正对象战胜危机。

(5)心理治疗。对有严重行为偏差或存在心理疾病症状,影响到其正常工作、生活的矫正对象,应由心理学专家及心理医生进行临床心理治疗,缓解或消除他们的心理问题或人格障碍。

2. 心理矫正的主要方法

心理矫正的方法主要有精神分析疗法、行为疗法、认知疗法。②

(1)精神分析疗法。该疗法是探讨人的心理(主要是潜意识)和精神疾病治疗的一种理论和方法,由西格蒙得·弗洛伊德(Sigmund Freud)于19世纪末创立。该理论认为,人受到无意识动机、冲动与压抑之间的矛盾、防御机制和早期经验的重大影响,神经症症状是被压抑到无意识中的欲望寻求满足的曲折的表现。精神分析治疗就是采用自由联想、释梦、阻抗分析、移情分析、解释等技术,寻找症状背后的无意识动机,使之意识化,使病人真正了解症状的真实意义,便可使症状消失。

(2)行为疗法。该疗法是帮助患者建立或消除某些行为,从而达到治疗目的的

---

① 张建明:《社区矫正实务》,北京:中国政法大学出版社,2009年,第174页。

② 马建青、王东莉等:《心理咨询流派的理论与方法》,杭州:浙江大学出版社,2006年,第二章、第三章、第五章。

一种心理治疗技术，由斯金纳（B. F Skinner）于20世纪50年代提出。治疗的实施依赖人的三种学习行为：反应学习、操作学习和观察学习。基本假设为：病人的非适应性的行为如同适应性行为一样，是通过学习得来的；个体可以通过学习来消除那些习得的不适应行为，也可以通过学习获得所缺少的适应性行为。常用技术有放松疗法、系统脱敏技术、满贯疗法、自我管理技术、行为契约技术、自信训练技术、模仿、厌恶疗法、操作性条件学习技术、代币治疗技术等。

（3）认知疗法。该疗法是根据认知过程影响情感和行为的理论假设，通过认知和行为技术来改变患者的不良认知的一类心理治疗方法的总称，由阿尔波特·埃利斯（Albert Ellis）等人于20世纪50年代提出。其基本观点是：认知过程及其导致的错误观念是行为和情感的中介，适应不良的行为与情绪源于适应不良的认知。认知疗法常采用认知重建、心理应付、问题解决等技术进行心理辅导和治疗，其中认知重建最为关键。认知治疗流派纷呈，以理性情绪疗法、认知疗法和认知行为疗法为代表。

拓展阅读

上海市社区矫正深化心理矫正工作

从2005年开始，上海市矫正办要求各区县将心理矫正作为必要手段纳入社区矫正工作内容。2007年年初全市19个区县都在矫正对象中开展了以知识讲座为主的心理健康教育。

至2007年4月，上海社工中拥有心理咨询师资质的有49人，约占社工总数的10.4%，在册的心理咨询师志愿者237人。2006年共开展心理健康教育500多次，有近800名矫正人员接受了个案心理咨询。

卢湾区在采用SCL－90和EPQ量表对47名矫正对象进行了心理测试后，发现有13人存在一般心理或严重心理问题。对此，司法局采取政府购买服务的形式，委托专业机构实施药物和心理治疗，取得了良好的效果。

资料来源：刘建：《用科学手段提高质量和效果——上海社区矫正工作注重探索创新》，《法制日报》2007年4月3日。

第三节　专业社会工作介入方法

社区矫正社会工作是指由专业社会工作者遵循专业价值观，运用专业的理论、知识和方法，为社区矫正对象提供矫正和帮困扶助服务的一种专业性服务活动。在矫正过程中，社工需要运用专业介入策略、遵循专业服务流程、综合运用专业工作手法，扮演好多样化的角色，掌握好多种技能。

一、 社区矫正社会工作的介入策略

(一)目标与原则

1. 目标

(1)调整不良心理。大多数矫正对象都存在不良心理，社工应当及时进行疏导，更重要的是要促使其理性认识所遇到的问题，学会有效的情绪控制和调节方式，消除心理失调的自我产生机制。

(2)转变不当认知。社工应当帮助矫正对象改变不正确的认知观念和不恰当的认知结构，形成对自我、他人、社会的正确认识。

(3)改变偏差行为。社工要帮助矫正对象消除不良行为，建立良好的行为模式和行为习惯。

(4)解决生活就业困难。社工应当整合各种资源，帮助面临各种困难和需要的矫正对象获取维持生存必需的各种资源并顺利就业。

(5)调适家庭关系。一些矫正对象的家庭本来就是问题家庭，而且矫正对象的犯罪行为往往会导致家庭关系紧张，社工应当适时干预。

(6)强化社会支持系统。要取得良好的矫正效果，需要改善矫正对象整体的生存系统，社工可以帮助其建立积极的社会交往圈子，并促使亲朋好友、邻里、求学学校、工作单位对其给予包容和接纳。

2. 原则

(1)接纳。要理解、包容每个矫正对象，不歧视、不排斥、不批判，真诚地与其沟通、提供服务。

(2)尊重。要注意与矫正对象的交往礼节，不审判矫正对象的种种言行，并尊重其自决权。

(3)保密。矫正对象的身份仍是罪犯，如果相关信息泄露出去，可能会造成社区公众的防范、歧视、排斥。要特别注意遵守保密原则，不能随意泄露其相关信息。当然，在一些特别情况下，应当向机构或有关部门报告矫正对象的特定信息。

(4)个别化。要区别对待每个矫正对象，在充分掌握其各类资料的基础上，制定出有针对性的个别化矫正方案，并根据矫正效果和需要的变化及时作出调整；承认每个矫正对象的独特性，从优势视角出发激发其潜能。

(5)案主自决。矫正对象在面临作出选择和决定的时刻,社工的责任是向其提供尽可能充足的信息和合理的建议,除非出现特殊情况,社工一般不能代替或强迫矫正对象作出某项决定。

(二)工作模式

个案、小组、社区社会工作的模式都可以运用于社区矫正社会工作,个案社会工作的模式应用率最高。其中,行为治疗模式、认知治疗模式在第二节已有介绍,在此只介绍其他几种常用的个案模式。

1. 心理社会模式

其理论总结由霍利斯(F. Hollis)于20世纪60年代完成。该模式认为过往经历(童年经历)对问题的形成有非常重要的影响,诊断重点是案主的心理动态分析,同时也注重从人与环境关系的角度对个人状况加以调整。治疗目标是:减少案主的焦虑和不安,减少"情景中的人"系统的功能失调;增强案主的自我实现和满足感;改善环境、解决问题。主要工作技巧包括直接治疗和间接治疗技巧。①

2. 任务中心模式

由雷伊德(William James Reid)和爱泼斯坦(Laura Epstein)于20世纪60年代中期提倡发展而成。该模式的主要取向是为案主提供短期有效的服务,以案主所关注及确认的问题为服务计划的重点,将问题按案主焦虑程度排序,并把每一个问题具体化、切割,部分、有焦点、一个一个地加以解决。治疗目标是帮助案主分析和处理具体的"可以处理"的问题。具体技术包括探索、结构化、改变导向、增强知觉、激励和指导等。②

3. 家庭治疗模式

(1)结构家庭治疗流派。由米纽秦(Salvador Minuchin)于20世纪60年代创立。该流派认为不良的家庭结构是造成个体问题的真正原因,家庭结构发生良性改变后,个体的问题才能够减轻或消除。主要方式是通过纠正病态的家庭结构,建立家庭内良好的交往方式,促进家庭成员问题的解决。治疗目标是改善家庭结构、改变家庭的看法、改变家庭错误的世界观。具体技术包括重演、集中焦点、划清界限、打破平衡、建立合理的观察视角等。

(2)联合家庭治疗流派。由萨提亚(Virginia Satir)于1964年总结为系统的理论。该流派认为个人系统与家庭系统呈现出复杂、彼此影响的关系。希望通过对

---

① 许莉娅主编:《个案工作》,北京:高等教育出版社,2004年,第145~153页。

② 张昱主编:《矫正社会工作》,北京:高等教育出版社,2008年,第37~41页。

家庭历史的追溯与家庭沟通方式的理解，找出家庭成员问题的成因，进而通过家庭互动方式的改变达成个人的成长。治疗内容集中在重建自尊、表里如一地沟通、转化不良家庭规则、建立对事物的正确反应及良性处理问题的方式。最终的目的是家庭中每一个成员的成长。[①] 具体技术包括家庭重构、家庭图、家庭年表、自我环、雕塑等。

4. 现实治疗模式

由威廉·格拉瑟(William Glasser)于1965年创立。该模式重视现在，重视人格的意识层面，反对心理疾病观念，认为负责的行为与心理健康同样重要。工作核心在于协助案主评估自己的欲望是否实际，以及行为是否对欲望的满足有帮助。在实施过程中焦点集中于案主当前的行为，不重视感受，重视责任和承诺。主要目标是帮助案主形成现实的、负责的和正确的行为模式，使案主能够用这样的行为模式满足自己的需要。常用技术包括询问、积极的态度、幽默、矛盾技术等。[②]

二、 社区矫正社会工作的介入过程与工作手法

(一)介入过程

1. 建立专业关系

工作内容包括：了解矫正对象的基本情况，面谈，初步评估矫正对象的问题和需要，通过书面和口头约定与矫正对象建立专业关系，与矫正支持系统建立关系等。

2. 资料收集与分析

需要搜集的资料包括个人的基本资料、社会环境的资料、个人与社会环境互动的资料，每一种资料又分为若干具体的内容。资料分析过程包括资料整理、资料分析和资料总结三个阶段。[③]

3. 问题诊断

矫正对象的问题主要表现在：个人问题，包括生理、心理、认知、生存及社会适应等问题；家庭问题，如结构病态、角色不当、沟通方式与规则不良、系统封闭、功能失调等；社会问题，包括社会对矫正对象改变的支持性问题，可能诱发矫正对象重新犯罪的一些问题，矫正对象与社会互动中可能产生的一些问题等。

---

① 许莉娅主编：《个案工作》，北京：高等教育出版社，2004年，第九章。

② 张昱主编：《矫正社会工作》，北京：高等教育出版社，2008年，第41~43页。

③ 张建明主编：《社区矫正实务》，北京：中国政法大学出版社，2010年，第216页。

4. 计划

计划包括目的和目标、关注的对象、实施的策略等。计划目的指矫正要达到的笼统、长远的结果，目标是指矫正要达到的具体、近期的效果；关注对象是指计划实施对象，包括个人、群体、家庭、社区、社会等；实施的策略主要是指计划实施的步骤、方法和各种安排。从哪些角度入手来进行计划，要根据矫正对象的具体情况而定。

5. 介入

可从直接和间接两个方面介入。直接介入是指针对矫正对象采取的行动和服务介入，分为针对矫正对象个人和矫正对象群体的介入。间接介入是指对矫正对象以外的其他系统采取的介入行动，分为针对矫正对象家庭环境、社区环境、社会环境的间接介入。

6. 评估与结案

评估内容涉及遵纪守法、心理健康、道德素质、社会适应、外界评价等情况。结案工作内容包括：与矫正对象商议结案的时间；分析和总结矫正工作的经验和教训；邀请矫正对象对矫正工作及社工进行评议，并对矫正效果进评价；制订矫正跟进计划。

7. 跟进

指社工对解矫后的矫正对象进行的后续性回访服务。还可以与矫正对象周围的社会成员进行沟通，了解矫正对象的表现及矫正措施的作用、程度。

（二）工作手法

1. 个案社会工作手法

该手法针对性、深入性强，效果突出，主要有心理社会、认知、行为、任务中心、理性情绪、家庭结构、现实等治疗模式。对于一些同时面临多重问题而又缺乏资源使用能力的矫正对象，应采用个案管理的方法，“一揽子”解决矫正对象的各种问题和需要。在个案手法中需要注意，在搜集矫正对象资料时，除了文献法、访谈法、观察法外，采用量表法和问卷法对矫正对象的风险性、心理、需求进行评估是非常重要的。

2. 小组社会工作手法

将问题和需求相近的矫正对象组成小组开展矫正，可以节约资源、提高效率。主要有社会目标、发展、互动、治疗等模式。社区矫正致力于矫正对象与社区关系的修复，需要矫正对象具有社区责任心、社区活动参与能力，社会目标模式可以给予他们这方面的训练。矫正对象往往看不到自己的潜能与优势，心理自卑，就可以开展自我探索、提升潜能的成长小组。矫正过程会遇到各种困难和挫折，一些矫正对象陷入期待获得良好的社会角色与信心不足的矛盾中，此时组织支持小组，构建一个相互倾诉经历和情感、相互激励的空间特别有必要。治疗小组可以针对那些有明显偏差行为和严重心理困扰的矫正对象开展。另外，教育小组在社区矫正中特别具有适用性，社区矫正的三大任务之一就是进行形势政策、法制、公民道德以及其他方面的教育。

3. 社区社会工作手法

该手法对于调动社会力量参与社区矫正、打通矫正对象社会参与的渠道、改善矫正对象的社会环境非常重要。其中，地区发展模式的理念与社区矫正注重社会力量的参与、注重矫正对象与社区关系的恢复有异曲同工之处。可以采用项目策划模式策划、实施一些社区矫正类项目，来调动与社区矫正相关的资源，有针对性、有计划地解决矫正对象群体的问题与需要。可以运用社区组织模式，将各方面力量组织起来建立社区矫正小组形成工作合力，也可以将矫正对象组织起来互助、参与公益活动等。社区教育模式的重要性不言而喻，一方面可以对矫正对象进行各种内容的集体教育，另一方面也可以通过开展社区教育，提升社区居民接纳、尊重矫正对象的意识。

三、 社会工作者的角色与技能

(一) 角色

1. 服务提供者

社工要为矫正对象提供专业化服务，包括从心理、认知到行为的矫正服务，也包括解决矫正对象各方面困难和需要的服务。

2. 支持者

当矫正对象遇到困难和需要时，社工要扮演支持者角色，表达理解和支持。

3. 协调者

社区矫正的组织体系和队伍范围广泛，社工需要发挥协调作用，以便形成工作合力。

4. 资源链接者

许多矫正对象面临多种问题与需要，而自身获取资源的能力较弱，社工应当联络各政府部门、社会团体、非政府组织甚至企业，挖掘、调动资源。

5. 协助者

社工要协助执法人员开展工作，尤其是由司法所或街道办事处聘任的专职司法社工，协助任务比较多，而受聘于社工机构的社区矫正社工协助的任务范围要相对窄一些。

6. 管理者

社工必须对与矫正对象相关的诸多资源、信息进行管理以提高矫正效率，还要承担一部分对矫正对象的日常监督管理任务。

拓展阅读

上海新航社区服务总站社区矫正社工的岗位职责

第一类是为社区矫正对象提供专业化帮教服务，包括：为全体社区矫正对象提供全过程帮教服务；为有问题和需求的服务对象提供针对性帮教服务；为问题和需求突出的服务对象提供个性化帮教服务；为具有高风险度的服务对象提供危机干预服务。

第二类是为司法行政机关社区矫正事务提供日常服务，包括：为司法行政机关对社区矫正对象的监督管理提供服务；为司法行政机关对社区矫正对象的教育矫正提供服务；为司法行政机关对社区矫正对象的帮困扶助提供服务。

第三类是提供其他相关服务，包括：参与专业化推进；整合社会资源，积极发展帮教志愿者，指导、组织帮教志愿者参加社区帮教服务活动；完成其他工作。

资料来源：《上海市新航社区服务总站社工社区矫正岗位职责》，上海市新航社区服务总站网。

（二）技能

社区矫正社会工作实务过程的各个阶段，以及各种工作手法、工作模式和流派都有许多具体的方法和技巧。需要注意的是，有一些技术在社区矫正实务中具有较强的适用性，但目前社会工作主干教材很少涉及，择要介绍如下：

1. 社会技能训练技术

社会技能是指人们良好地适应社会生活的行为方式，尤其是指建立和维持良好的人际关系的行为方式。美国临床心理学家阿诺德·戈尔茨坦（Arnold P. Goldstein）将社会技能分为6大类50种，包括起始性社会技能、高级社会技能、处理情感技能、攻击替代技能、处理应激技能和拟订计划技能。往往会按照训练步骤依次使用示范、指导、演练、反馈四种技术。①

① 吴宗宪：《中国服刑人员心理矫治技术》，北京：北京师范大学出版社，2010年，第287~293页。

2. 归因训练技术

归因是指人们对他人或自己行为原因进行推论的过程。归因的结果影响着个体对自我和环境的认识、情感和行动的倾向性。一些矫正对象之所以产生违法犯罪行为以及在社区矫正过程中出现不良心理，与其错误的归因风格有一定的关系。训练步骤为：第一，根据日常观察或者归因风格测量挑选出训练对象。第二，实施干预。按照让矫正对象观看反映典型情景的电视录像——进行分组讨论——进行主题演讲的步骤进行。第三，指出多角度、多层次、客观、理性地认识和分析问题原因的重要性，要求矫正对象在平时加以运用。[①]

3. 风险评估与效果评估技术

风险评估是指运用科学的方法对社区矫正对象的危险性程度和再犯可能性所作的评价和预测。主要测量两类影响矫正对象人身危险性的因素，一类是不变因素，另一类是可变因素。如《北京市社区矫正对象综合状态指标体系》涵盖了两类因素100项指标。效果评估是指社区矫正机构借助科学的测评工具对社区矫正对象的悔改程度和守法公民状态进行测量和评价，确保达到矫正目标的一系列判断活动。[②] 方法：一是日常行为考核奖惩法，对矫正对象遵纪守法等方面的表现进行随时考察和定期考核计分；二是建立较为科学的评估指标体系，制定量表，对矫正对象进行从心理到行为的综合评价，如上海市卢湾区的《社区矫正质量效果（初期）评估表》和《社区矫正质量效果（阶段）评估表》。

四、 中国社区矫正社会工作的优势、局限与发展展望

（一）优势

在中国当前社区矫正现状的背景下，社区矫正社会工作具有鲜明的优势。

1. 在社区矫正专业性和科学性上的优势

目前社区矫正执法人员多缺乏系统、深入和娴熟的专业矫正助人知识、方法和技巧。“社会工作吸收众多学科专业的理论知识，并在实践中发展和形成了自己的理论流派、具体的方法与技巧，能够对人与社会的本质联系、人所面对的问题和需求，以及个人成长发展的社会影响因素等做出科学、准确的解说，并在此基础上找到解决问题、满足需要的科学方法”[③]，能有效提升社区矫正的专业化和科学性。

---

① 吴宗宪：《中国服刑人员心理矫治技术》，北京：北京师范大学出版社，2010年，第362～363页。

② 狄小华：《社区矫正评估研究》，《政法学刊》2007年第6期。

③ 史柏年：《社会工作：社区矫正主体论》，《中国青年政治学院学报》2009年第3期。

2. 在社区矫正价值观内化和外显上的优势

除了坚持刑罚的法治原则外,社区矫正在价值观上也注重尊重、平等、不歧视、自愿、个别化和保密。相对于执法人员和一般志愿者,专业社工在这些价值观的内化和外显上要容易许多。有利于弥补当前中国社区矫正偏于强制性与行政性、人性化关怀较弱的缺憾。

3. 在社区矫正工作者角色整合上的优势

社区矫正工作者实质上担任着刑罚执行者、行政官员、社会工作者三种角色。① 这三种角色在价值观念、工作风格、方式方法方面都有所不同,会给基层执法人员带来矛盾和困惑。引入社会工作者并厘清其与执法人员各自的角色,可以缓解执法人员的角色冲突。

(二)局限

受社会工作、社区矫正及社会整体发展阶段的制约,现阶段社区矫正社会工作也存在着一些不容忽视的障碍和困境。

1. 社会工作行业发展水平的制约

社会工作在中国仍处于起步阶段,受到行业发展规律、国家经济发展水平、社会意识与支持环境以及相关法规政策完善程度的影响,自身发展程度不足,使一些地方的司法部门在购买社会工作服务时难以找到有力的依托。

2. 社会工作者自身专业素养和实践能力的限制

目前社区矫正社工,一是具有社会工作专业学历背景的,二是从公安、司法系统转制或从社会人员中招聘而来的。前者有系统的专业知识,专业价值观内化较好,但缺乏实践经验和能力;后者社会阅历、工作经验丰富,但社会工作价值观内化较难、专业知识不足。

3. 社区矫正工作自身发展水平的制约

社区矫正在中国仍处于发展初期,有千头万绪的工作需要开展,引入社会工作只是其中的一项。对于一些刚刚开展社区矫正工作的地区而言,许多基本的规章制度、组织机构、经费落实等工作尚未理顺,也就无暇顾及此项发展性工作任务。

4. 各地政府购买社区矫正社会工作服务的限制

各地政府认识水平、财政状况、职能改革力度不一,较难做到按需购买社区矫正社会工作的服务。各地政府对社会工作的认同度不一,一些较为贫困的地区在购买能力上也确实存在着实际困难。此外,各地政府调整政社关系、职能改革的力

① 王琼等:《行刑社会化(社区矫正)问题之探讨(下)》,《中国司法》2004 年第 6 期。

度不同，社工机构参与社区矫正的空间自然也就有差异。

5. 社会支持资源相对缺乏

大多数矫正对象在回归社区后都会遇到各方面的问题和需要，社工需要多方寻找资源予以帮困扶助。目前绝大多数福利资源都掌握在政府部门手里，在获取时会受到一定的限制，而社会资源又比较匮乏，增加了社工的工作难度。

（三）发展展望

令人欣喜的是，当前中国政治、社会等各方面的繁荣发展，也为社区矫正社会工作带来了良好的发展机遇。

1. 专业社会工作积极介入

社区矫正在全国普遍开展，需要专业社会工作更多地介入其中。2009 年起社区矫正在全国范围内实施，为了充分体现社会参与的特点和原则、避免社区矫正三项任务的虚化、提高矫正帮困的质量，更好地实现社区矫正的目的，各地司法部门将会逐渐自觉地思考专业社会工作的引入问题。

2. 社会工作继续稳步发展

2010 年《国家中长期人才发展规划纲要（2010—2020 年）》提出了到 2020 年培养 300 万社会工作专业人才的发展目标，2011 年中共中央组织部等部委联合发布了《关于加强社会工作专业人才队伍建设的意见》。这对于加快社会工作的发展具有重大意义，而社会工作的稳步发展就为社区矫正社会工作提供了充足的组织和人才依托。

3. 部分地区的先行探索提供了示范、积累了经验

近些年来，上海、深圳、广州等地已经通过各种方式，进行了将专业社会工作引入社区矫正的探索，部分社工机构也积极主动地介入到社区矫正工作中去。这些地区在介入方式、职责划分、经费保障、工作制度、人员培训激励考核评估等方面的探索，为其他地区提供了可资借鉴的经验。

4. 相关法规政策的促进与保障

2012 年颁布的《社区矫正实施办法》规定“社会工作者和志愿者在社区矫正机构的组织指导下参与社区矫正工作”，同年民政部、财政部联合印发的《关于政府购买社会工作服务的指导意见》将社区矫正对象纳入政府购买社会工作服务的范围，这为社会工作介入社区矫正提供了权威的法规制度和财政保障。

5. 政府对社会管理创新的重视

专业社会工作介入社区矫正将在矫正内容拓展、矫正主体多元、矫正方式柔性等方面，促进社区矫正工作的创新。而社会管理创新是目前中国党和政府一项重

要而紧迫的战略任务,这就为专业社会工作介入社区矫正提供了有力的政治保障。

中国社区矫正社会工作顺时顺势产生,也必将顺时顺势发展,这是社会工作与社区矫正发展的需要,更是社会和时代发展的需要。从西方发达国家社区矫正的发展历程来看,社区矫正社会工作将会在中国的社区矫正工作中发挥出更加重要的作用和拥有更加广阔的运行空间。

本章小结

1. 社区矫正概念可分为广义和狭义。社区矫正具有四个基本特征、三大目的和四大功能。

2. 各国社区矫正均拥有一定的法律体系,其组织体系也包含了国家机构、非政府组织等多方面的力量。

3. 现代社区矫正起源于英美,经历了产生与发展、壮大与繁荣两个阶段。中国当代社区矫正经历了各地改革探索与试点、全国普遍开展两个阶段。

4. 社区矫正的对象包括5种犯罪分子。类型有管制、缓刑、暂予监外执行、假释、剥夺政治权利。工作内容是监督管理、教育矫正和帮困扶助。

5. 社区矫止的工作程序包括:接收;指派专人负责制定矫正方案;执行监督管理、教育矫正、帮困扶助三大任务;解除与终止社区矫正。

6. 社区矫正方法主要有教育矫正、心理矫正和社会工作方法。教育矫正包括集体教育、个别教育和社会帮教,心理矫正包括心理健康教育、心理咨询、心理测量、心理危机干预和心理治疗等。

7. 社区矫正社会工作有多个目标,须遵循接纳、尊重、个别化、保密、案主自决等基本原则。个案社会工作的各种模式在社区矫正社会工作中应用率最高。

8. 社区矫正社会工作必须遵循规范的程序,该程序包括七个环节。其工作手法主要有个案、小组与社区工作手法。

9. 在社区矫正工作中,社会工作者扮演着多种角色,应当掌握各种常见矫正技能。

10. 在中国现阶段,社区矫正社会工作具有鲜明的优势,虽然存在着内外诸多局限性,但也迎来了新的发展机遇。

B 主要术语

社区矫正(Community Correction):指将符合一定条件的罪犯置于社区内,由专门的国家机关在相关社会力量的协助下,在法定的期限内,矫正其犯罪心理和行为恶习,促进其顺利回归社会的非监禁刑罚执行制度和活动。

社区矫正社会工作(Social Work in Community Correction):指由专业社会工作者遵循专业价值观,运用专业的理论、知识和方法,为社区矫正对象提供矫正和帮困扶助服务的一种专业性服务活动。

社会技能(Social Skill):指人们良好地适应社会生活的行为方式,尤其是指建立和维持良好的人际关系的行为方式。

归因(Attribution):指人们对他人或自己行为原因进行推论的过程。

风险评估(Risk Evaluation):指运用科学的方法对社区矫正对象的危险性程度和再犯可能性所作的评价和预测。

效果评估(Effect Evaluation):指社区矫正机构借助科学的测评工具对社区矫正对象的悔改程度和守法公民状态进行测量和评价,确保达到矫正目标的一系列判断活动。

C 练习题

1. 李某,男,50岁,高中文化,因诈骗罪被判处有期徒刑11年,社区矫正期5年。李某没有监护人,被捕后妻子与他离婚,女儿判给了妻子,现在他与妻女没有任何来往,也不愿意与朋友同事联系,无住房,失业,经济窘迫,精神迷茫,压力很大,同时也表示很想重新做人。

请根据李某的情况,设计一份矫正方案。

2. 某街道司法所接收了一批社区矫正对象,发现他们担心受到社会的歧视和冷遇,对生活前景缺乏信心,普遍存在自卑、焦虑、悲观等情绪,排解压力的方式是抽烟、喝酒。有的人虽然试图与家人沟通,但不注意方式方法,意在沟通却演变成争吵;有的人还对司法所的监管与活动安排抱有怨言。

请针对这种情况,设计一份情绪管理小组工作计划书。

3. 假设你是某社区的社会工作者,社区中有10余名接受社区矫正的青少年,他们大都有过被判刑或者劳动教养的经历。在访谈中你了解到,他们面临的最大问题是找不到工作。

请根据这些青少年的问题与需要,设计一份服务方案。

D 思考题

1. 简述社区矫正的基本特征、目的和功能。
2. 请列举中国社区矫正的对象和类型。
3. 社区矫正社会工作的目标和原则是什么?
4. 请简述社区矫正社会工作的主要模式。
5. 在社区矫正过程中,社会工作者主要扮演哪些角色?
6. 请论述社区矫正社会工作在中国的优势、局限与发展展望。

E 阅读文献

1. 张昱、费梅苹:《社区矫正实务过程分析》,上海:华东理工大学出版社,2005 年。

2. 姜祖桢:《社区矫正理论与实务》,北京:法律出版社,2010 年。

3. 张建明:《社区矫正实务》,北京:中国政法大学出版社,2010 年。

4. 马伊里、吴铎主编:《社会工作案例精选》,上海:华东理工大学出版社,2007 年,第九章,第 235 ~ 260 页。

5. 陈春安主编:《社区矫正专业方法应用指南》,北京:法律出版社,2012 年。

6. 吴宗宪:《中国服刑人员心理矫治技术》,北京:北京师范大学出版社,2010 年。

外国人名译名对照表

（按汉语拼音排序）

埃利斯	Ellis, A.
爱泼斯坦	Epstein, L.
巴尼特	Barnett, S. A.
拜因	Bryant, R.
包伯	Bobo, K.
鲍多克	Baldock, P.
贝珂	Baker, R.
比格尔	Biegel, D. E.
波哲	Ploch, L. A.
布迪厄	Bourdieu, P.
布拉德肖	Bradshaw, J.
达伦多夫	Dahrendorf, R.
德维夫斯	Twelvetrees, A.
杜威	Dewey, J.
多戈夫	Dolgoff, R.
弗莱雷	Freire, P.
弗里丹	Friedan, B.
弗里德曼	Friedman, J.
弗洛伊德	Freud, S.
戈尔茨坦	Goldstein, A. P.
格尔廷	Gurteen, S. H.
格拉瑟	Glasser, W.
哈德凯瑟	Hardcastle, D.
哈尼范	Hanifan, L. J.
海恩波特	Heginbotham, C.

何志	Hodge, P.
霍华德	Howard, J.
霍利斯	Hollis, F.
基斯堤臣	Christenson, A.
杰佛瑞	Jeffries, A.
考克斯	Cox, E.
柯林斯	Collins, R.
科尔曼	Colema, J. S.
科瑟尔	Coser, L. A.
克雷茨曼	Kretzmann, J.
库汉	Cohen, M. H.
莱斯	Royce, W. W.
勒曼	Lerman, L.
雷伊德	Reid, W. J.
利皮特	Lippitt, R.
鲁宾	Rubin, H. J.
鲁宾	Rubin, I.
罗斯	Ross, M. G.
罗斯曼	Rothman, J.
马瑞斯	Morris, R.
麦克奈特	McKnight, J. L.
米尔斯	Mills, C. W.
米肯	Minahan, A.
米纽秦	Minuchin, S.
米奇利	Midgley, J.
佩恩	Payne
皮更斯	Pincus, A.
普特南	Putnam, R.
切克欧文	Checkoway, B.
萨提亚	Satir, V.
塞耶	Thayer, R. H.
斯蒂芬	Stephen, B.
斯金纳	Skinner, B. F.

索利	Solly, R. H.
汤因比	Toynbee, A.
特普曼	Tropman, J. E.
滕尼斯	Tonnies, F.
托马斯	Thomas, D. N.
沃里斯	Voorhis, R. M.
沃伦	Warren, R. L.
沃斯通克拉夫特	Wollstonecraft, M.
西蒙	Simon, H. A.
亚当斯	Addams, J.
亚伦斯基	Alinstky, S.
伊万斯	Evans, R.

附录 1

金海岸社区楼道创建活动调查问卷

问卷编号:

金海岸社区楼道创建活动调查问卷

＊＊＊＊社区居民同志,您好!

我们是＊＊＊＊大学社会调查中心的调查员,受金海岸社区居委会委托,为了全面了解我社区居民的生活质量,进一步加强楼道居民互信,不断满足居民物质、文化生活的需求,创造一个人性化、亲情化、文明化、整洁化的楼道环境,营造提高居民文明素质、陶冶情操、增强居民公德意识、文明意识的浓厚氛围,本社区准备以楼道为单位开展一次楼道建设活动的调查。希望能够得到您的支持和协助。

本调查表不需要填写姓名和工作单位,各种答案没有正确、错误之分。您只要根据自己的实际情况在合适的答案上打√,或者在空白处填上适当内容。请您在百忙中抽出一点时间填写这份调查表。

对您提供的信息严格保密并承诺不做任何商业用途!再次感谢您的协助!

为了表示对您的谢意,我们为您准备了一份小小的礼物,作为此次调查的纪念。

衷心感谢您的支持和协助!

祝你们全家生活越来越好!

＊＊＊＊大学调查中心

2012 年 8 月

单位地址:＊＊＊＊大学调查中心

单位电话:＊＊＊＊

单位负责人:＊＊＊＊教授　＊＊＊＊副教授

邮政编码:264005

调查员:

调查时间:2012 年 8 月 日

填表说明:

(1)请在每一个问题后适合自己情况的答案号码上打√,或者在空白处填上适当内容。

(2)若无特殊说明,每一个问题只能选择一个答案。

(3)填写问卷时,请不要与他人商量。

金海岸社区楼道创建活动调查问卷

为进一步加强楼道居民互信,不断满足居民物质、文化生活的需求,创造一个人性化、亲情化、文明化、整洁化的楼道环境,营造提高居民文明素质、陶冶情操、增强居民公德意识、文明意识的浓厚氛围,本社区准备以楼道为单位开展一次楼道建设活动。为使活动能够充分体现大家的意愿,现进行如下简单调查:

一、家庭基本状况

A1. 您的性别: □ 男　□ 女

A2. 年龄:____________周岁

A3. 婚姻状况: □ 已婚 □ 未婚

A4. 你的家庭人口数:______人,他们同您的关系(可多选):

□夫妻　□父母　□子女　□亲戚　□其他

A5. 您的文化程度:

□小学以下　□小学　□初中　□高中或中专　□大专以上

A6. 你的职业:

□政府公务员　□教师　□企业职员　□私营业主　□军人

□农业劳动者　□其他

二、调查项目

B1. 您认为本次活动最合适的名称:

□和睦楼道　□文化楼道　□温馨楼道

□和谐楼道　□文明楼道　□安全楼道

□其他________________________________

B2. 您认为本次活动的主要内容应为:

□低层公共空间内设立固定阅示栏

□邻里互通联络方式(表格形式)每家一份

□楼层内有高格调的楼层数字标识和提倡邻里关系的宣传口号

□楼层信息平台处可摆设适量花卉盆景,在墙壁上挂放一定的字画、小品或宣

传科普、健康、安全常识的标语图画

□组织楼道内家庭开展文化、艺术、才艺展示和其他比赛等活动

□开展邻里间互帮、互助活动,组织公共卫生日

□开展美化楼道建设,定期组织居民装点楼道

B3. 您认为组织楼道宣传活动(如公共卫生日)应采取:

□ 楼长号召制

□ 住户轮流制

B4. 您认为本次活动应以何种形式为主:

□楼长带头,住户参与 □社区支持,志愿参与

□社区牵头,组织大家参与

□其他________________________________

B5. 您认为本次活动的资金来源应包括:

□物业公司支持

□居委会资金支持

□居民捐款

□志愿者参与

□其他________________________________

B6. 您觉得本楼道内邻里之间还应该开展哪些活动:

____

再次感谢您的支持!!!

请您在百忙中填好,于9月3日前交居委会或东大门岗楼。

金海岸居委会

附录 2

＊＊社区老年人个人访谈记录表

(一)调查对象的基本情况

1. 姓名：____________

2. 性别：____________

3. 年龄：____________

4. 居住地址：____

5. 兴趣爱好：____

6. 婚姻情况：a. 配偶健在　b. 丧偶　c. 离异　d. 未婚

7. 居住形式：a. 夫妻同住　b. 独居　c. 其他________

8. 子女情况：a. 0 个　b. 1 个　c. 2 ~ 4 个　d. 5 个及以上

9. 子女工作：a. 无工作或失业　b. 有工作(务农)

10. 文化程度：a. 大专及以上　b. 高中或中专　c. 初中　d. 小学　e. 没上过学

11. 职业状况：a. 政府机关　b. 事业单位　c. 企业单位　d. 农林牧副渔　e. 其他

(二)调查对象的生活状况

1. 经济来源：a. 离退休金　b. 基本生活养老保险金　c. 城镇最低生活保障金　d. 子女供给　e. 政府(社会)临时救济　f. 没有经济来源

2. 收入状况：a. 2000 元以上　b. 1501 ~ 2000 元　c. 1001 ~ 1500 元　d. 501 ~ 1000 元　e. 0 ~ 500 元　f. 没有收入

3. 工作情况：a. 退休后仍受聘　b. 从事个体经营　c. 志愿劳动者　d. 带孙子孙女　e. 从事农业劳动

(三)调查对象的身体情况

1. 健康状况：a. 能自理　b. 半自理　c. 不能自理

2. 患病情况：a. 无明显疾病　b. 高血压　c. 心脏病　d. 糖尿病　e. 其他________

3. 医疗保险：a. 农村医疗保险　b. 城镇医疗保险　c. 其他保险　d. 没有保险

4. 生病处理：a. 有病就去医院　b. 大病才去医院，小病在家自己吃药　c. 不管

5. 看病陪护：a. 老伴　b. 子女　c. 邻居或朋友　d. 亲戚　e. 社区干部　f. 自己

(四)调查对象文娱活动情况

1. 文娱活动情况：a. 文体活动　b. 棋牌娱乐　c. 音乐舞蹈　d. 其他________

2. 参与情况：a. 经常参加　b. 偶尔参加　c. 不参加

3. 活动场所：a. 家里　b. 附近公共场所　c. 社区图书馆　d. 其他________

4. 您目前参加的文化娱乐活动方式是：

项　目	经常	偶尔	从不
1. 电脑上网			
2. 看电视			
3. 听广播			
4. 看书看报			
5. 看电影、听戏			
6. 下棋打牌			
7. 居委会组织的活动			
8. 与人聊天			
9. 栽花种草			
10. 逛公园			
11. 运动健身			
12. 逛街			
13. 外出旅游			
14. 文学写作、文艺活动			
15. 书法、摄影			
16. 其他			

(五)社会关系状况

1. 子女探望情况：a. 经常探望(每周一次或以上)　b. 偶尔探望(一月至半年一次)　c. 每年探望一次　d. 不探望

2. 亲朋照顾情况：a. 经常　b. 偶尔　c. 基本没有

3. 与亲朋联系情况：a. 经常　b. 偶尔　c. 基本没有

4. 有心事时向谁诉说：a. 老伴　b. 子女　c. 老邻居　d. 老同事朋友　e. 亲戚　f. 社区工作者　g. 没有可以诉说的人

(六)养老意愿及需求情况

1. 养老意愿：a. 在家养老(子女赡养)　b. 机构养老(敬老院等)　c. 自己生活　d. 其他________

2. 最迫切需要：a. 需要解决基本生活保障　b. 需要改善医疗保健或生活救助　c. 需要改善住房条件　d. 需要有人陪伴排解孤独　e. 其他________

后　记

社区工作是中国社会工作服务界和教育界一直十分注重的实务领域，相关成果丰富，专门教材也已出版多本。在社会工作教育和社区服务专业化、职业化取得明显发展的条件下，再编出一本什么样的教材才能够适应现实发展的需要，一直是本书编者所思考的问题。

本教材内容结构分为四个部分：(一)概述，(二)基本实务模式，(三)实务技巧，(四)中国社会背景下的社区工作，共计14章。在吸取和综合现有教材基础上，本教材力图体现以下要旨：

第一，明确学习主体和行动主体的定位。力图把社区服务机构和工作员作为未来学生的职业岗位和身份，总结和提供在社区工作中应当掌握的具体知识，引导学生尽可能切入前线工作者的视角来观察、了解社区，参与各项专业化的社区工作项目和活动。

第二，突出社区工作中工作员需要掌握的可操作性实务知识和技能。具体是将"应知"(应当知道的基础知识或背景知识)和"应会"(应会运用的实际技能)在教材内容上进行有机结合，在教学过程中注重对实务知识与技能的传授或培训。

第三，注重与中国实际相结合。第四部分各章具体介绍了中国现有社区管理、社区服务和社区矫正的实际运行状况，以及实际社区工作与专业社区工作的联系与区别，以使学生走进中国城乡社区时能够了解实际管理体制和运作方式。

第四，注重教材的通用性。努力使教材的基本内容和知识点与已经发布的专业教学大纲、全国社会工作师水平考试和MSW考试大纲相吻合；尽量吸收现有教材普遍采用的内容，并根据中国社区实际补充相应的经验知识。

第五，丰富教材内容的形式和体例。借鉴和采用现代专业教材的体例形式：一是通过各章内容结构的相对统一，以更加明确、集中和对应地提供基础性知识点；二是通过术语、案例、拓展阅读、练习题等多样化的形式呈现这些知识点，以使老师方便教、学生方便学。

各位编者大都是近年承担社区工作教学的高校专业老师，已经积累了相应的基础知识和教学经验。然而大部分老师并非实务工作者出身，直接参与实务活动的经历不平衡，自身的实务知识和技能难免存在局限，对如何把握实际社区工作与专业社区工作关系缺乏足够的认知程度，同时对社区工作方法技能也缺乏充分的实践经验。尽管本教材在最初设计时，提出多体现实务操作技能方面的学习内容，但很难说现有教材文本已经达到这个预期的目标。有的同仁指出:中国目前的实际社区工作与专业社区工作存在距离,如果实务活动策划太强调专业性,会脱离实际,而如果太拘泥于实际,又会偏离专业方向。在现有国情条件下,社区工作的专业性界限在哪里,如何给学生提供更加准确、多样化、既体现实务操作又切合发展方向的知识体系,这些问题需要业界同仁继续作出深入的探讨。

本书各章分工如下:

第一章　高鉴国　山东大学

第二章　王文静　山东女子学院　吴限红　山东大学

第三章　张文华　山东青年政治学院

第四章　唐斌尧　济南大学

第五章　陈为雷　鲁东大学

第六章　李志伟　山东建筑大学

第七章　李晓华　山东师范大学　刘黎红　青岛大学

第八章　魏春洋　山东工商学院

第九章　刘长飞　临沂大学

第十章　郭剑雄　山东大学(威海校区)

第十一章　刘世颖　青岛理工大学　郑永强　山东财经大学

第十二章　徐从德　青岛科技大学

第十三章　周惠敏　山东理工大学

第十四章　刘黎红　青岛大学

本教材作为集体合作的成果,得力于一批年轻有为的高校学者的积极参与。主编、副主编和各章编者在两年半的教材编写过程中反复切磋,六易其稿。加拿大不列颠哥伦比亚大学社会工作学院的殷妙仲教授对本教材提纲提供了具体指导,并校阅了全书初稿,提出了许多宝贵意见和建议。山东工商学院的魏春洋副教授整理编辑了附录部分的社区活动调查问卷和访谈纪录表,山东大学2012级社会工作专业硕士研究生徐艳玲协助进行了人名译名表编辑,济南山泉社会工作服务社的李聪聪、翟冉协助进行了清样校对工作,在此一并感谢。山东人民出版社的王海玲、马洁编辑为本教材的编写和出版付出了大量心血,没有她们的积极组织和周到服务,本教材难以如期面世。

主编

2013年10月

图书在版编目(CIP)数据

社区工作/高鉴国主编. —济南:山东人民出版社,2013.11(2021.12重印)
高等院校社会工作专业精编通用教材
ISBN 978-7-209-05794-3

Ⅰ.①社… Ⅱ.①高… Ⅲ.①社区-工作-高等学校-教材 Ⅳ.①C916

中国版本图书馆 CIP 数据核字(2011)第111897号

责任编辑:马 洁

社区工作
高鉴国 主编
刘长飞 唐斌尧 刘黎红 副主编

山东出版传媒股份有限公司
山东人民出版社出版发行
社 址:济南市英雄山路165号 邮 编:250002
网 址:http://www.sd-book.com.cn
发行部:(0531)82098027 82098028
新华书店经销
山东省东营市新华印刷厂印装

规 格 16开(169mm×239mm)
印 张 23.5
字 数 434千字
版 次 2013年11月第1版
印 次 2021年12月第5次
ISBN 978-7-209-05794-3
定 价 42.00元

如有质量问题,请与印刷厂调换。电话:(0546)6441693